"信毅教材大系"编委会

主　　任	卢福财
副 主 任	邓　辉　王秋石　刘子馨
秘 书 长	廖国琼
副秘书长	宋朝阳
编　　委	刘满凤　杨　慧　袁红林　胡宇辰　李春根
	章卫东　吴朝阳　张利国　汪　洋　罗世华
	毛小兵　邹勇文　杨德敏　白耀辉　叶卫华
	尹忠海　包礼祥　郑志强　陈始发
联络秘书	方毅超　刘素卿

信毅教材大系·金融学系列

金融学概论

An Introduction to Finance

杨荣 主编

舒海棠 周闯 副主编

复旦大学出版社

总 序

世界高等教育的起源可以追溯到1088年意大利建立的博洛尼亚大学,它运用社会化组织成批量培养社会所需要的人才,改变了知识、技能主要在师徒间、个体间传授的教育方式,满足了大家获取知识的需要,史称"博洛尼亚传统"。

19世纪初期,德国的教育家洪堡提出"教学与研究相统一"和"学术自由"的原则,并指出大学的主要职能是追求真理,学术研究在大学应当具有第一位的重要性,即"洪堡理念",强调大学对学术研究人才的培养。

在洪堡理念广为传播和接受之际,英国的教育家纽曼发表了《大学的理想》的著名演说,旗帜鲜明地指出"从本质上讲,大学是教育的场所","我们不能借口履行大学的使命职责,而把它引向不属于它本身的目标"。强调培养人才是大学的唯一职能。纽曼关于《大学的理想》的演说让人们重新审视和思考大学为何而设、为谁而设的问题。

19世纪后期到20世纪初,美国威斯康星大学查尔斯·范海斯校长提出"大学必须为社会发展服务"的办学理念,更加关注大学与社会需求的结合,从而使大学走出了象牙塔。

2011年4月24日,胡锦涛总书记在清华大学百年校庆庆典上指出,高等教育是优秀文化传承的重要载体和思想文化创新的重要源泉,强调要充分发挥大学文化育人和文化传承创新的职能。

总而言之,随着社会的进步与变革,高等教育不断发展,大学的功能不断扩展,但始终都围绕着人才培养这一大学的根本使命,致力于不断提高人才培养的质量和水平。

对大学而言,优秀人才的培养,离不开一些必要的物质条件保障,但更重要的是高效的执行体系。高效的执行体系应该体现在三个方面:一是科学合理的学科专业结构;二是能洞悉学科前沿的优秀的师资队伍;三是作为知识载体和传播媒介的优秀教材。教材是体现教学内容与教学方法的知识载体,是进行教学的基本工具,也是深化教育教学改革,提高人才培养质量的重要保证。

一本好的教材,要能反映该学科领域的学术水平和科研成就,能引导学生沿着正确的学术方向步入所向往的科学殿堂。因此,加强高校教材建设,对于提高教育质量、稳定教学秩序、实现高等教育人才培养目标起着重要的作用。正是基于这样的考虑,江西财经大学与复旦大学出版社达成共识,准备通过编写出版一套高质量的教材系列,以期进一步锻炼学校教师队伍,提高教师素质和教学水平,最终将学校的学科、师资等优势转化为人才培养优势,提升人才培养质量。为凸显江财特色,我们取校训"信敏廉毅"中一前一尾两个字,将这个系列的教材命名为"信毅教材大系"。

"信毅教材大系"将分期分批出版问世,江西财经大学教师将积极参与这一具有重大意义的学术事业,精益求精地不断提高写作质量,力争将"信毅教材大系"打造成业内有影响力的高端品牌。"信毅教材大系"的出版,得到了复旦大学出版社的大力支持,没有他们的卓越视野和精心组织,就不可能有这套系列教材的问世。作为"信毅教材大系"的合作方和复旦大学出版社的一位多年的合作者,对他们的敬业精神和远见卓识,我感到由衷的钦佩。

王 乔

2012 年 9 月 19 日

前 言

金融学是一门传统的金融学专业以及经济管理类相关专业的基础课,在各类大学中普遍开设。但不同层次、不同类型的院校对课程所要求的广度和深度不同,本书是为应用型普通本科院校学生编写的教材,也可作为研究生和实际工作者的参考用书。本书的基本目标,是要让学生全面掌握金融货币知识。具体而言,通过本书,了解货币和货币制度、利息及利率,以及金融市场体系;熟悉中央银行和商业银行的有关制度和业务;能较深入地把握宏观经济与货币政策分析技能,熟练地从宏观经济角度分析货币的供给和需求,较深刻地认识通货膨胀问题和熟悉中央银行的货币政策,理解金融稳定的意义和方法以及金融监管的基本内容,清晰地洞察中国的金融发展与改革。

第一篇包括货币制度、信用和利率。货币是金融发展的历史起点,也是金融学的逻辑起点,我们的分析自然从货币开始。同样,信用是市场经济的基础,也是信用货币的基础。无论从历史还是从逻辑角度说,信用既是货币演化的催化剂,也是现代金融运行的基础支撑。利率是资金的价格,是调节资金供求尤其是货币供应量的杠杆,在金融分析中具有普适性。

第二篇主要围绕金融系统的三个主体,即金融市场、商业银行和其他金融机构,以及中央银行来展开。资金的运动与货币供应量的变动离不开金融市场,如果说商业银行是货币创造——派生存款的主体,中央银行则是货币创造——基础货币以及直接控制货币供应量的主体。这一篇重点介绍金融市场、金融机构的构成和运作、商业银行的经营和管理、中央银行的性质和功能以及在现代经济体系中的地位。

第三篇是本书的另一重点。通过货币总需求、货币总供给章节来反映货币总量的形成及运动。通货膨胀是货币总量的一个反映,如何看待和对待,关系国民经济的稳定。货币政策章节反映了市场经济条件下金融宏观调控的基本内容和政策取向,让学生对此有较清晰的了解,也是本书的主旨之一。

第四篇是本书的末篇,涉及两个问题,即金融稳定和金融改革。金融稳定是20世纪末才由中央银行正式提出的命题,金融稳定是维持金融和经济可持续发展的基本保证;中国金融改革是一个不断与时俱进的过程,在此加以简要介绍,目的在于使学生们对中国金融的改革和发展状况有所了解。

本书由杨荣担任主编,舒海棠、周闯担任副主编。

《金融学概论》具有深远厚重的历史底蕴,前身可追溯到由江西财经大学资深教授胡援成先生等主编的、1996年由中国财政经济出版社出版的《货币银行学》。该书出版后,得到社会广泛的认同,并于1997年被原国家教委选为全国高校"推荐教材"。其后数次再版,多次荣获江西省优秀教材一等奖。伴随着我国金融体系的发展,作为金融学专业基础课程的《货币银行学》正从传统的以货币银行为中心的体系向现代金融体系过渡和演变,并逐渐形成新的学科和体系,尤其是中国金融改革的日新月异,为学科发展和教材建设提供了鲜活的实践基础。为此,本书全体作者多次讨论了这本作为金融学科基本理论教材的名称,决定以《金融学概论》命名,力图反映现代金融发展带来的金融的热点,充分体现时代的发展和变化。

本教材经杨荣、舒海棠及周闯对全书各章节进行反复仔细地审阅和修订,最后由杨荣统一总纂和定稿。各章编写人员如下所示。

前言:杨荣

第一章:杨荣

第二章:彭玉镏

第三章:杨玉凤

第四章:寿晖

第五章:舒海棠

第六章：杨荣

第七章：牛子雨

第八章：孙爱琳

第九章：李英

第十章：周闯

第十一章：曾莉华

本书的出版首先要感谢复旦大学出版社的同志们。本书的编写参考了国内外大量有关书籍和资料，谨向这些作者表示谢意。本书也是团队长期教学和研究的经验结晶，江西财经大学资深教授胡援成先生一直是本教材的引领者，在此向胡援成先生和所有关心过货币银行学教学以及提出过建设性意见的老师和同学们表示衷心感谢。

由于我们水平有限，错漏之处在所难免，敬请各位读者不吝赐教。

作　者

2021 年 6 月

教学建议

一、课程教学要求

（1）采用启发式教学。在保证该课程教学的科学性和系统性的前提下，重点突出实用性。要求学生牢固掌握并熟练运用本课程的基本概念、基本知识和基本技能，并在教学中把本学科最前沿的知识介绍给学生。教学中注意培养和提高学生的分析问题和解决问题的能力。

（2）坚持理论与实践相结合。结合知识点运用案例进行教学，使学生能够比较全面系统地理解货币银行学的理论，能够运用基本理论解决实践中出现的问题。

（3）适量的课后作业是教好、学好本课程的关键。在整个教学过程中，将根据正常教学进度布置一定量的课后作业，要求学生按时完成。

二、教学时数分配

章 目	节	教学时数分配	
		必修课	选修课
第一章 货币与货币制度	第一节 货币概述 第二节 货币形态的变化 第三节 货币制度及其沿革 第四节 国际货币制度	5	4
第二章 信用、利息与利率	第一节 信用 第二节 利息与利率 第三节 利率决定理论 第四节 利率对经济的影响	5	4
第三章 金融市场	第一节 金融市场概述 第二节 货币市场 第三节 资本市场 第四节 外汇市场 第五节 金融衍生市场	9	6
第四章 商业银行 与其他金融机构	第一节 商业银行概述 第二节 商业银行业务 第三节 商业银行管理 第四节 商业银行金融创新 第五节 其他金融机构	5	4

（续表）

章 目	节	教学时数分配	
		必修课	选修课
第五章 中央银行	第一节 中央银行制度 第二节 中央银行职能 第三节 中央银行业务 第四节 中央银行在现代经济体系中的作用	3	3
第六章 货币需求	第一节 货币需求概述 第二节 传统的货币需求理论 第三节 现代货币需求理论 第四节 货币需求的经验研究	3	—
第七章 货币供给	第一节 信用货币的范围及层次划分 第二节 中央银行与基础货币 第三节 商业银行与存款货币 第四节 货币供给模型及货币乘数的影响因素 第五节 货币供给的内生性与外生性	5	3
第八章 通货膨胀及 通货紧缩	第一节 货币均衡与非均衡 第二节 通货膨胀的概念及其测度 第三节 通货膨胀的成因 第四节 通货膨胀的社会效应和经济效应 第五节 通货膨胀的治理对策 第六节 通货紧缩	4	2
第九章 货币政策 理论与实践	第一节 货币政策目标 第二节 货币政策工具 第三节 中国货币政策实践	5	4
第十章 金融稳定与 宏观审慎	第一节 金融稳定的概念、特征和制度安排 第二节 宏观审慎：兴起缘由和基本理念 第三节 主要的宏观审慎政策工具	2	1
第十一章 中国金融改革	第一节 中国金融改革历程简要回顾 第二节 金融市场体系的改革发展历程 第三节 中国银行类金融机构的改革与发展 第四节 利率市场化的改革和发展	2	1
合　计		48	32

目 录

第一篇 货币制度与利率

第一章 货币与货币制度 …………………………………… 003
- 第一节 货币概述 ………………………………………… 003
- 第二节 货币形态的变化 ………………………………… 007
- 第三节 货币制度及其沿革 ……………………………… 011
- 第四节 国际货币制度 …………………………………… 021
- 本章小结 …………………………………………………… 025
- 练习与思考 ………………………………………………… 026
- 参考文献 …………………………………………………… 027

第二章 信用、利息与利率 ……………………………… 029
- 第一节 信用 ……………………………………………… 029
- 第二节 利息与利率 ……………………………………… 033
- 第三节 利率决定理论 …………………………………… 039
- 第四节 利率对经济的影响 ……………………………… 048
- 本章小结 …………………………………………………… 053
- 练习与思考 ………………………………………………… 053
- 参考文献 …………………………………………………… 054

第二篇 金融系统的主体

第三章 金融市场 …………………………………………… 057
- 第一节 金融市场概述 …………………………………… 057
- 第二节 货币市场 ………………………………………… 063
- 第三节 资本市场 ………………………………………… 069
- 第四节 外汇市场 ………………………………………… 082
- 第五节 金融衍生市场 …………………………………… 084
- 本章小结 …………………………………………………… 089
- 练习与思考 ………………………………………………… 089
- 参考文献 …………………………………………………… 091

第四章　商业银行与其他金融机构 …… 092
第一节　商业银行概述 …… 092
第二节　商业银行业务 …… 096
第三节　商业银行管理 …… 104
第四节　商业银行金融创新 …… 110
第五节　其他金融机构 …… 115
本章小结 …… 122
练习与思考 …… 123
参考文献 …… 124

第五章　中央银行 …… 125
第一节　中央银行制度 …… 125
第二节　中央银行职能 …… 134
第三节　中央银行业务 …… 138
第四节　中央银行在现代经济体系中的作用 …… 146
本章小结 …… 149
练习与思考 …… 149
参考文献 …… 150

第三篇　货币总量与货币政策

第六章　货币需求 …… 153
第一节　货币需求概述 …… 153
第二节　传统的货币需求理论 …… 158
第三节　现代货币需求理论 …… 163
第四节　货币需求的经验研究 …… 176
本章小结 …… 177
练习与思考 …… 178
参考文献 …… 179

第七章　货币供给 …… 181
第一节　信用货币的范围及层次划分 …… 181
第二节　中央银行与基础货币 …… 185
第三节　商业银行与存款货币 …… 189
第四节　货币供给模型及货币乘数的影响因素 …… 194
第五节　货币供给内生性与外生性 …… 202
本章小结 …… 206
练习与思考 …… 207

参考文献 ·············· 208

第八章　通货膨胀及通货紧缩 ·············· 209
　　第一节　货币均衡与非均衡 ·············· 209
　　第二节　通货膨胀的概念及其测度 ·············· 211
　　第三节　通货膨胀的成因 ·············· 214
　　第四节　通货膨胀的社会效应和经济效应 ·············· 217
　　第五节　通货膨胀的治理对策 ·············· 222
　　第六节　通货紧缩 ·············· 226
　　本章小结 ·············· 232
　　练习与思考 ·············· 233
　　参考文献 ·············· 234

第九章　货币政策理论与实践 ·············· 235
　　第一节　货币政策目标 ·············· 235
　　第二节　货币政策工具 ·············· 244
　　第三节　中国货币政策实践 ·············· 254
　　本章小结 ·············· 261
　　练习与思考 ·············· 261
　　参考文献 ·············· 262

第四篇　金融稳定与金融改革

第十章　金融稳定与宏观审慎 ·············· 265
　　第一节　金融稳定的概念、特征和制度安排 ·············· 265
　　第二节　宏观审慎：兴起缘由和基本理念 ·············· 271
　　第三节　主要的宏观审慎政策工具 ·············· 273
　　本章小结 ·············· 277
　　练习与思考 ·············· 277
　　参考文献 ·············· 278

第十一章　中国金融改革 ·············· 281
　　第一节　中国金融改革历程简要回顾 ·············· 281
　　第二节　金融市场体系的改革发展历程 ·············· 283
　　第三节　中国银行类金融机构的改革与发展 ·············· 291
　　第四节　利率市场化的改革和发展 ·············· 295
　　复习与思考 ·············· 300
　　参考文献 ·············· 301

第一篇 货币制度与利率

- 第一章 货币与货币制度
- 第二章 信用、利息与利率

第一章 货币与货币制度

本章概要

在本章中,我们要学习货币的定义与职能、货币形态及支付制度的演变以及货币制度的发展等内容。本章共分四节,第一节着重介绍货币的定义与职能。第二节介绍货币形态的演进,即从实物货币到非实物货币,再到电子货币这样一个发展过程。第三节介绍货币制度的形成、货币制度的内容及发展进程,并对我国人民币制度亦做了简要介绍。第四节介绍国际货币制度。

[学习要点]

1. 货币的三大功能;
2. 货币从实物货币向纸币、支票及电子货币演变的过程;
3. 货币制度的构成要素;
4. 金银复本位制、金本位制、信用货币制度的特征;
5. 布雷顿森林体系和牙买加体系。

[基本概念]

货币 价值尺度 流通手段 铸币 银行券 信用货币 本位货币 辅币 无限法偿 复本位制 格雷欣法则 金本位制 法定平价 布雷顿森林体系 牙买加体系

第一节 货币概述

一、货币的定义

货币是商品生产和商品交换长期发展的产物,作为商品经济时代一种最普遍的现象,对于什么是货币,我们似乎很明确。然而,给货币一个准确的定义却并非易事,它涉及对货币本质的认识。

(一) 马克思劳动价值论的货币定义

在对价值形态发展历史的研究中,马克思提出了劳动价值论,揭示了货币的本质,他把货币定义为从商品世界中分离出来的、固定充当一般等价物的商品,并能反映一定的生产关系。这一定义涵盖了货币起源以及职能当中最本质的东西。

1. 货币是特殊的商品

首先,货币是商品,它与商品世界的其他商品一样,都是人类劳动的产物,是价值与使用价值的统一体,但它却不是普通的、一般的商品,它是从商品世界中分离出来的与其他商品不同的特殊商品,其特殊性在于它具有一般等价物功能,具体表现在两个方面:(1)它是表现和衡量一切商品价值的材料;(2)它具有与其他一切商品相交换的能力,成为一般的交换手段。

其次,货币是固定充当一般等价物的商品。人类社会自发发展的过程,包括由简单的、偶然的价值形态到总和的、扩大的价值形态,再到一般的价值形态,在一般的价值形态中充当一般等价物的商品很多,但它们不是货币,因为它们只是在局部范围内临时发挥一般等价物的作用,货币则是固定充当一般等价物的商品,是在一个国家或地区长期充当一般等价物的商品。

2. 货币体现一定的生产关系

货币作为一般等价物,无论是表现在金银上,还是表现在某种价值符号上,都只是一种表面现象,同时,它还反映商品生产者之间的关系,即反映产品由不同所有者所生产、所占有,并通过等价交换实现人与人之间的社会联系,即社会生产关系。

在历史发展的不同阶段,货币反映着不同的生产关系,值得注意的是:货币在不同社会制度中作为统治阶级的工具,是由社会制度决定的,而不是货币本身固有的属性,不能把特定社会形态中货币职能的发挥视同货币的本质。例如,在资本主义社会,劳动力成为特殊商品,货币转化为资本,资本家凭借着对生产资料和产品的占有,掌握大量的货币,购买工人的劳动力,无偿占有工人创造的剩余价值,不能因此就把货币本质定格为资本家剥削工人阶级的工具,因为毕竟货币不是资本。商品经济的基本原则是等价交换,不论是什么样的人,持有什么样的商品,在价值面前一律平等,都要按同等的价值量相交换。同样的货币,不论存在于谁的手中,都是作为价值的独立体现者,具备着转化任何商品的能力。

(二)西方经济学中有关货币的观点

1. 货币金属论

货币金属论认为货币也是一种商品,其自身必须有价值,它的实际价值是由货币金属的价值所决定的,金银天然就是货币。持这种观点的主要有 16—18 世纪英国的重商主义学者威廉·斯塔福德、威廉·配第、亚当·斯密、大卫·李嘉图等。

他们认为,货币是资本的一种表现形态,是唯一的财富,所以货币越多越好。但是,货币必须足值,只有金银才是货币,并特别强调货币的价值尺度职能,认为货币是测量其他财富的价值尺度,如果这一尺度改变了,其他商品的价值也随之按比例改变。

2. 货币名目论

货币名目论认为货币是一种便于交换的技术工具,是换取财富的价值符号,是一种观念的计算单位,是一种票券。17—18 世纪英国的巴本、贝克莱、斯图亚特以及德国的克纳普等都是著名的货币名目论者。

以巴本为代表的货币国定论认为货币是国家创造的,货币的价值不是货币本身所具有的,而是由国家权威所规定的,由于国家权威,铸币才具有价值,才能够流通。因此,不必以金银贵金属作货币,只要有了君主的印鉴,任何金属都可以作为货币。

以克纳普为代表的货币支付手段论可以说是货币国定论的延伸。克纳普认为一切货币都是支付手段。所谓支付手段,就是由法律认可的、能用于流通的、表明价值单位的物品,作为支付手段,其与创造货币的材料无关,只要有国家法律的认可,就可以自由选定货币支付手段。

以贝克莱为代表的货币计算比价论,认为货币不过是比例名称,是用来表示商品之间比价及财富转移的一种符号或工具。既然是一种符号,因此用什么材料来充当货币是无关紧要的,而纸币制度则是较金属货币制度更好的制度,是人类社会货币制度发展的最高阶段。

以斯图亚特为代表的货币计算工具论,把货币看成是一个观念的计量单位,认为计算"货币不过是为了衡量可售物品的相对价值而发明的任意的等分标准,货币只是具有等分的观念标准"[①]。

3. 货币职能论

这类观点往往从货币的某项或某几项职能来定义,认为货币是为社会公众普遍接受的、作为支付货款与服务的手段。古典经济学家亚当·斯密认为货币是为了便利交换的目的,他说:"货币是流通的大轮,是商业的大工具。"米尔顿·弗里德曼认为货币是一个共同的被普遍接受的交换媒介,并认为它是建立在普遍接受的传统习惯上的;他还说货币是购买力的暂时栖所。米什金从货币的支付职能给货币下了定义:"经济学家将货币(对货币供应也是一样)定义为:在商品和劳务支付或债务偿还中被普遍接受的任何东西。"托马斯·梅耶认为:"任何一种能执行交换中介、价值标准或完全流动的财富贮藏手段职能的物品都可看成是货币。"

4. 货币数量论

货币数量论是用货币的数量来解释货币的属性、货币价值与商品价格的学说。它否认货币本身具有的商品属性和内在价值,认为货币价值是由货币供给的数量所决定。货币数量学说分为古典货币数量论和现代货币数量论。古典货币数量论代表人物是苏格兰的大卫·休谟,其主要观点是:在其他条件不变的情况下,物价水平的高低和货币价值的大小都是被动地由一国流通中的货币数量多少决定的。货币数量增加,物价即随之正比例上涨,而货币价值则反比例下降;反之,货币数量减少,则物价下跌,货币价值上升。现代货币数量论的代表人物美国的米尔顿·弗里德曼,认为货币不过是"购买力的暂时栖息所",货币数量的变动可以使收入、就业、物价也变动,货币便成为一种重要的力量。现代货币数量论把货币视为国家调控和管理经济的重要工具。

二、货币的职能

货币的职能是指货币固有的功能。在金属货币制度下,由于货币本身具有内在价

[①] 洪远朋.经济理论比较研究[M].复旦大学出版社,2002.

值,学者们对货币职能的认识没有实质性的分歧,划分标准也大体一致。例如,色诺芬就认为货币是用来积累和交换财富的;亚里士多德明确指出货币具有价值尺度、流通手段和贮藏手段的职能;马克思则将当时典型的货币——金币归为价值尺度、流通手段、支付手段、贮藏手段和世界货币五大职能。

但随着本体没有内在价值的信用货币的出现与流通,人们对于如何认识货币的职能产生了新的见解。通常认为,在人类经济社会中,无论货币是贝壳、黄金还是纸张,都具有三项主要功能:交易媒介、计价标准和价值储藏。

(一) 交易媒介

交易媒介(medium of exchange)职能就是货币作为交换手段和支付手段,提高了交易效率、降低了交易成本、便利了商品交换的职能。

货币发挥交易媒介的职能主要通过两种方式实现。

1. 交换手段

交换手段(means of exchange)是指货币在商品交换中作为媒介,通过一手交钱一手交货完成商品的交易。在货币出现以前,商品交换采取直接物物交换的形式,这对商品生产的流通造成了极大的不便,并影响了经济效率的提高。货币出现后,商品交换形式发生了变化,每个商品生产者都要先把商品换成货币,然后再用货币去购买商品,货币在交换过程中充当了媒介体,因而使其具有了交易媒介的职能。

2. 支付手段

支付手段(means of payment)是指货币作为延期支付的手段来结清债权债务关系。货币的支付手段职能最初是由商品赊销引起的。这样,买者和卖者之间便形成了债权债务关系,当货币用于支付赊购的货款时,它已经不是商品流通的媒介,而成了延期支付的标准。在这个交易过程中,商品的让渡和货款的支付在时间上已经分开。这种没有商品在同时、同地与之相向运动,而是作为价值的独立存在、单方面转移的货币发挥着支付手段职能;另外,货币的这种支付手段的功能还会扩展到商品流通之外,为非商品性支付服务,即用于以货币作为计算单位的各种契约、合同等的支付。

(二) 计价标准

货币作为计价标准(standard of value),是指货币作为社会经济中价值衡量的手段,去计算并衡量商品或劳务的价值,从而作为商品和劳务的交换标价。以货币作为尺度来衡量不同商品和劳务的价值,很容易进行价值比较,交换比率简单明了,有些西方教科书将这一职能称为"记账单位"(unit of account)。

要了解货币这一功能的重要性,我们可以设想一下在自然经济中的情形:自然经济中没有货币,产品交换为直接的物物交换。一个人用斧子交换面包,存在一个交换率(价格);而用斧子交换布匹,又需要另一个交换率。假如有 N 种产品,它们之间进行交换将需要多少种交换率或价格呢? 我们可通过下述公式来求得:

$$W_N = \frac{N \times (N-1)}{2}$$

其中,W_N 为 N 种产品的交换率或价格的数量;N 为产品的种类。

如果经济社会有 10 种产品，就需要知道 45(=10×(10-1)/2)种价格，有 100 种产品，就需要知道 4 950 种价格，而有 1 000 种产品，就需要知道 499 500 种价格！试想一下，到一家拥有 1 000 种商品的超市去购物将会何其艰难。而用货币作为唯一的计价标准，问题就简单了，每一种商品都用同一货币单位来标价，10 种产品，只需要 10 种价格，100 种产品只需要 100 种价格，而到一家拥有 1 000 种商品的超级市场中，我们只需要了解 1 000 种价格，而不是 499 500 种价格。

(三) 价值储藏

价值储藏(store of value)是指货币退出流通领域被人们当作独立的价值形式和社会财富的一般代表而保存的职能，货币作为人们总资产的一种存在形式，成为实现资产保值增值的一种手段。

由于货币是一般等价物，是社会财富的一般代表，因而可以被保存起来。它是一种超越时间的购买力的贮藏，可以利用货币的这一功能将自己取得收入的时间和消费收入的时间分离开来，因为我们多数人都不想在取得收入时就立刻将它全部消费掉。货币的价值储藏职能是由商品经济的发展所引起的。随着商品经济的发展，商品生产者对市场的依赖性增强了，为了应付生产和交换中各种偶然的变化以及满足积聚财富的欲望，他们就把暂时不用的货币贮存起来。

具有贮藏手段功能的资产并非只有货币一种，股票、债券、土地、房屋等资产都具有贮藏手段的功能，而且它们还常为所有者带来较高的收益，这是货币所不及的。但是，货币作为价值贮藏手段的优点是它具有很高的流动性。货币没有或只有极小的交易成本，它无须转换为其他任何东西便可用于购买，而其他资产在转换成货币时都有转换成本，要花费一定的代价，也可能在转换时蒙受一定的经济损失。例如，为了能够迅速将股票脱手而不得不接受一个较低的价格。因此，人们用货币作为价值储藏的一种手段主要是因为它是一种流动性最高的资产。

货币作为贮藏手段，一般要求由贵金属来执行这一职能。至于纸币，只有在币值较为稳定的条件下，才被人们用作价值保存的工具，如果纸币发生贬值，则会使它部分地丧失这一功能。如果价格上涨了一倍，那么，货币的价值就打了对折；相反，如果价格打了对折，货币价值就上涨了一倍。在物价水平迅速上升的通货膨胀时期，货币的价值也在迅速流失，人们就不愿以货币形式来储藏财富。所以，决定货币是否能够作为贮藏手段的基本条件是它能否稳定地代表一定量的价值。

第二节 货币形态的变化

随着商品经济和信用制度的不断发展，以及科学技术创新的推动，货币形式及支付体系也在不断地发展和变化，在不同的历史时期有不同的货币形式。货币形式通常有三种不同的分类方法：一是按币材的自然属性，可分为实物货币、非实物货币和超物货币；二是按发行者的身份，可分为私人铸币、国家铸币(或银行纸币和国家纸币)；三是按货币的实际价值与代表的价值之间的关系，可分为足值货币和非足值货币。

从货币的发展阶段看,可划分为实物货币阶段和非实物货币阶段。与此相对应的货币形式有实物(商品)货币、纸币、存款货币和电子货币。

一、实物货币

实物货币是货币形式发展的第一阶段,它又可分为非金属货币和金属货币两个发展阶段。

最初的实物货币是非金属货币。那时,任何商品都可以作为交换的媒介物,只要它能够被大家所接受。在人类历史上,粮食、布、家畜、贝壳、烟草、盐、皮革、酒、石头等都充当过货币。随着生产力的发展,金属逐渐充当了币材,因为它对每一个人都具有明显的价值。这一方面是由于非金属实物货币自身的物理性能很不稳定,不易保管和计量;另一方面由于金属货币具有质地均匀、易于分割、体积小、价值量大、易于保存等特点。历史上充当过币材的金属有铜、铁、锡等,最后固定在黄金和白银上。

虽然货币最终固定在金银上,但金属货币最初仍是以条块形式流通的,这种做法给日益扩大的商品交换带来了诸多不变。为了便于商品流通,适应经济发展对货币的新的要求,国家便把金属块铸成一定的形状并打上面值,这样就出现了铸币。

所谓铸币,就是指由国家统一铸造,具有一定重量和成色,铸成一定形状并标明面值的金属货币。政府根据铸币所包含的实际价值标明铸币的面值,并以其信誉作担保。最初的铸币都是足值货币,但是,由于以下原因,铸币常出现重量和成色不断降低的现象:(1)有些人常从铸币的边上削刮下一点金属,然后再使其进入流通;(2)正常的磨损(随着铸币连续地使用,它必然会不断地磨损);(3)政府蓄意制造不足值的铸币,以此来搜刮财富。但这并不影响铸币的流通,因为它是建立在政府的信誉和强制力基础上的。

金属货币虽有许多优点,但以贵金属为基础的支付制度也存在着以下问题:(1)称量和鉴定成色十分麻烦;(2)流通费用较高,运送货币成本较大,安全性也较差;(3)人类拥有可作为货币使用的金属数量有限,不能满足商品流通对币材的需要。于是,随着商品流通的扩展,出现了各种代用货币,货币的名义价值与实际价值逐渐分离,货币形态也就由实物货币转化为非实物货币(足值货币转化为表征货币)。

二、非实物货币

非实物货币本身的价值低于其所代表的价值,属于信用货币。就货币而言,它只是一种凭证,完全依赖政府信用和银行信用而流通,由于信用货币属于银行和政府的负债,因而又被称为债务货币。其典型代表是纸币、存款货币,以及目前越来越流行的电子货币。

(一)纸币

从纸币自身的发展过程来看,大体经历了附属、摆脱和完全独立于黄金三个阶段。

1. 纸币附属于黄金的阶段

附属阶段也称为可兑现的银行券阶段。所谓银行券就是银行信用所产生的一种信用工具,它是由银行发行的以信用和黄金作双重保证的允诺兑现的银行票据,银行券从性质上说是一种本票。

银行券的流通也有一个历史过程。开始时,一些人为安全起见,将他们的金银交由从事货币兑换业务的金商保存,金商则开给客户一纸收据,并承诺可据以随时提取原有数量的金银。后来,由于交易和支付日益频繁,为了方便支付和节约费用,人们逐渐习惯了用保管凭条进行直接支付。于是,保管凭条就演化成银行券的雏形。此外,随着资本主义经济的发展,商业信用也开始迅速发展起来,作为商业信用的代表,商业票据只有到期时才能被支付,为了解决持票人临时需要资金的问题,银行就对持票人进行贴现,若此时银行的现款不足以支付持票人,银行就用自己发行的票据(银行券)来进行支付。由于银行券是银行发行的,故它较商业票据有更高的信誉,而且可随时持银行券到银行兑换金币,所以,人们也乐意在交易中使用银行券。

在可兑现的银行券阶段,纸币(主要指银行券)是代表黄金流通的,各国都规定了银行券的含金量,并可按其含金量兑换金币。因此,必须保留足量的黄金作保证,这就使银行券发行量受到限制。然而,纸币代替金银流通的积极作用是显著的。它可以节省金银资源,降低流通费用(纸币在制造、运送、保管、回收等方面的费用,要比金属货币低得多),更便于流通使用。

中国是世界上最早使用纸币的国家之一,1023年(宋仁宗天圣元年)开始发行纸币"交子",宋代的"交子"是世界上最早的货币符号。

2. 纸币摆脱黄金货币的阶段

20世纪30—70年代,这个阶段也称为不可兑现的银行券阶段。这一时期的纸币虽规定了含金量,但不能兑现黄金。在此期间,各主要资本主义国家对货币制度进行了重大改革,促进了纸币与黄金的分离。美国于1971年8月15日宣布停止各国中央银行以美元兑换黄金,纸币与黄金的联系就几乎不存在了。

3. 纸币完全独立的阶段

在这个阶段,纸币既不规定法定的含金量,也不能兑换黄金,其价值形式也不再用金的价值表示。1973年,美国宣布取消美元含金量并实行浮动汇率制度。至此,货币史上具有重大意义的纸币革命终于完成了。

纸币的使用对社会经济的发展具有重大意义。首先,纸币突破了金属货币物质价值总量的限制,能够满足经济规模的扩大对货币的需要,为生产力的发展扫除了流通领域的障碍。其次,纸币体现了国家强制力的作用。货币的供给集中在国家手中,国家可以充分运用货币政策来调节货币供应量。最后,纸币的出现大大提高了商品流通速度,提高了经济效益。

(二) 存款货币

存款货币是非实物货币的另一种主要形式,它体现为各单位、个人在银行账户上的存款。

随着现代银行的发展,支付制度又前进了一步,支票被发明出来。支票是一种见票即付的借据(IOU),它使人们无须携带大量通货便可进行交易。银行活期存款的存户在有支付需要时,可以签发支票。转账支票还不必经过兑取现金的过程,通过银行账户的转账结算即可完成支付行为。因支票要在银行开立活期存款户头,所以也称存款货币。在信用制度发达的国家,货币供应量的最大部分是存款货币。

支票的使用大大提高了支付制度的效率。支付是有来有往的,彼此可以抵消。但若不使用支票,这种支付会造成大量通货的运动。有了支票,相互抵消的支付便可通过冲销支票来清算,而无须运送通货,使支付的成本大大降低。此外,支票还可在存款账户余额范围内开出任意大的金额,使大额交易更方便了。

存款货币中的定期存款是一种潜在的购买力,因为它只有转化为活期存款或被提取成现金后,才成为现实的购买力,故又被称为"潜在货币"。

(三)电子货币

伴随着迅速发展的电子商务而出现的电子货币,是继纸币出现以来货币形式发生的第二大标志性变革,它是以金融电子化网络为基础,以商用电子化器具和各类交易卡为媒介,以电子数据形式存储在银行的计算机系统中,并通过计算机网络系统以电子信息传递形式实现支付功能的非现金货币。它通过计算机运用电磁信号对信用货币实施储存、转账、购买和支付,明显比纸币、支票更快捷、方便、安全、节约。经济学界把电子货币称为继金属铸币、纸币以后的"第三代货币"。

银行利用计算机进行电子货币支付主要包括以下方式:(1)利用计算机处理银行之间的货币汇划业务;(2)银行计算机与其他机构计算机之间资金的汇划;(3)利用网络终端向客户提供各项服务,如自动柜员机(ATM);(4)利用销售点终端(POS机)向客户提供自动扣款服务;(5)电子货币通过公共网络直接进行购物、转账等业务。

随着现代市场经济的高度发达,科学技术的高速发展和信用制度的日趋完善,电子货币必将逐渐取代现金货币,现钞和支票的使用会逐渐减少,甚至可能消失。但是,这是一个渐进的过程,目前还为期尚远。同时,货币不会消亡,它将以其他的新形式存在,执行货币的各项职能。

纸币、支票和电子货币均属于信用货币。信用货币具有三个特征:(1)信用货币是价值符号。在社会商品总额和货币流通速度一定的情况下,每单位货币所代表的价值量和货币数量成反比。这一特征说明,要保持价值和物价的稳定,必须结合货币流通速度的变化,控制信用货币的供给量。(2)信用货币是债务货币。信用货币是表示银行债务的凭证,它是通过银行的资产业务而投放出去的,同时银行还通过收回贷款而缩减信用货币,信用货币的供给量随银行资产业务的规模而伸缩。(3)信用货币具有强制性。中国法律规定全社会都必须接受和使用信用货币,目前世界上大多数国家法律都规定由中央银行统一行使货币发行权。

专栏 1-1

数字人民币——中国版数字货币

2020年4月19日,中国人民银行数字货币研究所相关负责人表示,数字人民币研发工作正在稳妥推进,先行在深圳、苏州、雄安新区、成都及未来的冬奥场景进行内部封闭试点测试，以不断优化和完善功能。

什么是数字人民币？它与比特币、莱特币等数字货币是一回事吗？

数字人民币，是中国人民银行尚未发行的法定数字货币，即"数字货币电子支付"（digital currency electronic payment，DC/EP）。

数字人民币由中国人民银行发行，是有国家信用背书、有法偿能力的法定货币。与比特币等虚拟币相比，数字人民币是法定货币，与人民币（纸币）等值，其效力和安全性是最高的，而比特币是一种虚拟资产，没有任何价值基础，也不享受任何主权信用担保，无法保证价值稳定。这是央行数字货币与比特币等加密资产的最根本区别。

从使用场景上看，央行数字货币不计付利息，可用于小额、零售、高频的业务场景，相比于纸币没有任何差别。同时，使用时应遵守现行的所有关于现钞管理和反洗钱、反恐融资等规定。

法定数字货币的研发和应用，能够高效地满足公众在数字经济条件下对法定货币的需求，提高零售支付的便捷性、安全性和防伪水平，助推中国数字经济加快发展。2020年8月14日，商务部印发《全面深化服务贸易创新发展试点总体方案》，宣布"在京津冀、长三角、粤港澳大湾区及中西部具备条件的试点地区开展数字人民币试点"。

参考资料：
1. 央行：数字人民币封闭测试不会影响人民币发行流通，新华网，2020年4月17日。
2. 开始内测！一图了解"数字人民币"，中国日报网，2020年4月21日。
3. 商务部：在京津冀、长三角、粤港澳大湾区及中西部具备条件的试点地区开展数字人民币试点，中国经济网，2020年8月14日。

第三节 货币制度及其沿革

一、货币制度概述

（一）货币制度的形成

货币制度是指一个国家或地区由法律形式所确定的有关货币流通的系列规定，它使货币发行和流通的各个因素结合为一个统一的系统。货币制度分为金属货币制度和信用货币制度。

货币制度最早是伴随着国家统一货币铸造而产生的。在前资本主义时期，货币的铸造和流通不统一，货币流通相当混乱和分散，主要表现在两个方面。(1)货币的铸造具有分散性。封建社会处于割据状态，各封建主都铸造自己的铸币，这就造成了流通领域的混乱。(2)铸币的质量不断下降。这主要是指铸币重量的减轻与成色的下降，一方面是自然损耗所造成的，另一方面是铸造者本身为了搜刮财富而故意铸造不足值货币。此外，还有人伪造大量铸币。这就使铸币的实际价值大大低于其名义价值，从而使生产和流通中的正常信用关系遭到破坏。后来，随着经济和社会的发展，客观上要求克服货币流通的分散与紊乱状态。于是，各国纷纷在本国范围内建立起了统一的货币制度，统一货币的铸造和流通。

（二）货币制度的内容

货币制度的内容是指：确定本位货币（简称"本位币"），规定制作本位币和辅币的材料；确定本位货币的名称及货币单位；规定本位币和辅币的铸造、发行和流通程序；规定银行券的发行准备等。

1. 确定本位货币币材

本位货币是国家法律规定的标准货币。它是伴随着国家统一铸币而产生的，当一种铸币被国家法律规定为标准货币的时候，它就成为一国的本位货币。

本位货币是整个货币制度的核心和基础，建立货币制度首先要确定以何种材料充当本位币币材。不同的货币材料，就构成不同的货币本位制度。例如，用金作为本位币币材，就构成金本位制等。采用什么金属作为本位币币材，不是任意选择的，也不能完全依靠国家权力决定，而主要是由各国的生产力发展水平和经济条件所决定的。

2. 确定货币名称、货币单位和价格标准

货币名称是各货币发行国所规定的本国货币的名称；货币单位是国家法定的货币计量单位；价格标准是国家法定的每一货币单位所包含的货币金属重量。当货币币材确定后，就要规定货币单位及其名称，规定每一货币单位所包含的货币金属重量。

在金属货币流通条件下，价格标准是铸造单位货币的法定含金量。在纸币本位制度下，货币不再规定含金量，货币单位与价格标准融为一体，货币的价格标准就是货币单位及其划分的等份，如元、角、分等。

3. 规定本位币和辅币的铸造及流通

（1）本位币的铸造与流通。本位币亦称主币，是一国的基本通货和法定的计价、结算货币。在金属货币制度下，本位币可以自由铸造；在纸币制度下，本位币由国家垄断发行。

在金属货币制度下本位币的特征是：足值的铸币；可以自由铸造、自由熔毁；具有无限法偿的能力。

所谓足值的铸币，是指本位币的名义价值和实际价值是一致的，本位币有法定的重量和成色。但由于技术原因，本位币铸造过程中会产生实际重量和成色同国家规定标准不符的情况。同时，在流通过程中也会产生磨损。为此，各国对本位币都规定了公差，即法律承认的铸造误差或法律允许的磨损程度。若超过公差，就可以请求政府兑换新币。

本位币的自由铸造是指每个公民都有权把货币金属送到国家造币厂请求铸造本位币，其数额没有限制。同时，法律也容许公民将本位币熔化成金属条块。自由铸造的意义在于可以使本位币的名义价值与实际价值保持一致，从而自发地调节货币流通量，保证铸币量自发地适应商品流通对于铸币的客观需要。当流通中铸币量过多时，就会出现本位币名义价值低于实际价值的现象，这时人们将会把铸币熔化成金属块贮藏起来；

当流通中铸币量不足时，就出现本位币的名义价值高于实际价值的现象，这时人们就会自动地把金属条块铸成铸币投入流通。由此看来，货币的贮藏手段职能对货币流通的自发调节作用在自由铸造的条件下得到了发挥。

本位币的无限法偿是指国家规定本位币具有无限法偿的能力。不论每次支付的数额多大，商品出售者和债权人都不得拒绝接受。在使用上，本位币是最后的支付工具。例如，使用非本位货币支付时，对方可以要求改用其他货币，而本位货币则具有最后的支付能力。

（2）辅币的铸造与流通。辅币是本位货币单位以下的小额货币，供零星交易和找零之用。辅币通常是用贱金属铸造的，辅币的特征是：不足值的铸币、限制铸造、有限法偿。

辅币之所以铸造成不足值的铸币（即名义价值高于其实际价值），是因为铸造辅币的材料和铸造本位币的材料是不同的。若将辅币铸成足值货币，则会出现以下问题：第一，由于辅币只是本位币的一个可分部分（如十分之一、百分之一等），如果按其实际价值流通，那么当辅币和本位币币材的价值发生变化，且变化的方向和幅度不一致时，辅币和本位币之间法律规定的兑换比例就不能维持，辅币就失去了其作为辅助货币的作用，所以，辅币本身的特征决定了它必须是不足值的货币。第二，如果将辅币铸造成足值货币，当辅币币材价格上升时，大量辅币就会被私自熔为条块，造成辅币不足。而当辅币币材价格下降时，本位币则会被熔为条块，从而被排挤出流通领域。因此，保证辅币按面额流通，不是依靠辅币本身的实际价值，而是依靠法律规定的辅币与本位币的固定兑换比例。

辅币不能自由铸造，是因为辅币是不足值货币，如果允许自由铸造，必然使辅币充斥市场，排挤本位币，造成币值不稳。同时，由于辅币是不足值货币，铸造辅币可得到一部分收入（即铸造利差）。这部分收入归国家所有，是重要的财政收入来源。

辅币的有限法偿是指为了防止辅币充斥市场，国家法律规定每次支付时可在一定金额内用辅币支付，如超过一定金额，对方可以拒绝接受。

4. 规定货币的发行和保证制度

发行准备制度也称发行保证制度。随着生产和商品流通的扩大，货币需要量随之增加，而贵金属的生产远不能满足需要，这样就产生了银行券等信用流通工具。发行准备制度是指通过银行发行的信用货币依靠什么来保证其币值稳定的制度。

银行券的发行分为两个阶段。从17世纪到19世纪中叶实行分散发行，即许多大银行分别发行各自的银行券。19世纪中叶以后，逐渐改由中央银行集中发行，这种银行券通常被国家法律认可为法定的支付手段。

在金属货币制度下，铸币的发行必须以充足的货币金属作为后备，以便随时向市场发行铸币。银行券在流通中是以金属货币代表的身份出现的，银行券的持有人可随时要求兑取金属本位货币。因此，中央银行发行银行券必须有足够的黄金保证。

随着商品流通和货币流通的发展，货币发行的商业信用保证和国家信用保证也发展起来。银行通过商业票据贴现向流通中投放信用货币为商业信用保证，由于投放到流通中的信用货币有相应的商品做保证，可保证货币购买力和供应量的基本平衡，从而能使货币流通基本保持稳定。国家信用保证一般是指银行通过买入政府债券向流通中投放信用货币,由于这些投放的货币无金属储备可供兑现,又无相应的商品可满足其购买力的需求,因此凭国家信用发行的信用货币,并不具有稳定货币流通的保证作用。

自1929—1933年世界经济危机后,各国在先后放弃金本位货币制度的同时,也不再规定发行保证制度。发行信用货币的中央银行虽然集中了大量的黄金外汇储备,但既不规定信用货币的含金量,也不建立黄金外汇与信用货币发行之间的比例关系,因此,并不属于信用货币的发行保证制度。例如,我国的人民币只规定了经济发行的原则,而无发行保证制度;少数国家和地区由于特殊的背景和历史原因,也有用发达国家的国际通用货币作为本国或本地区的货币发行保证。

5. 规定货币的对外关系

货币的对外关系,包括能否自由兑换、汇率的确定办法等(详见第一章第四节),概括而言,货币制度可分为两类。

(1)金属本位制,即以贵金属作为本位货币,铸币与银行券的发行必须以充足的货币金属作为后备。

(2)信用货币本位制,又称纸币本位制或不兑现本位制,是指不以有价值的商品作为本位货币的货币制度。

二、金属货币制度

金属货币制度是货币制度的初级形式,它以本身具有价值的贵金属黄金和白银作为货币,执行货币的职能。

金属货币制度可分为单本位制和复本位制。单本位制是以黄金或白银一种金属作为本位币币材的货币制度,复本位制是同时以金、银两种金属作为本位币币材的货币制度(见图1-1)。

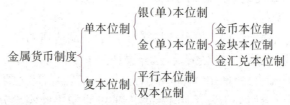

图1-1 金属货币制度的形成

(一)银本位制

银本位制是最早的货币制度之一。它是以白银作为本位币币材的货币制度。在中世纪相当长的时期内,许多国家都实行过银本位制,主要有墨西哥、日本、印度等国。我国于清宣统二年(1910年)颁布"币制则例",开始实行银本位制,实际上是银圆与银两并用。1933年4月,国民政府实行"废两改圆",公布《银本位币铸造条例》,流通银圆。1935年11月又实行"法币改革",废止了银本位制。其他国家则早在19世纪末期就放弃了银本位制。

各国放弃银本位制主要有两方面的原因：一是由于银价因白银开采和冶炼技术的提高而猛跌，不宜继续执行货币的职能；二是由于白银价值量小，在大宗交易中给计价、结算和运送都带来了不便，客观上要求由价值量较大的金来执行货币的职能。这样，各国就逐步由银单本位制向金银复本位制过渡。

（二）金银复本位制

金银复本位制是以金铸币和银铸币同时作为本位币的货币制度。这两种铸币均可自由铸造及熔化，具有无限法偿能力，均可自由输出入，辅币和银行券均能与之自由兑换。

金银复本位制有平行本位制和双本位制两种类型。

1. 平行本位制

平行本位制是金银两种本位币按其所含金属的实际价值流通，国家对两种货币的交换比率不加规定，而由市场上金和银的实际比价自由确定金币和银币比价的货币制度。

在实行平行本位制的条件下，市场上每一种商品都必然有两种价格表现形式：一种是金币价格，一种是银币价格。由于金银市价不断变动，金银铸币的兑换比率也不断变动，用金银两种铸币表示的商品的两种价格对比关系也随市场金银比价的变化而变化。这就使货币价值尺度功能的发挥受到影响，对商品价值的衡量缺乏统一的标准。因此，平行本位制是一种不稳定的货币制度。这种不稳定的根源在于：货币具有的排他性、独占性的本性，不容许金、银同时执行价值尺度的职能。

2. 双本位制

为了克服平行本位制的缺陷，法律规定了金、银币比价，金、银币仍同时作为本位货币，这就是双本位制。

在双本位制下，金币和银币是按照法律规定的比价来流通的，这就克服了平行本位制下那种混乱的局面。但在双本位制下，当市场上金、银的比价发生变化时，会引起金币或银币的实际价值与名义价值背离。这时实际价值高于名义价值的货币（良币）就会被熔化，退出流通领域，而实际价值低于名义价值的货币（劣币）则会充斥市场。这就是"劣币驱逐良币"规律，即在金属货币流通条件下，如果在同一地区同时流通两种货币，则价值相对低的劣币会把价值相对高的良币排挤出流通。"劣币驱逐良币"规律是英国理财家格雷欣首先论及的，所以又称"格雷欣法则"（Gresham' Law）。例如，假设金银的法定比价是1∶15，如果由于采银技术进步或其他原因使银价跌落，市场金银比价变为1∶16，倘若把金币熔化为金块，把金块在市场上按市价换成白银，再把白银铸成银币，并把银币按法定比价换为金币，如此循环一周，就可得到1份银的利润。这种情形发展的结果是金币敛迹，而银币充斥市场，反之亦然。

因此，在双本位制下，虽然法律规定金银两种铸币可以同时流通，但实际上，在某一时期市场上主要只有一种金属铸币流通。银贱则银币充斥市场，金贱则金币充斥市场。马克思说，凡有两种商品依法充当价值尺度的地方，事实上总是只有一种保持着这种地位。价值尺度的二重化是与价值尺度的职能相矛盾的。

在由金银复本位制向金单本位制过渡时期，还出现过一种跛行本位制。它和双本位制的区别仅在于金币可以自由铸造而银币则不能自由铸造。由于限制铸造银币,银币的币值实际上不再取决于其本身的金属价值,而取决于银币与金币的法定兑换比率。因此,跛行本位制下的银币实际上已演化为金币的符号,起着辅币的作用。之所以实行跛行本位制,是因为实行双本位制的国家,在劣币驱逐良币的情况下,不得不将劣币的铸造权收归国有,以保持流通中金币和银币的法定比价。19世纪末,世界白银过剩,银价暴跌,金银币比价日益脱离市场比价,复本位制日趋没落,这些国家或者是由于流通中的银币一时难以收回,改铸费用太大,或者是缺乏黄金,于是只好用跛行本位制来维持复本位制的残局。

随着经济的发展,复本位制的不稳定性造成商品价格的起伏不定和货币流通的动荡,这对迅速发展的资本主义经济起着阻碍作用,因而客观上要求建立一种稳定的货币制度。于是,从18世纪末开始,各资本主义国家的货币制度都逐渐从复本位制向金本位制过渡。到20世纪初,金本位制已在各国广泛流行了。

(三)金本位制

在金本位制度下,一国的基本货币单位与一定成色及重量的黄金维持固定关系。金本位制按基本货币单位与黄金的联系程度又可分为金币本位制、金块本位制和金汇兑本位制。

1. 金币本位制

金币本位制是典型的金本位制。它的主要内容是:以一定数量与成色的金币作为本位货币,金币具有无限法偿能力;金币可以自由铸造、自由熔化;黄金可以自由输出入;辅币和银行券可以自由兑换成金币。

金币本位制具有自由铸造、自由兑换和自由输出入三个特征,其落脚点在于稳定币值。金币的自由铸造和熔化是为了保证金币的价值和黄金一致,可以自发地调节流通中的货币量;黄金的自由输出入,可保持国内外黄金价格维持同一水平,从而保证外汇行市的相对稳定和国际金融市场的统一;银行券和辅币同金币之间的自由兑换,可维持这些货币之间按照法定比价流通。

金币本位制是相对稳定的货币制度,对资本主义经济的发展起了积极作用,表现在以下三个方面。

(1)促进了资本主义生产的发展。在金币本位制下,流通中货币量能自发地适应商品流通的需要,币值较稳定,而这有利于债权债务关系的建立和落实,使资本主义信用关系得以正常发展,这对资本主义经济的发展起着重要作用。

(2)促进了汇率的稳定。在金币本位制下,各国货币都规定了含金量,各国货币的含金量之比叫法定平价,即兑换的比率。由于存在外汇供求关系,外汇市场的实际汇率往往围绕法定平价而上下波动,但波幅限于黄金输送点之内。这是因为在金币本位制下,黄金可以自由输出入。黄金输送点分输出点和输入点,法定平价加黄金运送费用,就是黄金输出点,它是外汇汇率上涨的最高限度。法定平价减黄金运送费用就是黄金输入点,它是外汇汇率下跌的最低限度。由于在金币本位制下,实际汇率波幅限于黄金输送点之内,所以汇率基本上是稳定的,这为国际贸易的发展提供了有利条件。

(3)自动调节国际收支。在金币本位制下,各国的国际收支是自发进行调节的。

这种调节机制如表 1-1 所示。

表 1-1　国际收支自动调节机制

	国际收支逆差国	国际收支顺差国
本币汇率	下跌到黄金输出点	上涨到黄金输入点
黄金	流出（货币供给量减少）	流入（货币供给量增加）
物价	下跌	上涨
进出口	出口增加，进口减少，扭转逆差	出口减少，进口增加，扭转顺差

总之，金币本位制对资本主义经济发展起了巨大促进作用。但随着维持金币本位制的基础遭到破坏，金币本位制日趋不稳，其原因有以下三点。

第一，由于资本主义各国经济发展的不平衡，导致世界黄金分布的极端不平衡。到 1913 年末，美、英、法、德、俄五国占有世界黄金存量的 2/3，而其他国家由于黄金缺乏，从而使金币本位制的基础动摇。此外，各国政府为了满足经济发展及战争的需要，都把大量黄金集中在自己手中，使金币本位制的自由铸造受到严重威胁。

第二，各国为了备战，大量增加价值符号的发行，使自由兑换成为不可能。

第三，为了防止黄金外流，各国都实行贸易管制和外汇管制，使黄金的自由输出入受到限制。

第一次世界大战开始后，欧洲各参战国先后停止了银行券的兑换，且大量发行纸币，导致通货急剧贬值，这些因素最终导致了金币本位制的崩溃。

2. 金块本位制和金汇兑本位制

第一次世界大战结束后，各资本主义国家曾企图恢复金币本位制，但由于黄金供应不足和分配不均等问题，传统的金币本位制很难恢复。于是，除美国继续实行金币本位制外，英、法两国开始实行金块本位制，其他资本主义国家则逐步实行金汇兑本位制。

（1）金块本位制，又称生金本位制。在这种货币制度下，国内不铸造、不流通金币，黄金退居准备金地位，集中存储于政府，由国家发行代表一定重量和成色黄金的纸币或银行券来流通，而纸币和银行券不能自由兑换黄金，只能按规定的含金量在一定数额以上、一定用途内兑换金块。

（2）金汇兑本位制，又称虚金本位制，在这种货币制度下，货币单位仍规定有含金量，但国内不流通金币，以国家发行的银行券当作本位币流通。银行券不能直接在国内兑换黄金。中央银行在另一个实行金币本位制或金块本位制国家存储黄金和外汇，并规定本国货币与该国货币的兑换比率。居民可按这一比率用本国银行券兑换该国货币，再向该国兑换黄金。

金块本位制和金汇兑本位制是不稳定的货币制度，表现在以下三个方面：① 国内均没有黄金流通，由于黄金失去了流通手段的职能，从而也就不能自发地调节流通中货币量。② 银行券与黄金的自由兑换均受到限制，因而削弱了金币本位制所具有的相对稳定性。③ 实行金汇兑本位制的国家，一方面由于其货币依附于他国，一旦所依附国家的币值变动或不履行义务,实行金汇兑本位制国家的币值就会随之变动,且本国货币依附于他国,必然在政治上、经济上受制于人。另一方面,若金汇兑本位制国家大量提取外汇储备兑换黄金,则实行金币或金块本位制国家的通货稳定也必然受到威胁。

3. 金本位制的崩溃

1929—1933年资本主义世界爆发了严重的经济危机,各国政府纷纷宣布停止银行券兑换黄金,放弃金本位制。在经济危机的冲击下,这种残缺不全的金本位制很快被摧毁了,代之以不兑现的信用货币制度。导致金本位制崩溃的原因有以下两个。

(1) 金本位制的稳定性是以黄金的充分供应为前提的,然而黄金的供应量是有限的。尽管部分准备制可在一定程度上克服黄金不足的困难,但货币的供给仍受到金准备数量的制约。可见,货币供给的制约与经济增长对货币需求的增长之间的矛盾是导致金本位制崩溃的内在原因。

(2) 从国际经济关系看,金本位制对国际收支的自动调节机制是以没有贸易管制及外汇管制、没有关税壁垒、货币供给量受黄金数量的制约为前提的。但到了金本位制后期,货币的数量与黄金的增减失去了严格的联系。各国政府出于维护本国经济利益的考虑,纷纷采取各种强制干预措施。例如,实行外汇倾销和限制进口以避免贸易逆差;当逆差发生时,政府卖出外汇阻止本币汇价下跌和黄金流失等。于是,金本位对国际收支的自动调节作用在政府的干预下名存实亡。

三、信用货币制度

信用货币制度是货币制度的高级形式,它使用国家的强制手段,以本身没有价值的纸币代替金银执行货币职能。

信用货币制度又称纸币本位制,是20世纪30年代以来,世界各国普遍实行的一种货币制度。在此制度下各国的主要货币是中央银行发行的纸币,它是国家强制流通的价值符号,具有无限法偿能力。纸币本身没有价值,不能兑换黄金,它的发行不以金、银为保证,而是依据经济发展的客观需要,通过信用程序进入流通的。

(一) 信用货币制度的特点

(1) 流通中的货币都是信用货币。现实经济生活中的货币是由流通中的现金和银行存款构成的,体现着信用关系,流通中的现金是中央银行信贷资金的来源,是中央银行代表国家对所有者的负债,存款货币是银行代表国家对存款人的负债。

(2) 纸币本位制下,流通中的货币都是通过信用程序投入流通的。通过银行贷款、票据贴现、买入黄金、外汇和有价证券,发行纸币投入流通;通过回收贷款、收回贴现票款、卖出黄金、外汇和有价证券,使流通中的货币回笼。这与金属货币制度下货币通过自由铸造投入流通不同。

(3) 纸币本位制下,非现金结算占据主导地位。目前,现金(法偿货币)只占整个交易量的10%~20%,绝大多数的交易都是通过支票和电汇转移存款的方式进行支付,活期存款成为货币供应量的绝大部分。

(4) 国家对货币流通的管理成为经济正常发展的必要条件。在纸币制度下,货币大多是通过银行放款程序投入流通的,货币的发行不以黄金作保证。如果银行放款过多,就会造成通货膨胀;如果放款过少,则会造成通货紧缩。因此,中央银行必须控制、调节货币供应量,保持货币流通的稳定。

纸币制度克服了金属货币制度下货币数量受金属供给限制的缺点,使国家可以根据经济活动的客观需要来发行或回笼货币,以便灵活地调整货币供应量。同时,纸币本身造价低廉,携带方便,可大大节约流通费用。然而也正是由于纸币发行的人为性,使货币发行存在着超过经济发展需要的可能。第二次世界大战后,各国均受到通货膨胀的困扰。

专栏 1-2

区域性货币制度和跨国货币制度

一般情况下,各种货币制度都与国家主权不可分割地结合在一起,它的适用范围限于一国国内。而如果在一定区域内的有关国家(地区)通过协调形成一个货币区,组建联合中央银行来统一发行与管理区域内货币则称为区域性货币制度。区域性货币制度的建立是以"最适货币区"理论为依据的。20世纪60年代,蒙代尔率先提出了"最适货币区"理论。他认为那些在商品、劳动力、资本等生产要素方面流动比较自由,经济发展水平和通货膨胀率比较接近的国家和地区可以组成一个独立的货币区,在区域内通过协调的货币政策、财政政策和汇率政策来达到经济增长、充分就业、物价稳定和国际收支平衡等目标。

区域性货币制度的发展大致可分为两个阶段。(1)低级阶段:各成员国仍保持独立的本国货币,但成员国之间的货币实行固定汇率并可自由兑换;对国际储备实行部分集中保管;各国保持独立的国际收支和财政货币政策。(2)高级阶段:设立联合中央银行,发行成员国共同使用的货币,并对成员国政府提供融资。各国中央银行不再拥有货币政策的决策权;区域内实行单一货币;各成员国不再保持独立的国际收支,实行资本市场的统一和货币政策的统一。

目前,实行区域性货币制度的国家主要在非洲、东加勒比海地区和欧洲。1999年1月1日,欧元启动;2002年7月1日,欧元成为欧元区唯一的法定货币,各成员国货币退出流通领域。欧元区的成功实践成为区域性货币制度的典型代表。

(二)我国的货币制度

1. 人民币制度的建立

1948年12月1日,中国人民银行在石家庄正式宣告成立,并开始发行人民币,人民币成为国家的本位货币。中国人民银行的成立和人民币的发行,标志着新中国货币制度的开端。

人民币发行后,在通过逐步收兑、统一解放区货币的基础上,又迅速收兑了原国民政府发行的伪法币、金圆券乃至银行券,并排除了当时尚有流通的金银外币等,从而建立了以人民币为唯一合法的、统一的货币制度。

专栏 1-3

1955年的人民币改革

在中华人民共和国成立初期人民币刚开始发行时,人民币制度还不够完善,政府的注意力主要放在货币的统一问题上,还来不及解决人民币的稳定性问题。1949年是人民解放战争取得全面胜利的一年,财政支出猛增,不得不发行大量人民币来弥补财政赤字。这一年中,曾多次出现程度不等的通货膨胀。特别是10月中旬以后,全国物价剧涨,币值大跌,人民币的流通面临着严峻的考验。此外,人民币票券种类繁多,面额大小悬殊,票幅尺寸参差不齐,纸张质量和印刷技术也较差。据统计,1948年12月—1953年12月,央行共印制发行了12种面额、62种版别的人民币,最小面额只有1元,最大面额则为50 000元①。这段时期的人民币因券种纷繁,不利于交易和核算,亟须进行整顿和改革。

人民币的改革从1950年财政收支平衡和物价稳定以后就开始进行准备,原定于1953年实施,但由于技术上的原因推迟到1955年。1955年2月20日,国务院颁发《关于发行新的人民币和收回现行的人民币的命令》,对货币制度实行改革,以便利交易和核算。《命令》责成中国人民银行自3月1日起发行新的人民币(简称新币),收回现行的人民币(简称旧币),新旧币的折合比率为1∶10 000。新币主币面额1元至10元,辅币面额1分至5角,每种券别印有汉、藏、蒙、维吾尔四种文字。自新币发行之日起,凡机关、团体、企业和个人的一切货币收付、账簿记载及国际的清算等,均以新币为计算单位。

这次币制改革并不是重建一种新的货币制度,而是对新生的人民币制度做了改进,主要是改变了货币的单位价值,使人民币变得好看、好用、好记账,将动辄以万元为单位的价格标度缩小为1元,不仅提高了单位货币所代表的价值量,而且化繁为简,为计算和流通提供了便利。钞票上印有四种文字,有利于全国各地区的经济交流,体现了我国各民族的平等和团结。新人民币种类简洁,交易与计算均感方便,能节约大量人力和财力,从而一举消除了旧人民币上留有的通货膨胀痕迹,令人耳目一新。这是我国进入国民经济建设时期在货币流通方面的一项重大改革,适应了国家经济建设的需要,从而进一步健全和巩固了人民币制度,也提高了人民币在国际上的地位。

2. 人民币制度的内容

人民币制度是信用货币制度的一种形式,其内容包括人民币的单位、发行、流通、汇率以及保护人民币的规定等,具体包括以下内容。

(1) 我国的法定货币是人民币,人民币具有无限法偿的能力。人民币的单位为元,辅币单位为角、分。

---

① 上海市钱币学会.人民币图录[M].百家出版社,1988.

(2) 人民币的发行权属于国家,中国人民银行是全国唯一的货币发行机关,由国家授权掌管人民币的印制和发行工作,并集中管理货币发行基金。

人民币发行是指中央银行向社会投放现金的行为。人民币的发行坚持两个原则:一是集中统一,二是经济发行。集中统一是指人民币的发行权集中于中央。经济发行是指根据经济发展的实际需要,通过银行信贷渠道来发行人民币。发行基金是尚未发行的货币,它不是流通中的货币,发行基金由中国人民银行的发行库调入商业银行的业务库,就是货币发行,这时发行基金就转化成流通中的货币。

(3) 在我国境内只允许流通人民币,禁止金、银及外币在境内流通。严禁伪造、变造人民币。任何单位和个人不得印制、发售代币票券,代替人民币在市场上流通。

(4) 人民币汇率实行有管理的浮动汇率制度。人民币不是完全自由兑换货币,但目前已实现了人民币在经常项目(账户)下的可兑换。

(5) 金、银及外汇储备等是国际支付的准备金,由中国人民银行集中掌管、统一调度。

3. 香港、澳门、台湾地区的货币制度

香港、澳门和台湾都是我国领土的一部分。按照"一国两制"的方针,1997 年和 1999 年香港和澳门相继回归祖国后,国家允许其继续维持原有的货币金融体制。"一国两制"的方针同样适用于台湾,我国现行的货币制度是"一国多制"的特殊制度。

(1) 香港的货币制度。根据《中华人民共和国香港特别行政区基本法》规定,港元(或称港币)是香港特别行政区的法定货币,港币为自由兑换货币,香港实行联系汇率制,港币的发行必须有 100% 的美元准备,港币的发行权属于香港特别行政区政府,特别行政区政府在确定港币的发行基础健全、发行安排符合保持港币稳定的目的条件下,授权汇丰银行、渣打银行和中国银行发行港币纸币,硬币则由金融管理局负责发行。

(2) 澳门的货币制度。根据《中华人民共和国澳门特别行政区基本法》规定,澳门币(或称澳门元)是澳门特别行政区的法定货币,澳门币的发行权属于澳门特别行政区政府。目前,大西洋银行和中国银行由澳门特别行政区政府授权代理发行澳门币。澳门币也是实行联系汇率制,澳门币与港元相联系,澳门币的发行必须有 100% 的港币准备。

(3) 台湾的货币制度。根据台湾地区的有关规定,新台币为台湾地区的流通货币。

综上所述,由于历史和政治的原因,在中国事实上存在四个相对独立的货币区,运行着相对独立的四种货币,即人民币、港币、澳门币和新台币。这四种货币在发行主体、流通领域、发行准备和可兑换性上不尽相同,且分别在不同的地区流通,不会产生劣币驱逐良币的"格雷欣法则"效应。

第四节 国际货币制度

在国际交易中,既不存在世界中央银行,也没有统一的世界货币,为保持国际交往的顺畅进行,需要在国际上对这些活动做出安排,这些安排就构成了国际货币制度,表现为相应的国际货币体系。具体而言,国际货币制度就是指支配各国货币关系的规则和机构所形成的一个完整系统。每一种国际货币制度都有自身的一套规则,有时以法律或法规形式明确地加以规定,有时则以惯例或习俗形式隐含地存在。

国际货币制度一般包含以下三个方面的核心内容：(1) 国际交往中使用什么货币——金币还是不兑现的信用货币；(2) 各国货币间的汇率安排,是钉住某一种货币,还是允许汇率随市场供求自由浮动；(3) 国际收支及其调节机制(各国外汇收支不平衡如何调节)。国际金本位制度、布雷顿森林体系和牙买加体系是迄今为止最重要的三种国际货币体系。

一、国际金本位制度

该制度在各个主要国家实行金本位后自动成立,并随着第一次世界大战爆发,各国放弃金本位而自动结束。

国际金本位制出现在国际商品经济发展的初期,国际贸易的发展,需要与国际货币制度相适应,国际货币制就自然形成了。典型的国际金本位制度具有以下特征：以黄金充当最终清偿手段,实行严格的固定汇率制度,各国货币的汇率由它们的含金量比例所决定,在价格-现金流动机制作用下自动调节国际收支失衡,同时是一个无组织的松散体系。

国际金本位制是一个几近完美的国际货币体系,成就了自由资本主义迅速成长的"黄金时代"。但是它的弊端也十分突出,即国际流通的货币量受到黄金属性的限制。所以到了后期,黄金产量跟不上经济发展步伐,清偿手段严重不足；同时由于约束不力,各国往往利用国际信贷、利率及公开市场业务等解决国际收支困难,实际上违背了自动调节国际收支的原则。1914 年,第一次世界大战爆发,参战国实行黄金禁运和货币停止兑换黄金,各国纷纷放弃金本位制,致使该货币制度中断运行。

20 世纪 20 年代,资本主义世界处于相对稳定时期,各国又相继恢复了金本位制。但恢复的已不是原来的金币本位制,而是金块本位制或金汇兑本位制。国际金本位制在此基础上运行,但这是已被削弱了的国际金本位制。这种建立在虚拟的黄金基础上的国际货币制度,已远非古典金币本位制那样可信可靠。正是由于它的基础不稳定,这种削弱了的国际金本位制昙花一现：由于 1929—1933 年世界性经济大危机的影响,各国先后放弃金本位制,整个国际金本位制也就土崩瓦解了。

二、布雷顿森林体系

金本位制崩溃后,20 世纪 30 年代的国际货币体系一片混乱,各国国际收支危机严重,各国的货币汇率极端不稳,外汇管制普遍加强。这些问题严重影响了国际贸易的发展,创建新的国际货币制度已迫在眉睫。1944 年 7 月,在美国、英国的组织下,召开了由 44 个国家参加的国际货币金融会议,史称"布雷顿森林会议",通过了《布雷顿森林协定》(以下简称《协定》),形成了一个新的国际货币体系。

布雷顿森林体系的主要内容有：(1) 以美元充当国际货币，确立黄金和美元并列的储备体系。实行以美元为中心的"双挂钩"汇兑平价体系，即美元与黄金挂钩，确定美元与黄金的固定比价，35美元＝1盎司黄金，其他国家的货币与美元挂钩。(2) 实行固定汇率。实际上是一种"可调整的钉住汇率制度"。《协定》规定，各国货币的平价，必须以黄金或美元来表示，以各国所规定的货币的含金量为标准计算，一经确定，不得随意改变。各国货币对美元的汇率，一般只能在平价的上下限1%的幅度内波动，各国政府有责任在外汇市场进行干预活动，以保持外汇市场的稳定。(3) 实行多渠道的国际收支调节。逆差国可以向国际货币基金组织取得贷款来弥补逆差，也可以通过汇率的调整，来纠正国际收支的基本不平衡。(4) 建立一个长久性的国际金融机构，即国际货币基金组织，就国际货币事项进行磋商，维护汇兑平价体系。

布雷顿森林体系开创了国际金融体系制度化、规范化运行的先河，国际金融组织的创设及跨国经济政策协调的实践对后人都有启发意义。作为一个以美元为中心的国际货币体系，它必须具备两个基本前提：一是美国国际收支能保持平衡；二是美国拥有绝对的黄金储备优势。在运行初期，基于美国强大的政治、经济地位，其运行基本正常，为资本主义国家的战后复兴与发展奠定了基础。

进入20世纪50年代，西欧、日本等国的经济开始崛起，突破了美国对世界经济的垄断和美元的霸主地位，美国外汇收支逆差迅速增加，黄金储备大量外流，1960年10月，国际金融市场出现了大规模抛售美元、抢购黄金的风潮。至此，美元的国际信用严重下降，危机迭起，美元的对外价值不断下跌。为此，美国于1971年宣布实行"新经济政策"，停止向各国政府或中央银行按官价兑换黄金，以避免其国际收支的进一步恶化，这实际上意味着美国规定的35美元等于1盎司黄金的官价失效——美元与黄金脱钩。在这种情况下，一些国家的货币不再钉住美元而实行浮动汇率制。1973年2月国际金融市场又一次爆发美元危机，掀起抛售美元、抢购德国马克、日元和黄金的风潮，从而西方主要国家的货币对美元也都实行浮动，这实际上意味着其他国家的货币与美元脱钩。"双挂钩"的解体，标志着布雷顿森林体系的基础已全部丧失，布雷顿森林体系随之宣告结束。

三、牙买加体系

布雷顿森林体系崩溃以后，国际金融关系动荡混乱，国际上为建立一个新的国际货币体系进行了长期的争论，1976年1月，在牙买加首都金斯敦召开会议，并达成了《牙买加协议》，同年4月，国际货币基金组织理事会通过了《国际货币基金协定第二次修订案》，从此，国际货币体系进入了一个新的阶段——牙买加体系。

《牙买加协议》可以说是对布雷顿森林体系的扬弃。一方面，它继承了布雷顿森林体系下的国际货币基金组织，并且基金组织的力量还得到了加强；另一方面，它放弃了布雷顿森林体系下的双挂钩制度。(1) 浮动汇率合法化。会员国可以自由选择任何汇率制度，可以采取自由浮动或其他形式的固定汇率制度。但会员国的汇率政策应受国际货币基金组织的监督，并与其协商。(2) 黄金非货币化。废除黄金条款，取消黄金官价,各国可在黄金市场自由买卖黄金;取消会员国相互之间、会员国与基金组织之间用黄金清算债权债务的义务。纸币代替黄金成为本位币,黄金完全退出货币流通。(3) 国际储备多元化。修订基金组织增加创设的特别提款权(SDR)有关条款,提高特别提款权的国际储备地位。SDR 和欧洲货币单位(原欧洲共同体国家创设的一种综合货币单位)的储备作用不断加强。(4) 多种国际收支调节机制相互补充。牙买加体系条件下,各国主要通过汇率机制、利率机制、动用国际储备资产、国际金融机构的协调和国际金融市场来调节国际收支的不平衡。

牙买加体系当前的运行特点有以下四个方面。

第一,黄金非货币化后,美元仍是最主要的储备货币,但地位削弱。目前,欧元、SDR、英镑、日元以及人民币等都与美元共同承担国际汇储备的职责。

第二,国际汇率制度呈现出以浮动汇率安排为主、多种汇率安排并存的基本格局。目前,全球有三类基本的汇率安排:一是独立浮动汇率安排,实施国家包括美国、欧元区、日本和部分新兴市场经济体;二是固定汇率安排,包括实行货币局制度和传统钉住汇率制度的国家以及已经取消法定货币的国家(如实行美元化的国家);三是"中间道路"安排,即各种介于浮动汇率和固定汇率之间的安排,如爬行钉住制、区间浮动制和管理浮动制等,主要包括一些外向型程度较高或国内通货膨胀比较严重的发展中经济体。

第三,国际金融市场在国际收支调节中作用显著。一方面,布雷顿森林体系时代,由于各国实行严格的金融管制,国际金融市场在国际收支调节中作用比较有限,许多国家的经常账户逆差主要依靠财政货币政策调节。20 世纪 70 年代以来,伴随国际金融市场的迅速发展,各国可以方便地通过商业性融资弥补经常账户逆差,从而避免采用财政紧缩等可能影响国内经济稳定的调节措施。国际金融市场的存在,提供了充裕的流动性,大大降低了各国国际收支调节的代价。但另一方面,它也产生了新的不稳定的因素,其中最主要的是,它使一些国家放松内部约束,滥用财政扩张政策,延误必要的国内经济改革和调整。结果是不但经常账户逆差最终变得难以控制,而且常常为沉重的外债负担所累,甚至成为金融动荡的根源。

第四,随着各国资本管制的不断放松,国际资本流动迅猛扩张。国别选择上,常常发生"饱饥综合征",即当看好一些国家的经济增长前景时,国际资本大规模涌向那里,而当这些国家因为资本过度流入而出现危机迹象时,国际资本又快速离去。因此常常造成这些国家内外经济失衡,导致金融动荡甚至货币危机。

牙买加体系比较灵活地适应国际经济的发展变化和各个主要国家的政策变动,也在一定程度上缓和了布雷顿森林体系调节机制不灵活的困难。但是并不完美,主要问题有四个方面。一是浮动汇率制度不够稳定,外汇风险比较明显;而固定汇率制度又有失灵活性,难以实施自主的经济政策。二是大国侵害小国利益,南北冲突远没有解决。三是国际收支调节机制不健全,几种渠道各有局限性,都不是解决问题的根本办法。四是由于缺乏有效的监管,资本流动使各国内外均衡的矛盾更加突出,发展中国家频繁遭受金融危机的打击,已经成为国际金融不稳定的根源。毋庸置疑,这些问题,都应当成为国际货币制度继续改革的突破口。

专栏 1-4

SDR

SDR 是特别提款权(special drawing rights)的缩写,亦称"纸黄金"(paper gold)。在布雷顿森林体系下,只有黄金和美元是储备资产,全球货币流动性匮乏。国际货币基金组织(IMF)于 1969 年创设了 SDR,作为对美国以外美元供给的补充。SDR 与黄金、外汇等其他储备资产一起构成国际储备,会员国在发生国际收支逆差时,可用它向基金组织指定的其他会员国换取外汇,以偿付国际收支逆差或偿还基金组织的贷款。因为它是国际货币基金组织原有的普通提款权以外的一种补充,所以称为特别提款权。

创设之初,SDR 与美元等价。布雷顿森林体系崩溃后,IMF 于 1974 年启用 SDR 货币篮子。2015 年前,SDR 货币篮子包括美元、欧元、英镑和日元四种主要国际货币。2015 年 11 月 30 日,IMF 执董会认定人民币为可自由使用货币,决定将人民币纳入 SDR 货币篮子。

2016 年 9 月 30 日(华盛顿时间),国际货币基金组织宣布 SDR 纳入人民币,新货币篮子于 10 月 1 日正式生效,新的 SDR 货币篮子包含美元、欧元、人民币、日元和英镑 5 种货币,权重分别为 41.73%、30.93%、10.92%、8.33% 和 8.09%。IMF 根据篮子货币的权重相应确定 SDR 中包含的各篮子货币的绝对数量,作为每天计算 SDR 汇率的基础。在旧篮子下 1 个 SDR 包含 0.66 个美元、0.423 个欧元、12.1 个日元和 0.111 个英镑。IMF 于 2016 年 9 月 30 日公布了新篮子中的货币数量,1 个 SDR 中包含 1.017 4 个人民币、0.582 52 个美元、0.386 71 个欧元、11.900 日元、0.085 946 个英镑。

人民币纳入 SDR,反映了人民币在国际货币体系中不断上升的地位,是人民币国际化的里程碑,对于中国和世界是双赢的结果,既代表了国际社会对中国经济发展成就和金融业改革开放成果的肯定,能够促进中国更深层次和更广领域地参与全球经济;也增强了 SDR 的代表性、稳定性和吸引力,有利于国际货币体系改革向前推进,建立一个更强劲的国际货币金融体系。

(资料来源:根据"中国人民银行网站"资料整理)

本 章 小 结

货币的本质是固定地充当一般等价物的特殊商品。它反映产品由不同所有者生产、占有,并通过等价交换实现人与人之间社会联系的生产关系。货币通常具有交易媒介、计价标准和价值储藏三大职能。在金属货币制度下,货币还具有世界货币的职能;在纸币制度下,一些经济强国的可自由兑换货币(如美元等)部分地具有这一职能。

货币的产生与发展是一个社会历史现象,它是价值形式发展的结果。货币的形态随着社会生产的不断扩大也不断改变着,在历史上的不同时期货币曾经是不同的东西。

货币形态的演进经历了实物货币和非实物货币阶段。与此相对应的货币形式有实物（商品）货币、纸币、存款货币、电子货币和数字货币。其中,电子货币和数字货币是新型的信用货币的形式,是高科技的信用货币。

货币制度是指一个国家或地区以法律形式确立的货币流通结构及组织形式。货币制度的主要内容包括：(1)货币材料的确定；(2)货币名称、单位和价格标准；(3)本位币、辅币及其偿付能力；(4)发行保证制度。货币制度经历了银本位、金银复本位、金本位、纸币本位四个主要阶段。

金属货币制度中,金币本位是相对稳定的货币制度,其内在特征保证了货币价值对内和对外的稳定,从而促进了当时商品生产的发展和商品流通的扩大。

信用货币制度是货币制度的高级形式,它使用国家的强制手段,以本身没有价值的纸币代替金银执行货币职能。20世纪30年代以来,世界各国普遍实行信用货币制度。在此制度下各国的主要货币是中央银行发行的纸币,它是国家强制流通的价值符号,具有无限法偿能力。

国际货币制度核心内容包括：(1)国际交往中使用的货币；(2)各国货币间的汇率安排；(3)国际收支及其调节机制。国际金本位制度、布雷顿森林体系和牙买加体系是迄今为止最重要的三种国际货币体系。

练习与思考

一、单项选择题

1. 可以用观念上的货币来执行货币职能的是(　　)。
   A. 价值尺度　　　B. 流通手段　　　C. 贮藏手段　　　D. 支付手段

2. 马克思的货币理论表明(　　)。
   A. 货币是国家创造的产物
   B. 货币是先哲为解决交换困难而创造的
   C. 货币是为了保存财富而创造的
   D. 货币是固定充当一般等价物的商品

3. 实物货币是指(　　)。
   A. 没有内在价值的货币
   B. 不能分割的货币
   C. 贵金属货币
   D. 作为货币其价值与其作为普通商品价值相等的货币

4. 对本位币的理解不正确的是(　　)。
   A. 本位币是一国的基本通货　　　B. 本位币具有有限法偿
   C. 本位币具有排他性　　　D. 本位币的最小规格是一个货币单位

5. 典型的金本位制形式是(　　)。
   A. 金银复本位制　　　B. 金汇兑本位制
   C. 金块本位制　　　D. 金币本位制

6. 在信用发达的国家,占货币供应量最大的是(　　)。

A. 纸币　　　　B. 硬币　　　　C. 存款货币　　　D. 外汇

7. 美元与黄金内挂钩,其他国家货币与美元挂钩是(　　)的特点。

A. 国际金本位制　　　　　　　B. 牙买加体系

C. 布雷顿森林体系　　　　　　D. 国际金块本位制

8. 如果金银的法定比价为1∶13,而市场比价为1∶15,这时充斥市场的将是(　　)。

A. 银币　　　　B. 金币　　　　C. 金币和银币　　D. 都不是

二、判断题

1. 企业用现金向职工发放工资时,货币执行流通手段职能。(　　)
2. 从币材方面考察,最早的货币形式是金属货币。(　　)
3. 对应于数字货币不具有物理形式,因为纸币是以印钞纸为载体的,所以纸币是实物货币。(　　)
4. 我们现在使用的银行卡、网银、电子现金,以及第三方支付,如支付宝、微信支付等,就是欧洲中央银行发布的有关电子货币问题的报告中提及的电子货币(e-money)。(　　)
5. 劣币驱逐良币规律是在金银复本位制中的"双本位制"条件下出现的现象。(　　)
6. 牙买加体系是布雷顿森林体系崩溃以后形成的、沿用至今的国际货币制度。(　　)
7. 在金币本位制度下,汇率决定的基础是铸币平价,市场上的实际汇率则围绕铸币平价上下波动,但其波动的幅度不超过黄金输送点。(　　)
8. 在金属货币制度下,本位币的名义价值大于实际价值。(　　)

三、思考题

1. 如何定义货币才能最为简明地概括出这一经济范畴的本质?
2. 简述货币的职能。
3. 怎样理解马克思所说的"金银天然不是货币,但货币天然是金银"?
4. 你认为货币在什么情况下是一种较好的价值储藏工具?
5. 谈谈你对数字货币发展的展望。
6. 货币制度包含哪些内容?
7. 什么是"劣币驱逐良币"规律?
8. 信用货币制度有哪些特点?如何理解我国现行的货币制度?
9. 简述布雷顿森林体系的主要内容。
10. 牙买加体系为何能维持到今天?它有何不合理性?你认为应如何加以完善?

参 考 文 献

[1] 胡庆康.现代货币银行学教程(第五版)[M].复旦大学出版社,2014.

[2] 戴国强.货币银行学(第三版)[M].高等教育出版社,2010.

[3] 黄达.金融学(第三版)[M].中国人民大学出版社,2012.

[4] 李健.金融学(第三版)[M].高等教育出版社,2018.

[5] [美]劳伦斯·S.里特等.货币金融学原理[M].机械工业出版社,2013.

[6] [美]弗雷德里克·S.米什金.货币金融学(第十一版)[M].郑艳文,荆国勇译.中国人民大学出版社,2016.

[7] 赵明霄等.金融学[M].中国人民大学出版社,2016.

第二章 信用、利息与利率

本章概要

在本章中,我们要学习信用、利息、利率,利率的理论,利率变动的因素,利率变动对经济的影响及其途径等内容。本章分为四节,第一节主要介绍信用的定义、形式和在经济运行中的作用;第二节介绍利息、利率的概念以及利率种类和影响因素;第三节主要介绍利率理论,其中有古典利率理论、流动性偏好理论、可贷资金理论、IS-LM 的利率理论、期限结构理论以及马克思的利率理论等;第四节主要介绍利率对经济运行影响的途径。

[学习要点]

1. 利息与利率的概念、利率的种类;
2. 利率在经济运行中的作用及利息的计算方法;
3. 利率决定理论的主要观点、影响利率变动的主要因素;
4. 利率对经济运行的影响及其途径。

[基本概念]

信用 银行信用 利息 利率 市场利率 单利 基准利率 优惠利率 古典利率理论 可贷资金理论 期限结构理论

第一节 信 用

一、信用的定义

在西方国家的文字中,信用(credit)一词的原意是相信、信任、声誉等。《牛津高级英汉双解词典》(第六版)对信用的解释是:对借款人偿还欠款的信任状态;《朗文英英词典》对此的解释是:银行、商家等对允许客户购买商品并延期还款的一种安排。在《新帕尔格雷夫经济大辞典》中,对信用的解释是:提供信贷意味着把对某物(如一笔钱)的财产权给让渡,以交换在将来的某一特定时刻对另外的物品(如另外一部分钱)的所有权。

从伦理角度理解信用,它实际上是指"信守诺言"的一种道德品质。它对一个国家、一个民族都是至关重要的,因为一个社会只有讲信用,才能够形成一个良好的社会"信任结构",而这个信任结构是一个社会正常运转的重要基础。从经济的角度理解信用,它实际上是指"借"和"贷"的关系。信用实际上是指在一段限定的时间内获得一笔钱的预期。你借得一笔钱、一批货物(赊销),实际上就相当于你得到了对方的一个有期限的信用额度,你之所以能够得到对方的这个有期限的信用额度,是因为对方对你的信任。

信用是起源于商品经济条件下人们具有的相对独立的经济利益。货币的余缺调剂必须通过借贷方式,但人们是不会将自己的收入无缘无故地送给别人的,这时信用方式是最适当的选择。它既照顾到借款人对货币的需要,又考虑到贷款人的独立的经济利益。经济范畴的信用是指借贷行为,这种经济行为的形式特征是指以收回为条件的付出,或以归还为义务的取得;而贷者之所以贷出,是因为有权取得利息,借者之所以可能借入,是因为承担了支付利息的义务。

信用不仅是由商品交换通往现代金融关系中的一个必要过渡,而且也是金融运行的实质内容。在商品交换关系中,"一手钱,一手货",双方是对等的交换。当这一行为完成时,双方不存在任何经济上的权利与义务。在信用关系中,贷者将货币支付给借款人,但贷款人当时并没有得到对等的价值,而是获得了要求借款者在一定日期后偿还本金、利息的权利。所以,当贷款者将货币支付给借款人的时候,并不像交换关系那样意味着两者关系的结束,而正是两者关系的开始。只有当本息得到偿还后,才能说是两者关系的结束。

二、信用的种类

信用作为一种借贷关系和借贷行为,总是需要通过一定的形式表现出来,信用形式就是信用关系和信用活动表现出来的具体形式。从实物借贷到货币借贷,从简单的货币借贷活动到现代信用关系,这是历史向我们展示的信用发展过程。随着商品经济的发展,商品交换和货币流通范围不断扩大和延伸,信用关系和信用活动日益发展扩大和复杂化,信用形式也日趋多样化。

按信用创设主体来划分,现代信用形式主要有以下四种:商业信用、银行信用、国家信用、消费信用等。

(一)商业信用

商业信用是指工商企业之间相互提供的,与商品交易直接相联系的信用形式,包括企业之间以赊销分期付款等形式提供的信用以及在商品交易的基础上以预付定金等形式提供的信用。商业信用产生的根本原因是在商品经济条件下,在产业资本循环过程中,各个企业相互依赖,但它们在生产时间和流通时间上往往存在着不一致,从而使商品运动和货币运动在时间上和空间上脱节。而通过企业之间相互提供商业信用,则可满足企业对资本的需要,从而保证整个社会的再生产得以顺利进行。

商业信用的特点是商业信用的主体是工商企业;商业信用的客体主要是商品资本,它是一种实物信用;商业信用与产业资本的变动是一致的。

(二) 银行信用

银行信用是指银行及其他非银行金融机构以存款、贷款等业务形式向社会国民经济各部门提供信用的形式。银行信用是在商业信用和货币经营业发展的基础上产生的。在商业信用发展到一定的阶段,作为定期支付凭证的商业融资工具——商业票据开始具有支付手段的职能,可以在一定范围内流通,进行债权债务关系的抵消,无须最终转化为货币。但在必要时,商业票据的流通需求助于货币资本拥有者(货币经营业),这样,商业票据就成为真正的信用货币——银行券的基础。银行信用的产生就是因为客观上需要银行融资工具——银行券去取代商业融资工具——商业票据来进行流通。在这一取代过程中,货币经营业逐步发展成为现代银行业,银行信用避免和克服了商业信用的局限性,逐渐成为信用的主要形式。

银行信用主要特点有以下三点。一是银行信用是以货币形态提供的。银行贷放出去的已不是在产业资本循环过程中的商品资本,而是从产业资本循环过程中分离出来的暂时闲置的货币资本,它克服了商业信用在数量规模上的局限性。二是银行信用的借贷双方是货币资本家和职能资本家。由于提供信用的形式是货币,这就克服了商业信用在使用方向上的局限性。三是在产业周期的各个阶段上,银行信用的动态与产业资本的动态往往不相一致。

(三) 国家信用

国家信用是国家政府作为债务人,以借债的方式向国内企事业单位、团体、居民个人等筹集资金的一种信用形式。

国家信用包括国内信用和国际信用。国内信用是国家以债务人身份向国内居民、企业、团体取得的信用,它形成国家的内债。国际信用是国家以债务人身份向国外居民、企业、团体和政府取得的信用,它形成国家的外债;或者国家以债权人身份向外国政府提供贷款形成的信用。

国家信用的主要特点有三点。一是由于国家的信誉度最高,可以在特殊条件下强制性地发行公债,并以一些优惠条件吸引人们减少自身的消费,从而动员使用其他信用形式动员不了的资源,扩大可融资金总量。二是由于国家信用的安全性强,风险小,因此其融资工具的期限一般较长,具有资金使用的稳定性,所以适用于财政部门;而且由于其较高的安全性,在金融市场上国债也是广受欢迎的品种。因此国债虽然一般不能提前兑现,但在金融市场上流动性很强,人们也乐于持有。三是国家信用的利息由纳税人承担,而其他信用的利息由借款人承付,所以国债利息是财政的支出,其他利息可能部分地成为财政的收入。

(四) 消费信用

消费信用是指对消费者个人提供的,用以满足其消费方面的货币需求的信用。目的是解决消费者支付能力不足的困难,主要用于购买耐用消费品、支付劳务费用和购买住宅等方面的需要。随着社会的进步,经济的发展,一些商业企业、生产企业也向个人提供信用消费。

消费信用与其他信用形式相比,具有以下三方面的特点。一是非生产性。与商业信用和银行信用不同,消费信用提供的贷款是用于消费的。二是期限较长。消费信用多数通过分期付款支付,所需时间较长。三是风险较大。消费信用是完全消费性的,还款是由借款人的收入作保证,因此具有较大的风险性。

三、信用与经济运行

在现代市场经济的运行中,从最初的交换到扩大了的市场关系,都是以信用为基本准则的。信用对经济运行起着不可替代的作用。在现代经济运行中,每一种信用形式都有其存在的必然性和必要性,它们在各自的领域内有着不同的优势,不可能出现一种信用形式取代所有其他的信用形式的局面,否则将会造成对经济发展的阻碍。

(一)商业信用存在的必然性和必要性

商业信用是较早产生的一种信用形式,它存在的基础是社会化大生产。由于在商品经济条件下,各工商企业之间的生产时间和流通时间经常不一致,使商品运动和货币运动在时间上、空间上产生脱节,而社会化大生产使各个工商企业之间形成彼此依赖、共求生存和发展的关系,任何一个企业都不能孤立存在,生产和流通的每一个环节都必须顺畅,才能保证再生产的顺利进行。因而社会化大生产必然需要商业信用形式来解决这些矛盾,连接社会再生产的各个环节,保证生产的顺利进行。

在再生产过程中,商业信用有其存在的必要性。在销售商品、实现商品的使用价值和价值时,商业信用是企业之间最直接、最便利、最优惠的信用形式,弥补了货币资金的短缺,加速了商品流通,保证了生产和流通的顺利进行。

(二)银行信用不能取代其他信用形式

信用集中,特别是集中于银行,是信用制度发展到一定阶段的必然趋势。在信用形式的相互关系中,中心是银行信用,银行信用的规模及利率影响和制约着其他形式的信用的规模和状况。当金融市场逐渐完善后,非银行融资形式会在一定范围内取代银行信用,在适当的领域发挥积极的作用。

一是从历史上看,商业信用先于银行信用而存在,银行信用正是在商业信用已经发展到一定水平的基础上产生和发展起来的;而且因为商业信用是直接与商品生产和流通相联系,是直接为产业资本的循环周转服务的,它更直接更方便,所以工商企业在购销过程中,能通过商业信用融通资金时,是不会去求助于银行信用的,银行信用不过是商业信用的必要补充和延伸。

二是单一的银行信用会助长落后的资金供给制,是造成企业经济效益低下、社会资金周转缓慢的重要原因之一。单一的信用形式必然对应着单一的金融资产,而单一的金融资产难以满足储蓄者和投资者不同的资金需要,单一信用形式所能筹集的资金也是有限的。

(三)市场经济的实质是信用经济

信用经济是相对于自然经济和货币经济的一个概念。自然经济时代在交易上最大的特征是"以货易货,物物交换",货币经济时代在交易上的最大特征是"一手交钱,一手交货"。信用经济要求企业充分合理地利用"信用"进行交易。在市场经济条件下,从最初的交换到扩大了的市场关系,都是以信用为基本准则的。

一是现代经济从本质上看是一种具有扩张性质的经济,需要借助负债去扩大生产,所以债权债务关系是现代经济中最基本、最普遍的经济关系。经济越发展,债权债务关系就越紧密,就越成为经济正常运转的必要条件。在现代经济中,信用货币是整个货币群体中最基本的形式,它通过资产与负债将银行同各个经济部门、行业、企业紧密联系在一起,信用关系成了无所不在的经济关系。

二是从信用关系中的各经济部门来分析,任何经济部门都离不开信用关系。不管是个人、企业、政府、金融机构,还是国外部门都概莫能外。从信用对现代经济的作用来看,主要还是发挥了积极的推动作用。这些作用由于其不可替代性,使信用成为现代经济发展的原动力。

三是在市场经济中各种信用共同作用于经济运行。在复杂的市场经济以及社会再生产过程中,各种信用形式之间有相互独立、自成一体的一面,同时也有相互联系、制约、相互作用的一面。通过银行购买国家债券以及办理国家债券的贴现,使银行信用与国家信用联系起来;通过办理商业票据的贴现,使银行信用与商业信用联系起来;由于工商企业及银行等金融机构都可以提供消费信用,各种信用形式之间相互制约、此增彼减、此消彼长,这种状况反映了信用形式产生于商品经济基础,又服务于商品经济发展的同一性。

第二节 利息与利率

一、利息与资本收益

利息是借款人支付给贷款人使用贷款的代价,或者说,利息是债权人在放贷行为中,从债务人手中获得的报酬。利息是伴随着信用关系而产生的一个经济范畴。由于利息是借款者运用借入货币的代价,因而借贷资本有一个"价格",借款者必须按借贷资本的"市场价格"借入货币,贷款者也必须按这一价格贷出货币。如果借款者只愿支付低于市场价格的利息,他就难以借到货币;如果贷款者想得到高于市场价格的利息,他就难以贷出货币。

利息是资本所有者或资金所有者由于贷出资金而取得的报酬,无论何种社会条件下,它均来自生产者使用该笔资金发挥生产职能而形成的利润。显然,没有借贷,便没有利息。但在现实生活中,利息已被人们视为资金收益的一般形态:无论资金是否贷出,利息都被资金所有者看作理所当然的收入——可能取得的或将会取得的收入;无论借入资金与否,生产经营者也总是把自己的利润分为利息和企业主收入两部分,似乎只有扣除利息后所余下的利润才算是经营所得。相应地利息率就成为一个尺度:如果投资所得与投资本金之比不大于利息率,则根本无须投资;如果扣除利息所余利润与投资本金之比甚低,则说明经营效益不高。

利息所以能够转化为资本收益的一般形态,其主要原因有以下三点。

(1) 由于借贷关系中利息是资本所有权的果实这种观念被广而化之,取得了普遍存在的意义。在货币资本的借贷中,贷者所以能够取得利息,在于他拥有对货币资本的所有权;借者所以能够支付利息,则在于他将这部分资本运用于生产的过程之中,形成价值增值。这样,一旦人们忽略整个过程中创造价值这个实质内容,而仅仅注意货币资本的所有权可以带来利息这一联系,货币资本自身天然具有收益性的概念,便根植于人们的观念之中。

(2) 利息率与利润率在特性上存在重要区别。利息虽然就其实质说是利润的一部分,但利息率同利润率有一个极明显的区别:利润率是一个与企业经营状况密切联系因而事先捉摸不定的量;而利息率则是一个事先相对确定的量,无论企业生产经营情形如何,都不会改变这个量。因此,对于企业主来说,由于利息作为独特的范畴存在,企业主收入只能是总利润超过利息后剩下的部分。在其他因素不变时,利息率的大小直接制约企业主收入的多少。在这个意义上看,用利息率衡量资本收益,以利息表现资本收益的观念及做法,就不足为奇了。

(3) 货币、信用与利息的悠久历史联系。这种联系早在资本主义生产方式以及与之相适应的资本观念和利润观念出现很久以前就存在,货币可以提供利息,货币总是某种收益的源泉,早已是人们的传统观念。

利息转化为资本收益的一般形态,相应地通过利息率计算公式的倒演,一切收益也就都"资本化"了。现在,任何有收益的事物,无论它是不是一笔贷放出去的货币,甚至也无论它是否是一笔资本,都可以通过收益与利率的对比而倒过来算出它相当于多大的资本金额。这就是所谓"资本化"。

在一般的贷放中,贷放的货币金额,即本金 P,与利息收益 B 和利息率 R 之间有如下关系式:

$$B = P \times R$$

当我们已知 P 和 R 时,很容易计算出 B;同样,当我们已知 B 和 R 时,P 也不难求得,即

$$P = B \div R$$

例如,已知一笔贷款一年的利息收益是 100 元,市场年平均利率为 5%,则可以算得本金为 $100/0.05 = 2\,000$ 元。

随着收益资本化,有些事物本身并不存在一种内在规律,但也可以按上述关系规律性地求得一定的资本价格,甚至有些本来不是资本的东西也因此可以视为资本。例如,土地本身不是劳动产品,无价值,从而本身也无决定其价格高低的内在根据,但土地可以有收益。假设一块土地每亩的年平均收益为 200 元,年利率为 5%,则这块土地就会以每亩 $200/0.05 = 4\,000$ 元的价格买卖成交。由于土地收益的大小取决于多种因素,同时由于利率也会变化,这就使同一块土地的价格呈现出巨大变化。如果利率不变,该块土地变成了经济开发区的中心点,预期收入每亩为年均 1 万元,则每亩将值 20 万元。如果土地收益预期不变而市场平均利率发生变化,则当利率上升时,地价成反比地下

跌;利率下降时,地价成反比地上升。这就是在市场竞争过程中土地价格形成的规律。它表明资本化使本身并无价值的事物有了价格。资本化最突出的领域是有价证券的价格形成。资本化是市场经济中的规律。

二、利息的作用

信用的必要性决定了利息的必要性。在市场经济中,适当的利息可发挥积极作用。

(1) 利息有利于筹集资金,促进经济建设。利息作为一个经济杠杆,可以通过各种信用形式,如存款、债券、股票等把社会上暂时闲置的货币资金或准备投资的资金集中起来,再通过贷款、贴现、投资等形式用于生产和流通,从而起到把一部分消费基金变为生产基金,把一部分暂时闲置的资金变为运用中的资金,促进经济建设。

(2) 利息有利于促进企业节约资金,加强经济核算。如果企业使用贷款数量多、期限长、周转慢,就要多支付利息,增加企业负担,从而减少企业的利润。所以,适当的贷款利息能促使企业注意资金使用效果,加速资金周转,改善经营管理,节约资金,减少消耗,增加盈利。

(3) 利息有利于促进国民经济协调发展。从存款看,通过调整存款利率,可将社会上过多的闲置货币有效地集中起来,控制即期货币购买力,促进社会总供需平衡的实现。从贷款看,通过对国民经济各部门、各类产品实行不同的利息率,可以引导资金流向,起到鼓励或限制某些部门或某些产品发展的作用,促进形成良好的产业、产品结构。

(4) 利息有利于调节货币流通。在市场经济发达国家,利率是中央银行用来调节货币流通的重要手段。中央银行可以通过调节对商业银行再贴现率的办法影响商业银行的贷款利率,从而达到调节全国货币信用的目的。

(5) 利息有利于银行市场化经营与金融事业的发展。随着商业银行市场化改革,银行的企业化经营和金融事业的发展,也必须依赖于利润,而银行的利润主要来源于利息。

三、利率的种类

利率即利息率,是指借贷期内所形成的利息额与所贷资金额的比率。理论上的利率常常是一种抽象的概念,有时使用"市场平均利率"概念。而现实生活中的利率则都是以某种具体形式存在,如一年期贷款利率、三年期公债利率、可转让大额定期存单利率、贴现利率等。随着金融业的日益发展及金融活动方式的日益多样化,利率的种类也日益繁多。一个国家在一定时期内各种各样的利率构成一个复杂的利率体系。

(一) 名义利率与实际利率

按照利率是否剔除了通货膨胀率的影响,可将利率划分为名义利率和实际利率。

所谓名义利率,是指市场现行的利率。当存在较明显通货膨胀时,名义利率并不能反映投资者所获得的实际收益率水平。

实际利率,又称真实利率,通常有两种含义:根据价格水平的实际变化进行调整的利率称为事后实际利率,而根据价格水平的预期变化进行调整的利率称为事前实际利率。从对经济决策的实用价值讲,事前实际利率更为重要。因此经济学家使用的实际利率概念通常是指事前实际利率,即实际利率=名义利率－预期通货膨胀率。当然,人们也经常使用事后实际利率概念,即实际利率=名义利率－通货膨胀率。

在现实生活中,人们常常在事后实际利率意义上使用实际利率概念,这是因为通货膨胀率是可被统计的数据。可以说,实际利率相当于物价不变从而货币购买力不变条件下的名义利率。但物价不变这种情况在当今世界的现实经济生活中是极为少见的。当然,有时经济生活中出现负通货膨胀率,则实际利率将高于名义利率。在现实中人们利用上述公式,根据已知的名义利率和通货膨胀率,便可推算出实际利率。反之,名义利率的变动,也可根据对实际利率的预期与对通货膨胀的预期来测算。

(二)固定利率与浮动利率

根据在借贷期内是否调整,利率可分为固定利率与浮动利率。固定利率是指在整个借贷期内不作调整的利率。实行固定利率,可使借贷双方精确计算成本与收益并且十分方便,因而是一种传统的方式。然而由于通货膨胀的影响,实行固定利率,对债权人(尤其是对长期放款的债权人)会带来较大的损失。因此,现在越来越多的借贷,尤其是长期借贷,往往采用浮动利率。

浮动利率是一种在借贷期内可定期或按规定调整的利率。根据借贷双方的协定,由一方在规定的时间依据某种市场利率(基准利率)进行调整,一般调整期为3个月、6个月等。这种方式多用于三年期以上的借贷,特别是在国际金融市场上,比如外汇贷款一般选择以Libor作为基准利率的浮动利率。

(三)市场利率与官定利率

依据是否按市场规律自由变动,利率可分为市场利率与官定利率。随供求规律等市场规律而自由变动的利率就是市场利率。官定利率则是由政府金融管理部门或者中央银行确定的利率,它是国家为了实现宏观调节目标而采取的一种政策手段。在市场经济国家,市场利率与官定利率相互影响、相互制约。官定利率在很大程度上对市场利率起导向作用,而官定利率的制定又必须参照时下的市场利率。在发达的市场经济国家,目前均以市场利率为主,同时存在官定利率,两者间存在着密切联系。在发展中国家和地区,有较大范围的官定利率,同时也有一定规模的市场利率。市场利率与官定利率间的比重,在各国之间有较大差异。

除了市场利率与官定利率之外,还有一种介于两者之间的利率,这就是公定利率。所谓公定利率,是由非政府部门的金融民间组织,如银行公会等确定的利率,又称行业公定利率。公定利率也在一定程度上反映了非市场的强制力量对利率形成的干预。公定利率在市场经济国家也普遍存在。

(四)基准利率与非基准利率

按在整个利率体系中的地位、作用不同,利率可分为基准利率与非基准利率。基准利率是在整个金融市场和利率体系中处于关键地位,起决定性作用的利率。此种利率之所以称之为基准,是因为它一变动,其他利率也都相应跟着变动,基准利率有两重含义:一是基准利率是银行体系制定各种差别利率和加罚息利率的依据;二是基准利率是金融市场体系制定各种有价证券利率的依据。基准利率在西方国家通常是中央银行的再贴现利率;中国目前则是中国人民银行对商业银行再贷款的利率。

基准利率以外的所有其他利率,均为非基准利率。非基准利率在利率体系中均不处于关键地位,不起决定性作用。不过,一种利率在整个利率体系中是否处于基准利率地位,并不是绝对的,而是相对的,是可以发生变化的。

(五) 一般利率与优惠利率

根据是否带有优惠性质,利率可分为一般利率与优惠利率。一般利率是不带任何优惠性质的利率。优惠利率则是指国家通过金融机构或金融机构本身对认为需要重点扶植或照顾的企业、行业或部门所提供的低于一般贷款利率水平的利率。例如,我国对老、少、边、穷等地区发展经济的贷款实行大大低于一般利率的优惠利率。

优惠利率对于实现国家的产业政策有重要作用,很多工业化国家都尝过运用这种手段的甜头。目前在许多发展中国家,优惠利率也得到广泛的运用。在国际金融领域,外汇贷款利率的优惠与否常以伦敦同业拆放利率为衡量标准,低于该利率者可称为优惠利率。

(六) 年利率、月利率与日利率

按照计算利息的不同期限单位,利率可分为年利率、月利率和日利率。年利率是以年为单位计算利息,以"%"表示;月利率是以月为单位计算利息,以"‰"表示;日利率是以日为单位计算利息,以‰表示。日利率有时又称作"拆息"。在我国的经济生活中,习惯以"厘"作利率计算单位。这里,"厘"的运用在不同场合有不同内涵。例如,年息10厘,指10%;月息10厘,指10‰;日息10厘,则指10‰。

年利率、月利率和日利率相互之间可以换算,对绝大多数国家而言,年利率除以12(月)为月利率,除以360(基准天数)为日利率;月利率除以30(天)为日利率。只有英镑等极少数英联邦国家货币,年利率除以365(基准天数)为日利率。

(七) 单利和复利

按照利息的计算方法不同,可将利率及利息分为单利与复利两种。单利是指存、贷款在一定期限内,只按本金计算利息,所生利息不再加入本金重复计算利息。其计算公式为:

$$I = P \times i \times n$$

$$S = P + I = P(1 + i \times n)$$

式中,I代表利息额,P代表本金,i代表利率,n代表期限,S代表本利和。

复利是指计算利息时,要按一定期限,将所生利息加入本金逐期滚算,重复计息。其计算公式为:

$$S = P(1+i)^n$$

$$I = S - P = P[(1+i)^n - 1]$$

符号含义同单利公式。

利率还可以分为长期利率与短期利率、存款利率与贷款利率等,本书不一一详述。

四、影响利率变动的因素

影响利率变动的因素概括起来,主要有利润的平均水平、借贷资本供求状况、经济运行周期、通胀率及通胀率预期、国际经济形势、国家经济政策和借贷风险等。

(一) 利润的平均水平

利息是平均利润的一部分,利润本身就成为利息的最高界限。因此,利率总在平均利润率与零之间上下摆动,利率主要是由平均利润率所调节的,这种调节作用可概括为,利率的总水平要适应大多数企业的负担能力。利率的总水平不能太高,太高了大多数企业承受不了;同时,利率总水平也不能太低,太低了不能发挥利率的杠杆作用。

(二) 借贷资本供求状况

借贷资本供求状况对市场利率的影响是最为直接、最为显著的。在商品经济条件下,利率作为特殊商品——借贷资本(资本)的价格,其水平当然随借贷资本供求状况的变动而变动。市场上借贷资本供应紧张,利率就会上升;反之,利率会下降。

(三) 经济运行周期

在市场经济条件下经济运行呈现出明显的周期性,其典型表现是顺次经过危机、萧条、复苏和高涨四个阶段,形成一个完整的周期。

在危机阶段,生产过剩,商品滞销,物价暴跌,生产下降,工厂倒闭,工人失业,支付手段相当缺乏,对借贷资本的需求极其强烈,利率急剧上升达到最高限度。

在萧条阶段,物价已降至低谷,企业投资信心不足,工资成本也明显下降,此时对借贷资本的需求急剧下降,借贷资本供大于求,利率下降并跌至最低点。

在复苏阶段,工厂复工,投资扩大,就业增加,对借贷资本的需求开始增长,但此时资本供给仍很充裕,故此时利率不会有明显下降,也不会出现大的回升,而是停留在低点或小幅度变动。

在高涨阶段,起初生产迅速发展,投资看旺,物价上涨,利润增加,对借贷资本需求增大,利率从最初维持较低水平后逐渐变化,但随着生产规模继续扩大,对借贷资本的需求继续增加,特别是信用投机出现,使借贷资本逐渐供不应求,利率从缓慢回升到较大幅度上升,甚至可能超过平均利润率水平。

(四) 通货膨胀率及通货膨胀率预期

在通货膨胀时期,利率水平一般会相应提高。因为在通胀条件下,如果名义利率不提高,则实际利率必然下降,贷款人将遭受经济损失。显然,通胀率越高,名义利率也应越高。否则,若出现零利率(指实际利率),利率的杠杆作用将消失;若出现负利率,更会对经济生活产生消极作用。

(五) 国际经济形势

就开放经济而言,国际经济形势对利率的影响主要体现在国际利率与汇率会影响资金流出入,从而引起国内利率的变动。如果国际利率水平较高,资金流出,国内资金供给小于需求,迫使国内利率上升;反之,如果国际利率水平较低,资金流入,国内资金供给大于需求,从而诱使国内利率随之下降。可见,国内利率总是有朝国际利率靠拢的趋势。从汇率的角度来看,汇率的变动也会影响利率的变化。例如,当外汇汇率上升,本币贬值时(如人民币与美元的汇率从 \$1＝￥6.2 变化到 \$1＝￥6.3),国内居民对外汇的需求就会下降,从而使本币相对充裕,国内利率便趋于稳定,并在稳定中下降;反之,当外汇汇率下跌,本币升值时(如人民币对美元的汇率从 \$1＝￥6.3 变化到 \$1＝￥6.2),国内居民对外汇的需求就会增加,本币供应处于紧张状态,从而迫使国内市场的利率上升。

(六) 宏观经济政策

国家实行不同的宏观经济政策,对利率水平会产生不同的影响。例如,实行紧缩的货币政策,会提高利率总水平;实行扩张的货币政策,则会降低利率总水平。又如,国家根据产业政策和发展战略,对应优先发展的部门、地区和产品给予利率优惠等。

(七) 借贷风险

资金从投放到收回总是需要一定的时间,在借贷资本运动过程中,由于各种不测因素的出现,可能导致各种风险,如资金不能按期完全收回的违约风险,因物价上涨有使资金贬值的风险,或出现更有利的投资机会后,已贷放出去的资金收不回来时,贷款人要承受机会成本损失的风险。

第三节 利率决定理论

利率决定理论主要研究决定利率的因素以及利率变动的原因。其中,影响最大且一直居于主导地位的是实物资本决定理论。凯恩斯的流动性偏好理论批判了这一理论,提出了利率由货币供求决定的理论。但随后的可贷资金理论以及新古典综合派理论坚持认为,传统观点在长期内是正确的,凯恩斯的利率理论仅适用于短期。

一、古典利率理论

古典利率理论流行于 19 世纪八九十年代至 20 世纪 30 年代。由于该理论继承了古典经济学重视实物因素的传统,它认为利率由实物资本供求决定。具体而言,资本供给来源于储蓄,资本需求来源于投资。因而,利率实际由储蓄和投资决定,与货币无关。古典利率理论从生产消费等实际经济生活去研究影响资本供求的关系,因而它是一种实物利率理论。同时,古典利率理论把利率的变化与资本供给与需求的变化联系在一起,认为贷放的资金来源于储蓄,而储蓄则意味着人们要推迟现在的消费。但由于"人性不耐"等原因,人们更注重现在的消费。为此,必须对人们的这种"等待"或者"推迟消费"的行为给予一定的补偿,这种补偿便是利息。马歇尔认为,利息是资本的价格,资本的供给主要来自社会储蓄,是延期享乐或等待的结果,利率越高,储蓄越多;资本的需求来自资本的收益和生产率。只要借入资本的边际收益大于借贷资本的利率,企业家就会扩大需求。由于储蓄和投资都是实物性的,由此决定的利率被称为实物利率。由于实物利率是一种均衡利率,因而具有基本稳定不变的特征。此外,马歇尔认为,还有一种由可贷货币供求决定的利率,即货币利率,又称贴现率或者市场利率,它围绕实物利率上下波动。货币供给只能影响市场利率。

随后维克塞尔对利率决定作了进一步的研究。他把利率分为货币利率(即市场利率)和自然利率。对资本的需求主要来自投资,而投资量的大小主要取决于投资预期回报率和利率的关系。当利率降低时,预期回报率大于利率的可能性增大,所以投资需求也会不断增大,即投资是利率的递减函数。只要货币利率与投资的预期回报率存在差异,资本就会在储蓄和投资两者之间发生移动,当货币利率等于新形成的投资预期回报率时,整个社会的资本供给恰好等于整个社会的资本需求,企业家既不会增加生产,也不会减少生产,整个经济就达到均衡状态。经济达到均衡状态时所形成货币利率就是维克塞尔所说的"自然利率"。货币利率偏离自然利率只会导致通货膨胀或者通货紧缩。按照这一理论,在市场经济条件下,利率具有自动的调节功能,使储蓄和投资趋于一致。因此经济不会出现长期的供求失衡,将自动趋于均衡(见图2-1)。

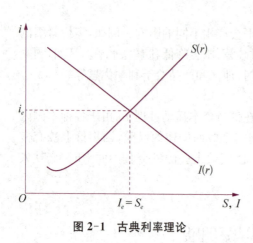

图 2-1 古典利率理论

图 2-1 中 $S(r)$ 表示储蓄函数曲线;$I(r)$ 表示投资函数曲线;i_e 表示均衡利率;I_e、S_e 分别表示均衡时的投资量和储蓄量。

二、流动性偏好理论

20世纪30年代西方国家爆发了经济大危机,以利率具有自动调节机制为核心的古典利率理论不能对这一现象做出令人信服的解释。1936年,凯恩斯在其主要著作《就业、利息和货币通论》(以下简称《通论》)中,阐明了他的流动性偏好利率理论。

在《通论》中,凯恩斯对古典利率理论提出了全面的批判。他认为:利息不是储蓄和等待的报酬,而是对暂时放弃流动性的一种补偿。利息是在一定时期内放弃货币、牺牲流动性所得的报酬,而不是古典利率理论所讲的利息是对节欲、等待或推迟消费的报酬。利率不是一种实物现象,而纯粹是一种货币现象,由货币供求决定。因为在现代货币经济中,人们可以以多种形式来持有其财富,如持有股票、债券等资产。当人们持有非货币资产时,虽然有可能获得一定的收益,但由于经济运行中充满了诸多的不确定性,因此持有该类资产也可能因各种原因而遭受损失。而货币作为一种特殊形式的资产,是财富的真正代表,为整个社会所认可和接受,能随时转化为其他商品,并具有完全的流动性和最小的风险性。所以,人们在选择其财富的持有形式时,大多倾向于选择货币。通常情况下,货币供给量是有限的,人们要取得货币,就必须支付一定的报酬作为对方在一定时期内放弃货币、牺牲流动性的补偿。凯恩斯认为,这种为取得货币而支付的报酬就是利息,利息完全是一种货币现象。只有在充分就业条件下,当投资的增加不会再引起实际收入的增加时,投资的进行才会减少人们的当前消费,形成"强迫储蓄",利息才能被看作是对节欲、等待或推迟消费的报酬。

凯恩斯还认为,货币需求起因于三种动机,即交易动机、预防动机和投机动机。其中,出于前两种动机的货币需求为收入的递增函数,记为 $M_1 = L_1(Y)$;而出于后一种动机的货币需求则为利率的递减函数,记为 $M_2 = L_2(i)$,因此有:

$$M^d = M_1 + M_2 = L_1(Y) + L_2(i)$$

凯恩斯认为,利率就是由货币的供给与需求的均衡点所决定的。他还指出,当利率降至非常低的水平时,因利息收入太低,故几乎每人都宁愿持有现金,加之人们都预期利率将上升,因而人们都会抛出有价证券而持有货币,使流动性偏好几乎变成是绝对的。这就是通常后人所说的"流动性陷阱"情形。凯恩斯的流动性偏好利率理论如图 2-2 所示。

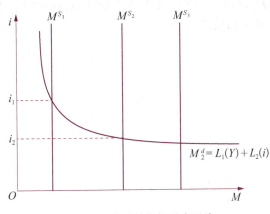

图 2-2 流动性偏好利率理论

三、可贷资金利率理论

凯恩斯的《通论》发表以后,其关于利率决定的理论引起了理论界的大争论。其中,以罗伯逊(1937)、俄林(1937)为代表的新古典学者对凯恩斯的利率理论及其对古典利率理论的批评提出了再批评。罗伯逊认为,凯恩斯对储蓄和投资的分析是不正确的。古典利率理论关于利率由储蓄与投资决定的观点,从长期来看是正确的,它的问题在于忽视了货币因素如信用创造、货币窖藏等对利率的短期影响,而凯恩斯理论正好相反。为此,罗伯逊将二者结合起来,提出了社会可贷资金供求决定利率理论。其中,可贷资金的供给由社会的自愿储蓄、减少窖藏和新增货币供给构成;可贷资金的需求主要包括投资的资金需求和窖藏需求。俄林的观点与罗伯逊有很大的相似性。他认为,利率是信用的价格,由信用的供求,也就是信用市场上各种债券和其他资产的供求决定。

可贷资金利率理论认为,既然利息产生于资金的贷放过程,考察利率的决定就应该着眼于可用于贷放资金的供给与需求。该理论认为,对可贷资金的需求并非一定完全来自投资,还可能来自窖藏。因为在现实生活中,储蓄者很有可能窖藏一部分货币而不借出,借款者也可能窖藏一部分货币而不用于投资,就会有一部储蓄不能用于投资。所以,对可贷资金的需求由投资 $I(i)$ 和净窖藏 $\Delta H(i)$ 两部分组成。其中,投资部分为利率的递减函数,并构成可贷资金需求的主体。窖藏部分也为利率的递减函数,因为窖藏货币会牺牲利息收入,利率越高,窖藏货币所牺牲的利息收入就越多,利率越低,窖藏货币所牺牲的利息收入就越少。可贷资金的需求 $M^d = I(i) + \Delta H(i)$。同时,可贷资金的供应不仅限于储蓄,除储蓄以外,中央银行和商业银行也可以分别通过增加货币供给和创造信用来提供可贷资金。可贷资金的供给由储蓄 $S(i)$、反窖藏 $D_{Hd}(i)$ 和由中央银行增发的货币以及商业银行所创造的信用形成的货币供应增量 $\Delta M(i)$ 三部分组成。其中,储蓄部分 $S(i)$ 为利率的递增函数,反窖藏部分 $D_{Hd}(i)$ 为利率的递增函数,货币供应增量部分 $\Delta M(i)$ 为利率的递增函数,即可贷资金的供给 $M^S = S(i) + \Delta M(i) + D_{Hd}(i)$。可贷资金利率理论认为,利率取决于可贷资金的供给与需求的均衡点,当二者达到均衡时,则有:

$$S(i) + \Delta M(i) + D_{Hd}(i) = I(i) + \Delta H(i)$$

上式中,五项因素均为利率的函数,当可贷资金的供给等于需求时,可贷资金市场达到均衡,此时的利率便是均衡利率,如图 2-3 所示。

由于可贷资金利率理论实际上是试图在古典利率理论的基础上,将货币供求的变动等货币因素对利率的影响综合考虑,以弥补古典利率理论只关注储蓄、投资等实物因素的不足,所以它被称为新古典利率理论。

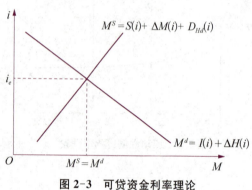

图 2-3 可贷资金利率理论

如果假定可贷资金供求双方之间的借贷都采取发行债券的形式来进行,则一定时期内(或时点上)可贷资金的需求就等于同一时期内(或时点上)债券的供给 B^S,可贷资金的供给就等于同时期内(或时点上)债券的需求 B^d。由此可得可贷资金利率理论的另一种表述形式,即均衡利率取决于债券的供给与需求,由图 2-3 可以发现,当利率高于均衡利率(i_e),也就是债券价格低于均衡价格(P_e)时,债券的需求将大于债券的供给,其结果是债券价格上涨,利率下降;反之,当利率低于均衡利率(i_e),也就是债券价格高于均衡价格(P_e)时,债券供给大于债券需求,其结果是债券价格下跌,利率上升。

四、IS-LM 分析框架的利率理论

这一理论构成新古典综合派的理论之一。希克斯和汉森认为,凯恩斯的流动性偏好理论与古典理论并不矛盾,而是后者的发展。于是,他们将此二者综合,提出了一个全新的利率决定理论,即利率决定于投资函数、储蓄函数、流动性偏好函数和货币供给量,均衡利率决定于储蓄与投资相等、货币供求相等的一般均衡状态,这就是著名的 IS-LM 曲线。它是由英国著名经济学家希克斯首创,而后由美国的凯恩斯主义者汉森补充和发展而成的,它从商品市场和货币市场的全面均衡状态阐述了利率的决定机理。

希克斯认为,凯恩斯的流动性偏好利率理论和古典利率理论一样,都忽略了收入因素,都不能确定利率的水平。对于古典利率理论而言,因为储蓄取决于收入,不知道收入也就不知道储蓄,从而利率也就无法确定;利率不能确定,投资也就无法确定,从而收入也不能确定。对凯恩斯的流动性偏好利率理论而言,利率取决于货币需求与货币供应的均衡点,可是货币需求却取决于收入,既然不知道收入,那么货币需求就无法确定,从而利率也无法确定。为了弥补这一缺陷,希克斯认为应把货币因素和实物因素综合起来进行分析,并把收入作为一个与利率相关的变量加以考虑。在此基础上,希克斯吸收了凯恩斯流动性偏好利率理论的核心内容,修正了古典利率理论,建立了 IS-LL 模型,如图 2-4 所示。按照这一利率决定理论,利率决定于储蓄与投资相等、货币需求与货币供给相等的一般均衡状态。

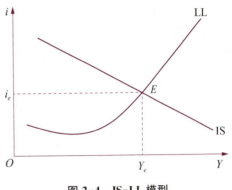

图 2-4　IS-LL 模型

IS-LL 模型的提出在利率理论研究上是一大飞跃,但是,由于 IS-LL 模型的结构比较粗糙,缺乏内在的逻辑性,特别是对两条曲线的形状解释含糊不清,致使人们对该模型难以理解和接受,因而在提出后的很长时间内得不到人们的重视。1949 年,美国经济学家汉森通过对新古典借贷资金利率理论和凯恩斯流动性偏好利率理论的综合理解,重新推导出 IS-LL 模型,并将其易名为 IS-LM 曲线模型。

汉森认为,利率受制于投资函数、储蓄函数、流动性偏好函数(即货币需求函数)和货币供给量等四大要素,所以利率决定理论应包括对这些要素的分析。为此,汉森首先把收入水平作为一个变量引入了借贷资金理论中的资金供给函数,建立了资金供给与收入和利率两个变量的函数关系,即 $M^s = f(Y, i)$,于是得到了一组在不同收入水平下的资金供给曲线。他接着把这组资金供给曲线与投资函数曲线相结合,当资金供给(即储蓄)等于投资时,就会有一条由与之相对应的利率和收入所组合的点所组成的曲线,即希克斯的投资储蓄函数(IS 曲线)。

很显然,IS 曲线表示的就是使储蓄(S)等于投资(I)的利率与收入之间的相互关系。接着,汉森又把收入水平作为一个变量引入凯恩斯利率理论中的流动性偏好函数,建立了流动性偏好的收入、利率函数,即 $M^d = L(Y, i)$,并由此得出一组不同收入水平下的流动性偏好曲线。汉森又把这一组流动性偏好曲线同金融当局控制的货币供给量结合起来。当流动性偏好与货币供给相等时,就会发现一条由与之相应的利率和收入所组成的点组成的曲线,即希克斯的 LL 曲线,汉森将其更名为 LM 曲线,以表示使货币需求等于货币供给的利率与收入两者之间的相互关系。

由于 IS 曲线和 LM 曲线分别代表商品市场和货币市场的均衡,IS 曲线和 LM 曲线都不能单独决定两个市场全部均衡状态下的均衡收入和均衡利率。只有商品市场和货币市场同时达到均衡,即同时满足储蓄等于投资、货币供应等于货币需求时,均衡收入和均衡利率才能确定。

在图 2-5 中，IS 曲线和 LM 曲线的交点 E 所决定的收入 Y_e 和利率 i_e，就是使整个经济处于一般均衡状态的唯一的收入水平和利率水平。处于 E 点以外的任何收入和利率的组合都是不稳定的，都会通过商品市场和货币市场的调整而达到均衡。

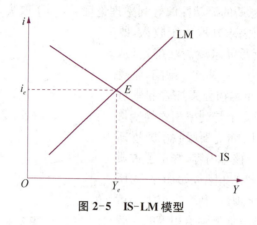

图 2-5　IS-LM 模型

五、马克思的利率决定论

西方经济学那种从供求变动、从均衡利率的思路来研究利率决定的理论，可以解释金融市场上的利率从 5% 上升到 6%，或者从 6% 下降到 5%，但它无法解释那个最初 5% 或 6% 的利率水平如何产生。马克思的利率决定论告诉我们，利息率取决于平均利润率，利息是借贷资本家从借入资本的资本家那里分割来的一部分剩余价值，剩余价值表现为利润，因此，利息量的多少取决于利润总额，利息率取决于平均利润率。按照马克思的利率决定论，由平均利润率决定的利息率具有如下三方面性质或特点。

(一) 利息率与平均利润率具有同向变化性

一般而言，利息率要随着平均利润率的提高而提高，随着平均利润率的降低而降低。至于利息率究竟应占利润率的多大比重，则取决于金融企业和工商企业之间竞争的结果。

(二) 利息率的上、下限为：平均利润率＞利息率＞0

利息率的上限必须低于平均利润率，否则工商企业借款经营将无利可图，于是就不会借款经营；利息率的下限也必须大于零，否则银行及其他金融机构贷款将无利可图或受损失，于是就不会借出资金，工商企业和个人也不会在银行或其他金融机构存款。利息率的变化范围是在零和平均利润率之间。

(三) 利息率有相对稳定性

平均利润率有下降趋势，但这是一个非常缓慢的长期过程。就一个阶段来考察，每个国家的平均利润率则是一个相当稳定的量。相应地，平均利息率也具有相对的稳定性。

六、利率的期限结构理论

利率的期限结构，是指不同期限债券利率之间的关系，它可以用债券的收益曲线

（即利率曲线）来表示。前面介绍的利率决定理论主要是从利率水平的确定角度来考察利率决定,而利率的期限结构理论则是从不同期限利率之间的相互关系、相互影响以及共同决定方面来分析利率的决定。

债券的收益曲线是指把期限不同,但风险、流动性和税收等因素都相同的债券的回报率连成的一条曲线。收益曲线通常可以划分为正收益曲线、反收益曲线、平收益曲线和拱收益曲线等四种类型,如图 2-6 所示。

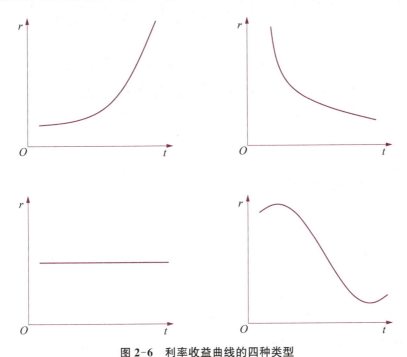

图 2-6 利率收益曲线的四种类型

如果收益曲线是正收益曲线,曲线向上倾斜,则表明随着期限的增长,利率越来越高,即长期利率高于短期利率;如果是平收益曲线,曲线呈水平状,则表明长期利率等于短期利率;如果是反收益曲线,曲线向下倾斜,则表明长期利率低于短期利率。收益曲线也可以有更为复杂的形式,如凸起型或凹陷型等。经济学家们在对这些不同现象的分析解释过程中阐述其各自的利率期限结构理论,主要有以下三种。

(一) 预期假说

预期假说(Expectations Hypothesis)的基本命题是:长期利率相当于在该期限内人们预期出现的所有短期利率的平均数。因而收益率曲线反映所有金融市场参与者的综合预期。例如,人们预期在未来 8 年中短期利率平均水平为 9%,那么按照预期假说的解释,8 年期债券的利率大致也是 9%;如果预期 8 年以后短期利率会升高,未来 20 年中短期利率平均水平为 12%,那么 20 年期债券的利率大致也是 12%。在此例中,长期利率水平在短期利率之上,收益率曲线向上倾斜。

预期假说中隐含着这样的前提假定:投资者对债券的期限没有偏好,其行为取决于预期收益的变动。如果一种债券的预期收益低于另一种债券,那么,投资者将会选择购买后者;所有市场参与者都有相同的预期;在投资人的资产组合中,期限不同的债券是完全替代的;金融市场是完全竞争的;完全替代的债券具有相等的预期收益率。

假定某投资人面临下列两个不同的投资决策。(1) 决策 A:在第 t 期购买一份利率为 i_t 的一期债券,到期以后再购买另一份一期债券,第 $t+1$ 期的预期利率为 i^e_{t+1}。(2) 决策 B:在第 t 期购买利率为 i_{2t} 的两期债券。

$$决策 A 的预期收益 = (1+i_t)(1+i^e_{t+1}) - 1$$
$$\approx i_t + i^e_{t+1} (\because i_t \cdot i^e_{t+1} 的值较小,可以忽略不计)$$
$$决策 B 的预期收益 = (1+i_{2t})(1+i_{2t}) - 1$$
$$\approx 2i_{2t} (\because i^2_{2t} 的值较小,可以忽略不计)$$

如果决策 A 与决策 B 的结果对投资人是无差异的,那么,决策 A 与决策 B 的预期收益必相等。因而,我们可以用公式把决策 A 与决策 B 联系起来:

$$i_{2t} = \frac{(i_t + i^e_{t+1})}{2}$$

推而广之,如果债券的期限更长,那么:

$$i_{nt} = \frac{i_t + i^e_{t+1} + i^e_{t+2} + \cdots + i^e_{t+n-1}}{n}$$

由上式可见,n 期债券的利率等于在 n 期债券的期限内出现的所有一期债券利率的平均数。

预期假说解释了利率期限结构随着时间不同而变化的原因。若收益曲线向上倾斜,这是由于短期利率预期在未来呈上升趋势;若收益曲线向下倾斜,则是由于短期利率预期在未来呈下降趋势。同理,平收益曲线的出现是由于短期利率预期不变,拱收益曲线的出现则是由于短期利率预期先升后降。

此外,预期假说也解释了长期利率与短期利率一起变动的原因。一般而言,短期利率有这样一个特征,即短期利率水平如果今天上升,那么往往在未来会更高。因此,短期利率水平的提高会提高人们对未来短期利率的预期。由于长期利率相当于预期的短期利率的平均数,因此短期利率水平的上升也会使长期利率上升,从而使短期利率与长期利率同方向变动。

预期假说有时又称纯预期假说(The Pure Expectations Hypothesis),最早由美国经济学家欧文·费歇尔(Irving Fisher)于 1896 年提出。当代,经济学家们还在不断完善预期假说理论。目前,预期假说已分化为不完全预期假说、完全预期假说、制度预期假说和误差修正预期假说等几个分支。

(二) 流动性偏好假说

流动性偏好假说(The Liquidity Preference Hypothesis)又称流动性报酬假说或流动性补偿假说(The Liquidity Premium Hypothesis),其基本命题是:长期利率应等于现期短期利率和预期未来短期利率的均值再加上一个流动性补偿额。这种理论观点基本上同意利率期限结构的预期假说,但否认关于市场参加者对持有长期债券和连续持有短期债券没有任何主观偏好的假设。这种理论认为，短期债券的流动性较强，二级市场活跃，价格波动也较小，因此比长期债券的吸引力要大。这种情况下，长期债券的发行人要吸引投资人，就必须提供一个高于现行短期利率和预期未来短期利率的均值的收益率，用超过均值的那部分收益来弥补长期债券流动性不足的缺陷，补偿投资人因持有长期债券所承担的相应风险。换句话说，这一理论假定，大多数投资者偏好持有短期债券，为了吸引投资者持有期限较长的债券，必须向他们支付流动性补偿。例如，如果投资者希望持有期限为2年的债券，他也可以购买期限为3年的债券，在两年后将其卖出。但是，这种方式有着额外的风险，流动性补偿就是给投资者的风险补偿，否则他会购买期限较短的证券。流动性补偿随着到期时间的延长而增加。流动性补偿假说的暗含假定是，投资者是风险回避者，因而他只有在得到补偿后才会进行有风险的投资。

流动性偏好假说能够解释四种收益曲线。由于流动性补偿额总是一个正数，因此即使人们预期短期利率水平不变，收益曲线也是上升的，即正收益曲线。平收益曲线表示对短期利率的预期略有下降。负收益曲线则说明预期未来的短期利率将大大低于现行短期利率，以至不但抵消了流动性补偿额，而且导致收益曲线下降。

(三) 市场分割假说

市场分割假说（Segmented Markets Hypothesis）的基本命题是：期限不同的债券市场是完全分离的或独立的，每一种债券的利率水平在各自的市场上，由该债券的供给和需求所决定的，不受其他不同期限债券预期收益变动的影响。该假说隐含如下几个前提假定：(1) 投资者对不同期限的债券有较强的偏好，因此只关心他所偏好的那种期限的债券的预期收益水平；(2) 在期限相同的债券之间，投资者将根据预期收益水平的高低决定取舍，即投资者是理性的；(3) 理性的投资者对其投资组合的调整有一定的局限性，许多客观因素使这种调整滞后于预期收益水平的变动；(4) 期限不同的债券不是完全替代的。市场分割假说与前面两种理论假说有本质上的区别。

该理论假说认为，债券市场分割的原因主要在于，投资人选择投资期限不仅意在收益，而且具有其他一些更为重要的目的，其中最主要的是资产与负债的相互配套。例如，商业银行持有大量的活期和短期负债（支票账户、储蓄账户等），这些负债是要随时偿还的。因此，商业银行必须持有一笔能够随时以基本稳定的价格变现的高度流动性资产，以便与自己的流动性负债相配套。商业银行在债券市场上相对而言只能更多选择短期债券来投资。换句话说，商业银行相对被封闭在短期债券市场上。相反，有些投资人（如合同式储蓄机构）的负债是长期的和高度稳定的，它们希望有相对长期而稳定的高收益资产与之相配套，而短期债券收益较低，且需经常购买而引起投资成本上升，因此，其投资就基本被封闭在长期债券市场上。此外，从资金需求方面来看，需要短期资金的筹资者发行短期债券，需要长期资金的筹资者发行长期债券，这些长短期债券的发行之间也不能互相替代。

按照市场分割假说的解释，收益曲线形式之所以不同，是由于对不同债券的供给和需求不同。收益曲线向上倾斜表明，对短期债券的需求相对高于对长期债券的需求，结果短期债券具有较高的价格和较低的利率水平，长期利率高于短期利率；收益曲线向下倾斜表明，对长期债券的需求相对高于对短期债券的需求，结果是长期债券价格较高而利率水平较低,短期利率高于长期利率。平均看来,大多数人通常选择持有短期债券而非长期债券,因而,收益曲线通常向上倾斜。

这种理论有些失之偏颇,大量事实证明,对期限具有"从一而终"偏好的投资者是较为少见的,金融市场上利用长短期利率的变动而进行套利的现象大量存在。现代资产负债管理理论与实践证明,即使资金来源主要以存款为主的商业银行,也可以将一部分资产投资于长期证券,而以长期资金为主要资金来源的人寿保险公司等也可以投资于短期证券,从而优化投资组合,在风险与收益间取得良好均衡。可见预期与流动性偏好对利率期限结构的影响是不能否认和忽视的。市场分割假说理论有待改进和完善。

事实上,以上三种解释利率期限结构的理论假说都有待完善。经济学家们也一直在不懈地从事这方面探索,并有一些新假说、新模型问世。比较有代表性的理论模型主要有科克斯-英格索尔-罗斯模型(Cox-Ingersoll-Ross Model)和二项式或网状模型(Bino-mial or Lattice Models)。前者将利率期限结构视为一种随机过程,用一种一般均衡模型来描述;后者则是在网状模型中再引入二项式模型来求解。

第四节 利率对经济的影响

利率是一个非常重要的经济变量,利率的变动是引起生产、投资、消费、储蓄的变动、物价水平波动、经济扩张或收缩的重要原因。利率对居民、企业、政府和世界市场这四个经济组成部分的经济行为起着间接或直接的决定性作用,并由此影响整个经济运行,具体表现在利率决定了企业的生产和投资规模,影响了居民的消费和储蓄行为,还会影响政府的筹资活动和国际经济活动。

利率在经济生活中的作用,主要体现在利率的变动对储蓄及投资的影响上,而影响程度的大小取决于储蓄与投资的利率弹性。

首先是利率对投资的影响。凯恩斯认为利率对于投资的影响不是直接的,而是通过与资本边际效率的对比关系影响投资,假定利率上升的同时资本边际效率也上升,并且上升的幅度大于或等于利率上升的幅度,那么高利率就不会抑制投资。其次是利率对储蓄的影响。凯恩斯认为利率的变动只是引起货币需求的变动,而不是影响储蓄水平的变动。在消费倾向不变的情况下,直接制约储蓄水平的是收入的大小而不是利率的高低。最后是利率、投资与储蓄这三者之间的关系。凯恩斯认为在既定的收入水平下,消费倾向决定储蓄量的选择,利率的高低决定储蓄形式的选择,资本边际效率与利率的对比决定投资。而利率不可能单独起到自动调节储蓄与投资达到均衡的作用。

利率的变动对经济运行的影响主要通过以下四条主要途径实现的。

一、利率—储蓄—经济运行途径

在市场经济条件下,资本短缺是制约一国经济发展的一个重要因素,发展中的变化及收入和消费支出的非同步性等原因,使从全社会来看,总有一些资金盈余单位和一些资金赤字单位。利息的产生从很大程度上解决了这种两难的问题。对于资金盈余单位来讲,与其让资金白白闲置,不如通过暂时让渡资金的使用权而获得部分利息收入;对于资金短缺(赤字)单位来讲,与其白白丧失一个好的投资机会,不如通过支付利息获得需要的资金。

按照经济学的观点,居民的全部收入分为储蓄与消费两部分。一般来讲,利息率越高,消费的机会成本就越大,而储蓄所得的利息收入就越多。因此,居民就会推迟消费而增加储蓄,一方面当期消费减少,另一方面使社会积累资金规模增大。由于消费减少,会减少社会总需求,从而减少社会总产出。储蓄的增加又会提高国民收入储蓄率,从而增加社会总产出。因此,利息率的提高在这种情况下究竟是促进经济增长,还是抑制经济增长,就要比较消费和储蓄二者的乘数效应。所谓乘数,就是国民收入变动量与引起这种变动量的自变量的比例。根据经济学的相关知识我们知道,消费的乘数为边际消费倾向(b)的倒数,储蓄的乘数为 $1/(1-b)$。因此,当储蓄的乘数效应大于消费的乘数效应时利率提高,储蓄增加所引起的社会总产出增加的部分大于消费减少所引起的社会总产出减少的部分,具有促进经济增长的作用;反之,在利率降低时,储蓄减少部分所引起的社会总产出减少的部分也要大于消费增加的部分所引起的社会总产出增加的部分,具有抑制经济增长的作用。需要特别指出的是,我们之所以只说当储蓄的乘数效应大于消费的乘数效应时,总体来看,提高利率具有促进经济增长的作用,降低利率具有抑制经济增长的作用。不讲提高利率促进经济增长或降低利率阻碍经济增长,是因为利率的高低对投资需求、国际收支状况、政府购买等方面都具有不同程度的作用和影响,经济最终增长与否要看各种因素的综合作用结果。

如果一国经济中出现了一种普遍的超前消费倾向,或对某一种或几种商品的超前消费倾向时,提高利率以增加储蓄的作用就不大明显,而降低利率刺激消费的作用却十分明显。例如,我国由于取消了福利分房,个人贷款买房已成明显趋势的情况下,降低利率对于促进住房消费就具有积极作用。由以上分析可知,利率通过储蓄、消费对经济发挥作用的传递机制可描述为:

$$i\uparrow \to \begin{cases} C\downarrow \to AD\downarrow \to Y\downarrow \\ S\uparrow \to Y\uparrow \end{cases}$$

其中,i 表示利率,C 表示消费,S 表示储蓄,Y 表示总产出,AD 表示总需求。

二、利率—投资—经济运行途径

因为利率的高低直接影响投资的成本,一般来讲,降低利率意味着企业投资成本降低,从而会增加投资,促进经济增长;提高利率则意味着企业投资成本上升,从而会减少投资,抑制经济增长。但是在利率如何通过投资对经济发挥作用的传递机制方面,经济学家却存在着异议。根据托宾(J. Tobin)的 q 理论,q 为企业的市场价值除以企业的重置成本。若 $q>1$,即企业的市场价值大于企业的重置成本时,企业可发行股票,而且能在股票上得到一个比他们正在购买的设备和设施要高一些的价格。由于厂商可以发行较少股票而买到较多新的投资品，投资支出便会增加。

可是货币学派的经济学家却不这样认为，如布伦纳（K. Brunner）和梅尔泽（A. Melter）认为，现代经济由四个市场（当前的新产品市场、已有的资本货物市场、货币市场和证券市场）组成，并存在三种价格：现产品价格、资本货物价格、证券价格。当中央银行调低利率时，会使证券市场上证券价格上升，商业银行出售有价证券，致使商业银行超额储备增加。在这种情况下，商业银行开始增加贷款投放，利率降低，并使真实资本价格上升，企业的利润增加。在追求利润最大化这一动机的驱使下，企业便会加大新产品开发力度，增加投资，从而扩大新产品市场，促进经济增长。

虽然各学派对利率如何通过投资对经济发挥作用的传递机制持有不同观点，但是有一点却是相同的，即通常情况下，降低利率会增加投资，从而有利于经济增长；提高利率会减少投资，从而不利于经济增长。在直接融资比重不断上升的今天，利率的高低仍是制约融资成本高低及投资成功与否的一项重要因素。在市场利率较高时发行债券的利率或股票价格就要比市场利率较低时发行债券的利率高或股票价格低。这无疑会增加直接融资的成本，减少投资，在筹资额不变的条件下，总的利息费用支出增加；在总的费用支出不变的条件下，筹资额减少，使筹集资金的单位成本上升。同样地，在间接融资条件下，利率也可以通过调节信贷规模和结构来影响投资规模和结构，并进一步影响经济的运行。由于贷款利息来自企业的收益，因此，提高贷款利率必然使企业留利减少，使企业对投资的兴趣减小，贷款数量和投资规模随之收缩。当贷款利率提高到一定程度时，企业不但会减少新借款，甚至还要收缩现有生产规模，把资本从再生产过程中抽出，使生产资金转化为借贷资本，以获取较高的利息。反之，降低贷款利率，减少借款者的借款成本，增加其收益，资金需求者便会增加贷款和投资，扩大生产规模。因此，国家可以通过调整银行利率水平来调节信贷规模和投资规模。此外，国家可以运用利率调节信贷结构来直接影响产业结构的转变。因为货币资金是各个行业进行生产所必不可少的要素。所以，无论哪一个行业或企业，它有权支配的资金越多，其发展速度就会越快。由此可见，国家可以根据产业结构转变的需要，适时调整利率和信贷结构，对那些符合国民经济长远发展规划的产业或企业，可给予优惠利率贷款作为扶植、鼓励，对那些不符合国民经济长远发展规划的产业或企业，则不予贷款或给予高息贷款，以限制其发展。

三、利率—国际收支—经济运行途径

国际收支的严重不平衡，不管是巨额顺差还是巨额逆差，都可能给国家的经济带来不良影响。长期的巨额逆差会削弱一个国家对外国商品、劳务和技术等的购买力，因而会影响国内经济的发展，并使一国货币对外贬值。长期的巨额顺差除政治上面临较大的外交压力外，顺差国在经济上还面临通货膨胀的威胁和部分本国资源被别国占用的既定事实，也会对本国经济造成危害。通常情况下，引起国际收支不平衡的原因来自实物经济方面和货币方面。若引起国际收支不平衡的原因来自货币方面，一国政府和中

央银行就可以通过调节利率来平衡国际收支,从而消除国际收支不平衡所带来的不利影响。当发生严重逆差时,可以把本国短期利率调到高于其他国家或国际金融市场的利率水平。同时,降低长期利率,这样一方面能防止本国资金流向利率较高的国家,鼓励长期投资;另一方面还可以吸引外国的短期资本流入,从而减少或消除逆差。当发生严重的顺差时,则可以把本国的利率调低,以限制外国资本的流入,从而减少或消除国际收支顺差。

四、利率—物价—经济运行途径

(一) 调节商品市场的需求与供给

在商品经济中,国民收入分配都是以货币形式进行的价值分配。在分配后形成的有支付能力的社会需求与商品可供量在总量和结构上客观存在着不相适应的可能性,存在着危及物价稳定的因素。国家运用利率杠杆则可以把待实现的一部购买力以存款形式存到银行,推迟消费。同时,对于一些紧缺商品,银行也可以通过降低对生产这些产品的企业的贷款利率来促使企业增加投资,扩大生产规模,增加商品供应量,对稳定物价和实现供求平衡发挥重要作用。

(二) 调节货币的供给与需求

在纸币流通条件下,当流通中的货币量大于商品流通所需要的货币量时,纸币就会贬值,物价就会上涨。因为利率的高低会影响贷款的需求,进而影响信贷总规模,而信贷总规模又会决定货币供应量。所以,当流通中的货币量超过其需要时,调高贷款利率就会收缩信贷规模,减少货币供应量,促使物价稳定。

专栏 2-1

上海银行间同业拆放利率

上海银行间同业拆放利率(Shanghai Interbank Offered Rate,Shibor),从2007年1月4日开始正式运行,是由信用等级较高的银行组成报价银行团,自主报出的人民币同业拆出利率计算确定的算术平均利率,是单利、无担保、批发性利率。中国人民银行成立Shibor工作小组,依据《上海银行间同业拆放利率(Shibor)实施准则》确定和调整报价银行团成员、监督和管理Shibor运行、规范报价行与指定发布人行为。Shibor报价银行由16家商业银行构成,包括4家国有商业银行、6家全国性股份制银行、3家城市商业银行和3家外资银行,全国银行间同业拆借中心授权Shibor的报价计算和信息发布。

Shibor采用报价制度,以拆借利率为基础,即报价银行每天对各个期限的拆借品种进行报价,对报价进行加权平均处理后,公布各个期限的平均拆借利率即为Shibor利率,包括一周、两周、一月、三月、六月、九月和一年利率。

Shibor是我国基准利率体系的重要组成部分,Shibor的作用包括以下几点:一是促进了国内货币市场的快速发展;二是 Shibor 在市场化的产品定价中得到了很多运用;三是 Shibor 对于债券的产品定价指导性在持续增强;四是以 Shibor 为基准的金融创新产品的成交活跃、票据转贴现和回购业务也初步建立了市场化定价机制;五是报价银行的内部资金转移价格不同程度地与 Shibor 相结合。

专栏 2-2

负利率时代意味着什么?

负利率的概念最早起源于 100 多年前的德国经济学家西尔沃·格塞尔。他认为在危机期间,人们由于规避风险,将会主动囤积现金,因此将会导致信用收缩,经济下行压力增加。后来凯恩斯在此基础上加以说明,认为消费的减少会导致流动性陷阱;而为了避免对经济产生不利影响,需要实施负利率对现金征税,刺激投资和消费。所谓"对现金征税",指的是把钱存银行,银行不但不给你利息,还要扣一部分钱,扣掉的这部分钱,就相当于"现金税"。

负利率分为两种,一种是投资理财产品负收益率,比如名义利率(平均收益率)小于通胀率时,那么实际利率为负;另一种是货币当局实行负利率政策,直接将基准利率设为负值,以刺激经济。

一般来说,负利率的出现往往是在经济危机爆发后。在过去的 150 年里,世界主要经济体在危机爆发后,短期利率急剧下行,比如日本在 20 世纪 90 年代泡沫破灭之后,引入零利率政策,并在 1998 年亚洲金融风暴和 2008 年金融危机后,为了防止通缩,日本于 2016 年开始实施负利率。2008 年金融危机后,美、英、德短期利率也都先后向零利率水平靠近。2014 年 6 月,欧洲央行宣布正式开启欧元区的负利率时代。截至 2019 年 11 月,10 年期国债到期收益率为负的国家包括德国、法国、荷兰、瑞士、日本等。

为帮助将新冠肺炎疫情扩散对全球经济的影响降至最低,全球央行均通过降低利率来刺激经济。2020 年 3 月 3 日,澳大利亚央行宣布将现金利率降低 25 个基点至 0.5% 的历史低位,当天马来西亚央行宣布下调基准利率 25 个基点至 2.5%,美联储也宣布降准降息各 50 个基点至 1%~1.25%;3 月 11 日英国央行宣布紧急降息 50 个基点,由原来的 0.75% 降至 0.25%;3 月 16 日韩国央行将目前的基准利率 1.25% 下调 50 基点至 0.75%,创历史新低;3 月 16 日凌晨,美联储再一次宣布紧急降息 100 个基点,将其联邦基金利率区间下调至 0~0.25%,至此美国进入零利率时代。

理论上讲负利率环境中所有资产价格都有上涨的支撑,同时投资者的风险偏好会下降,金融机构的风险偏好反而会上升,再加上银行的利差被压缩,银行会更倾向于投资高风险资产;负利率会阻止本币升值和资金流入,也意味着资金更倾向于外逃,往利率更高的地方逐利。而资金流入的逆转,对资产价格的冲击是致命的。

本章小结

在商品货币关系存在的条件下,信用是价值运动的一种特殊形式。信用形式就是信用关系和信用活动表现出来的具体形式。在现代市场经济的运行中,信用起着不可替代的作用。

利息是伴随信用关系而产生的一个经济范畴,是指债权人通过放贷行为从债务人手中获得的报酬。利率是借贷期内所形成的利息额与所贷本金的比例。

按不同的标准,利率可以划分出不同的种类,有名义利率与实际利率、固定利率与浮动利率、市场利率与官定利率、基准利率与非基准利率、一般利率与优惠利率、年利率与月利率及日利率等各种利率类别。利率的计算又分单利和复利两种方法。

影响利率变动的因素很多,包括利润的平均水平、借贷资本供求状况、经济运行周期、通胀率及通胀率预期、国际经济形势、国家经济政策和借贷风险等。

利率决定理论包括古典利率理论、流动性偏好理论、可贷资金利率理论、IS-LM分析框架的利率理论、马克思的利率决定论以及利率的期限结构理论。

同时利率的变动对经济的运行会产生明显的影响,而影响经济的途径主要有:储蓄、投资、国际收支和物价水平等。

练习与思考

一、单项选择题

1. 信用的基本特征是(　　)。
   A. 平等的价值交换　　　　　　　　B. 无条件的价值单方面让渡
   C. 以偿还为条件的价值单方面转移　D. 无偿的赠予或援助

2. 在现代经济中,银行信用仍然是最重要的融资形式。以下对银行信用的描述不正确的是(　　)。
   A. 银行信用在商业信用的基础上产生
   B. 银行信用不可以由商业信用转化而来
   C. 银行信用是以货币形式提供的信用
   D. 银行在银行信用活动中充当信用中介的角色

3. 信用产生于货币的(　　)职能。
   A. 价值尺度　　B. 流通手段　　C. 支付手段　　D. 储藏手段

4. 利息率的合理区间是(　　)。
   A. 小于零　　　　　　　　　　　B. 大于零
   C. 高于平均利润率　　　　　　　D. 大于零,小于平均利润率

5. 影响利率水平最高限的因素是(　　)。
   A. 平均利润率　　　　　　　　　B. 资本供求关系
   C. 国家政策　　　　　　　　　　D. 国际影响

二、判断题

1. 信用关系是现代经济中最普遍、最基本的经济关系。(　　)

2. 企业的债权信用规模影响着企业控制权的分布,由此影响着利润的分配。(　)

3. 经济学和金融学范畴中的信用,是一种借贷行为。(　)

4. 银行存款如以复利计息,考虑了资金的时间价值因素,对存款客户有利。(　)

5. 利息是伴随着信用关系而产生的一个经济范畴。(　)

三、计算题

1. 某借款人从贷款人处借得 10 000 元,利率为 5%,期限为 5 年,以单利计算出到期时借款人支付给贷款人的利息。

2. 某借款人从贷款人处借得 10 000 元,利率为 8%,期限为 2 年,每三个月复利一次,计算出到期时借款人支付给贷款人的利息。

四、思考题

1. 简述商业信用与银行信用的区别。
2. 简述利息的概念及性质。
3. 如何理解名义利率与实际利率?
4. 如何理解基准利率与非基准利率?
5. 简述可贷资金理论。
6. 简述马克思的利率决定理论。
7. 简述影响利率变动的因素。
8. 简述利率期限结构的预期假说。

参 考 文 献

[1] 尚德军.贷款市场报价利率改革下商业银行利率风险管理研究[J].经营与管理,2020(5).

[2] 项后军,张清俊,于洋.金融深化改革如何影响银行特许权价值——基于利率市场化和存款保险制度的研究[J].国际金融研究,2020(4).

[3] 赵瑞娟,秦建文.金融供给侧结构性改革背景下的金融脱媒效应——基于利率和资产价格双渠道的分析[J].中央财经大学学报,2020(9).

[4] 陈燕.中央银行理论与实务(第二版)[M].北京大学出版社,2013.

[5] 曹国强.进一步推进利率市场化改革的基础条件和时机选择[J].银行家,2009(9).

[6] 张炎涛,马姝玥.利率市场化改革进程中的政策利率体系优化研究——国际经验及我国实证检验[J].武汉金融,2020(1).

[7] 戴国强.货币银行学(第三版)[M].高等教育出版社,2010.

[8] 郭栋.利率市场化与 LPR 改革[J].中国金融,2020(4).

第二篇 金融系统的主体

- 第三章　金融市场
- 第四章　商业银行与其他金融机构
- 第五章　中央银行

第三章 金融市场

本章概要

本章主要阐述金融市场的概念、构成要素和分类以及货币市场、资本市场、外汇市场和金融衍生市场的基本概况。全章共分五节：第一节介绍金融市场的概念、构成要素及其功能；第二节介绍货币市场的概念及其市场构成；第三节介绍资本市场的概念及其市场构成；第四节介绍外汇市场概况及传统的外汇交易方式；第五节介绍金融衍生市场的概况。

[学习要点]

1. 金融市场的概念、构成要素和类别；
2. 货币市场各重要子市场的运行特征；
3. 股票、长期债券的发行及交易价格的计算；
4. 外汇市场概况及主要的外汇交易方式；
5. 金融衍生品的性质及市场种类。

[基本概念]

直接融资　间接融资　金融市场　货币市场　同业拆借　CDs　回购协议　国库券　货币市场基金　资本市场　股票　股价指数　债券　外汇市场　金融衍生品　金融衍生市场

第一节 金融市场概述

一、资金融通与金融市场

(一) 资金融通

在货币经济社会中，各经济单位的经济活动最终都反映为货币的收支。由于经济活动的性质和特点不尽相同，各经济单位的收支状况也就各自不同，但最终的收支状况无外乎三种：(1) 收支相抵；(2) 收大于支；(3) 收不抵支。通常将出现第二种状况的经济单位称为支出盈余单位,将出现第三种状况的经济单位称为支出赤字单位①。

在现实经济活动中,收支恰好相抵的经济单位不多见,更常见的是支出赤字单位和支出盈余单位。对支出赤字单位来说,如果不能及时地补充资金缺口,将会影响其未来经济活动的正常进行;对支出盈余单位来说,多出的资金若任其闲置,则会导致资源的浪费。于是,在两者之间就需要通过一种机制,将支出盈余单位多余的资金转移到支出赤字单位,以实现资金的余缺调剂。这就是一种资金融通活动。所谓资金融通,就是指在支出盈余单位和支出赤字单位之间实现资金的有偿转移或调剂。在资金融通中,支出盈余单位成为资金供给者或最终贷款人,支出赤字单位则成为资金需求者或最终借款人。

资金从盈余单位向赤字单位有偿转移的方式一般有两种,即直接融资和间接融资。

1. 直接融资

直接融资是指赤字单位(资金需求者)通过在金融市场上向盈余单位(资金供应者)出售有价证券,直接向后者进行融资的方式。在直接融资中,资金供求双方之间通过有价证券的交易来实现融资,即赤字单位通过发行或创造某种有价证券,并出售给盈余单位,从而获得后者手中暂时闲置的资金;盈余单位则通过购买有价证券,将暂时闲置的资金转变为金融资产,相应地增加收益。通常将在直接融资中由赤字单位创造的有价证券称为直接证券,如国库券、商业票据、股票、公司债券等。最初赤字单位与盈余单位之间的交易是直接进行的,但随着融资规模的扩大,导致交易效率的下降。为了提高交易效率,在市场上便出现了一类机构,专门在两者之间牵线搭桥,代赤字单位向盈余单位销售有价证券,这就是投资银行或证券公司。尽管投资银行或证券公司参与了直接融资活动,但不改变直接融资的性质,因为投资银行或证券公司只是代理销售赤字单位发行的直接证券,不发行自己的证券。直接融资流程如图3-1所示。

图3-1 直接融资流程

2. 间接融资

间接融资是指赤字单位通过金融中介机构间接获得盈余单位的多余资金的融资方式。在直接融资中,尽管经纪商的加入有效地降低了资金供求双方的搜寻成本,但其对降低成本的作用是有限的。因为赤字单位发行的直接证券往往难以符合盈余单位的要求,如证券面额过大、在期限上有一定的限制等。这就容易将一部分小的盈余单位排除在融资活动之外。鉴于此,在市场上便出现了金融中介机构,他们首先通过发行以自己为付款人的新证券,并出售给盈余单位,借入大量资金;然后再通过购买赤字单位发行

---

① [美]乔治·考夫曼.现代金融体系——货币、市场和金融机构(第六版)[M].陈平等译,经济科学出版社,2001.

的直接证券,将借入的资金贷放给赤字单位。这类金融中介机构包括商业银行、保险公司、信托公司、投资基金、养老基金等。通常将他们发行的新证券称为间接证券,如银行存款单、保险单、基金凭证等。在这种融资活动中,资金不是直接由盈余单位转入赤字单位,而是通过金融中介机构来进行转移的。金融中介机构扮演着最终贷款人的"借方"和最终借款人的"贷方"的角色。这种融资方式称为间接融资。在间接融资中,盈余单位购买的并不是赤字单位发行的直接证券,而是金融中介机构发行的间接证券。通过间接融资,资金同样可以实现从盈余单位向赤字单位的转移。间接融资流程如图3-2所示。

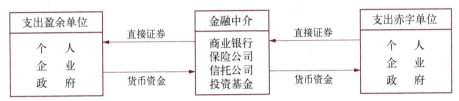

图3-2　间接融资流程

(二) 金融市场

由于经济单位在经济活动中存在着资金盈余或不足的情况,为确保经济活动的正常进行,由此产生了资金的融通,而各种资金融通活动的总和则形成了金融市场。由于盈余单位和赤字单位之间的资金融通,要通过直接证券或间接证券等金融工具的交易来实现,所以金融市场是指以金融工具为交易对象而形成的资金供求关系的总和。

为便于理解,对这一概念作以下三点说明。

1. 金融市场是一个特殊的商品市场

在普通商品市场上,人们交易的是各种各样的、使用价值各异的实物商品;在金融市场上,人们交易的只有一种特殊的商品——货币资金。但在实际交易中,通常是以多种多样的金融工具作为货币资金的载体。

2. 金融市场可以是无形的市场

金融市场形成的初期,一般都有固定的场所,即有形市场。随着商品经济、信用活动和科学技术的发展,金融市场突破了场所的限制,人们可以借助电话、电传、互联网等现代化通信工具来进行资金融通,从而形成一种无形的金融市场。所以,现代金融市场是一种有形市场和无形市场并存的市场。

3. 金融市场有广义与狭义之分

广义的金融市场泛指一切进行资金交易的市场,包括以金融机构为中介的间接融资和资金供求者之间的直接融资。狭义的金融市场则限于资金供求者之间的直接融资,交易双方通过办理各种标准化的票据和有价证券的交易来实现融资。

二、金融市场的构成要素

金融市场的构成要素主要包括交易主体、交易对象、交易工具、交易的组织形式和交易价格等。

(一) 交易主体

交易主体是指市场交易活动的参加者。金融市场的交易必须有两方参加,即资金供应者(盈余单位或投资者)和资金需求者(赤字单位或筹资者),具体可分为以下五类。

1. 个人

个人是指以非法人身份参加金融市场活动的自然人。个人在金融市场上主要是资金供应者,其目的多为调整货币收支结构或追求投资收益的最大化。

2. 企业

企业经常是金融市场上的资金需求者。企业在生产经营活动中总会因各种原因产生资金不足的问题,而弥补资金不足除向银行借款外,另一有效办法就是在金融市场上发行有价证券。企业经常作为市场上的资金需求者,并不影响企业成为市场上的资金供应者,当企业在经营活动中存在闲置资金时,可通过购买其他赤字单位发行的有价证券进行投资,以实现资产的多样化。

3. 政府机构

政府机构在金融市场上多数时候是以资金需求者的身份参加交易。例如,为了弥补临时性的财政收支缺口,或是为了筹措某些重点工程建设资金,政府可通过在金融市场上发行政府债券来筹集所需资金。

4. 金融机构

此处所指的金融机构不包括中央银行,主要是指存款性金融机构和非存款性金融机构,前者主要有商业银行、储蓄机构、信用合作社等,后者主要有保险公司、养老基金、投资银行、投资基金等。各类金融机构是金融市场的重要参与者。作为资金供应者,他们可以在市场上大量购买赤字单位发行的直接证券;作为资金需求者,他们可以在市场上通过发行间接证券来获取资金。

5. 中央银行

作为金融市场的参加者之一,中央银行不同于其他四类交易主体,它不是单纯的资金需求者和供应者,而是信用调节者。中央银行参与金融市场的活动主要是为了实施货币政策,调节和控制货币供应量,以实现稳定货币、稳定经济的目标。

(二) 交易对象与交易工具

人们在金融市场上交易的对象是单一的,只有货币资金一种。资金需求者融入的都是货币资金,资金供应者融出的也都是货币资金,只不过在融资的期限、数额、价格以及形式上有所不同而已。

由于金融市场上的交易是一种信用交易,资金供应者让渡的只是货币资金的使用权,并没有转移货币资金的所有权,所以在交易达成之时,资金供应者和需求者之间也就形成了一种债权债务关系。为了明确这种债权债务关系,就需要一定的凭证来作为依据,这就是金融工具。金融工具,又称信用工具,是指金融市场上制度化、标准化的融资凭证。金融工具出现后,市场上的资金交易便可借助于金融工具来完成。当赤字单位需要融入资金时,便在金融市场上出售金融工具;当盈余单位需要贷出资金时,便在金融市场上购买金融工具。通过金融工具的买卖,资金供求双方达到了资金交易的目的。金融工具实际上成为资金的载体,成为金融市场上交易的工具。

（三）交易的组织形式

有了交易主体和交易对象及交易工具就形成了市场交易的可能性,但要达成交易,还需要有一定的组织形式把交易双方结合起来,实现转让交易对象的目的。综观各国金融市场,所采用的交易组织形式一般有交易所交易形式和柜台(或店头)交易形式两种。

1. 交易所交易形式

这是一种由交易双方集中在交易所内通过公开竞价的方式来进行资金交易的组织形式。在这种形式下,资金交易集中于交易所内,交易主体平等而公开地通过竞价进行交易,最后按照价格优先、时间优先的原则成交。

2. 柜台(或店头)交易形式

这是一种分散于金融机构柜台来进行交易的组织形式。其实,这种交易组织形式现在也很少在柜台前直接进行,而多借助于电话、电传、互联网等来达成交易。

（四）交易价格

以上所述的要素仅构成金融市场的基本框架,金融市场交易要能正常运行,还必须有一个健全的价格机制。在金融市场交易中,利率是资金商品的价格。因此,健全的价格机制实际上就是指健全的利率机制,能够根据市场资金供求状况灵活调节的利率机制。当资金供不应求时,市场利率会趋于上升;当资金供过于求时,市场利率又能自动下降。

三、金融市场的功能

作为资金融通机制的核心,金融市场具有以下经济功能[①]。

（一）聚敛功能

聚敛功能是指金融市场所具有的资金集合功能。通过金融市场,可以将社会上分散的小额资金汇集成巨额的资金,用于扩大社会再生产。在经济活动过程中,社会各部门的资金收入和支出在时间、数量上很难保持对称,因而在一定期限内,总是会有些单位存在暂时闲置资金,有些单位又存在临时资金缺口。对资金不足的单位来说,若不能及时弥补资金缺口,就会影响经济活动的正常运行。对资金盈余的单位来说,其闲置的资金是相对有限的,从整个社会角度来看,这些闲置资金也显得比较零散,难以满足大规模的投资要求。这就需要有一个能将社会上分散的小额资金汇集成巨额资金的渠道,以满足社会经济发展的要求。金融市场就为社会提供了这种渠道,可以发挥资金"蓄水池"的作用。

（二）配置功能

金融市场的配置功能主要表现为对资源的合理配置。在经济运行过程中,盈余单位并不一定能将其多余的资金作最有利的运用。如果盈余单位都如此,那么整个社会的经济效率将受到影响。但通过金融市场价格杠杆的作用,可以引导资金从低效率部

---

① 张亦春,郑振龙,林海.金融市场学(第五版)[M].高等教育出版社,2017.

门流向高效率部门,从而在全社会范围内实现资源的合理配置,提高有限资源的利用效率。

(三) 调节功能

金融市场的调节功能是指金融市场对宏观经济的调节作用,主要体现在以下两方面。

1. 金融市场对宏观经济具有直接的调节作用

金融市场的融资过程主要是通过投资者对不同金融工具的认购来完成的。投资者对金融工具的选择,实际上就是对投资方向的选择。为了获得最大的投资回报,投资者会谨慎地选择投资对象,通常总是会将资金投向效益高、具有发展前景的部门或行业,从而促进资源的合理配置,优化产业结构,实现对宏观经济的调节功能。

2. 金融市场还可为政府实施间接调控提供渠道

政府对宏观经济的间接调控主要是通过货币政策和财政政策来实现的,而金融市场的存在和发展为货币政策和财政政策的实施提供了重要的渠道。例如,中央银行公开市场业务的操作、政府增减国债发行量等都需要通过金融市场来实现。

(四) 反映功能

金融市场的反映功能是指金融市场可以反映出一定时期内国民经济的运行状况,主要表现在以下两方面。

1. 金融市场是反映微观经济运行状况的指示器

金融市场上各种证券价格的涨跌,可以反映出证券发行企业的经营管理情况及其发展前景,推断出相关企业、行业的发展前景。

2. 金融市场是反映宏观经济运行状况的重要窗口

在实行金融间接调控条件下,一国经济政策(特别是货币政策)的调整、银根的松紧、通货膨胀率的变化等都会通过金融市场的价格波动反映出来。

四、金融市场的分类

金融市场是一个由许多相互独立又相互关联的子市场组成的大市场。按照不同的标准可以将其划分为若干类市场。

(一) 按融资期限划分

1. 货币市场

货币市场是指融资期限在1年以内(包括1年)的短期资金交易市场。它主要是满足交易者的流动性需求,调剂短期性的资金融通。

2. 资本市场

资本市场是指融资期限在1年以上的中长期资金交易市场。它主要是满足中长期融资需要,为资本的积累和分配提供条件。广义上说,资本市场包括中长期银行信贷市场和证券市场。本章所介绍的资本市场主要是指狭义资本市场,即证券市场。

(二) 按中介特征划分

按金融市场的中介特征,金融市场可划分为直接金融市场和间接金融市场。

直接金融市场是指资金需求者直接获得资金供应者融资的市场,如图 3-1 所示。间接金融市场则是指资金需求者与资金供应者之间通过银行等金融中介机构来进行资金融通的市场,如图 3-2 所示。

直接金融市场与间接金融市场的区别并不在于是否有中介机构介入,主要是在于中介机构的特征差异。如图 3-1 所示,直接金融市场上的融资活动也有中介机构介入,只是这类中介机构不是作为资金中介,而仅仅是作为信息中介和服务中介为实际的资金需求者和供应者提供信息和服务,他不需要发行以自己作为债务人的金融工具。

(三) 按金融工具发行和流通特征划分

1. 一级市场

一级市场是指发行新证券的市场,也称作初级市场或发行市场。通过发行新证券,赤字单位可以筹集到所需要的资金,从而弥补资金缺口。

2. 二级市场

二级市场是指已发行的证券在不同的投资者之间进行买卖所形成的市场,也称作次级市场或流通市场。二级市场又可分为场内市场(证券交易所)和场外市场(或店头市场)。

(四) 按定价与成交方式划分

1. 公开市场

公开市场是指金融资产的交易价格是通过买方和卖方公开竞价而形成的市场。在公开市场上,金融资产在到期偿付之前,可以自由交易,并且一般只卖给出价最高的买方。如证券交易所、期货交易所等有组织的市场都属于公开市场。

2. 协议市场

协议市场是指金融资产的定价与成交是通过交易双方协商来达成的市场。例如,未上市的证券、银行信贷、保险等交易均是通过这种方式来进行的。最初的协议市场交易范围有限,交易不是很活跃,效率比较低,但随着计算机技术的运用和互联网的快速发展,该市场的影响正日益扩大。

第二节 货币市场

一、货币市场概述

(一) 货币市场的定义

货币市场是指融资期限在 1 年以内(包括 1 年)的资金交易市场,又称为短期金融市场。该市场上流通的金融工具主要是短期信用工具,如国库券、商业票据、大额可转让定期存单等,这些金融工具具有期限短、流动性强的特点,可视之为"准货币",故将该市场称为货币市场。

货币市场上的融资活动主要是为了保持资金的流动性,从而便于各类经济主体随时获得或运用现实的资金。货币市场的存在和运转,既满足了支出赤字单位的短期资金需求,也为支出盈余单位的暂时闲置资金提供了获利的渠道。

(二) 货币市场的特点

1. 融资期限短

货币市场是进行短期资金融通的市场,融资期限最短的隔夜,最长的也不超过1年,该市场的一个显著特点就是融资期限短。

2. 流动性强

由于融资期限短,货币市场上的金融工具变现速度都比较快,从而使该市场具有较强的流动性。

3. 风险较低

正是由于期限短、流动性强,货币市场工具的价格波动不会过于剧烈,市场风险较低。此外,货币市场工具的发行主体大多为政府、商业银行及资信较高的大公司,信用风险也较低。

4. 可控性强

货币市场除了满足参与者调剂资金余缺、补充流动性等要求之外,还可以为财政政策和货币政策的实施提供条件。财政部门的国库券发行、中央银行的公开市场业务都会直接影响货币市场。相对资本市场而言,政府对货币市场的影响和控制力要大得多。

二、货币市场的构成

根据货币市场上的融资活动及其流通的金融工具,可将货币市场分为同业拆借市场、回购市场、商业票据市场、大额可转让定期存单市场、短期政府债券市场和货币市场基金市场。

(一) 同业拆借市场

1. 同业拆借市场的形成

同业拆借是指银行及非银行金融机构之间进行的短期性、临时性的资金调剂。同业拆借市场最早出现于美国,美国1913年通过的《联邦储备银行法》规定,凡是加入联邦储备银行的会员银行,必须向联邦储备银行缴纳一定比例的法定存款准备金。由于清算业务及日常收付数额的变化,出现了有的银行存款准备金有多余而有的银行存款准备金不足的情况。前者需要把多余部分的准备金运用出去,以增加利息收入;后者则需要借入资金来弥补准备金的缺口,以避免受到美联储的经济处罚。于是,两者就产生了调剂准备金余缺的客观需要。1921年,在美国纽约正式形成了以调剂会员银行的准备金头寸为内容的联邦基金市场(联邦基金是指美国的金融机构存在联邦储备银行准备金账户上的存款)。同业拆借市场形成之初,参与者仅限于联邦储备银行的会员银行。随着同业拆借市场的发展,互助储蓄银行和储蓄贷款协会等金融机构也加入了该市场。20世纪80年代后,外国银行在美国的分支机构也开始参与这一市场活动。

2. 同业拆借市场的主要特征

(1) 参与者有限。同业拆借主要限于金融机构参加。通常许多大银行把拆入资金作为一项经常性的资金来源,通过循环拆借的方式,使其贷款能力超过存款规模;或者是减少流动性高的资产(如库存现金、各种短期证券等),在需要额外清偿能力时,就进行拆借。与此同时,许多中小银行出于谨慎的原因会经常保存超额准备金,为使这部分准备金能带来收益并降低风险,他们往往通过拆借市场向大银行拆出。于是,同业拆借又成为中小银行一项经常性的资金运用。

(2) 拆借期限短。同业拆借的期限都控制在 1 年以内。根据拆借目的的不同,一般将同业拆借交易分为两种:① 同业头寸拆借,主要是为了轧平头寸、补充存款准备金和票据清算资金而进行的拆借,拆借期限一般为隔夜。② 同业短期拆借(或同业借贷),主要是为满足临时性的、季节性的资金需要而进行的拆借,此类拆借期限相对较长,但不超过 1 年。

(3) 拆借利率具有导向性。同业拆借利率一般由拆借双方协商决定,而拆借双方又都是经营货币资金的金融机构。因此,同业拆借利率最能反映市场资金供求状况,并对货币市场上的其他金融工具的利率变动产生导向作用。正是基于同业拆借利率在利率体系中的这种重要地位,在现代金融活动中,同业拆借利率已被视作为观察市场利率走势的风向标。

(二) 回购市场

1. 回购市场的含义

回购市场是指通过回购协议进行短期资金融通的市场。回购协议是指证券持有人在出售证券的同时,与证券购买商约定在一定期限后再按约定价格购回所售证券的协议。例如,某交易商为筹集隔夜资金,将 100 万元国库券以回购协议卖给甲银行,售出价为 99.98 万元,约定第二天再购回,购回价为 100 万元。在这里,交易商与甲银行进行的就是一笔回购交易。在回购交易中,先出售证券、后购回证券,称为正回购;先购入证券、后出售证券,称为逆回购。上例中交易商所做的为正回购,甲银行所做的为逆回购。回购交易实际上是一种以有价证券(大多为国债)为抵押品的短期融资活动,证券持有者通过正回购融入资金,而证券购买者通过逆回购融出资金。

2. 回购市场的主要特征

(1) 参与者的广泛性。回购市场的参与者比较广泛,包括商业银行、非银行金融机构、中央银行和非金融机构。一般而言,大银行和证券交易商是回购市场上的主要资金需求者,他们通过正回购,可以获得短期资金来源,以缓解流动性不足。中央银行通过回购市场可以对社会流动性进行短期调节:逆回购意味着央行投放了流动性;正回购意味着央行收回了流动性。

(2) 风险性。尽管在回购交易中使用的是高质量的抵押品,但是仍会存在一定的信用风险。当回购到期时,如果正回购方无力购回证券,逆回购方只有保留证券,若遇到抵押证券价格下跌,逆回购方会遭受一定的损失。

(3) 短期性。回购期限一般不超过 1 年,通常为 1 天(今日卖出证券,明日再买回证券)或 7 天。

(4) 利率的市场性。回购利率由交易双方确定,主要受回购证券的质量、回购期限的长短、交割条件、货币市场利率水平等因素的影响。

(三) 票据市场

1. 票据的含义

这里的票据指商业票据。商业票据是指工商企业签发的以取得短期资金融通的信用工具,包括交易性商业票据和融资性商业票据。

(1) 交易性商业票据是在商品流通过程中,反映债权债务关系的设立、转移和清偿的一种信用工具,包括商业汇票和商业本票。商业汇票是由出票人签发的、委托付款人在见票时或者在指定日期无条件支付确定的金额给收款人的凭证。商业本票是由出票人签发的、承诺在一定时间内将确定金额支付给收款人的凭证。

(2) 融资性商业票据是由信用级别较高的大企业向市场公开发行的无抵押担保的短期融资凭证。由于融资性商业票据仅以发行者的信用作保证,因此,不是所有的企业都能够发行商业票据,通常只有那些规模大、信誉高的企业才能发行。这种商业票据一般具有面额固定且金额较大(10万美元以上)、期限较短(一般不超过270天)的特点,且都采用贴现方式发行。

2. 票据市场的构成

票据市场是指以商业票据作为交易对象的市场。其有狭义与广义之分,狭义的票据市场仅指交易性商业票据的交易市场,广义的票据市场则包括交易性商业票据和融资性商业票据。以下从广义角度介绍票据市场的构成。

(1) 票据承兑市场。所谓票据承兑,是指商业汇票签发后,经付款人在票面上签字盖章,承诺到期付款的一种票据行为。凡经过承兑的汇票,统称为承兑汇票。如果是经付款人本人承兑,则为商业承兑汇票;如果是由银行承兑,则为银行承兑汇票。由于银行的信誉要比一般付款人的信誉高,银行承兑汇票的安全性及流动性都要好于商业承兑汇票。在票据承兑市场上流通的大多为银行承兑汇票。由于汇票经银行承兑后,银行要承担最后付款责任,实际上是银行将其信用出借给了承兑申请人,承兑申请人要向银行交纳一定的手续费。

(2) 票据贴现市场。票据贴现是指商业票据(大多为承兑汇票)持票人为获取流动性资金,向银行或其他金融机构贴付一定利息后,将未到期的票据转让给银行或其他金融机构的票据行为。具体而言,即持票人在票据未到期而又急需现款时,以经过背书的未到期票据向银行申请融通资金,银行审查同意后,扣除自贴现日起至票据到期日止的利息,将票面余额支付给贴现申请人。由此可见,通过贴现,持票人可将未到期的票据提前变现,从而满足融资的需要。实付贴现额的计算公式如下:

$$实付贴现额 = 票据面额 - 贴现利息$$
$$= 票据面额 - 票据面额 \times 年贴现率 \times (票据未到期天数 \div 360) \tag{3-1}$$

【例3-1】 某企业持面额为100 000元、尚有30天到期的承兑汇票到银行申请贴现,若银行贴现利率为4%,则实付贴现额为:

$$100\,000 - 100\,000 \times 4\% \times 30/360 = 99\,666.67(元)$$

从表面上看，票据贴现是一种票据转让行为，但实质上它是贴现银行的授信行为，实际上是将商业信用转化成了银行信用。银行办理票据贴现后，如果遇到头寸不足，可持已贴现的但尚未到期的票据再向其他银行或中央银行办理贴现。贴现银行持票据向其他银行申请贴现，称为转贴现。贴现银行持票据向中央银行申请贴现，称为再贴现。

在经济发达国家，票据贴现市场业已成为货币市场的重要组成部分。票据贴现市场的发展具有积极意义：① 对票据持有人来说，通过票据贴现可以将固定的债权提前转变为流动资金，以满足临时性的资金需求，加快了资金周转速度。② 对贴现银行来说，票据贴现市场既是其运用资金的有利场所，又是其获取资金的有效渠道，因为银行通过贴现业务发放出去的资金，都有票据作为担保，信用较为可靠，在票据到期时，银行可持票据向票据的付款人及时收回款项；而当银行自身发生资金周转困难时，则可持票据向中央银行申请再贴现，或向同业进行转贴现，及时补充资金来源。③ 对中央银行来说，贴现市场的存在为其实行金融调控创造了条件。中央银行通过调整再贴现额度和再贴现率，可以影响商业银行的信贷资金规模和市场利率，从而实现对货币总量的调控。

(3) 商业票据市场。该市场的参与者主要是公司和金融机构。发行者一般为一些规模大、信誉高的金融性公司和非金融公司，发行目的是筹措资金，前者主要是为了扩大消费信用，后者主要是解决短期资金需求及季节性开支，如支付工资、交纳税收等。商业票据的投资者主要是保险公司、投资公司、商业银行、养老基金及地方政府等。尽管该种商业票据没有抵押担保，但由于发行者的信誉较高、风险比较低，上述机构比较乐于投资商业票据。

(四) 大额可转让定期存单市场

1. 大额可转让定期存单的含义

大额可转让定期存单(negotiable certificate of deposits，CDs)是一种由商业银行发行的有固定面额、可转让流通的存款凭证。1961 年，CDs 由美国花旗银行首次推出。最初是美国商业银行为逃避金融管理条例中对存款利率的限制、稳定存款来源而进行的一项业务创新。CDs 的实用性很强，既有益于银行，又有益于投资者。因此，CDs 很快发展为货币市场上颇受青睐的金融工具。

从形式上看，银行发行的 CDs 也是一种存款凭证，是存款人的债权凭证，与普通定期存单似乎无异，但实际上 CDs 有着不同于普通定期存单的特点，主要表现在以下五方面。

(1) 不记名。普通定期存单都是记名的，而 CDs 不记名。

(2) 可转让。普通定期存单一般要求由存款人到期提取存款本息，不能进行转让，而 CDs 可以在货币市场上自由转让、流通。

(3) 金额大且固定。普通定期存单的最低存款数额一般不受限制，并且金额不固定，可大可小，有整有零，而 CDs 一般都有较高的金额起点(如在美国，对机构投资者发行起点为 10 万美元)，并且都是固定的整数。

(4) 期限短。普通定期存单的期限可长可短，由存款人自由选择，而 CDs 的期限规定在一年以内。

(5) 利率较高。CDs 的利率由发行银行根据市场利率水平和银行本身的信用确定，一般都高于相同期限的普通定期存款利率，而且资信越低的银行发行的CDs的利率往往越高。

2. 可转让定期存单市场的主要特征

（1）利率趋于浮动化。20世纪60年代初，CDs主要以固定利率发行，存单上注明特定的利率，并在指定的到期日支付。进入20世纪70年代，随着市场利率波动的加剧，发行者开始增加浮动利率CDs的发行。

（2）收益与风险紧密相连。CDs虽由银行发行，但也存在一定的信用风险和市场风险。信用风险主要来自CDs到期时而其发行银行无法偿付本息。市场风险主要是在持有者急需资金时却无法在二级市场上将CDs立即转让或不能以合理的价格转让。由于CDs的风险要高于国库券，甚至要高于同期的普通定期存款，其利率通常也要高于同期的国库券和普通定期存款。

（五）短期政府债券市场

1. 短期政府债券的含义

短期政府债券是一国政府部门为满足短期资金需求而发行的一种期限在1年以内的债务凭证。在政府遇到资金困难时，可通过发行政府债券来筹集社会闲散资金，以弥补资金缺口。从广义上看，政府债券不仅包括国家财政部门发行的债券，还包括地方政府及政府代理机构发行的债券。但从狭义上看，政府债券仅指国家财政部门所发行的债券。在西方国家，一般将财政部门发行的期限在1年以内的短期债券称为国库券。所以，狭义的短期政府债券市场就是指国库券市场。

2. 短期政府债券市场的主要特征

（1）贴现发行。国库券的发行一般都采用贴现发行，以低于国库券面额的价格向社会发行。

（2）违约风险低。国库券是由一国中央政府发行的债券，它有国家信用作担保，故其信用风险很低，通常被誉为"金边债券"。

（3）流动性强。由于国库券的期限短、风险低，故其流动性很强。

（4）面额较小。相对于其他的货币市场工具，国库券的面额比较小。例如，美国的国库券面额一般为10 000美元，远远低于其他货币市场工具的面额（大多为10万美元）。

国库券市场的发展具有积极的经济意义。第一，对政府来说，不需增加税收就可解决预算资金不足的问题，有利于平衡财政收支，促进社会经济的稳定发展。第二，对商业银行来说，国库券以其极高的流动性为商业银行提供了一种非常理想的二级准备金，有利于商业银行实行流动性管理。第三，对个人投资者来说，投资于国库券不仅安全可靠，可以获得稳定的收益，且操作简便易行。第四，对中央银行来说，国库券市场的存在为中央银行进行宏观调控提供了重要手段，中央银行通过调节在国库券市场上的买卖数量，不仅可以直接左右市场货币供应量，而且还可以借助于对市场利率水平所产生的影响来达到调节货币供应量的目的。

（六）货币市场基金市场

1. 货币市场基金的含义

货币市场基金是通过某些特定发起人成立的基金管理公司，通过出售基金凭证单位的形式募集资金,统一投资于货币市场工具,赚取的收益按一定比例扣除管理费用后,支付给基金凭证单位持有人。简言之,货币市场基金是专门以货币市场为投资组合领域和对象的共同基金投资方式,也简称为货币基金。

货币市场基金是美国在20世纪70年代推出的一种新型投资理财工具。购买者按固定价格(通常每个基金单位1美元)购入若干基金单位,货币市场基金的管理者就利用这些资金投资于可获利的货币市场工具(如国库券、商业票据等)。投资者投资货币市场基金后,不仅可以获得货币市场工具的收益,还可据以签发支票,流动性极高。因此,持有货币市场基金,既具有活期储蓄的方便性,又可获得比活期储蓄高的收益(因为在美国对活期储蓄不支付利息)。更为重要的是,由于货币市场基金筹集的资金在法律上不作为存款对待,不必缴纳法定存款准备金,管理者可通过货币市场基金来规避当时美联储对利率上限的管制,并可减少因将部分资金无偿存入美联储所造成的机会成本。

2. 货币市场基金市场的主要特征

(1) 专门以货币市场工具为投资组合对象。与以资本市场工具为投资对象的投资基金不同,货币市场基金是以货币市场工具为投资对象的投资基金类型,专门投资国库券、CDs、商业票据等货币市场工具。

(2) 流动性高。这一特点主要源于货币市场本身是一个低风险、流动性高的市场。同时,投资者可以不受到期日限制,随时可根据需要转让基金单位。

(3) 投资成本较低。货币市场基金通常不收取赎回费用,并且其管理费用也相对低于传统的基金管理费用。

第三节 资本市场

一、资本市场概述

(一) 资本市场的定义

资本市场是指融资期限在1年以上的中长期资金交易市场。它主要是满足中长期融资需要,为资本的积累和分配提供条件。从广义上说,资本市场包括中长期银行信贷市场和证券市场。本节主要介绍狭义的资本市场,即证券市场,包括股票市场和债券市场。

资本市场的基本功能在于有效聚集社会资金,并促进储蓄向投资的转化,从而满足支出赤字单位对中长期资金的需要。

(二) 资本市场的特点

1. 融资期限长

相对于货币市场而言,资本市场的一个突出特点就是融资期限长,都在1年以上,通常又称之为长期金融市场。

2. 流动性较低

由于期限较长,资本市场上的金融工具的流动性相对要低于货币市场工具。

3. 风险较高

由于资本市场的融资期限相对较长，对融资双方来说，在融资期限内面对的市场不确定性因素也要相对多于货币市场，市场风险相对较高。

二、股票市场

(一) 股票的概念和种类

1. 股票的概念

股票是股份有限公司给予投资者以证明其向公司投资并拥有所有者权益的一种所有权凭证。投资者认购股票后，就成为公司的股东，可以行使一切法定的股东权利，主要包括剩余索取权和剩余控制权。剩余索取权是指股东有权索取公司对债务还本付息后的剩余收益；剩余控制权是指股东拥有合同所规定的经理职责范围之外的决策权。

2. 股票的种类

通常按股东权益将股票分为普通股和优先股。

(1) 普通股是指每一股对公司财产都拥有平等权益的股票。这是最常见的一种股票。普通股股东享有以下基本权利：① 参与公司经营管理的权利；② 有权参加公司收益的分配，而且股利是不固定的；③ 优先认购新股的权利；④ 分配公司剩余财产的权利，但顺序排在优先股之后。

(2) 优先股是相对于普通股而言的，是指在分取股息和公司剩余财产方面拥有优先权的股票。优先股股东享有以下权利：① 在公司分配盈利时，优先股在普通股之前，而且股息率是固定的；② 在公司解散、分配剩余财产时，优先股在普通股之前。但是，优先股股东不具有表决权，对公司事务无权干涉。优先股一般不上市流通。

在我国内地，按上市区域和购买货币的不同，将股票分为 A 股、B 股、H 股、N 股、L 股等。

(二) 股票一级市场

股票一级市场是指公司直接或通过中介机构向投资者出售新发行股票的市场，即股票发行市场。新发行股票包括初次发行(initial public offering，IPO)和再发行的股票。前者是指公司第一次面向投资者出售原始股，后者是指在已上市股票的基础上再次增加发行。

1. 发行方式

从世界各国的实践来看，股票发行方式一般分为私募发行和公募发行两类。

(1) 私募发行是指只向少数特定的投资者发行股票的方式。私募发行中的特定投资者包括个人投资者和机构投资者，前者主要是发行公司的内部职工或使用该公司产品的用户；后者一般是一些大的金融机构或与发行公司有密切业务关系的公司或部门。私募发行具有节省发行费用和发行时间的优点，而且可避免公开公司的财务情况，简化发行过程，但发行公司通常需要向投资者提供高于市场平均条件的特殊优厚条件。

(2) 公募发行是指面向市场大量的非特定投资者公开发售股票的方式。在公募发行中，发行对象不受限制，任何投资者均可认购股票，因而有利于发行公司吸收各方面的资金,筹资潜力大,且无须提供特殊优厚的条件,但公募发行的准备工作量比较大,必须在发行说明书中如实公布有关财务指标。

2. 发行价格

股票发行价格主要有三种,即平价、溢价和折价。平价发行是指以股票面额作为发行价格来发售股票,也称面值发行。采用平价发行,有助于股票的推销,帮助发行者迅速筹集到股本金。溢价发行是指以超过股票面额的价格发售股票。采用溢价发行,可以使发行者用较少的股份筹集到所需的股本金,有利于提高资本利润率。折价发行是指以低于股票面额的价格发售股票。许多国家一般不允许股票折价发行,例如,英国《公司法》明文规定不准折价发行股票。美国多数州法律也规定折价发行股票是违法的,但也有些州规定为合法。我国《公司法》第一百二十七条规定:"股票发行价格可以按票面金额,也可以超过票面金额,但不得低于票面金额。"

3. 销售方式

根据有无承销中介机构参与发行,股票销售方式可分为直接销售和间接销售。

(1) 直接销售也称自销,即由发行公司直接向投资者销售股票,而无须通过发行中介机构。这种发行方式手续比较简单,但发行时间往往拖得较长,并且发行人要自担风险。一般在私募发行中采用该方式。

(2) 间接销售是指发行公司通过股票发行中介机构来办理股票销售事务的方式。承做股票销售的中介机构通常有投资银行、证券公司等,一般采用包销和代销两种方法来代理销售股票。

(三) 股票二级市场

股票二级市场又称交易市场或流通市场,是指由股票持有人转让已发行的股票所形成的市场。股票二级市场是股票市场不可或缺的组成部分,它对整个股票市场的运行和发展都具有重要作用。

1. 股票二级市场的构成

股票二级市场主要由证券交易所和场外交易市场(包括第三市场、第四市场)组成。

(1) 证券交易所是由证券管理部门批准的、为证券集中交易提供固定场所和交易设施,并制定各项规则以形成公正合理的价格和有条不紊的秩序的正式组织[1]。

目前世界各国证券交易所的组织形式可分为公司制和会员制两类。公司制证交所是由各类金融机构和非金融机构共同投资入股建立起来的公司法人。会员制证交所则是以会员协会形式成立的不以营利为目的的组织,主要由证券商组成。采用会员制的证交所只有会员及享有特许权的经纪人才有资格在证交所内进行证券交易。

(2) 场外交易市场(OTC)是指在证券交易所之外进行非上市股票的买卖所形成的市场,也称柜台交易市场。该市场具有以下特点:① 它是一个分散的市场,主要由各自独立经营的证券商来进行股票的买卖。② 投资者可直接参与市场交易,无须通过经纪商。③ 交易的股票种类繁多,大多是不能在证交所内挂牌上市的股票,即非上市股票。

由于场外市场的交易分散在各证券商的柜台上进行,交易价格往往相差较大,易造

---

[1] 张亦春,郑振龙,林海.金融市场学(第五版)[M].高等教育出版社,2017.

成交易秩序的混乱。为统一、规范场外市场的交易,许多国家自20世纪70年代以来纷纷利用现代计算机技术建立起电子自动报价系统,以促使原来各自独立的场外市场成为一个全国统一的场外市场。例如,美国在1971年建立了全国证券商协会自动报价系统(NASDAQ),实现了全美国6 000多家证券商网点的联网交易。我国于1992年7月建立了全国证券交易自动报价系统(STAQ),为交易者提供了一个进行非上市证券交易的统一市场。

第三市场是指由上市股票在场外进行交易而形成的市场。由于进入交易所内进行股票交易的必须是交易所会员,非会员投资者只能通过委托会员证券商才能进行场内上市股票的交易,且要受最低固定佣金的限制。一些机构投资者为规避交易所最低固定佣金的限制,降低交易费用,开辟出第三市场。第三市场原本属于场外市场的范畴,20世纪60年代,随着上市股票在场外交易的规模日趋扩大,第三市场的地位也日渐突出,于是逐步发展成为一个独立的市场。

第四市场是指股票交易者之间直接进行股票的买卖而无须以经纪人为中介的股票交易市场。这一市场的形成与第三市场一样,主要也是为了规避最低固定佣金的限制,以降低交易费用。第四市场的形成和发展建立在电子技术和互联网较为发达的基础上,交易活动要借助计算机网络来进行,交易者可以直接在网上寻找交易对手并执行交易,而不必通过经纪人或证券商来完成交易。

专栏 3-1

新三板正式开启 全国"场外交易"平台诞生

2013年1月16日,"全国中小企业股份转让系统"的正式挂牌,意味着"新三板"由此前的区域性市场正式向全国统一的场外交易市场转变。随着"新三板"正式运行以及一系列基础性制度的落实,在新制度和试点园区扩容双重推力下,挂牌企业数量将激增,交易热情也有望激活,中国多层次资本市场将迎来重要一极,资本市场的格局也将被调整。

2013年1月16日,A股早盘与"新三板"相关的概念股大幅高开,中关村股价甚至一度触及涨停,显示出市场对"新三板"挂牌的关注和欢迎。分析人士称,随着全国中小企业股价转让系统正式落户北京,我国证券市场最终形成上海证券交易所、深圳证券交易所和北京全国场外交易市场"三足鼎立"的格局。据悉,全国中小企业股价转让系统揭牌、业务规则调整后,还将逐步完善规则体系,相关交易细则可能要在春节以后发布。"新三板"的挂牌是我国多层次资本市场建设的一个重要创新举措,表明全国统一场外交易市场的正式破局。

2006年1月,两家中关村科技园区企业正式"试水"代办转让系统。经过6年多的运行,2012年,"新三板"不仅为中关村园区非上市股份公司提供了有序的股份转让服务平台,而且为探索建立统一监管下的全国性场外市场积累了经验。不过,当时的"新三板"主要局限于北京中关村园区企业,即便是2012年扩容至上海张江园区、武汉东湖开发区,仍然只是一个区域性的市场。当时,累计挂牌企业不到300家,且挂牌企业普遍规模很小,市场严重缺乏流动性,因此定价和融资功能也很难有效发挥。因此,"全国中小企业股份转让系统"的正式挂牌,意味着"新三板"由此前的区域性市场正式向全国统一的场外交易市场转变。

(资料来源:节选自《金融时报》,2013年1月17日,记者李侠)

2. 股票的交易价格

股票的交易价格是指股票在二级市场上进行转让时的实际成交价格。从理论上来说,股票交易价格主要取决于预期股利收益和市场利率,用公式可表示为:

$$股票交易价格 = \frac{预期股利收益}{市场利率} \tag{3-2}$$

由公式(3-2)可知,股票交易价格与预期股利收益成正比、与市场利率成反比。例如,面额为100元的股票,在预期股利收益为10元、市场利率为8%时,其交易价格为125(=10÷8%)元;而在预期股利收益为10元、市场利率升至12.5%时,其交易价格则跌至80(=10÷12.5%)元。

但是,公式(3-2)只是一个理论计算公式,实际交易中股票交易价格会受多种因素的影响而偏离理论价格。影响股票价格变动的因素可以分为两大类:基本因素和技术因素。

基本因素是指证券市场外的各种因素。(1) 经济方面因素,如国民生产总值、物价指数、失业率、工业生产指数、公司营业额等。由于这些因素的变化会影响到公司的经营活动及其盈利状况,从而影响预期股利收益。(2) 政治方面因素,如政策的变动、政局的变动、政治动乱、战争等,甚至政府首脑的健康状况或丑闻等。这些因素的变化会引起股票市场供求关系的变化,进而影响股票价格变化。基本因素是在一个较长时期内影响股票市场价格的因素。所谓基本面分析就是根据这些基本因素来预测股价的变动。

技术因素是指股票市场内部的一些情况,如股票交易量、卖空数量等。所谓市场技术分析,就是根据这些技术性因素分析短期内股票市场价格的变动。

3. 股票价格指数

股票市场上交易的股票一般都有几百种,多者达上千种,这些股票价格时刻都在变化。从股票价格行情表上,可以知道每种股票价格的涨跌,但要判断整个股市或某一行业股价的涨跌就比较困难,因为有些股票在涨,有些股票在跌。为了判断和预测股市变动趋势,需要借助股票价格指数。

(1) 股票价格指数的含义。股票价格指数(简称股指指数)是用来反映不同时点上股价总体变动情况的相对指标。通常是将报告期的股票价格与基期价格相比,并将两者的比值乘以基期的指数值(一般设为100),即为该报告期的股票指数。用公式表示为:

$$股价指数 = \frac{报告期股票价格}{基期股票价格} \times 100 \quad (3-3)$$

(2) 股价指数的计算方法。实际编制股价指数时,可采用不同的计算方法。

① 算术平均法。先计算各样本股价指数,再加总求总的算术平均数。计算公式为:

$$股价指数 = \frac{1}{n} \sum_{i=1}^{n} \frac{p_t^i}{p_0^i} \times 100 \quad (3-4)$$

其中,n 代表股票样本数;p_t^i 代表第 i 种股票的报告期价格;p_0^i 代表第 i 种股票的基期价格。

② 综合平均法。先将样本股票的报告期价格和基期价格分别加总,然后相比求出股价指数。计算公式为:

$$股价指数 = \frac{\sum_{i=1}^{n} p_t^i}{\sum_{i=1}^{n} p_0^i} \times 100 \quad (3-5)$$

公式(3-5)中符号的含义同公式(3-4)。

③ 加权综合法。将股票的发行量或成交量作为权数来确定股价平均水平,以考虑不同股票对股价总值的影响。公式为:

$$股价指数 = \frac{\sum_{i=1}^{n} p_t^i Q^i}{\sum_{i=1}^{n} p_0^i Q^i} \times 100 \quad (3-6)$$

其中,Q^i 代表第 i 种股票的发行量或成交量。

目前,世界各地股市多采用加权综合法来计算股价指数,又分为派许指数(paasche index)和拉斯拜尔指数(laspeyres index,或拉氏指数)。两者的区别在于采用哪一时期的股票发行量或成交量作为权数。

派许指数是以报告期的股票发行量或成交量为权数。计算公式为:

$$股价指数 = \frac{\sum_{i=1}^{n} p_t^i Q_t^i}{\sum_{i=1}^{n} p_0^i Q_t^i} \times 100 \quad (3-7)$$

其中,Q_t^i 代表第 i 种股票在报告期的发行量或成交量。

拉斯拜尔指数是以基期的股票发行量或成交量为权数。计算公式为:

$$股价指数 = \frac{\sum_{i=1}^{n} p_t^i Q_0^i}{\sum_{i=1}^{n} p_0^i Q_0^i} \times 100 \quad (3-8)$$

其中，Q_0^i 代表第 i 种股票在基期的发行量或成交量。

目前世界上大多数股价指数都是派许指数，而德国法兰克福证券交易所的股价指数为拉斯拜尔指数。

【例 3-2】 假设选用 A、B、C 三种股票作为样本股：A 股票基期价格为 10 元、报告期价格为 20 元、报告期成交量为 300 股；B 股票基期价格为 70 元、报告期价格为 35 元、报告期成交量为 200 股；C 股票基期价格为 30 元、报告期价格为 30 元、报告期成交量为 100 股。试分别按算术平均法、综合平均法和加权平均法（派许指数）计算股价指数。

（1）算术平均法：

$$股价指数 = \frac{1}{3}\left(\frac{20}{10} + \frac{35}{70} + \frac{30}{30}\right) \times 100 \approx 116.67$$

（2）综合平均法：

$$股价指数 = \left(\frac{20}{10} + \frac{35}{70} + \frac{30}{30}\right) \times 100 \approx 77.27$$

（3）加权平均法（派许指数）：

$$股价指数 = \frac{20 \times 300 + 35 \times 200 + 30 \times 100}{10 \times 300 + 70 \times 200 + 30 \times 100} \times 100 \approx 80$$

在股价指数的编制中，一般是选择当地已上市的有代表性的且经济实力雄厚的大公司的股票作为样本股，因此，这些公司股票价格的涨跌往往会直接带动股价指数的涨跌。这些公司通常又在当地经济乃至整个国民经济的发展中占有举足轻重的地位，它们经营业绩的好坏往往会影响一个地区甚至整个国家的经济运行及发展趋势，股价指数也就因此而成为衡量和分析一国经济发展形势的重要指标，故常被喻为反映一国经济状况的"晴雨表"。

目前世界上影响比较大的股价指数有美国的道琼斯指数、纳斯达克指数、标准普尔 500 指数，英国的富时 100 指数，德国的 DAX 指数，法国的 CAC-40 指数，日本的日经 225 指数等。在我国内地影响较大的股价指数有上证指数、深证成指、沪深 300 指数等。

专栏 3-2

科 创 板

科创板，英文是 SSE STAR Market，由国家主席习近平于 2018 年 11 月 5 日在首届中国国际进口博览会开幕式上宣布设立，是独立于现有主板市场的新设板块，并在该板块内进行注册制试点。

设立科创板并试点注册制是提升服务科技创新企业能力、增强市场包容性、强化市场功能的一项资本市场重大改革举措。通过发行、交易、退市、投资者适当性、证券公司资本约束等新制度以及引入中长期资金等配套措施，增量试点、循序渐进，新增资金与试点进展同步匹配，力争在科创板实现投融资平衡、一二级市场平衡、公司的新老股东利益平衡，并促进现有市场形成良好预期。

  2019年1月30日，证监会发布《关于在上海证券交易所设立科创板并试点注册制的实施意见》；3月1日，证监会发布《科创板首次公开发行股票注册管理办法（试行）》和《科创板上市公司持续监管办法（试行）》；6月13日，科创板正式开板；7月22日，科创板首批25家公司上市；8月8日，第二批2家科创板公司挂牌上市。

三、债券市场

（一）债券的概念及其与股票的区别

  债券是筹资者向投资者出具的承诺在一定时期支付约定利息和到期偿还本金的债务凭证。债券的本质是债务的证明书，具有法律效力。债券购买者与发行者之间形成的是债权债务关系。

  债券和股票一样，也是一种重要的有价证券，但它与股票又有着诸多的区别，主要表现为如下四方面。

1. 期限

  债券是有偿还期限的，发行者必须在到期日偿付本金；而股票一般是永久性的，股东只能通过二级市场转让股票收回投资，不存在发行公司偿还本金的期限问题。

2. 收益的稳定性

  债券持有人从发行公司的税前利润中得到固定的利息收入，且受法律保障，故其收益相对稳定；而股东通常是从发行公司税后利润中分取股息，其收益直接受公司经营状况的影响，缺乏稳定性。

3. 求偿等级

  债券持有人的求偿等级在股东之前，当发行公司由于经营管理不善等原因而破产清算时，首先要保证债券持有人的债务清偿，即债券持有人有优先取得公司财产的权利，其次是优先股股东，最后才是普通股股东。

4. 控制权

  债券持有人只是公司的债权人，无权参与公司的经营决策，对公司的重大决策无投票权；而股东是公司的所有者，可以通过投票来行使其对公司的控制权。

（二）债券的分类

  根据不同的划分标准，债券可分为多种类型。

1. 发行主体标准

  按发行主体不同，债券可分为政府债券、金融债券和公司债券。

  （1）政府债券是由政府及政府所属机构发行的债券，包括中央政府债券、地方政府债券和政府机构债券。政府债券以政府信用作担保,其风险相对较低,在资本市场上是一种比较受欢迎的投资工具。

(2) 金融债券是由银行等金融机构为筹措资金而发行的债券。由于银行等金融机构的信用相对低于政府,金融债券的风险相对较高,故其利率一般要高于政府债券的利率。

(3) 公司债券(或企业债券)是公司(或企业)为筹措营运资金而发行的债券。公司通过发行债券筹集的资金主要是用于解决进行长期投资和扩大生产规模所遇到的资金不足问题。由于筹资期限长,且公司信用相对较低,所以,公司债券的发行利率通常要高于政府债券和金融债券的利率。

2. 利率标准

按利率不同,债券可分为固定利率债券、浮动利率债券、指数债券和零息债券。

(1) 固定利率债券是指按事先确定的利率水平定期支付利息的债券。这种债券通常在券面上附有息票,债券持有人可凭债券上附有的息票在规定的时间内向债券发行人领取利息。这是最常见的一种债券。

(2) 浮动利率债券是指不固定利率水平,而是以某一基础利率为参考标准,利率随该参考利率的波动而变化的债券。

(3) 指数债券是将利率与通货膨胀率或其他指数挂钩的债券。通过将利率与通货膨胀率或某一特定商品价格挂钩,以保证债券持有人不会因物价上涨而遭受损失。

(4) 零息债券是指以低于债券面值的价格发行,到期按面值兑付,而不再另付利息的债券。零息债券并不意味着投资者不能获得利息,实际上发行价格低于债券面额的差额即为债券利息。

3. 抵押品标准

按有无抵押品,债券可分为信用债券和抵押债券。

(1) 信用债券是指仅凭债券发行人的信用而发行的债券。这类债券没有实际的抵押品作为发行保证,仅仅是以发行人的信用作为偿付基础。政府债券和金融债券基本属于信用债券。

(2) 抵押债券是指以发行人的特定财产作为偿付保证而发行的债券。抵押债券的风险要低于信用债券,因为抵押债券的持有者对抵押财产拥有留置权,在债券发行人不能还本付息的情况下,持券人可以通过出售抵押财产来获得未偿债务。抵押债券多为公司债券。

4. 内含选择权标准

按内含选择权不同,债券可分为可赎回债券、偿还基金债券、可转换债券和附认股权债券。

(1) 可赎回债券是指在债券上附加一定的条款,允许发行人选择于债券到期日之前赎回全部或部分债券。该种债券的利率通常要高于普通债券。

(2) 偿还基金债券是指发行人在债券到期前须根据议定的日期和金额分期偿付本金的债券。通常要求发行人每年从盈利中提取一定比例存入信托基金,以定期偿还本金。

(3) 可转换债券是指在一定时期内可按约定条件转换为发行公司股票的债券。只有当可转换债券的市场价格低于转换价值时,投资者实施转换才会有利。

（4）附认股权债券是一种附有一定数量认股权证的债券。该种债券在发行时，将认股权证作为债券的附加部分一起出售给投资者。投资者认购债券后，可持认股权证在未来特定日期以特定价格向发行者认购规定数量的普通股，即可将债权转为股权。

（三）债券的信用等级

债券的信用等级是由一些专业的信用评级机构根据对债券发行人的综合考察，对其发行的债券所评定的一个质量级别，它表明债券发行人按期还本付息的能力。债券的信用等级越高，意味着发行人的还本付息能力越强，债券安全性越好；反之，债券的信用等级越低，表明发行人的还本付息能力越弱，投资风险也就越大。

信用评级最早起源于美国。1909年，美国的约翰·穆迪首先采用评级的方法对美国各种铁路债券的优劣进行了等级评定。其后，标准普尔公司也于1922年开始对工业债券进行评级。目前，穆迪投资服务公司和标准普尔公司已成为世界性的权威信用评级机构，它们的评级结果直接影响着债券的市场价格。

信用评级机构对债券的信用评级主要是根据债券发行人所提供的财务报表及其他一些相关资料，由此来判断发行人还本付息的能力和信用度。从这一点来看，债券的评级不同于普通股股票的评级。由于股票不存在还本的问题，股票的信用评级依据主要是公司支付股息的能力和红利增长情况及稳定程度。评级结果一般都要用不同的符号表示出来（见表3-1）。

表3-1 常用的债券与普通股的信用等级分类

符号	债券级别说明		符号	普通股级别说明
AAA	最高级 本息支付能力极强	投资级	A+	股东收益最高
AA	高级 本息支付能力很强		A	股东收益较高
A	中高级 支付能力较强，但易受经济波动的影响		A−	股东收益略高于平均水平
BBB	中级 有足够的本息支付能力，但易受外界因素的影响		B+	股东收益相当于平均水平
BB	中低级 具有一定的投机性，保障条件中等	投机级	B	股东收益略低于平均水平
B	较差，半投机 具有投机性，本息缺乏足够保障		B−	股东收益较低
CCC	差，明显投机 能支付本息但无保障，经济波动时可能停付		C	股东收益很低
CC	差，风险高 投机性极强，本息基本没有保障，潜在风险极高		D	股东无收益
C	风险极高 没有能力支付本息			

一般评级为 AAA—BBB 级的债券基本属于投资性债券,风险都比较低,而 BB—C 级的债券基本属于投机性债券,信用风险都很高,通常也被称为"垃圾债券"。

(四)债券一级市场

1. 债券的发行方式

债券的发行方式包括直接发行和间接发行两种。

(1) 直接发行是指债券发行人不通过发行中介机构而是由自己直接向投资者出售债券的发行方式。根据发行对象的不同,直接发行又可分为直接私募发行和直接公募发行。直接发行可以相应降低发行人的发行成本,但发行时间往往较长,不利于发行人迅速筹集资金。

(2) 间接发行是指发行人通过发行中介机构来完成债券的发行任务。这种发行方式的最大优点在于可以缩短发行时间,有利于资金的迅速到位。目前,世界各国的债券发行(特别是国债的发行)大都采用间接发行方式。

2. 债券的发行价格

债券的发行价格通常也有三种情况,即平价、折价和溢价。债券发行价格的确定主要取决于债券票面利率和市场收益率。当债券票面利率高于债券发行时的市场收益率水平时,为避免发债成本过大,可以相应提高发行价格,即采用溢价发行;当债券票面利率低于债券发行时的市场收益率水平时,为避免因收益过低而致使债券无人问津,则可相应降低发行价格;当债券票面利率与市场收益率相等时,则可采用平价发行。以单利计息为例,债券发行价格的确定可用公式表示为:

$$债券发行价格 = \frac{债券面额 \times (1 + 票面利率 \times 偿还期限)}{1 + 市场收益率 \times 偿还期限} \quad (3-9)$$

【例 3-3】 某公司发行面额为 1 000 元、年利率为 10% 的 5 年期公司债。当市场收益率分别为 8%、10%、12% 时,该债券的发行价格为多少?

(1) 溢价发行:

当市场收益率为 8% 时,发行价格 = 1 000 × (1 + 10% × 5) ÷ (1 + 8% × 5) ≈ 1 071(元)

(2) 平价发行:

当市场收益率为 10% 时,发行价格 = 1 000 × (1 + 10% × 5) ÷ (1 + 10% × 5) = 1 000(元)

(3) 折价发行:

当市场收益率为 12% 时,发行价格 = 1 000 × (1 + 10% × 5) ÷ (1 + 12% × 5) = 937.5(元)

(五)债券二级市场

1. 债券的上市

债券上市是指某种债券获准在证券交易所内挂牌交易。通过债券上市可以促进发行者加强管理,有助于提高债券的安全性和流动性,对提高发行人的知名度和市场地位也有积极作用,从而有利于新债券的发行。对投资者来说,债券上市可以获得便利的买卖条件,而且通过交易所内的竞价交易,投资者可以获得一个比较合理的交易价格。

关于债券上市的管理体制,目前世界上大致有两种:一种是许可制,即债券的上市必须首先经证券监管机构批准,才能向证券交易所提出申请;二是注册制,即债券的上市只需经过证券交易所的审核,注册登记后即可。

债券上市必须符合一定的条件。(1)要求发行公司必须具有较强的盈利能力;(2)已发行的债券数量必须超过一定金额;(3)公司债发行人的净资产比例必须达到或超过规定的要求;(4)债券的信用等级应达到规定的要求。

2. 债券的交易价格

债券交易价格是指债券在二级市场上进行交易时的实际成交价格。多数情况下,债券交易价格既不等于债券的面额,也不等于债券的发行价格。债券交易价格的形成,受到多种因素的影响。从理论上来说,债券交易价格的形成主要取决于以下四方面因素。

(1)债券期值,即债券到期时的总价值或总收入,包括本金和利息两部分。其计算可采用单利和复利两种方法,计算公式如下:

$$F_{单利} = M(1+rn) \qquad (3\text{-}10)$$

$$F_{复利} = M(1+r)^n \qquad (3\text{-}11)$$

其中,F 代表期值;M 代表债券面值;r 代表债券票面利率;n 代表债券有效年限。

(2)债券期限,这有两种情况:一是有效期限,指自债券发行日起至债券最终偿付日止的期限;二是待偿期限,指债券自进入交易市场后由本次交易日起至最终偿付日止的这段时间。

(3)市场利率水平,通常以银行利率为参照标准。

(4)付息方式,债券的付息方式有多种情况,如一次还本付息、分次付息等。付息方式不同,对债券各个时期的收益水平有着直接的影响,进而影响债券的交易价格。

债券交易价格的理论计算可分为以下四种情况。

① 到期一次还本付息债券的交易价格,其理论公式可表示为:

$$P = \frac{F}{(1+i)^n} \qquad (3\text{-}12)$$

其中,P 为债券交易价格;F 为债券期值(按复利计算或按单利计算);i 为市场利率;n 为债券待偿年限。

【例 3-4】 假设有一种面额为 500 元、期限为 5 年、票面利率为 10%(年率)的债券,付息方式采用到期一次还本付息(以复利计息)。某投资者在持有该债券 3 年后,欲将之出售。在市场利率为 8% 时,该债券的理论交易价格为:

$$\frac{500 \times (1+10\%)^5}{(1+8\%)^2} \approx 690.38(元)$$

② 按年付息债券的交易价格，其理论公式可表示为：

$$P = A \sum_{t=1}^{n} \frac{1}{(1+i)^t} + \frac{M}{(1+i)^n} \quad (3-13)$$

其中，A 为每次的付息额；t 为付息次数；其他符号的含义同上。

③ 半年付息债券的交易价格，其理论公式可表示为：

$$P = A \sum_{t=1}^{2n} \frac{1}{(1+i/2)^t} + \frac{M}{(1+i/2)^{2n}} \quad (3-14)$$

公式(3-14)中符号的含义同上。

④ 零息债券的交易价格，其理论公式可表示为：

$$P = \frac{M}{(1+i)^n} \quad (3-15)$$

公式(3-15)中符号的含义同上。

【例 3-5】 假设一种从现在算起还有 10 年到期的、面值 1 000 元的零息债券，在市场利率为 8% 时，则该债券的理论交易价格为：

$$P = \frac{1\,000}{(1+0.08)^{10}} = 463.19(元)$$

专栏 3-3

绿色债券

绿色债券是为有环境效益的绿色项目提供融资的一种债务融资工具。通过绿色债券筹集的资金只能用于绿色项目，发行人需要对投资者持续披露资金使用信息，以维护市场声誉。最早的绿色债券是由多边开发银行于 2007—2008 年发行的。2007—2012 年，绿债市场的主要发行人包括世界银行、IFC、欧洲投资银行（EIB）、一些国家或地区政府以及国家发展银行。近年来，在日益增长的市场需求推动下，更多类型的发行人和投资者加入了绿色债券市场。2013 年和 2014 年，企业和银行发行人更积极地参与绿债市场。贴标的"绿色债券"年发行量从 2012 年的 30 亿美元猛增到 2015 年的 420 亿美元，覆盖了 G20 中 14 个市场。2016 年一季度，贴标绿色债券的发行额进一步上升至约 170 亿美元，同比增长 66%。

各国的经验表明，绿色债券市场可以为绿色项目和投资者提供几个重要好处：(1) 为绿色项目提供除银行贷款和股权融资之外的一种新的融资渠道；(2) 为绿色项目提供更多的长期融资，尤其是在绿色基础设施投资需求较大而长期信贷供给有限的国家；(3) 通过"声誉效益"激励发行人将债券收益投向绿色项目；(4) 因发行人承诺"绿色"披露，激励其强化环境风险管理流程；(5) 为投资者，尤其是长期和负责任的投资者，提供绿色资产，并使投资者有机会参与可持续发展。

（资料来源：G20 绿色金融研究小组，《G20 绿色金融综合报告》，2016 年 9 月 5 日）

第四节 外汇市场

一、外汇市场概述

(一) 外汇与汇率

从静态意义上来说,外汇是指以外币表示的用于国际结算的支付手段和资产,具体包括:(1) 外国货币,包括纸币、铸币等;(2) 外币支付凭证,包括银行存款凭证、商业汇票、银行汇票、银行支票、邮政储蓄凭证等;(3) 外币有价证券,包括政府债券、公司债券、股票等;(4) 其他外汇资产。

由于各国的货币制度不同,所使用的货币也不相同,因此一国在国际经济交往中,通常不能直接用本国货币来实现对他国的支付,而是需要将本币兑换成外汇,以用于国际债权债务关系的清偿。

所谓汇率,是指一国货币兑换成另一国货币的比率,简言之,汇率即是两种不同货币之间的兑换比率。由于货币的兑换通常是通过外汇买卖来实现的,汇率实际上也就是外汇的价格,汇率也称为汇价。

(二) 外汇市场的含义

外汇市场是金融市场的重要组成部分,它是由外汇需求者与外汇供给者及外汇买卖中介机构所构成的外汇交易场所或网络。

外汇市场是进行外汇买卖的市场。由于国际清偿的需要,有些经济单位需要使用外汇,但其本身又无外汇收入。同时,外汇收入的经济单位可能并不需要使用外汇。外汇市场的存在正好为二者提供了一个互通有无的场所,前者(外汇需求者)可以通过外汇市场买入自己所需要的外汇;后者(外汇供应者)则可在外汇市场上出售其所持有的外汇。

二、外汇市场的构成

外汇市场的参与者有外汇银行、顾客、中央银行和外汇经纪人。他们为了各自不同的需要而参与到外汇市场的交易中来。

从外汇市场参与者的角度,可将外汇市场的构成分为三个层次。

(一) 顾客市场

所谓顾客市场,是指由外汇银行与顾客之间的外汇交易而形成的市场。该市场又称为外汇零售市场。在外汇市场中,凡是与外汇银行有外汇交易关系的公司或个人都是外汇银行的顾客,包括进出口商、投资者、投机者以及其他一些与贸易收支无关的外汇供求者(如留学生、旅游者、侨居者等)。顾客在外汇市场中的作用仅次于外汇银行,他们往往出于各种各样的目的而向外汇银行买卖外汇。

(二)银行同业市场

银行同业市场是指外汇银行之间进行外汇交易而形成的市场。外汇银行是外汇市场的主要参与者,它们之间的外汇交易主要是为了弥补与顾客交易而产生的买卖差额,因为在与顾客的外汇交易中,银行难免会在营业日内出现外汇头寸的"多头"(即外汇买入额超过卖出额)或"空头"(即外汇卖出额超过买入额)。为了避免外汇汇率变动的风险,银行需要及时调整外汇头寸。借助同业间的外汇交易,银行可以及时调拨外汇头寸,以轧平外汇头寸,即抛出多头、补进空头。除了调整头寸外,银行出于套利、套汇、投机等目的,也会进行同业间的外汇交易。由于银行同业间的每笔交易量较大,所以,银行同业市场也被称为外汇批发市场。

(三)中央银行与外汇银行之间的交易市场

中央银行也是外汇市场的重要参与者,但其参与外汇市场买卖的目的不同于外汇银行和其他顾客。央行参与外汇市场的买卖,主要是为了干预外汇市场,以保持本币汇率的相对稳定,维护外汇市场的正常运行。当本币汇率过高时,央行通过向外汇银行购进外汇,以增加市场对外汇的需求量,促使外汇汇率上升、本币汇率下跌;反之,当本币汇率大幅度下跌时,央行则通过向外汇银行出售外汇,以增加市场的外汇供应量,促使外汇汇率下跌、本币汇率上升。此外,央行出于管理外汇储备的需要,也常常要通过外汇市场进行外汇买卖,以调整储备货币的结构。

三、外汇交易方式

国际市场上传统的外汇交易方式主要包括即期交易、远期交易、掉期交易等三种。

(一)即期外汇交易

即期外汇交易又称现汇交易,是指外汇买卖双方成交后在两个营业日内进行交割的交易方式。

进行即期外汇交易并不意味着立即进行交割,而是只要在成交后的两个营业日内完成外汇的交割就属于即期交易。这意味着即期外汇交易的交割日有三种情况:(1)"T+0"交割,即买卖双方在成交的当天进行交割。(2)"T+1"交割,即买卖双方在成交后的第一个营业日进行交割。(3)"T+2"交割,即买卖双方在成交后的第二个营业日进行交割。标准的即期交割日为"T+2"。

(二)远期外汇交易

远期外汇交易又称期汇交易,是指外汇买卖双方成交后,按约定的汇率于未来某日期进行实际交割的交易方式。

在远期外汇交易中,买卖双方达成交易后,并不需要在两个营业日内进行资金清算,而是预先约定在未来某一时间进行交割。交割时按照双方成交时约定的汇率,而不管交割时市场上的实际汇率为多少。远期外汇交易的期限有长有短,常见的有1个月、2个月、3个月、6个月和1年。

(三)外汇掉期交易

外汇掉期交易是指同时买进和卖出相同数量的同一种外汇,但买与卖的交割期限不同的外汇交易方式。掉期交易的主要功能在于避免汇率风险。

掉期交易的基本形式有三种。

（1）即期对远期的掉期，即在买进（或卖出）一笔即期外汇的同时，卖出（或买进）相同数量的同种货币的远期外汇。

（2）即期对即期的掉期，即在买进（或卖出）一笔即期外汇的同时，卖出（或买进）相同数量的同种货币的另一个交割日的即期外汇。

（3）远期对远期的掉期，即在买进（或卖出）一笔远期外汇的同时，卖出（或买进）相同数量的同种货币的另一个交割日的远期外汇。

第五节　金融衍生市场

一、金融衍生市场概述

（一）金融衍生品的含义与特点

20世纪70年代出现的全球性高通货膨胀和布雷顿森林体系的崩溃，加剧了国际金融市场的动荡，利率与汇率的日趋不确定，促使人们积极寻求新的金融工具，以有效规避市场利率和汇率的频繁波动而带来的风险。在此背景下，金融衍生品应运而生。

金融衍生品是指价值派生于货币、债券、股票等基础金融资产价格及价格指数的一种金融合约。派生出金融衍生品的金融原生产品主要有货币、债券、股票等金融资产以及这些金融资产的价格，如汇率、利率、股价指数等。根据对这些金融资产价格走势的预期，可以来确定金融衍生品的价值，即金融衍生品的价值是从金融原生产品的价值中派生出来的。金融衍生品具体表现为一些金融合约，如期货合约、期权合约、互换协议、远期利率协议等。在这些合约中，交易者可以将未来的交易价格固定下来，从而使交易者能预先确定未来的交易成本和资产收益，以控制由于市场价格波动而带来的风险。金融衍生品主要具有以下三个特点。

1. 虚拟性

金融衍生品本身并没有价值，其价值取决于标的资产或金融基础资产的价格，只有当标的资产的市场价格发生变动时，金融衍生品才具有相应的价值。正是由于金融衍生品的价值来自其标的资产价格的变化，而并非标的资产本身的增值，这就使金融产品具有虚拟性，尤其是当标的资产为股票、债券等虚拟资本时，相应的金融衍生品则具有双重虚拟性。

2. 零和博弈

金融衍生品实际上是一些契约，其交易属于一种"零和博弈"，遵循"有输必有赢，输赢必相等"的会计原则，即契约交易的双方盈亏完全负相关，并且净损益为零，称为"零和"。因此，金融衍生品的交易不会创造财富，它只是进行风险再分配的一种工具。

3. 高杠杆性和低交易成本

金融理论中的杠杆性一般是指以较少的资金成本取得较多的投资资金。金融衍生品的交易正具有这一特点，进行金融衍生品的交易，交易者通常不需要缴清全部交易资金,而只要缴存一定比例的保证金,就可以进行全部交易资金的操作。也正是由于金融衍生品具有的高杠杆性,交易者可以通过少量的衍生品交易来取代大量的现货交易,从而大大降低了交易成本。

(二) 金融衍生市场

金融衍生市场是为了适应金融衍生品交易的需要而形成的、以金融衍生品为交易对象的市场。金融衍生市场现已成为金融市场的重要组成部分,分为金融远期市场、金融期货市场、金融期权市场、金融互换市场四个子市场。

金融衍生市场涉及场内交易和场外交易。前者是在交易所统一设计和规定的标准下进行金融衍生品的买卖;后者则是由买卖双方通过经纪人,按照其订立的条款形成合约来进行金融衍生品的交易。20 世纪 90 年代以来,场外交易所具有的灵活性优势日显突出,发展速度非常迅猛。

二、金融远期市场

(一) 金融远期合约的定义

金融远期合约是交易双方约定在未来某个特定时间按照预先达成的条件交换某种特定资产的合约。在金融远期合约中,要明确规定双方交易的资产、交换价格、交换日期等。金融远期合约市场属于无形市场,交易双方基本上是通过电话、电传等现代通信手段在场外达成交易合约。

(二) 金融远期合约的种类

1. 远期利率协议

远期利率协议(forward rate agreement,FRA)是交易双方约定在未来某一特定时间针对协议金额进行协定利率与市场利率差额支付的一种远期合约。FRA 的主要作用在于防范利率波动的风险。一般来说,FRA 的买方是为了防止利率上升的风险,由其支付协定利率;FRA 的卖方是为了防止利率下降的风险,由其支付市场利率。但是在实际操作中,买卖双方仅就协定利率与市场利率的差额进行支付。到合约结算日,如果市场利率(通常参照 Libor)高于协定利率,则由 FRA 卖方向买方支付结算差额;如果市场利率低于协定利率,则由 FRA 买方向卖方支付结算差额。

2. 远期外汇综合协议

远期外汇综合协议(synthetic agreement for forward exchange,SAFE)是双方约定买方在结算日按照合同规定的结算日远期汇率向卖方买入一定名义金额的外汇,然后在到期日再按合同规定的到期日远期汇率把相同金额的该种外汇出售给卖方的协议。在 SAFE 中,买卖双方成交时,并不需要收付对应货币,而是约定在未来某一时间进行差额结算。利用 SAFE 可以防范汇率变动风险。

三、金融期货市场

金融期货是指交易双方在未来某日期按约定价格买卖标准数量的某种金融工具的

标准化协议。按照期货合约标的物的不同,金融期货可分为外汇期货、利率期货、股指期货等类型。

(一) 外汇期货

外汇期货是以可自由兑换货币为交易对象的金融期货。20世纪70年代,国际汇率制度逐步由固定汇率制度转向浮动汇率制度,汇率风险剧增。为了有效防范汇率风险,便产生了以期货形式来做外汇交易的外汇期货交易。1972年5月芝加哥商品交易所(CME)率先推出了英镑、加拿大元、西德马克、日元、瑞士法郎、法国法郎、墨西哥比索等7种货币的期货合约①。在外汇期货交易中,交易双方可以先就成交汇率达成一致,然后在约定的期限内再按规定的汇率进行交割,或通过做一笔反向的外汇期货交易来对冲原来的期货合约。

(二) 利率期货

利率期货是指标的资产价格依赖于利率水平来确定的标准化合约。由于市场利率的变动会直接引起某些金融资产的价格发生变化,这就会给投资者带来投资风险。利率期货交易通过预先确定利率以便固定金融资产的价格,从而可以在一定程度上避免因市场利率波动而遭受风险损失。利率期货种类比较多,以下简要介绍两种利率期货。

1. 欧洲美元期货

这是在CME中交易的一种短期利率期货,以3个月的欧洲美元存款利率为标的。合约单位为100万美元,采用指数报价,指数价格=100−100×3个月欧洲美元存款利率。例如,当3个月欧洲美元存款利率为0.5%时,则欧洲美元期货的指数价格为99.5($=100-100\times0.5\%$)。

2. 长期政府债券期货

长期政府债券期货是指以长期政府债券(期限在10年以上)为标的的金融期货。在CME中,该种期货合约单位为10万美元,其价格一般是以合约面额的百分比来表示,通常把合约面额的1%称为1点,以1点的1/32为1个单位。例如,15年期的政府债券期货标价为"90-30",前面的"90"表示90点,后面的"30"表示30个单位,即30/32,这意味着该种政府债券期货的价格为合约面额$90\frac{30}{32}\%$,即为90 937.5美元$\left(=100\ 000\times90\frac{30}{32}\%\right)$。

专栏 3-4

国债期货在中金所正式上市

2013年9月6日,时隔18年后重启的国债期货在中国金融期货交易所(中金所)正式上市交易。国债期货是一种利率风险管理工具,是指买卖双方通过有组织的

---

① 截至2020年9月底,CME中可交易的外汇期货合约有53种。

交易场所,约定在未来特定时间,按预先确定的价格和数量进行券款交割的国债交易方式。国债期货曾在"摸着石头过河"过程中摔过跟头,因1995年发生的"327"国债期货事件,开市仅2年6个月的国债期货交易被暂停。

中国成立金融期货交易所已7年,国债期货是到目前为止上市的第二个期货品种。2010年4月16日沪深300股指期货上市被认为是资本市场"成人礼",而国债期货则补上了多层次衍生品市场的第一块短板。

首批三个合约的5年期国债期货产品昨日表现平稳,至收盘均较挂盘基准价整体微涨。其中,TF1312涨0.002元,TF1403涨0.1元,TF1406涨0.126元。

从市场表现看,上市首日,国债期货跟随现货走势,各合约早盘高开,随后小幅下行。其中,主力合约TF1312(2013年12月到期的合约)以94.220元开盘,最高价94.540元,最低价94.140元,收盘于94.170元,较挂盘基准价(94.168元)上涨0.002元,涨幅0.00%。

继2013年9月6日推出5年期国债期货之后,中金所又分别于2015年3月20日、2018年8月17日先后推出10年期国债期货和2年期国债期货。

(资料来源:《东方早报》,2013年9月7日)

(三)股指期货

股指期货是以股票价格指数为标的物的金融期货。进行股指期货交易并不意味着买卖股价指数所包含的股票,而是要求在未来某日期按照期货约定的股价指数与结算时的股价指数进行差额结算。股指期货的价格通常以股价指数的若干倍来表示,这个倍数称为指数乘数。例如,沪深300股指期货的指数乘数为300,当沪深300指数为4 000点时,每份沪深300股指期货的价格就为120万元人民币。

股指期货是国际上成熟的金融衍生产品,具备价格发现、风险对冲、稳定市场等重要功能,现已成为全球交易量最大的期货品种。目前,国际金融期货市场上常涉及的股指期货主要有标普500指数期货、金融时报100指数期货、恒生指数期货、日经225指数期货、法国证协40指数期货、德国DAX指数期货等。

中国金融期货交易所继2010年4月16日推出沪深300股指期货之后,又于2015年4月16日同时推出了上证50股指期货和中证500股指期货。

四、金融期权市场

(一)金融期权的定义

金融期权是赋予其购买者在规定期限内按协议价格购买或出售一定数量某种金融资产的权利的合约。与金融期货不同,金融期权赋予期权合约买方的是一种权利,即由期权合约买方来决定在合约期限内是否履行合约。

(二)金融期权的种类

1. 按权利内容划分

(1)看涨期权,是指期权买方可按协定价格买进一定数量金融资产的期权。当期权标的资产的市场价格高于期权的协议价格时,看涨期权买方将行使期权合约,即以协议价格买进约定数量的金融资产;反之,则可放弃期权合约。

(2) 看跌期权,是指期权买方可按协议价格卖出一定数量金融资产的期权。当期权标的资产的市场价格低于期权的协议价格时,看跌期权买方将行使期权合约,即以协议价格卖出约定数量的金融资产;反之,则可放弃期权合约。

2. 按执行期权的时限划分

(1) 欧式期权,是指期权买方只能在期权到期日执行的期权。

(2) 美式期权,是指期权买方可在期权到期日之前的任一营业时间选择执行的期权。

3. 按标的资产划分

(1) 利率期权,是指期权买方可在一定时间内按照协议利率买进或卖出一定数量债券的权利合约。

(2) 外汇期权,是指期权买方可在一定时间内按协议汇率买进或卖出某种外汇的权利合约。

(3) 股票期权,是指期权买方可在一定时间内按照协议价格买进或卖出一定数量某种股票的权利合约。

(4) 股指期权,是指买卖股票价格指数的期权合约。与股指期货相同,股指期权也不涉及股价指数所包含的股票的实际交割,而是在股指期权的买方要求行使期权时,由卖方向其支付按市场股价指数与期权协议的股价指数之差折算的现金差额。

2015年2月9日,我国首个场内金融期权产品——上证50ETF期权在上交所开始试点。2019年12月23日中金所正式推出我国第一只股指期权——沪深300股指期权。推出股票股指期权交易,对于健全我国资本市场基础制度和产品布局具有深远意义。

五、金融互换市场

(一) 金融互换的含义

金融互换是交易双方约定在一定期限内按照事先约定的条件来交换一系列现金流的金融合约。这是20世纪80年代初出现的一种金融衍生品,它既是融资工具的创新,又是风险管理的新手段。金融互换推出后发展迅猛,市场规模快速扩大。目前,许多跨国银行及一些投资银行都提供安排互换协议的服务,已形成一个颇具规模的互换市场。

(二) 金融互换的基本类型

金融互换的基本类型有货币互换和利率互换两种。

1. 货币互换

货币互换是指交易双方按照固定汇率交换两种不同货币的互换协议。货币互换一般包括期初的本金交换、期中的利息交换和期末的本金再交换三个环节。在某些情况下,期初也可以不交换本金。

2. 利率互换

利率互换是指交易双方在一定时期内针对名义本金交换不同计息方法计算的利息

支付义务的互换协议。在利率互换中不涉及实际本金的交换,而只是以名义本金作为计算利息的基础。利率互换可以发生在同种货币之间,一般包括固定利率对浮动利率的互换和两种不同参考利率的互换(如 Libor 与 Nibor)。利率互换还可以在不同种的货币之间进行,即一种货币的固定利率对另一种货币的浮动利率的互换,也称为货币利率交叉互换。利率互换的作用不仅在于能使筹资者降低筹资成本,而且还可以在不增加资产负债总额的情况下,灵活改变资产和负债的利率结构。自问世以后,利率互换就深受金融机构和公司的青睐,成为利率风险管理的一种新型工具。

本章小结

资金融通是指在支出盈余单位和支出赤字单位之间实现资金的有偿转移或余缺调剂。资金融通方式一般有直接融资和间接融资两种。金融市场是指以金融工具为交易对象而形成的资金供求关系的总和。其构成需具备交易主体、交易对象、交易工具、交易组织形式和交易价格等要素。作为资金融通机制的核心,金融市场具有聚敛、配置、调节和反映等经济功能。

货币市场是指期限在 1 年以内(包括 1 年)的短期金融市场,主要包括银行同业拆借市场、回购市场、票据市场、CDs 市场、短期政府债券市场、货币市场基金市场等。

资本市场是指期限在 1 年以上的中长期金融市场,主要包括银行中长期信贷市场和证券市场。狭义资本市场是指证券市场,包括股票市场和债券市场。

外汇市场是由外汇需求者与外汇供给者及外汇买卖中介机构所构成的外汇交易场所或网络,包括顾客市场、银行同业市场、中央银行与外汇银行之间的交易市场。传统的外汇交易主要采用即期、远期、掉期等交易方式。

金融衍生市场是以金融衍生品为交易对象的市场,主要由远期市场、期货市场、期权市场和互换市场组成。

练习与思考

一、单项选择题

1. 下列金融工具中不属于直接融资工具的是( )。
   A. 大额可转让定期存单　　　　B. 公司债券
   C. 股票　　　　　　　　　　　D. 政府债券
2. 短期金融市场又称为( )。
   A. 初级市场　　B. 货币市场　　C. 资本市场　　D. 次级市场
3. 从本质上说,回购协议是一种( )协议。
   A. 担保贷款　　B. 信用贷款　　C. 抵押贷款　　D. 质押贷款
4. 银行与银行间所进行的票据贴现称为( )。
   A. 贴现　　　　B. 再贴现　　　C. 转贴现　　　D. 第二次贴现
5. 在出售证券时与购买者约定到期买回证券的方式称为( )。
   A. 证券发行　　B. 证券承销　　C. 期货交易　　D. 回购协议
6. 下列描述不属于资本市场特点的是( )。

A. 金融工具期限长　　　　　　B. 为解决长期投资性资金的供求需要
C. 流动性强　　　　　　　　　D. 资金借贷量大

7. 以下不属于货币市场的是(　　)。
A. 回购市场　　B. 企业债券市场　　C. 商业票据市场　　D. 同业拆借市场

8. 下列不属于金融衍生品的是(　　)。
A. 利率期货　　B. 利率互换　　C. 利率期权　　D. 外汇

二、判断题

1. 政府既是货币市场上重要的资金需求者和交易主体，又是重要的监管者和调节者。(　　)

2. 把金融市场划分为货币市场和资本市场是按金融工具发行和流通特征所做的划分。(　　)

3. 回购协议交易的标的物是高质量的有价证券，市场利率的波动幅度较小，因此，回购协议是无风险交易。(　　)

4. 回购是指资金供应者从资金需求者手中购入证券，并承诺在约定的期限以约定的价格返还证券的经济行为。(　　)

5. 按债券风险性从小到大排列，依次是企业债券、金融债券和政府债券。(　　)

6. 在资本市场上，金融企业既是最大的资金供给者，也是最大的资金需求者。(　　)

7. 金融衍生品交易的突出特点是高杠杆性。(　　)

三、思考题

1. 何谓直接融资和间接融资？直接融资中的中间人与间接融资的金融中介有何根本区别？
2. 金融市场具有哪些经济功能？
3. 简述货币市场的特点。
4. 简述同业拆借市场的特征。
5. 为什么国库券被誉为"金边债券"？
6. 简述资本市场的特点。
7. 股票二级市场的构成状况如何？为什么会出现第三市场、第四市场？
8. 股票交易价格主要受哪些因素影响？
9. 债券交易价格主要取决于哪些因素？
10. 什么是金融衍生品？它具有哪些特点？

四、计算题

1. 某交易商为筹集隔夜资金，将1 000 000元的国库券以回购协议卖给甲银行，售出价为999 800元，约定第二天再购回，购回价为1 000 000元。试计算回购利率。

2. 某企业持面额为100 000元、尚有30天到期的承兑汇票到银行申请贴现，若银行贴现利率为4%，计算该企业获得的贴现金额。

3. 某投资者在发行日购买了一种面额为1000元、期限为5年、票面利率为6%、到期一次还本付息的债券。在持有该债券2年后，该投资者欲出售此债券。在市场利率为 4‰时,计算该债券的交易价格。

参 考 文 献

[1] [美] 乔治·考夫曼.现代金融体系:货币、市场和金融机构(第六版)[M].经济科学出版社,2001.

[2] [美] 弗雷德里克·S.米什金.货币金融学(第十一版)[M].中国人民大学出版社,2016.

[3] 张亦春,郑振龙,林海.金融市场学(第五版)[M].高等教育出版社,2017.

第四章　商业银行与其他金融机构

本章概要

在本章中,我们要介绍商业银行的概念和职能,商业银行的体制、经营原则、基本业务、管理与创新以及其他金融机构等内容。本章分为五节,第一节主要介绍商业银行的概念、功能和商业银行体制;第二节介绍商业银行业务,包括负债业务、资产业务和中间业务;第三节介绍商业银行经营原则和管理;第四节介绍商业银行创新动因、内容及影响等;第五节介绍其他金融机构,包括投资银行、保险公司、政策性银行经营目的、业务范围和改革。

[学习要点]

1. 商业银行性质与职能、"三性"经营原则;
2. 商业银行负债业务、资产业务和中间业务;
3. 金融创新的含义、原因和影响;
4. 投资银行、保险公司、政策性银行的经营目的与业务范围。

[基本概念]

商业银行　影子银行　信用风险　中间业务　表外业务　资本充足率　核心资本　附属资本　金融创新　投资银行　保险公司　政策性银行

第一节　商业银行概述

一、商业银行的定义及基本功能

商业银行作为金融企业,是以追求利润最大化为经营目标、以各种金融资产和金融负债为经营对象、具有系统化和综合性服务功能的金融企业。按照2003年12月27日通过的《中华人民共和国商业银行法》,商业银行是指依照该法和《中华人民共和国公司法》设立的吸收公众存款、发放贷款、办理结算等业务的企业法人。从中我们可以看出无论存款、贷款、结算都与货币有关,商业银行在其所经营产品货币的供需方之间是起了重要作用。资金的供求双方总是相互找寻对方。因为资金的供应方在特定的时期内手头有富余资金可以出借,并且希望能够通过这段时期资金的使用权获得一定的补偿。同时,资金的需求方也愿意付出一定的代价取得资金某段时间的使用权。初听起来并不需要第三方介入,但让我们仔细分析一下这项交易可能产生的问题。

第一,交易成本问题。双方在市场上要发布(获取)资金供需的信息可能需要付出一定的成本,还可能需要付出隐性的成本。银行的出现则可以解决这个问题,银行负责集结人们手中的闲散资金并安排其流向,借贷双方不用去市场上搜寻对方,只要和银行打交道就可以。这样可以创造规模效益,大大节约交易成本。

第二,资金的期限结构问题。如果是在只有借贷双方的市场里面,经常会产生双方需要的资金数量和资金使用期限不同的问题。银行业的出现则很轻易地解决了这个问题:不同地域、不同时间、不同使用时期的资金都可以在银行这里实现再分配,这不仅提高了资金的使用效率而且优化了资金的配置,满足了社会各行业对资金结构的不同需求。

第三,信息不对称问题。在金融领域,信息不对称是指融资方掌握着更多不为外界所知的关于自身财务状况以及判断未来经营前景的信息。信息不对称又被分为两类:一是发生于交易前的逆向选择。所有需要借入资金的企业总是宣称自己偿债能力佳(低风险)。然而现实状况是良莠不齐,不是所有的企业都具备偿债能力。在信息不足的情况下,银行面临的难题是难以判断企业的真实偿债能力。二是道德危机,是产生于交易后的信息不对称。这是指借款方将资金用于可能导致不良经营后果出现的投资行为。例如,小企业可能在申请到贷款之后改变资金投向,用于其他高风险的投资项目。公司之所以愿意这么做是由于一旦投资顺利,那么将比低风险投资带来更多的收益。作为银行方面来说,企业投资的变更并不会因此分享更多的收益,因为本息是在借贷合同中固定下来的。然而,更改用途的项目一旦投资失败,银行借出的资金不能收回;对企业(有限公司)来说,损失的极限只是其投入的资产。由此可看出,二者并不承担同比的风险与收益。

了解更多的信息是解决上述两个信息不对称问题的办法,而作为金融中介的银行就成为更多信息的制造者。商业银行与客户签订为其量身定制的信贷合同,并利用已知的信息来区分客户的信用状况;同时通过合同条款的约定来限制客户的事后经济行为。银行比企业或个人能够更好地实现在借款期对借出资金的监控职能。同时,资金交由银行去放贷后只需要银行一方去收集信息,这样就发挥了集中优势,节约了社会成本。

二、商业银行的职能

商业银行作为银行体系中的主体,所从事的活动处于货币信用领域。以信用方式与工商企业及经济生活方面发生广泛的联系,具有调节社会经济生活的特殊作用。其主要职能有以下四个方面。

(一)信用中介

商业银行一方面以存款的形式广泛动员和吸收社会闲散资金,另一方面以贷款的方式把这些货币资金借出令其流入国民经济各个部门。前面内容也提到通过这项功能不仅实现了资金的流动,还可以调整资金的结构,引导资金流向。这也是我们最为熟悉的商业银行的基本功能。

(二) 支付中介

商业银行为客户办理与货币运动有关的技术性业务，如货币兑换、货币结算、货币收付等，成为社会的总会计、总出纳，发挥着社会公共簿记的作用。商业银行的这一职能对提高社会经济效益具有重要意义。一方面，节约了流通费用，加速了资金周转。通过转账结算等方式减少了大量的货币实物流通，也节省了大量的人力物力。另一方面，可以对社会经济生活实行统计监督。商业银行作为社会公共簿记，是全国资金活动的总枢纽，连接着生产、分配、交换、消费各个环节，成为社会经济的"晴雨表"。它不仅能够反映企业单位的微观资金活动，还能反映整个国民经济的宏观经济活动。这也是为什么银行业在各国经济中有着重要地位的原因。

(三) 信用创造

商业银行可以发挥杠杆效应创造存款货币，从而扩张市场信用的能力。它的这种功能建立在部分准备制和非现金结算制这两大基本前提之上。由于商业银行总是保有相当部分的资金存量，实际操作中银行只留有一定的货币应付日常支付需要。闲置的货币被他们用来扩大放款规模，获取更多的利息收入。这就是部分准备制度所带来的杠杆效应。而非现金结算使交易过程中需要的实际货币量更少，这样可以进一步扩张放款规模。存款货币的扩张总额受到法定存款准备金率、现金漏损率、超额准备率等因素的制约。

(四) 其他金融服务

20世纪以来，世界经济的迅猛发展令金融业在业务范围、结构和内容上都不断地发展和创新。商业银行不再单纯依赖于传统的放贷业务，银行间的业务竞争使金融创新产品层出不穷，特别是电子计算机在银行业务中的广泛应用为客户带来高效的金融服务。例如，银行为企业客户提供经纪业务、投资咨询业务；个人理财产品的多样性等。这些金融服务多属于商业银行的表外业务。

▶ 三、商业银行体制

商业银行体制是指一国通过法律确定该国商业银行体系、结构及组成这一体系的原则总和。商业银行起源于欧洲，早期的商业银行的原始功能为存款服务与交易服务。但由于各国的经济与政治环境的不同以及历史原因，导致商业银行存在的形式多种多样。不同的标准可划分出不同的商业银行类型。

(一) 按组织体制不同可分为单一制、分支行制和银行控股公司制

单一制是指银行不设分支机构，只有一处或极少数营业场所的组织体制。由于营业规模相对较小，目前实行单一银行制的国家极少，其中以美国最为典型。而美国之所以实行单一银行制主要与其联邦体制有关。在美国，由于各州都有立法权，独立性较强，为适应经济均衡发展的需要，反对金融权利的集中，各州都颁布各自的银行法，禁止或限制银行开设分支行。尽管近年来这种限制有所放松，但单一制依然是美国商业银行制度的重要特点。

与之相比，分支行制是国际上较多采取的商业银行组织形式。分支行制是指在某个大都市设立总行，同时在国内外各地普遍设立分支机构，所有分支机构由总行领导指挥的

组织体制。其特点是银行数目相对不多,但每家银行都拥有众多的分支机构,因而经营规模较大。我国采取的就是分支行制,商业银行如工商银行、建行等分支机构遍布国内外。

银行控股公司在美国严格限制或禁止分行制银行时,被作为分行制的替代组织形式。它是为持有至少一家银行股票的目的而注册成立的公司。由于其产生的这种历史原因,因此分行制银行的很多优势和劣势均适用于银行控股公司。

几种组织形式对比,各有其特点。尽管对银行应采取哪种形式一直都有争论,争论最激烈的一点是在运营效率上。分支行制和银行控股公司制的支持者认为它们将带来更高的运营效率,提高顾客接受服务的广度和方便度,因为分行制银行(银行控股公司)可以在每家分行提供全方位的服务,同时由于分行制银行(银行控股公司)可以发放更多的贷款,从而促进经济增长。然而这种更广泛的服务取决于银行的规模而不是银行组织的形式。西方部分研究成果显示:单一制银行的运营成果比相似规模的分行制银行(银行控股公司)的运营效率高。分行制银行的平均利润也不比其他银行高。建立新的分行成本很高,但是一些专家认为随着计算机技术和银行自动化的普及,这种发展对有更多资源和技术专长的银行有利。银行组织形式并不对其业绩造成重要影响,管理质量和其所在市场经济状况对银行的成功更加重要。

(二) 按照经营体制不同可分为:全能银行制和职能银行制

全能银行制是指商业银行可以经营广泛的金融业务,既包括存贷业务也包括证券投资业务。然而根据各个国家对其商业银行经营证券业务法律规定不同,全能银行制又可以分为德国式全能银行制和英国式全能银行制。德国、荷兰和瑞士等欧洲大陆国家实行德国式全能银行制,商业银行可以在单一的法人实体下从事全部的银行业务、证券业务和保险业务。而且,商业银行还可以拥有相当高份额的工商企业股票;英国式商业银行与前者相比虽然也可以从事证券承销等投资银行业务,但存在以下差异:(1) 英国式商业银行需要设立独立的法人公司来从事证券业务;(2) 英国式商业银行并不倾向于持有工商企业股票;(3) 英国式商业银行很少从事保险业务。这种商业银行形式主要存在于英联邦国家,如英国、澳大利亚、加拿大等国。

职能银行制是指商业银行业务与证券投资分离,由不同的职能机构经营。商业银行被限制在银行本身的业务范围之内。美国是实行职能银行制的典型代表。1933年美国的《格拉斯-斯蒂格尔法案》禁止美国的商业银行从事证券业务,也不允许商业银行与工商企业相互持股。我国金融业采取的是分业经营模式,不允许商业银行从事证券投资银行业务。

(三) 按照商业银行管理体制不同可分为:单轨银行制和双轨银行制

单轨银行制,是指商业银行的创设、经营管理等活动,必须接受政府金融当局的统一监督管理的制度。政府金融管理当局一般就是该国的中央银行;有的国家如法国、比利时、瑞士等,把对商业银行的监管职能从中央银行中分离出来,设立专门机构。例如,法国的银行监督管理机构就是"银行管理委员会"。

双轨银行制,是指对商业银行的注册和经营活动的监管采取联邦与州并行的制度。美国是实行这种管理体制的典型国家。美国的商业银行可以选择不同的注册管理系统,既可以向联邦政府申请注册而成为国民银行,也可以向州政府注册成为州银行。在美国,所有的国民银行都必须在行名前冠以"国民"一词,如安尼市第一国民银行就是一家在联邦注册并受其管理的国民银行,而安尼市民族银行就是在州当局注册并受其管理的州银行。

专栏 4-1

影 子 银 行

影子银行(shadow banking)是美国次贷危机后,美联储针对非银行机构涉及银行的业务活动而提出的一个新概念。在西方发达国家,影子银行通常指大多由投资银行参与的资产支持证券化、货币市场共同基金、回购协议等活动。按照金融稳定理事会(FSB)的定义:影子银行是指游离于银行监管体系之外、可能引发系统性风险和监管套利等问题的信用中介体系,包括各类相关机构和业务活动。中国人民银行对影子银行的定义是指从事金融中介活动,具有与传统银行类似的信用、期限、流动性转换功能,但未受传统银行等同监管的实体或准实体。

发达国家的影子银行与中国的影子银行有很大的不同,发达国家的影子银行通过资产证券化扩张信用,并不创造存款货币。中国的影子银行主要包括三类:一是不持有金融牌照、完全无监管的信用中介机构,包括新型网络金融公司、第三方理财机构等;二是不持有金融牌照、存在监管不足的信用中介机构,包括融资性担保公司、小额贷款公司等;三是机构持有金融牌照,但存在监管不足或规避监管的业务,包括货币市场基金、资产证券化、部分理财业务等。我国的影子银行业务范围除了证券化、财富管理等传统影子银行业务外,主要是由商业银行直接参与或主导的同业放贷、资管通道等业务,本质上还是银行的信贷或投资业务。

影子银行的产生是金融发展、金融创新的必然结果,作为传统银行体系的有益补充,在服务实体经济、丰富居民投资渠道等方面起到了积极作用。当前,我国影子银行风险总体可控。但国际金融危机表明,影子银行风险具有复杂性、隐蔽性、脆弱性、突发性和传染性,容易诱发系统性风险。要认真汲取国际金融危机的深刻教训,进一步增强大局意识和忧患意识,坚持一手促进金融发展、金融创新,一手加强金融监管、防范金融风险,落实责任,加强协调,疏堵结合,趋利避害。在发挥影子银行积极作用的同时,将其负面影响和风险降到最低。

第二节 商业银行业务

一、负债业务

商业银行负债是指商业银行在经营过程中尚未清偿的经济义务。其构成主要有存款、借入款和其他负债三个方面的内容。负债业务是商业银行最基本、最主要的业务，是形成商业银行资金来源的业务，其中90%以上的资金来源于负债业务。负债额度、负债结构和负债成本随着市场变化，决定着商业银行经营状况及资金转移价格的高低，从而体现出商业银行盈利能力和风险状况。由于各国金融体制的差异和金融市场发达的程度不同，各国银行的负债结构不尽相同。即使在一个国家的同一家银行，由于经济发展和金融环境的变化，其负债结构也处于不断变化的过程中。

（一）商业银行负债的作用

1. 负债是商业银行经营的先决条件

根据《巴塞尔协议》的国际标准，银行负债提供了银行92%的资金来源，银行负债规模大小制约着资产规模的大小，银行负债的结构，包括期限结构、利率结构、币种结构等决定着资产的运用方向和结构特征；负债业务也是银行开展中间业务的基础，因为信用中介把借款者和贷款者有机地联系在一起，进而为银行开拓和发展中间业务创造了有利的条件。

2. 负债是商业银行保持流动性的必要手段

因为唯为通过负债业务银行才能聚集起大量可用资金以确保合理贷款的资金需求和存款提取、转移的资金需要。同时，负债也是决定银行盈利水平的基础。负债是银行生存发展的基础，对商业银行来说是至关重要的。

3. 商业银行通过负债扩大了社会生产资金总量

商业银行通过负债业务把社会各方面的闲置资金集中起来，形成一股巨大资金力量，能在社会资金存量不变的情况下扩大社会生产资金总量。截至2019年底，我国商业银行总负债为213.1万亿元人民币，已成为我国经济建设的主要资金来源。可以说，银行负债是经济发展的巨大的推动力。

4. 负债构成社会流通中的货币量

社会流通中的货币量由现金和银行存款组成。现金是中央银行的负债，存款是商业银行的负债。如果贷款增长了，存款没有相应扩大，则会导致社会上现金流通量的增加。因此，稳定银行负债对稳定社会货币流通量有着决定性的影响。

5. 负债是商业银行与社会广泛联系的主要通道

社会所有经济单位的闲置资金和货币收支，都离不开银行的负债业务。市场的资金流向，企业的经营活动，机关事业单位、社会团体和居民的货币收支，每时每刻都反映在银行的账面上。因此，负债又是银行进行金融服务和监督的主要渠道。

（二）存款

存款是商业银行最主要的资金来源，一般占总资金来源的70%以上，因此吸收存款成为商业银行最重要的负债业务。如果不吸收存款，单纯靠银行极其有限的资金作为营运资金，则银行业务很难扩展，从而也谈不上作为存款货币银行的商业银行的存在。商业银行的存款按其性质和支取方式划分为活期存款、定期存款和储蓄存款三种类型。

1. 活期存款

商业银行任何时候都必须把活期存款作为经营管理的重点。这不但是因为活期存款是银行的主要资金来源,还因为其具有以下主要特点。一是活期存款具有货币支付手段和流通手段的职能。当存户用支票提款时,它只是作为普通的信用凭证;当存户用支票向第三者履行支付义务时,它就作为信用流通工具。二是活期存款具有很强的派生能力,能有效提高银行的盈利水平。通过活期存款,商业银行不但可获得较大的利差而提高盈利水平,而且可充分利用活期存款账户信用扩张和派生存款的特点,扩大与客户的联系,争取更多的客户,扩大银行的经营规模。

2. 定期存款

定期存款是客户和银行预先约定存款期限的存款。存款期限在美国最短为7天,在我国通常为3个月、6个月和1年不等,期限长的则可达5年或10年。利率视期限长短而高低不等,但都要高于活期存款。传统的定期存款要凭银行所签发的定期存单提取,存单不能转让、银行根据存单计算应付本息。目前,各国的定期存款则有多种形式,包括可转让或不可转让存单、存折或清单等。对商业银行而言,定期存款在灵活性、方便性、利息成本和创造派生存款的能力等方面都不如活期存款,但它对银行经营管理却有着特殊的意义。这是因为:(1)定期存款是银行稳定的资金来源;(2)定期存款的资金利率高于活期存款;(3)定期存款的营业成本低于活期存款。

3. 储蓄存款

储蓄存款主要是针对居民个人积蓄货币和取得利息收入之需而开办的一种存款业务。它可以进一步分为活期和定期两类。关于储蓄存款的概念,国内外也存在着明显的差异。美国把储蓄存款定义为"存款者不必按照存款契约的要求,而是按照存款机构所要求的任何时间,在实际提取日前7天以上的时间,提出书面申请提款的一种账户"。在美国,居民个人、政府和企业都可合法地持有储蓄存款,据《联邦储备公报》统计:88%以上的储蓄存款由个人和非营利组织所持有;1.5%略多一些为政府机构的存款基金;营利公司持有的储蓄存款只占总额的10%左右。我国的储蓄存款则专指居民个人在银行的存款,政府机关、企业单位的所有存款都不能称之为储蓄存款,公款私存则被视为违法现象。

(三) 借入资金

借入资金是商业银行一种持久地增加资金来源的手段。它使商业银行可以持有较高比例的流动性较差的生息资产。商业银行的借入资金主要包括银行同业借款、中央银行借款、发行金融债券和其他借款等。

1. 同业拆借

同业拆借是指金融机构之间的短期资金融通,主要用于支持日常性的资金周转,它是商业银行为解决短期资金余缺,调剂法定准备金头寸而融通资金的重要渠道。同业拆借一般通过商业银行在中央银行的存款账户进行的,实际上是超额准备金的调剂,因此又称中央银行基金。通常情况下,拆借利率应略低于中央银行的再贴现率,这样能迫使商业银行更多地面向市场借款,有利于中央银行控制基础货币的供应。商业银行拆借额度的确定必须立足于自身的承受能力。拆出资金以不影响存款的正常提取和转账为限,拆入资金必须视本身短期内的还债能力为度。2007年《同业拆借管理办法》规定,对金融机构同业拆借实行限额管理,对不同金融机构拆借期限不同,在符合规定的前提下,期限由拆借双方自行商定,但最长不超过一年。

2. 向中央银行借款

商业银行向中央银行借款的主要形式有两种,一是再贴现,二是再贷款。再贴现指经营票据贴现业务的商业银行将其买入的未到期的贴现汇票向中央银行再次申请贴现,也称间接借款。再贷款是中央银行向商业银行的信用贷放款,也称直接借款。在市场经济发达的国家,由于商业票据和贴现业务广泛流行,再贴现就成为商业银行向中央银行借款的主要渠道;而在商业票据信用不普及的国家,则主要采取再贷款的形式。由于中央银行向商业银行的放款将构成具有成倍派生能力的基础货币,各国中央银行都把对商业银行的放款作为宏观金融调控的重要手段。

3. 发行金融债券

商业银行的长期借款一般采用金融债券的形式。当今世界的金融债券是20世纪70年代以来西方商业银行业务综合化、多样化发展和金融业务证券化的产物,它意味着商业银行负债的多样化发展已成必然趋势,进而体现了商业银行资产负债管理的许多新的特点。商业银行之所以在存款之外还要发行金融债券,就是因为金融债券具有不同于存款的特点。第一,筹资的目的不同。吸收存款为的是全面扩大银行资金来源的总量,而发行债券则着眼于增加长期资金来源和满足特定用途的资金需要。第二,筹资的机制不同。存款吸收是经常性的、无限额的,而金融债券的发行则是集中性的、有限额的;吸收存款取决于存款客户的意愿,它属于买方市场,而发行金融债券的主动权则掌握在银行手中,就这一点而言,它属于卖方市场。第三,筹资的效率不同。由于金融债券的利率一般要高于同期存款的利率,对客户的吸引力较强,因而其筹资效率在通常情况下要高于存款。第四,所吸收资金的稳定性不同。金融债券有明确的偿还期,一般不能提前还本付息,资金的稳定程度高;而存款的期限则具有弹性,资金稳定程度相对要低一些。第五,资金的流动性不同。除特定的可转让存单外,一般存款的信用关系固定在银行和存款客户之间,不能转让;而金融债券一般不记名,有广泛的二级市场可以流通转让,因而比存款具有更强的流动性。

4. 其他借入款

(1)转贴现,是指中央银行以外的投资人从二级市场上购进票据的行为,商业银行通过转贴现在二级市场卖出未到期的贴现票据以融通到所需要的资金,而二级市场的投资人在票据到期前还可进一步转手买卖,继续转贴现。在我国,票据款项的回收一律向申请转贴现的银行收取,而不是向承兑人收取。

(2)回购协议,是指商业银行在出售证券等金融资产时签订协议,约定在一定期限后按约定价格购回所卖证券,以获得即时可用资金的交易方式。回购协议最常见的交易方式有两种,一种是证券卖出和购回采用相同的价格,协议到期时以约定的收益率在本金外再支付费用;另一种是购回证券时的价格高于卖出时的价格,其差额就是即时资金提供者的收益。例如,我国规定回购协议的期限最长不得超过3个月。回购协议是发达国家央行公开市场操作的重要工具。

(3)大面额存单,是银行负债证券化的产物,也是西方商业银行通过发行短期债券筹集资金的主要形式。大面额存单的特点是可以转让,并且有较高的利率,兼有活期存款流动性和定期盈利性的优点。为进一步推进我国利率市场化进程,2015年6月2

日,央行公布了《大额存单管理暂行办法》,决定自即日起推出大额存单产品,投资人包括个人、非金融企业等。管理办法规定,个人投资人大额存单认购起点金额不低于30万元,机构投资人大额存单认购起点金额不低于1 000万元。大额存单期限有1个月、3个月、6个月、9个月、1年、18个月、2年、3年和5年共9个品种。大额存单发行利率采用市场化计息方式,即固定利率存单以票面年化收益率计息,浮动利率存单以上海银行间同业拆借利率为基准利率。大额存单利率市场化,为全面放开存款利率上限奠定了坚实的基础。

(4) 欧洲货币市场借款。欧洲货币市场对各国商业银行有很大的吸引力,因为它是一个完全自由开放的富有竞争力的市场,它具有下列特点:① 不受政府管制和纳税限制;② 存款利率相对较高,放款利率相对较低,存放利差小;③ 资金调度灵活、手续简便;④ 借款利率由交易双方依据伦敦同业拆借利率具体商定。

二、资产业务

商业银行的资产业务,是指商业银行将通过负债业务所集聚的货币资金加以应用,以获取收益的业务。资产业务主要包括贷款业务、证券投资业务和现金资产业务等。

(一) 贷款业务

贷款,又称放款,是银行将其吸收的资金,按一定的利率贷放给客户,并约期归还的业务。贷款是商业银行最主要的资产业务,这是因为与贴现等其他资产业务相比。贷款的风险虽然较大,但它的利率高,同时在贷款业务经营过程中,可密切与工商企业的往来关系,从而有利于稳定吸收存款、拓宽业务领域等。贷款业务的种类很多,从不同角度可划分为下列不同类型。

1. 按贷款期限分类

商业银行贷款按期限分类可分为活期贷款、定期贷款和透支三类。(1) 活期贷款在贷款时不确定偿还期限,可以随时由银行发出通知收回贷款。这种贷款比定期贷款灵活主动,在银行资金宽裕时,可以任客户使用借以生利,而在银行需要资金时,又可以随时通知收回贷款。(2) 定期贷款是指具有固定偿还期限的贷款。按照偿还期限的长短,又可分为短期贷款、中期贷款和长期贷款。定期贷款因其明确还款期限,一般不能提前收回,形式比较呆板,但利率较高。近年来,商业银行发放中长期贷款增加很快,这虽然可以使银行获得较多的利息收入,但由于资金被长期占用,流动性差、风险大。(3) 透支是指活期存款户依照合同向银行透支的款项,它实质上是银行的一种贷款。在透支业务中,虽然不是所有订有透支合同的客户都会透支,但是经常会出现在银根紧时客户均透支、银根松时客户都还存的情况,银行难以有效控制。

2. 按贷款的保障条件分类

按银行贷款的保障条件来分类,银行贷款可以分为信用贷款、担保贷款和票据贴现。(1) 信用贷款是指银行完全凭借客户的信誉而无须提供抵押物或第三者保证而发放的贷款。这类贷款从理论上讲风险较大,银行要收取较高的利息,又因一般只向银行熟悉的较大公司借款人提供,对借款人的条件要求较高。(2) 担保贷款是指具有一定的财产或信用作还款保证的贷款。根据还款保证的不同,具体分为抵押贷款、质押贷款和保证贷款。担保贷款由于有财产或第三者承诺作为还款的保证,风险相对较小。(3)票据贴现是贷款的一种特殊方式。它是指银行应客户的要求,以现款或活期存款买进客户持有的未到期的商业票据的方式发放贷款。

3. 按贷款的用途分类

按照我国习惯的做法,通常有两种分类方法:一是按照贷款对象的部门来分类,分为工业贷款、商业贷款、农业贷款、科技贷款和消费贷款;二是按照贷款的具体用途来划分,一般分为流动资金贷款和固定资金贷款。

4. 按贷款的偿还方式分类

银行贷款按照其偿还的不同划分,可以分为一次性偿还和分期偿还两种方式。(1)一次性偿还是借款人在贷款到期日一次性还清贷款本金的贷款,其利息可以分期支付,也可以在其归还本金时一次性付清。一般来说,短期的临时性、周转性贷款都是采取一次性偿还方式。(2)分期偿还贷款是指借款人按规定的期限分次偿还本金和支付利息的贷款。这种贷款的期限通常按月、季、年确定,中长期贷款大都采用这种方式,其利息的计算方法常见的有加息平均法、利随本减法等。

5. 按贷款的质量(或风险程度)分类

按照贷款的质量和风险程度划分,银行贷款可以分为正常贷款、关注贷款、次级贷款、可疑贷款和损失贷款等五类。(1)正常贷款是指借款人能够履行借款合同,有充分把握按时足额偿还本息的贷款。(2)关注贷款是指贷款的本息偿还仍然正常,但是发生了一些可能会影响贷款偿还的不利因素。(3)次级贷款是指借款人依靠其正常的经营收入已经无法偿还贷款的本息,而不得不通过重新融资或拆东墙补西墙的办法来归还贷款,表明借款人的还款能力出现了明显的问题。(4)可疑贷款是指借款人无法足额偿还贷款本息,即使执行抵押或担保,也肯定要造成一部分损失。(5)损失贷款是指在采取了所有可能的措施和一切必要的法律程序之后,本息仍然无法收回,或只能收回极少部分。

6. 按银行发放贷款的自主程度分类

按银行发放贷款的自主程度划分,银行贷款可以分为自营贷款、委托贷款和特定贷款三种。(1)自营贷款是指银行以合法方式筹集的资金自主发放的贷款。这是商业银行的最主要的贷款。(2)委托贷款是指由政府部门、企事业单位及个人等委托人提供资金,由银行(受托人)根据委托人确定的贷款对象、用途、金额、期限、利率等代为发放、监督使用并协助收回的贷款。这类贷款银行不承担风险,通常只收取委托人付给的手续费。(3)特定贷款在我国是指经国务院批准并对可能造成的损失采取相应的补救措施后,责成国有独资商业银行发放的贷款。这类贷款由于事先已经确定了风险损失的补偿,银行也不承担风险。

(二)证券投资业务

证券投资是指商业银行以其资金在金融市场上购买各种有价证券的业务活动。商业银行经营的总目标是追求经济利益。与此相一致,银行证券投资的基本目的是在一定风险水平下使投资收入最大化。商业银行证券投资具有以下三个主要功能。

1. 分散风险

银行贷款利率较高,但贷款风险较大。在没有合适贷款机会时,银行将资金投资于高信用等级的证券,可以获取稳定的收益,可在分散风险的前提下提高利润。

2. 保持流动性

尽管现金资产具有高度流动性,在流动性管理中具有重要作用,但现金资产无利息收入,为保持流动性而持有过多的现金资产会增加银行的机会成本,降低盈利性。可销性很强的短期证券是商业银行理想的高流动性资产。它们既可随时变现,又有一定的利息收入,是银行流动性管理中不可或缺的第二准备。

3. 合理避税

商业银行投资的证券大都集中在国债和地方政府债券上,而地方政府债券往往具有税后优惠,故银行可以利用证券组合达到避税目的,使收益进一步提高。商业银行证券投资,在西方国家经历了严厉的管制后,随着非银行金融机构的竞争压力增大以及金融工具和交易方式的创新,西方商业银行努力扩展证券投资的业务范围,商业银行兼营投资银行的业务甚至成为一种趋势。按我国商业银行法规定,商业银行不得从事境内信托投资和股票业务。因此,目前它们的证券投资业务对象主要是政府债券和中央银行、政策性银行发行的金融债券等,但规模都不大。

(三) 现金资产业务

现金资产是指商业银行的库存现金及与现金等同的资产,主要包括库存现金、在中央银行存款、存放同业存款和在途资金。

1. 库存现金

库存现金是指商业银行保存在金库中的现钞和硬币。商业银行的库存现金来源于客户的现金存入以及从中央银行发行库提取的现金,主要用于应对客户提取现金和商业银行自身的日常零星现金开支。

2. 在中央银行存款

在中央银行存款包括法定存款准备金和超额存款准备金。(1)法定存款准备金是商业银行按照法律规定,将其吸收的存款按一定比率向中央银行缴存的存款准备金。规定缴存存款准备金的最初目的是商业银行备有足够的资金,以应付存款人的提存,避免因流动性不足而产生清偿力危机,导致银行破产。存款准备金已经演变成为中央银行调节信用的一种政策手段。(2)超额存款准备金是指商业银行在中央银行存款超过法定存款准备金的部分。超额准备金的多少直接影响商业银行的信贷扩张能力。

3. 存放同业存款

存放同业存款是指商业银行存放在除中央银行以外的代理行的存款。商业银行保持一定存放同业存款的目的,是为了便于商业银行同业之间开展代理业务和收付结算业务。

4. 在途资金

在途资金是指商业银行在办理支付结算业务过程中形成的资金占用,是暂时处于结算路途中的资金。随着支付结算电子化程度的提高,商业银行结算在途资金的在途时间越来越短。

商业银行持有流动性最高的现金资产,目的不是为了盈利,主要是保持足够的清偿能力,满足日常客户提取现金的需要和对外支付的需求。现金资产是银行非营利性资产,对其保管要支付一定的费用,并且持有现金资产还有一定的机会成本,持有现金资产不宜过多,在满足流动性需求条件下,保持现金资产的适度规模。

三、中间业务和表外业务

(一) 中间业务

中间业务是社会经济和信用关系发展的必然产物,也是商业银行自身发展的必然结果。它与资产业务、负债业务构成商业银行的三大基本业务。关于中间业务的定义,金融界并没有一个统一的认识,尤其是在中间业务与表外业务的关系的问题上存在较大分歧。

2001年6月21日,中国人民银行颁布《商业银行中间业务暂行规定》(以下简称《规定》),《规定》将中间业务定义为"不构成商业银行表内资产表内负债,形成银行非利息收入的业务",并将其划分为适用于审批制的中间业务(包括形成或有资产、或有负债的中间业务与证券、保险业务相关的部分中间业务)和适用备案制的中间业务(指不形成或有资产、或有负债的中间业务)两大类业务。

(二) 表外业务

巴塞尔委员会将中间业务表述为表外业务。关于表外业务,巴塞尔协议又将其分为两种,即广义的表外业务与狭义的表外业务。

广义的表外业务是指包括所有不在资产负债表中反映的一切业务,具体包括:金融服务类表外业务和或有债权、或有债务类表外业务。狭义的表外业务则是指或有债权、或有债务类表外业务。

金融服务类表外业务是指那些只能为银行带来服务性收入而不会影响银行表内业务质量的业务,主要包括与贷款有关的服务、信托与咨询服务、支付服务、经纪人、代理人服务、进出口服务等五大类业务。

或有债权、或有债务表外业务是指不在资产负债表内反映,但在一定条件下会转变为资产业务和负债业务的或有资产、或有负债的业务。它主要包括贷款承诺、担保、金融衍生业务、投资银行业务四大类。这也是通常指的表外业务。

从上述定义可以看出,巴塞尔协议定义的广义的表外业务的内容与我国《规定》定义的中间业务内容基本一致,仅仅是称呼上的区别,西方商业银行习惯称表外业务,我国商业银行称作中间业务。我国适用备案制的中间业务基本上就是巴塞尔协议定义的金融服务类表外业务,而我国适用审批制的中间业务基本就是或有债权、或有负债表外业务。巴塞尔协议定义的狭义表外业务是我国中间业务中一种特殊的有一定风险与信用有关的业务,属于我国中间业务范畴。我国中间业务包括汇兑业务、信用证业务、代收业务、代客户买卖业务、承兑业务、信托业务、代理融通业务、银行卡业务等。

表外业务因灵活性大,透明度差而有较高的风险,它既可给银行带来可观的收益,也可能使银行陷入更大的困境,所以有必要对表外业务活动加强管理。商业银行内部要建立信用评估、风险评估和双重审核制度,注重杠杆比率管理和流动性比例管理。巴塞尔委员会要求商业银行建立专门的表外业务报表,定期报告有关表外业务的情况,并对表外业务的风险衡量作了具体规定。

第三节 商业银行管理

一、商业银行经营原则

我国现行的商业银行法规定:商业银行以安全性、流动性、效益性为经营原则,自主经营、自担风险、自负盈亏、自我约束。由此看出,安全性、流动性和盈利性是商业银行业务经营中必须遵循的"三性原则"。下面将对此三性原则的内容和实现策略进行介绍。

(一) 安全性原则

安全性原则,是指银行资产、收入、信誉及所有经营生存发展条件免遭损失的可靠程度。安全性包含两个方面,一方面是资产的安全,包括各项现金与拆借资产、贷款资产和各项投资资产的安全;另一方面是负债的安全,包括银行资本的安全、客户存款的安全以及其他资金的安全。与之相对,这些资产和负债安全的不确定性被称为风险。只要从事经济活动就必然要承受风险,商业银行的经营风险取决于经济因素、政治因素、政策因素及人们心理、社会传统等诸多错综复杂的因素。风险不可能被完全消除,但如何控制好这些风险不仅关系到银行的盈亏与存亡,而且会由于银行在社会经济中的特殊地位,对社会经济发展和金融秩序的稳定产生重大影响。在商业银行的经营过程中,主要受到以下六大风险的影响。

1. 信用风险

信用风险又称违约风险,是指由于债务人不能偿还或延期偿还本息,引起银行净收益和股权市场价值的潜在变化,使银行贷款坏账、资金损失,乃至严重亏损。它是银行经营过程中最基本、最主要的风险。产生这种风险的主要原因一是经济萧条、经营管理不善或不可抗拒的天灾人祸,致使借款人无力还款;二是借款人品质低下,故意欠账不还。银行为抵御信用风险,一方面增强自身实力,保证足够高的资本充足率;另一方面,加强对客户的资信调查,在发放贷款前应严格考察借款人的信用状况,发放贷款后还应密切了解贷款资金流向和客户的经营情况等。

2. 利率风险

利率风险是由于利率升降对银行利息收支差额产生负面影响,或者导致银行净资产减少的可能性。利率的上升会降低银行投资的中长期债券的市场价值;另外,定期的利率上升会导致贷款需求的剧烈波动。因为银行的证券投资随时要准备抛出变现以应付贷款的需要,这种抛售通常导致出售价格过低,引起资金的亏损。越来越多的金融工具面世以规避利率风险,如金融期货合同、期权合同、利率掉期、缺口管理等,但这种风险不可能完全消除。

3. 汇率风险

汇率又称外汇风险,是因汇率变动而出现的风险,是银行经营外汇业务产生的风险。一种是买卖风险,指银行在外汇交易时做多头或空头,由于汇率的升降而使外汇资产遭受的损失;二是存货风险,即以外币计价的库存资产因汇率变动而升值或贬值的风险。

4. 购买力风险

购买力风险又称通货膨胀风险,是因通货膨胀、物价上涨引起货币贬值而给银行带来的风险。针对这种风险的保护措施有短期证券和变动利率证券,后者通常在通货膨胀压力上升时,赋予银行的投资人员以很大的灵活性。尽管银行作为债权人和债务人的综合体,如果存贷款金额一致,按理通货膨胀所造成的损益会相互抵消,但事实并非如此。银行有相当一部分资产属于现金资产,直接遭受货币贬值的损失;另外,在通货膨胀的状况下,存款人往往大量从银行取款,会引起银行存款的不断减少,而贷款一时难以收回,因此导致信用危机。

5. 操作风险

操作风险又称管理风险,是由于银行内部管理失误而产生的风险,通常有四种:战略决策失误风险、新产品开发风险、营业差错风险及贪污盗窃风险。这些风险一般同银行经营管理不当有关,如决策民主化科学化不够,新产品开发可行性分析不够,营业规章制度执行不力等。

6. 政治风险

政治风险也称政策风险或国家风险,是由于一国政局不稳,大政方针转变引起社会秩序、经济生活紊乱而给银行带来的风险。例如,银根紧缩政策、税收政策、行政管制等,都可能直接影响银行的经营活动。

以上六种风险中,信用风险是银行日常业务经营中随时可能发生的主要风险;利率风险往往在经济波动的转折关头最为明显;外汇风险则在浮动汇率制下随时存在;通货膨胀时期购买力风险则十分突出;管理松散、制度不严的银行则面临着严重的操作风险;在政局不稳、经济动荡或跨国经营情形下,政治风险就尤须值得重视。

(二) 流动性原则

流动性原则是银行业务经营过程中必须遵守的重要原则。流动性也称清偿性,是指银行资产在无损失状态下迅速变现的能力,它是银行为随时应付客户提存或满足贷款需求而需具备的一种能力。它体现在资产和负债两个方面。资产流动性是指银行持有的资产应能随时偿付或者在不贬值条件下完成交易;负债流动性是指银行能轻易地以较低成本获得所需资金。

由于银行的头寸总是出现波动,有时银行总的流动性需求大于其流动性供给,这时银行必须仔细规划何时以及从何处筹集所需的流动资金。而当银行总的流动性需求小于其流动性供给时,银行必须决定如何尽快地将这些闲置资金进行利润高的投资。

最早的满足银行流动性需求的方法为资产流动性管理,是指以持有流动性强的资产的形式保有流动性。当流动性需求不足时,银行将出售这部分资产以获取现金满足需要。这种资产必须具有易变现的特点,现金和国债是银行使用最多满足流动性需要的资产。但资产转换并不是一种成本较小的方法,首先,出售资产意味着银行丧失了利用这些资产获利的机会。其次，大多数资产出售需要付出交易费用而带来交易成本。另外，由于这类资产对流动性的要求高，通常在所有的金融资产中回报率最低。在具体操作上，银行保有的这类资产按流动性的大小可分为：一级准备和二级准备。一级准备包括库存现金、在中央银行存款及同业存款三部分，特点是具有高度流动性但不生利或盈利极小。二级准备包括短期、活期贴放款及短期证券投资，是流动性和盈利性兼备的资产，在一级准备不能满足需要时，可动用二级准备取得现金来应付流动性要求。

在20世纪中期，许多商业银行逐渐通过从货币市场上借款来筹集更多的流动性资金。这种借入流动性资金的策略被称为负债管理。与资产管理策略不同，银行可以选择在其真正需要资金的时候借入资金，而不需要总在资产中保存一定数量收益率低的流动性资产，因此提高了银行的收益。借入资金可以使银行保持其资产规模和构成的稳定性。与之相对，资产管理策略的卖出资产换取流动资金会使总资产的存量下降从而缩小银行规模。当然，借入流动性资金是解决银行流动性问题最具风险的方法，需要克服的困难主要是货币市场利率的不稳定性以及信贷可获得性两方面。货币市场利率的变化往往影响银行借款成本的高低，也使银行收益的不确定性增加。在贷款的可获得性方面，对于陷入资金危机的银行来说，一方面，储户得知它的困境之后会急于收回存款，另一方面，其他金融机构为了避免风险也不会愿意把资金借给有困难的银行。银行借入流动性资金的渠道主要是向中央银行贴现借款、通过回购协议卖出资产、发行大额可转让定期存单等。

基于资产流动性管理的高成本和负债流动性管理的高风险，现今大部分银行采取折中的做法，采取平衡流动性管理。主要是将一部分资产准备应付流动性需求，而不够的部分则由与相关银行或金融机构事先达成的信用安排来补充；对于突发性的现金需求通常通过立即借款来满足。要实现银行流动性的需求，银行管理者必须对其银行内部资金的筹措与运用活动非常了解，并应当对影响流动性的因素做出预测。

（三）盈利性原则

所谓盈利性原则是指银行获得利润的能力。盈利性是商业银行经营的内在动力，同时，盈利性对于提高银行信贷资金效率、扩大银行经营范围及增强银行竞争能力都有着根本意义。

1. 银行利润的构成

银行利润是商业银行在一定时期内实现盈利的总额，它集中反映了银行经营活动的效益，是银行最终的财务成果，也是衡量银行经营管理优劣的重要指标。

$$利润总额＝营业收入－营业支出－营业费用＋投资净收益$$
$$－营业税金及附加＋营业外收支$$

（1）银行营业收入主要包括贷款利息收入、手续费收入，我国商业银行的大部分收入来自贷款利息收入。

（2）银行营业支出是指银行在经营过程中的各种耗费和代价，由利息支出、工资支出、各项业务费支出、低值易耗品支出、固定资产折旧费及营业性损失（包括贷款坏账、结算赔款、出纳短款等）等构成。

（3）投资收益是银行通过对外投资（如购买有价证券等）所获得的收益，是银行利润的又一重要组成部分。

（4）营业税金及附加是银行提供金融服务依法应交纳的营业税及其他各项税金。

（5）营业外收支是营业外收入与营业外支出的差额，是指银行在正常业务经营活动以外发生的非常的、偶然的事项所产生的盈利和损失。营业外收入包括固定资产盘盈、固定资产出售净收入、罚没收入、出纳长款收入及因债权人的特殊原因而无法支付的应付款等；营业外支出包括固定资产盘亏、赔偿金、违约金、非常损失、公益救济性捐赠等。

2. 盈利性管理办法

银行盈利是业务收入与业务支出的差额，因此银行盈利性管理可以从两方面着手，增加银行收入和降低银行经营成本。

（1）在增加银行收入方面，可通过银行经营规模的扩大，实现规模经济效益。银行经营规模主要体现在存贷规模上，随着存贷规模的扩大，银行存贷款利差收益将相应增加，而管理费用则相对减少。银行在存款规模扩大的基础上，应尽量扩大资产规模，合理安排资产结构，在保持银行流动性前提下，尽量减少非营利性资产，增加高营利资产所占的比重，从贷款、投资中获得更多收益。同时，银行可以加大力度发展中间业务，通过提供广泛的金融服务，以吸引客户，增加银行手续费及其他收入。

（2）在降低银行经营成本方面，主要可以采取的方法是：第一，提高信贷资产质量，减少贷款损失。我国现在实行的五级贷款分类制度对计提坏账损失准备有具体严格的要求，不良贷款的增加不仅会导致银行利润的减少，而且直接影响银行的资产质量，严重的还可能导致银行破产倒闭。因此，银行在发放贷款时，应对客户的信用、财务状况及其他有关情况有详细的了解，尽量减少贷款风险。第二，降低存款资金成本，多吸收低成本的资金。第三，降低管理费用支出，减少非经营性支出；同时，银行管理者还应重视安全防范和杜绝差错的工作，完善内部监督管理机制，谨防抢劫、贪污等事故及会计出纳工作差错和信贷工作差错而引起的损失。

总之，安全性、流动性和盈利性是银行经营中必须遵守的三大原则。这三个原则是相互依存、相互矛盾的，银行管理者必须对这三个原则做到兼顾、均衡和协调，做到在保证安全性和流动性的前提下，争取最大限度的盈利。

二、商业银行管理

商业银行管理主要介绍资本金管理、风险管理以及资产负债管理。

（一）资本金管理

商业银行必须拥有一定数量的自有资本是开业、经营和发展的前提条件。对商业银行资本金的管理是商业银行管理的灵魂。

1. 资本金的构成

按我国银行业监督管理委员会2012年6月8日颁布的《商业银行资本管理办法》，商业银行资本主要由两部分构成，即一级资本和二级资本。

（1）一级资本，包括核心一级资本和其他一级资本。一级资本的特点是：资本的价值相对稳定;在公开发布的账目中完全可以发现;是市场判断资本充足率的基础,对银行的赢利和竞争能力关系极大。一级资本具体包括实收资本/普通股、资本公积、盈余公积、一般风险准备、未分配利润、少数股东资本可计入部分。其他一级资本包括其他一级资本工具及溢价、少数股东资本可计入部分。

(2) 二级资本,具体包括二级资本工具及其溢价、超额贷款损失准备、少数股东资本可计入部分。

2. 资本金管理

商业银行资本金管理,主要着重于对资本充足性的管理。而对商业银行适度资本数量影响最大的因素一般有两个:一是银行资本的用途;二是金融监管对银行资本充足率的有关规定。

(1) 银行资本的用途。

由于银行资本的用途直接影响到银行资本金的数量和资本金的充足率,因此,对商业银行资本金用途的掌握是进行资本管理的一个重要环节。

商业银行银行资本的用途一般表现在三个方面。① 保护功能:当银行遇到意外损失或破产,银行资本金可以用来消除损失或用于赔付非保险性存款。因此,银行资本金可以起到增强社会公众信心,防止银行倒闭的作用。② 经营功能:当银行新开业或银行更新技术设备,可用银行资本购置所需设备和设施。③ 管理功能:金融管理机构规定商业银行最低资本限额,可以有效限制银行资产无限扩张,防止银行为取得利润而无限扩张资产。

(2) 金融监管对银行资本充足率的有关规定。

《巴塞尔协议》是目前各国金融监管当局对银行业进行监管的重要监管准则之一。1987 年 12 月,巴塞尔银行业务条例和监管委员会提出了"关于统一国际银行资本衡量和资本标准的协议"(简称《巴塞尔协议》),并于 1988 年正式实行。该协议的最重要的目的有两个:① 通过制定银行的资本与风险资产的比率,规定计算方法和计算标准,以保障国际银行体系健康而稳定地运行;② 制定统一的标准,以消除国际金融市场上各国银行之间的不平等竞争。根据《巴塞尔协议》对银行资本充足率的规定,资本充足率即资本总额对加权风险资产最低比率为 8%(其中,核心资本对风险资产的比重不低于 4%)。

2004 年 6 月,巴塞尔委员会发布了《巴塞尔协议Ⅱ》。根据《巴塞尔协议Ⅱ》,银行最低资本充足率要求仍为 8%,其中信用风险仍为主体地位。但《巴塞尔协议Ⅱ》把风险的计算延伸到整个银行集团,在维持 8% 的最低资本充足率要求的基础上,提出关于资本充足率、监督检查和信息披露的新规定,构建了资本充足率监管的"三大支柱"。

$$资本充足率 = 总资本 \Big/ \left[\begin{matrix} 加权风险 \\ 资产总额 \end{matrix} + 12.5 \times \left(\begin{matrix} 市场风险 \\ 所需资本 \end{matrix} + \begin{matrix} 操作风险 \\ 所需资本 \end{matrix} \right) \right]$$

2008 年巴塞尔委员会提出了《巴塞尔协议Ⅲ》草案,2010 年 11 月 G20 峰会上获得正式批准实施。《巴塞尔协议Ⅲ》对核心资本金、资本留存缓冲比例、逆周期监管的缓冲资本、流动性监管提出了一系列要求。

第一，在最低资本金比率方面，截至 2015 年 1 月，全球各商业银行的一级资本充足率下限将从现行的 4% 上调至 6%，商业银行的普通股最低要求即"核心"一级资本比率将从目前的 2% 提升至 4.5%。核心资本充足率由 4% 提高到 6%；包含附属资本在内的资本充足率维持在 8%。

第二，各商业银行还需要建立 2.5% 的资本留存缓冲和 0%～2.5% 的"逆周期资本缓冲"。由扣除递延税项及其他项目后的普通股权益组成。

第三，各商业银行根据对经济周期的判断，以核心一级资本形式建立缓冲资本，规模为风险资本的 0%～2.5%，且从 2016 年开始实施，每年增加 0.625%，到 2019 年 1 月 1 日，最终达到《巴塞尔协议Ⅲ》中确立的全球一致的流动性监管指标。

(二) 资产负债管理

如何实现商业银行安全性、流动性和盈利性三性原则要求，是经营管理的重要问题，西方商业银行经营管理经历了资产管理、负债管理和资产负债综合管理的演变过程，具体体现在以下三类商业银行经营管理理论中。

1. 资产管理理论

该理论自商业银行建立初期到 20 世纪 60 年代都在银行管理领域中占据统治地位，是一种以商业银行资产的流动性为侧重点的管理理论，该理论认为由于商业银行资金来源大多靠活期存款，存不存、存多少、存期长短，主动权掌握在客户手中，银行自身的管理起不了决定性作用，但商业银行掌握着资金运用的主动权，于是商业银行侧重于资产运用的管理，其中，资产的流动性管理占有特别重要的地位。

2. 负债管理理论

负债管理理论是在金融创新中发展起来的理论，其核心思想就是主张以借入资金的方法来保持银行资产的流动性，商业银行通过负债业务创新，主动吸引客户资金，扩大资金来源，并根据资产业务的需要调整或组织负债，通过金融市场增强主动性负债的比重，让负债去适应和支持资产业务。

负债管理开创了保持流动性的新途径，但也增加了负债运营成本和风险控制的难度。

3. 资产负债综合管理理论

资产负债综合管理理论是从 20 世纪 70 年代后出现的一种综合性理论。它涵盖了资产管理理论与负债管理理论的要义。该管理理论认为，商业银行资产负债管理，是指保持银行的流动性，可以从资产方面和负债方面同时努力，而不应片面强调某一方面。商业银行经营管理的宗旨，是为资产方各项目之间、负债方各项目之间以及资产方与负债方之间，做出最优的组合，以此满足赢利性、安全性和流动性的要求。

(三) 风险管理

商业银行风险管理，是指商业银行通过风险识别、风险估价、风险评估和风险处理等环节，预防、回避、分散或转移经营中的风险，从而减少或避免经济损失，保证经营资金安全的行为。风险管理是商业银行管理的另一项重要工作。

1. 利率风险管理

利率风险是指由于市场利率变动的不确定性所导致的银行金融风险。除了影响利率变动的一些客观因素外，银行自身的存贷结构差异是产生利率风险的主要原因。因为,如果一家银行的存款和贷款的类型、数量和期限完全一致,利率的变动对银行存款与贷款的影响一致,就不会影响到银行存贷之间的利差收益,从而也不存在利率风险。因此,银行管理者在进行利率风险管理时,要将资产和负债看作一个系统,将两者结合起来,具体可以采取以下措施:一是运用利差管理技术,通过预期的资金成本率来确定营利资产的最低收益率,保持正的利差,再通过调整资产负债的期限组合和利率结构,使利差大于零;二是进行利率敏感性分析,不断调整资产负债结构,适应利率变化;三是制定缺口战略,争取最优的风险收益组合。

2. 信贷风险管理

商业银行信贷风险是指银行在放款后,借款人不能按约偿还贷款的可能性,也称为违约风险。这是商业银行的传统风险和主要风险之一。

商业银行信贷风险管理是一个完整的控制过程,这个过程包括预先控制、过程控制和事后控制。预先控制,包括制定风险管理政策、办法,制定信贷投向政策,核定客户等级和风险限额,确定客户授信总量。过程控制,包括按照授权有限的原则,制定授权方案,完善尽职调查和风险评审机制,对各类超权限授信业务进行审查。事后控制,包括对授信风险管理政策制度执行情况和授信项目执行情况进行现场或非现场检查,对贷后管理、资产质量状况作出后评价,并以此相应调整授信政策和授权方案。

在整个风险控制过程中,重要环节是单笔资产的风险识别(即将若干单笔资产的集合构成的整体资产组合)。其中,客户评级体系和债项评级体系(贷款风险分类)构成的两维评级体系,又是风险识别的重要内容。

3. 投资风险管理

随着商业银行投资业务品种的增多,证券投资风险的管理越来越重要。证券投资风险包括证券发行人信用风险、市场价格风险、利率风险、汇率风险等。证券投资风险估计大多采用数学方法,如证券价格差异率法、证券收益离差法等。风险处理包括:投资时做好市场调研预测,进行风险预防并采用分散投资原则和各种套期保值手段;投资期间做好市场跟踪,随时了解风险动向;出现问题时,择机脱手,摆脱风险,降低损失。

但对于不同的证券投资风险,具体的管理方法又有所不同。例如,对信托投资风险,可以采取这样一些手段:(1)比例控制,使信托投资额不超过自有资本的一定比例;(2)单项投资额控制,使投资风险得以分散;(3)投资回报率控制,以保持较高的投资收益防控投资风险则立足于做好投资前的项目可行性的分析。

第四节 商业银行金融创新

一、金融创新的概念和种类

金融创新,是指金融业突破传统的经营局面,在金融技术、金融市场、金融工具、金融管理和金融机构等方面进行变革的行为。金融创新并不是近几年才有的,在经济史上早已有之。金融业的每一项重大发展,都离不开金融创新。货币的产生、商业银行的出现、支票制度的推广被认为是历史上三项重大的金融创新。第二次世界大战后,金融创新无论在性质、频率、范围和深度上都有了飞跃发展。尤其是20世纪70年代以来,金融创新日新月异,层出不穷,金融业面对崭新的局面。当代西方的金融创新大致可分为以下五类。

(一) 技术创新

技术创新主要是由于计算机和现代通信技术进入银行后,引发了金融技术变革。20世纪50年代,银行就开始将计算机用于处理内部业务,如各种交易及账册、文件、票据等资料的处理。随着通信技术、信息技术和电子计算机技术的发展,科技在金融领域的应用范围逐渐扩大到票据交换与清算、证券交易、国际金融交易及信息传递,很快又普及零售业务,如自动出纳机、销售点终端和居家银行服务。20世纪90年代以来,网络银行业务蓬勃发展,客户通过电话与银行的计算机主机联网,就可在家中进行存取款、转账、付款,查询账户余额和证券行情,进行证券交易、外汇买卖等,还可以进行居家购买。1995年美国出现第一家网上银行,1998年有1 200多家美国银行在互联网上建立了交易网站。

(二) 金融工具创新

金融工具,是制度化、标准化的融资凭证。传统的科学技术造就了传统的金融工具,如银行券、银行本票、银行汇票、银行支票、债券和股票等;现代科学技术尤其是现代通信技术、信息处理技术和电子计算机技术的发展,极大地促进了金融工具的创新。20世纪60年代以来创新的金融工具主要有信用卡、可转让存单、可转换债券、金融期货、金融期权和金融互换等。金融工具的每一次创新无不与科技进步相联系,目前,科学技术向金融领域渗透的势头很猛,在科技与金融之间形成了一门新的交叉学科——金融工程学。

(三) 金融市场创新

金融工具的不断创新要求金融市场进行创新,现代科技为金融市场创新提供了技术上的保证。20世纪50年代以来主要的金融市场创新有:欧洲货币市场、亚洲货币市场、金融期货市场和金融期权市场。1971年,美国利用现代计算机和电子通信技术创设了世界上第一个电子化证券市场——纳斯达克市场,它具有服务时间长、交易精密度高、速度快、收费低等优点,成为发展速度最快的证券市场。目前该系统在美国境内共有50万个终端工作站,在海外有20万个销售终端,上市证券达到5 000多种,名列世界第一。

(四) 金融管理创新

现代数学方法、系统工程理论等在金融领域的运用,推动了金融管理的创新。传统的金融经营管理方法的理论依据是自偿性理论、可售性理论和预期收入理论,以资产管理为核心,经营管理比较保守。20世纪50年代开始,创新了负债管理、权益性资金管理等一系列较为激进的金融经营管理方法。20世纪80年代以来,由于银行坏账风险增加,较为保守的管理方式又应运而生,如"失衡管理",它利用金融期货或期权来纠正资产与负债两方面偿还期的失衡。

(五) 金融机构创新

1929—1933年,西方国家发生史无前例的经济大危机。美国政府通过调查后认为,这场危机以大量银行倒闭为特征,而银行倒闭的直接原因是其大量从事高风险的证券业务。在此背景下,美国国会通过了《格拉斯—斯蒂格尔法案》,开创了"银证分业"之先河。继美国之后,日本、英国和瑞典等国家也纷纷实行分业管理制度,金融机构及其业务活动突破了金融业务时间和空间的限制,国际资本流动日趋活跃,金融市场的全球联系日益增强,银行之间、非银行金融机构之间以及银行与非银行金融机构之间的竞争日益加剧,致使其业务活动重新融合。美联储从20世纪80年代开始逐步放松对商业银行从事证券业的限制;1987年开始允许一些银行持股公司通过子公司经营证券业务。20世纪90年代以来,美国银行的购并异常活跃,1993—1997年的五年时间里,购并案达2 492起,涉及金额2 000亿美元以上。2007年阿里巴巴集团副总裁牵头组建的团队和中国建设银行合作为阿里巴巴B2B商家提供贷款;2012年底,阿里金融已经为超过20万家的小微企业提供了融资服务,开启了中国的互联网金融时代。

> **专栏 4-2**
>
> ## 互联网金融
>
> ### 一、互联网金融的定义
>
> 互联网金融到目前为止,并没有形成统一规范的定义。互联网平台和金融功能是互联网金融最重要的两个要素,互联网金融既不同于商业银行的间接融资,也不同于投资银行的直接融资,属于第三种融资模式。总体来看,互联网金融有狭义和广义之分,狭义的互联网金融是指非金融机构(主要指互联网企业)运用互联网开展金融业务而进行的金融创新。广义的互联网金融指与互联网应用相关的金融活动、金融信息服务以及创新金融交易工具的总称。
>
> ### 二、互联网金融的模式
>
> 现有互联网金融的具体模式主要可分为第三方支付、P2P、大数据金融、众筹融资、网络理财等五种。
>
> #### 1. 第三方支付
>
> 按照非银行机构支付服务对应的第三方支付定义,第三方支付指具备一定实力和信誉保障的非银行机构,借助通信、计算机和信息安全技术,采用与各大银行签约的方式,在用户与银行支付结算系统间建立连接的电子支付模式(曹红辉和李汉,2012)。按照非金融机构支付服务对应的第三方支付定义,依据央行2010年6月发布的《非金融机构支付服务管理办法》对非金融机构支付服务的界定条款,第三方支付是指非金融机构作为收、付款人的支付中介所提供的网络支付、预付卡、银行卡收单以及中国人民银行确定的其他支付服务。
>
> #### 2. P2P
>
> P2P是英文peer-to-peer lending的缩写,即点对点借贷,又称网络借贷,是指资

金供求双方直接通过第三方互联网平台进行匹配,实现资金融通。P2P 最大特点是消除了银行中介,网贷平台一般只向借款方收取低廉的服务费,有助于提高融资效率和降低融资成本;此外,向难以从银行获取贷款的个人和小微企业提供新的融资渠道。

3. 众筹融资

众筹融资,通常被简称为众筹,英文为 crowd funding,即大众筹集资金。具体来说,众筹融资是指融资者借助于众筹网络平台向个体投资者募集资金投资新项目,而对于平台上的任意一个项目,每个参与投资的个体一般仅投入少量资金,融资者在项目实施后根据资金筹集时的约定以实物、服务或股权回报投资人。一个项目的众筹流程涉及的环节依次为:项目设计、项目审核、项目创建、项目宣传、项目筹资和回报实现(黄健青和辛乔利,2013)。

4. 大数据金融

大数据金融在互联网金融中占有重要的地位,李鑫和徐唯燊(2014)甚至提出互联网金融就是基于大数据的金融。按照罗明雄的《互联网金融》给出的定义,大数据金融是指"集合海量非结构化数据,通过对其进行实时分析,可以为互联网机构提供客户全方位信息,通过分析和挖掘客户的交易和消费信息掌握客户的消费习惯,并准确预测客户行为,使金融机构和金融服务平台在营销和风险方面有的放矢"。我们认为,大数据是指金融服务企业依据互联网平台积累的海量数据,并利用先进的信息处理技术,从而有效鉴别融资需求者的信用状态,充分挖掘潜在金融消费者个性化的消费需求,更好地给客户提供金融服务。

5. 网络理财

网络理财,通常也被称为在线理财,是指潜在的有投资理财需求的客户通过网络平台自主选择理财方式的业务模式。网络理财模式对于有投资需求的消费者来说非常便捷,只需通过移动设备或其他网络终端连接互联网即可查看并买入相中的理财产品,不用受商业银行工作时间和柜台地点的限制。对金融服务企业来说,网络理财使理财业务突破了传统银行网点分布的局限,降低了业务成本,拓宽了服务的覆盖区域,扩大了理财产品的规模。当前网络理财产品中,以支付宝推出的余额宝等为典型代表。

二、金融创新的直接原因

金融创新是一系列因素相互作用、交互影响的结果。具体讲,金融创新主要有以下四个直接原因:

(一) 金融管制诱发金融创新

20 世纪 30 年代后,西方国家为维持金融稳定而对金融机构的业务范围、利率、信贷规模、机构设置等方面采取了一系列管制方法。进入 70 年代后,这些金融管制严重限制了银行业的发展,从而诱发了金融创新。这是因为,在大部分情况下管制是对金融企业的一种成本追加或隐含的税收,追求利润最大化的金融企业必然会设法来摆脱这种不利局面,通过创新来绕过政府管制。例如,在美国储蓄银行不得开支票账户的规定,导致了变相支票账户即可转让支付命令账户的产生;此外,欧洲美元市场的产生与发展,也是部分地回避管制的结果。从美国的情况看,金融管制与金融创新有很高的相关性。商业银行为绕开金融管制,进行金融创新;金融创新会增加金融风险,迫使政府完善金融管制,这又催生了新的金融创新,从而出现管制—创新—再管制—再创新的因果循环。

(二)金融风险催化金融创新

第二次世界大战结束到20世纪60年代这段时间是西方经济发展的黄金时期,但进入70年代后,西方经济转入低速发展且步履维艰,出现了滞胀局面,80年代初爆发了国际债务危机。在严峻的经济形势下,以规避风险为特征的金融创新应运而生。由于持续的通货膨胀,市场利率波动频繁,商业银行为避免利率变化而招致损失,推出了大量能逃避或减少利息损失的新产品,如浮动利率、利率互换、利率期货等。为规避流动性风险,出现了贷款证券化业务。在国际债务危机的形势下,出现了银团贷款,以分散金融资产风险。

(三)金融竞争强化金融创新

进入20世纪70年代后,西方经济动荡,加上金融领域出现的"脱媒"现象,即融资非中介化,使商业银行经营条件恶化。为求生存发展,金融业开展了激烈的竞争。金融竞争表现在以下几方面:一是商业银行体系内各银行之间的竞争;二是商业银行与非商业银行金融机构之间的竞争;三是银行体系与金融体系的竞争;四是各国商业银行之间的竞争。为争夺顾客、拓展业务范围,商业银行通过金融创新,创造新产品,推广新技术,使用新方法。90年代末出现的欧元货币区,是由于国际金融竞争的结果,是国际货币制度的重大创新。

(四)现代科技促进金融创新

现代通信、信息处理和网络技术等在金融业上的应用,是促进金融创新的重大因素。从微观上看,现代科技的应用不仅使对经济情报的收集、分析和保管变得容易,而且将银行柜台业务从手工操作中解放出来,大大提高了银行工作效率,适应了银行业务发展的需要。从宏观上看,现代科技的应用使通信成本剧减,信息传递范围迅速扩大、信息传递速度则大大加快,从而创造了一个全球性的金融市场。在国际金融市场上,现代科学技术的发展,不仅为新金融工具的出现提供可能,而且为全球资金网络的形成创造了条件。

三、金融创新的影响

反映经济发展客观要求的金融创新,反过来又会对整个经济的发展起着有力的推动作用,并对其产生深远的影响。这主要表现在以下四方面。

(1)金融创新强化了金融作为提高生产力的"黏合剂"和"催化剂"作用。金融创新使金融工具日趋多样化、灵活化。创新的金融工具一般具有更高的流动性,且金额大小均有,适合不同投资者需要,从而能迅速地黏合各种生产要素,形成新的生产力,促进商品经济的迅速发展。

(2) 金融创新促进了世界经济一体化。金融创新使金融交易突破了国界的限制,促进了世界经济一体化,进而促进资源在世界范围内进行优化配置,推动世界经济发展。欧洲货币联盟、北美自由贸易区、东南亚联盟,无不加强了联盟内国家和地区之间的金融和经济合作,促进了联盟区的经济发展。

(3) 金融创新加大了金融风险。大多数的创新金融工具都是"双刃剑",它们不仅可以作为投资保值的工具,降低投资风险;同时,它们也可以作为投资牟利的工具,增加投资风险。而且,由于金融一体化格局下,一国的金融风险会传递到其他国家和地区,从而引起国际性的金融动荡。

(4) 金融创新增加了实施货币政策的复杂性。由于创新的金融工具大多增强了支付功能,这必然导致货币当局在宏观调节中对货币层次划分标准上的难度加大,容易对货币供应量做出错误判断,从而导致货币政策取向失误,阻碍经济发展。

第五节 其他金融机构

其他金融机构是指以发行股票和债券、接受信用委托、提供保险等形式筹集资金,并将所筹资金加以运用的金融机构。在我国,其他金融机构,包括政策性银行及经银保监会批准设立的信托公司、金融资产管理公司、企业集团财务公司、金融租赁公司、汽车金融公司、货币经纪公司、境外非银行金融机构驻华代表处等机构。

一、投资银行

(一) 投资银行的概念

投资银行是主要从事证券发行、承销、交易、企业重组、兼并与收购、投资分析、风险投资、项目融资等业务的非银行金融机构,是资本市场上的主要金融中介。在欧洲大陆和美国等工业化国家称为投资银行,在英国叫商人银行,在日本与我国等国家则称为证券公司。

美国著名金融专家罗伯特·库恩(Robert Kuhun)依照业务经营范围大小,对投资银行给出了四个层次的不同定义。

广义的投资银行:任何经营华尔街金融业务的金融机构,业务包括证券、国际海上保险以及不动产投资等几乎全部金融活动。

较广义的投资银行:经营全部资本市场业务的金融机构,业务包括证券承销与经纪、企业融资、兼并收购、咨询服务、资产管理、创业资本等。与第一个定义相比,不包括不动产经纪、保险和抵押业务。

较狭义的投资银行:经营部分资本市场业务的金融机构,业务包括证券承销与经纪、企业融资、兼并收购等。与第二个定义相比，不包括创业资本、基金管理和风险管理工具等创新业务。

狭义的投资银行：仅限于从事一级市场证券承销和资本筹措、二级市场证券交易和经纪业务的金融机构。

(二) 投资银行业务

1. 传统的投资银行业务

(1) 证券承销。证券承销是投资银行最本源、最基础的业务活动，包括本国中央政府、地方政府、政府机构发行的债券、企业发行的股票和债券、外国政府和公司在本国和世界发行的证券、国际金融机构发行的证券等。投资银行在承销过程中一般要按照承销金额及风险大小来权衡是否要组成承销辛迪加和选择承销方式，通常包括包销与代销等形式。

(2) 证券经纪交易。投资银行在二级市场中扮演着做市商、经纪商和交易商三重角色。作为做市商，在证券承销结束之后，投资银行有义务为该证券创造一个流动性较强的二级市场，并维持市场价格的稳定。作为经纪商，投资银行代表买方或卖方，按照客户提出的价格代理进行交易。作为交易商，投资银行有自营买卖证券的需要，这是因为投资银行接受客户的委托，管理着大量的资产，必须要保证这些资产的保值与增值。

(3) 证券私募发行。私募发行又称私下发行，就是发行者不把证券售给社会公众，而是仅售给数量有限的机构投资者，如保险公司、共同基金等。私募发行不受公开发行的规章限制，除能节约发行时间和发行成本外，又能够比在公开市场上交易相同结构的证券给投资银行和投资者带来更高的收益率，但私募发行也有流动性差、发行面窄、难以公开上市扩大企业知名度等缺点。

2. 创新型投资银行业务

(1) 兼并与收购。企业兼并与收购已经成为现代投资银行除证券承销与经纪业务外最重要的业务组成部分。投资银行可以以多种方式参与企业的并购活动，如寻找兼并与收购的对象、向猎手公司和猎物公司提供有关买卖价格或非价格条款的咨询、帮助猎手公司制定并购计划或帮助猎物公司针对恶意的收购制定反收购计划、帮助安排资金融通等。此外，并购中往往还包括"垃圾债券"的发行、公司改组和资产结构重组等活动。

(2) 项目融资。项目融资是对一个特定的经济单位或项目策划安排的一揽子融资的技术手段，借款者可以只依赖该经济单位的现金流量和所获收益用作还款来源，并以该经济单位的资产作为借款担保。投资银行在项目融资中起着非常关键的作用，它将与项目有关的政府机关、金融机构、投资者与项目发起人等紧密联系在一起，协调律师、会计师、工程师等一起进行项目可行性研究，进而通过发行债券、基金、股票或拆借、拍卖、抵押贷款等形式组织项目投资所需的资金融通。

(3) 公司理财。公司理财实际上是投资银行作为客户的金融顾问或经营管理顾问而提供咨询、策划或操作。它分为两类：第一类是根据公司、个人或政府的要求，对某个行业、某种市场、某种产品或证券进行深入的研究与分析，提供较为全面的、长期的决策分析资料；第二类是在企业经营遇到困难时，帮助企业出谋划策，提出应变措施，诸如制定发展战略、重建财务制度、出售转让子公司等。

（4）基金管理。基金是一种重要的投资工具，它由基金发起人组织，吸收大量投资者的零散资金，聘请有专门知识和投资经验的专家进行投资并取得收益。投资银行与基金有着密切的联系。首先，投资银行可以作为基金的发起人，发起和建立基金；其次，投资银行可作为基金管理者管理基金；最后，投资银行可以作为基金的承销人，帮助基金发行人向投资者发售受益凭证。

（5）财务顾问与投资咨询。投资银行的财务顾问业务是投资银行所承担的对公司尤其是上市公司的一系列证券市场业务的策划和咨询业务的总称，主要指投资银行在公司的股份制改造、上市、在二级市场再筹资以及发生兼并收购、出售资产等重大交易活动时提供的专业性财务意见。投资银行的投资咨询业务是连接一级和二级市场、沟通证券市场投资者、经营者和证券发行者的纽带和桥梁。习惯上常将投资咨询业务的范畴定位在对参与二级市场的投资者提供投资意见和管理服务。

（6）资产证券化。资产证券化是指经过投资银行把某公司的一定资产作为担保而进行的证券发行，是一种与传统债券筹资十分不同的新型融资方式。进行资产转化的公司称为资产证券发起人。发起人将持有的各种流动性较差的金融资产，如住房抵押贷款、信用卡应收款等，分类整理为一批资产组合，出售给特定的交易组织，即金融资产的买方（主要是投资银行），再由特定的交易组织以买下的金融资产为担保发行资产支持证券，用于收回购买资金。这一系列过程就称为资产证券化。

（7）金融创新。通过金融创新工具的设立与交易，投资银行进一步拓展了其业务空间和资本收益。首先，投资银行作为经纪商代理客户买卖这类金融工具并收取佣金；其次，投资银行也可以获得一定的价差收入，因为投资银行往往首先作为客户的对方进行衍生工具的买卖，然后寻找另一客户做相反的抵补交易；最后，这些金融创新工具还可以帮助投资银行进行风险控制，免受损失。金融创新也打破了原有机构中银行和非银行、商业银行和投资银行之间的界限和传统的市场划分，加剧了金融市场的竞争。

（8）风险投资。风险投资又称创业投资，是指对新兴公司在创业期和拓展期进行的资金融通，表现为风险大、收益高。新兴公司一般是指运用新技术或新发明、生产新产品、具有很大的市场潜力、可以获得远高于平均利润的利润，但风险极大的公司。由于高风险，普通投资者往往都不愿涉足，这类公司又最需要资金的支持，为投资银行提供了广阔的市场空间。

二、保险公司

（一）保险公司概念和作用

按照我国《保险法》，保险公司是专门经营各种保险业务的机构，是收取保费并承担风险补偿责任，拥有专业化风险管理技术的机构组织。它的主要经营活动包括财产、人身、责任、信用等方面的保险与再保险业务及其他金融业务。保险费是保险公司为承担一定的保险责任要向投保人收取的一定数额的费用。

保险公司在经济运行中发挥着重要的作用，可以概括为如下三个方面。

1. 集聚风险、分散风险、降低个体损失

保险公司将众多个体投保人的风险集中,然后运用特有的风险管理技术将其分散和转移,并给予在约定范围内出险的投保人进行一定经济补偿,这就降低了个体投保人在经济运行中所承担的风险和损失。

2. 融通长期资金、促进资本形成、重新配置资源

这个作用是在保险公司基本作用的基础上衍生出来的。

3. 提供经济保障、稳定社会生活

从经济运行来看,保险公司为社会再生产的各个环节(生产、交换、分配、消费)提供经济保障,充当了社会经济与个人生活的稳定器。

(二) 保险公司组织形式及经营范围

在世界范围内各国多元化保险公司组织形式的内容各具特点,但通常包括以下三种类型:就经营主体而言,有国有保险公司,也有私营保险公司;就经营目的而言,有营利性保险公司如个人保险组织、保险股份公司,也有非营利性保险公司如相互保险社、交互保险社、相互保险公司、保险合作社;此外,还有随着近代保险业的发展派生的特殊保险公司组织形式如自己保险、专属公司。上述三类保险公司共同存在,共同发展,互相转化,不断创新,从而形成了保险公司组织的多元化。

1. 国有保险公司

国有保险公司是由政府或公共团体所有并经营。根据其经营目的,可分为两类:一是以增加财政收入为目的的,即商业性国有保险公司。它可以是非垄断性的,与私营保险公司自由竞争,平等地成为市场主体的一部分;也可以是垄断性的具有经营独占权,从事一些特别险种的经营,如美国国有保险公司经营的银行存款保险。二是为实施宏观政策而无营利动机的,即强制性国有保险公司,各国实施的社会保险或政策保险大都采取这种形式。

2. 个人保险组织

个人保险组织的典型代表是英国伦敦的劳合社。劳合社是个人保险商的集合组织,它虽具公司形式但实际上是保险组合,负责提供交易场所,制定交易程序,与经营相比更偏重管理,类似证券交易所。个人保险组织的主要特点是负独立责任与无限责任。近年来劳合社亏损严重,与此同时,由于负无限责任,破产及诉讼案件也不断发生,因此从保险业的发展看其前途并不乐观,即使有的国家采取个人保险组织的形式,也在业务承揽及承保责任方面做了很多改革,使之成为一种新的混合形式,以作为多元化保险公司组织形式的补充。

3. 保险股份公司

保险股份公司最早出现于荷兰,而后由于其组织较为严密健全,适合保险经营而逐渐为各国保险业普遍采用。其主要特点包括:资本容易筹集,实行资本与经营分离的制度;经营效率较高,追求利润最大化;组织规模较大,方便吸引优秀人才;采取确定保费制,承保时保费成本确定不必事后补交。保险股份公司是我国保险公司主要的组织形式,我国新成立的中资保险公司基本上采取这种组织形式。近年来由于世界股票市场不断壮大,使股份公司资本易于筹集的优势更加明显。

4. 相互保险组织

相互保险组织不以营利为目的,是非营利性的保险公司组织形式,是由所有参加保险的人出资设立的保险法人组织。其经营的目的是为各保单持有人提供低成本的保险产品,而不是追逐利润,相对来说相互保险公司对消费者更具吸引力。其经营所得的绝对部分利润将返还给保单持有人,可以最大限度地降低成本并获得保障。

5. 自己保险

自己保险是企业运用保险原理及经营技术,集合足够数量的同类危险单位,凭借自身经验估计损失频率及损失额度,并设立基金补偿损失,从而以较低的成本获得充分的安全保障。

6. 专属保险公司

专属保险公司是为公司节省费用及增加承保业务范围而投资设立的附属保险机构,其业务以母公司的保险业务为主,被保险标的的所有人也是专属保险公司资产的所有人。专属保险公司的设立地点多选择税负较轻的地区或国家。目前由于其存在的种种弊端,专属保险公司还不能广泛地被保险业所采用,但这种组织形式特别适合大型的跨国公司采用。

保险公司的业务范围,是指保险公司的法定的业务经营范围。根据我国《保险法》第九十五条、第九十条的规定,保险公司的业务范围包括:(1)财产保险业务,包括财产损失保险、责任保险、信用保险等保险业务;(2)人身保险业务,包括人寿保险、健康保险、意外伤害保险等保险业务;(3)再保险业务,包括分出保险和分入保险。

三、政策性银行

(一)政策性银行概念和特征

政策性银行是指政府创立、参股或保证的,不以营利为目的,专门为贯彻、配合政府社会经济政策或意图,在特定的业务领域内,直接或间接地从事政策性融资活动,充当政府发展经济、促进社会进步、进行宏观经济管理工具的金融机构。

政策性银行作为一特殊的金融机构,具有以下五方面的特点。

1. 特定的业务领域

政策性银行的业务领域具有特殊性。一方面,就其业务的总体性质来看,它并不对所有的业务都提供融资,而只是对那些国家社会经济协调发展亟须支持,又不能通过商业银行等商业性金融机构获得融资的领域。业务领域的这种特殊性,是由商业性融资机制的失灵范围决定的。另一方面,就某一具体的政策性银行来看,每一个政策性银行其具体业务对象都是特定的专业业务领域,而不像商业银行业务一样具有综合性。这一点是设立政策性银行时从专业性和实施的有效性上考虑的,不具有绝对性。可以设立综合性的政策性银行,然后在业务部门上分立。因此,就业务领域的特殊性上看,前一面具有绝对性,是硬特点;后一面具有相对性,是软特点。

2. 以贯彻政府政策为宗旨和目标

政策性银行的设立本身的经济根源在于商业性融资机制的失灵,因此,政策性银行的产生是政府干预的产物。设立政策性银行,本身就是政府为了实现自己既定的经济政策目标,通过政策性银行的特殊融资来弥补商业性融资机制的不足,以使那些利润低、投资期限长、投资数额大而社会需要发展,商业性融资机构又不愿意提供融资的部门、地区、行业、产业、项目、企业、产品等获得资金支持,以实现社会经济的健康、协调、持续发展。

3. 特定的资金来源

一般由政府出资设立,并以政府财政为后盾。世界各国的政策性银行,大多数是由政府直接出资创立的,如美国的进出口银行、日本的"二行九库"、韩国的开发银行等;也有由政府部分出资,联合商业性金融机构共同创立的政策性银行,如法国对外贸易银行。但即便是有非政府资金注入,在政策性银行的决策上仍需坚持以贯彻政府经济政策为宗旨,它不同于对一般公司企业的注资,谁出资谁决策。另外,政策性银行除了注册资金主要来源于政府外,其运营资金和经营盈亏等也一般由财政吸收。

4. 不以营利为目的的特殊融资原则

尽管政策性银行采用信用方式进行资金运营,但更强调社会效益,不以经济上的营利为目的。政策性银行的目的在于落实和实现政府经济政策目标,是否营利不是其存在和追求的目标。政策性银行的亏损一般由财政弥补。需要强调的是,不以营利为目的,不是不讲成本收益,而是指不以单纯的营利为唯一目的。政策性银行的运营亦要讲效益,包括宏观经济效益和社会效益。

5. 一法一银行的特别设立方式

政策性银行一般都以一法一银行的形式存在,不同于商业性金融机构。这与政策性银行一般按服务对象分领域设立有关,其实质是把政策性银行的章程上升到了立法的形式。这种一法一银行的特别方式,能够有力地保证政策性银行的组织和任务的实施。

商业银行与政策性银行的不同主要体现在以下三个方面。

(1) 资本来源不同。政策性银行多由政府出资建立,业务上由政府相应部门领导。商业银行多采取股份制的形式,业务上自主经营、独立核算。

(2) 资金来源不同。政策性银行一般不接受存款,也不从民间借款。商业银行以存款作为其主要的资金来源。

(3) 经营目的不同。政策性银行是为了支持某些部门的发展而专门成立的,不以营利为目的,与相应的产业部门关系密切。商业银行则以利润最大化为经营目的,业务范围广泛。

(二) 我国三大政策性银行

1. 国家开发银行

国家开发银行于1994年3月成立,是直属国务院领导的、政府全资拥有的政策性银行。国家开发银行是我国外经贸支持体系的重要力量和金融体系的重要组成部分,是我国机电产品、成套设备和高新技术产品进出口和对外承包工程及各类境外投资的政策性融资主渠道,外国政府贷款的主要转贷行和中国政府对外优惠贷款的承贷行,为促进我国开放型经济的发展发挥着越来越重要的作用。

国家开发银行注册资本4 212.48亿元,股东是中华人民共和国财政部、中央汇金投资有限责任公司、梧桐树投资平台有限公司和全国社会保障基金理事会,持股比例分别为36.54%、34.68%、27.19%、1.59%。

国家开发银行主要业务:管理和运用国家核拨的预算内经营性建设资金和贴息资金;向国内金融机构发行金融债券和向社会发行财政担保建设债券;办理有关外国政府和国际金融机构贷款的转贷,经国家批准在国外发行债券,根据国家利用外资计划筹集国际商业贷款等;向国家基础设施、基础产业和支柱产业的大中型基本建设和技术改造等政策性项目及配套工程发放贷款;办理建设项目贷款条件评审、担保和咨询等业务;为重点建设项目物色国内外合作伙伴,提供投资机会和投资信息;经批准的其他业务。

2. 中国进出口银行

中国进出口银行成立于1994年,是直属国务院领导的、政府全资拥有的国家政策性银行,其国际信用评级与国家主权评级一致。中国进出口银行总部设在北京。目前,在国内设有10余家营业性分支机构和代表处;在境外设有东南非代表处、巴黎代表处和圣彼得堡代表处;与500多家银行建立了代理行关系。

中国进出口银行的资金主要来源是:33.8亿元的注册资本金,国家财政拨付的专项基金,发行金融债券,中央银行再贷款和再贴现,货币市场筹资,外国政府及相关机构贷款,其他途径的筹资。

进出口银行的经营范围:经批准办理配合国家对外贸易和"走出去"领域的短期、中期和长期贷款,办理国务院指定的特种贷款,吸收授信客户项下存款,发行金融债券,办理国内外结算和结售汇业务,从事同业拆借、存放业务,办理与金融业务相关的资信调查、咨询、评估、见证业务,办理票据承兑与贴现,代理收付款项及代理保险业务,买卖、代理买卖金融衍生产品,资产证券化业务,经国务院银行业监督管理机构批准的其他业务。

3. 中国农业发展银行

中国农业发展银行是直属国务院领导的我国唯一的一家农业政策性银行,于1994年11月挂牌成立。中国农业发展银行的主要任务有:按照国家的法律法规和方针政策,以国家信用为基础,筹集资金,承担国家规定的农业政策性金融业务,代理财政支农资金的拨付,为农业和农村经济发展服务。

中国农业发展银行运营资金的来源包括:业务范围内开户企事业单位的存款、发行金融债券、财政支农资金、向中国人民银行申请再贷款、同业存款、协议存款、境外筹资等。长期以来其资金来源主要依靠中国人民银行的再贷款。

其主要业务是:专项储备贷款、企业贷款、技术设备改造贷款、基础设施建设贷款、农业综合开发贷款、农业生产资料贷款。支持范围限于农业生产资料的流通和销售环节,代理财政支农资金的拨付,办理业务范围内企事业单位的存款及协议存款、同业存款等业务,办理开户企事业单位结算,发行金融债券,资金交易业务,办理代理保险、代理资金结算、代收代付等中间业务,外汇汇款、同业外汇拆借、代客外汇买卖和结汇、售汇业务,办理经国务院或中国银行业监督管理机构批准的其他业务。

(三) 中国政策性银行改革

1994年建立三家政策性银行的基本思路是模仿日本模式,即以政府补贴和非营利为目标,该模式此后逐渐陷入困境。2007年1月全国金融会议确定,按照四大国有银行的改革思路,国家开发银行、中国进出口银行、中国农业发展银行三家政策性银行将根据各自条件,按照一行一策的方针进行商业化改革,实现自主经营、自负盈亏、自担风险。2008年12月16日国家开发银行股份有限公司正式挂牌。我国最大的政策性银行——国家开发银行转型为商业银行,标志着我国政策性银行改革取得重大进展。

国开行改制挂牌后,与以前相比,主要有"四变四不变"。四个"变"是指:(1)经营管理和运作商业化。国开行由政策性银行转型为商业银行。(2)股权结构多元化。由国有独资变为股份有限公司,由国家承担无限责任转变为股东承担有限责任。(3)治理结构现代化。加强党委领导,不断完善股东大会、董事会、监事会和高级管理层"三会一层"架构,探索富有中国特色的现代金融企业治理结构模式。(4)服务功能多样化。在商业银行服务功能的基础上,国开行新增了投资银行和股权投资这两项与中长期业务配套的、国开行特有的服务功能。国开行的金融产品将更丰富,为客户(包括政府类)服务的能力会更强。四个"不变"是指:(1)国有性质不变。国开行改制后仍然是国家的银行,由财政部和汇金公司代表国家出资并控股。(2)基本职能不变。国开行将通过开展中长期信贷与投资等金融业务,为国民经济中长期发展战略服务。(3)市场定位不变。国开行将继续主要从事"两基一支"等中长期投融资业务,是以中长期债券融资为主的债券银行和批发银行。(4)合作方式不变。国开行将仍以开发性金融原理、成功实践为指导,坚持以市场化方式开展"银政合作"和"银企合作",运用开发性方法拓展业务。

2014年12月8日国务院通过中国农业发展银行改革实施方案。中国农业发展银行改革要坚持以政策性业务为主体。通过对政策性业务和自营性业务实施分账管理、分类核算,明确责任和风险补偿机制,确立以资本充足率为核心的约束机制,建立规范的治理结构和决策机制,把中国农业发展银行建设成为具备可持续发展能力的农业政策性银行。

2015年3月20日国务院通过国家开发银行和中国进出口银行改革方案。国开行坚持开发性金融机构定位,适应市场化、国际化新形势,充分利用服务国家战略、依托信用支持、市场运作、保本微利的优势,加大对重点领域和薄弱环节的支持力度。通过深化改革,合理界定业务范围,不断完善组织架构和治理结构,明确资金来源支持政策,合理补充资本金,强化资本约束机制,加强内部管控和外部监管,将国家开发银行建设成为资本充足、治理规范、内控严密、运营安全、服务优质、资产优良的开发性金融机构。

中国进出口银行改革要强化政策性职能定位。坚持以政策性业务为主体,合理界定业务范围,明确风险补偿机制,提升资本实力,建立资本充足率约束机制,强化内部管控和外部监管,建立规范的治理结构和决策机制,把中国进出口银行建设成为定位明确、业务清晰、功能突出、资本充足、治理规范、内控严密、运营安全、服务良好、具备可持续发展能力的政策性银行,充分发挥在稳增长、调结构、支持外贸发展、实施"走出去"战略中的功能和作用。

本 章 小 结

商业银行作为金融企业,是以追求利润为经营目标、以各种金融资产和金融负债为经营对象、具有系统化和综合性服务功能的金融企业。现代商业银行是由古代的货币兑换商和银钱业发展而来的，它的产生途径有两条：由资本主义生产方式组建和高利贷银行被迫转化而来。商业银行具有四项基本职能：信用中介职能、支付中介职能、信用创造职能和金融服务。

依据组织体制划分，商业银行分为总分行制、单一银行制和银行控股公司制；依据经营体制划分，商业银行分为全能银行制和职能银行制；依据管理体制划分，商业银行分为单轨银行制和双轨银行制。在经营体制上，全球分离银行制国家正在突破原有体制向全能制银行方向发展；在管理体制上，除美国外，世界上其余国家实行单轨银行制。

商业银行业务：负债业务、资产业务、中间业务和表外业务。负债业务是指商业银行筹集资金、借以形成资金来源的业务，这是商业银行经营的前提条件；资产业务是商业银行将通过负债业务所集聚的货币资金加以应用，以获取收益的业务；中间业务是商业银行并不需要运用自己的资金而代理客户承办支付和其他委托事项，并据以收取手续费的业务；表外业务是指未列入银行资产负债表内且不影响资产负债总额的业务，广义的表外业务包含中间业务。随着现代商业银行的发展，中间业务和表外业务所创造的利润占商业银行总利润的比重越来越大。

商业银行经营的三性原则：安全性、流动性和盈利性。安全性原则是指商业银行要避免经营风险，保证资金安全；流动性原则是指商业银行要保证能够满足客户随时提现需求；盈利性原则是指商业银行要以实现利润最大化为经营目标。商业银行应选择适当的指标体系，运用合理的方法，做好安全性管理、流动性管理和盈利性管理三者之间的和谐统一。

商业银行管理主要包括：商业银行资产负债管理、商业银行资本金管理及风险管理。商业银行资本是银行从事经营活动必须注入的资金。商业银行资本的构成主要由两部分构成，即一级资本和二级资本。商业银行资本金管理，主要着重于对资本充足性的管理。而对商业银行适度资本数量影响最大的因素一般有这样两个：一是银行资本的用途；二是对银行资本充足率的有关规定。

当代西方的金融创新主要包括金融技术、金融市场、金融工具、金融管理和金融机构等方面的创新。创新的原因包括金融管制诱发、金融风险催化、金融竞争强化和现代科技促进等。反映经济发展客观要求的金融创新，反过来又会对整个经济的发展起着有力的推动作用，并对其产生深远的影响。

其他金融机构是指以发行股票和债券、接受信用委托、提供保险等形式筹集资金，并将所筹资金加以运用的金融机构。主要包括投资银行、保险公司、政策性银行等。

练习与思考

一、选择题

1. 银行持股公司制在（　　）最为流行。
   A. 美国　　　　　B. 英国　　　　　C. 德国　　　　　D. 日本
2. 商业银行的职能主要包括（　　）。
   A. 信用中介　　　B. 金融服务　　　C. 支付中介　　　D. 信用创造

3. 商业银行的组织形式包括( )。
A. 单一银行制 B. 分支银行制
C. 银行持股公司制 D. 连锁银行制

4. 商业银行的贷款按风险程度分为五类,属于不良贷款的是( )。
A. 正常贷款 B. 关注贷款 C. 次级贷款 D. 可疑贷款
E. 损失贷款

二、判断题

1. 商业银行同其他银行和金融机构的区别在于它是唯一能接受和创造活期存款的金融中介组织。( )
2. 商业银行是对企业进行长期投资、贷款、包销新证券的专业银行。( )
3. 商业银行经营的风险性与赢利性之间是正相关关系。( )
4. 债务人不履行约定义务所带来的风险称之为市场风险。( )

三、思考题

1. 简述现代商业银行的概念及其主要特征。
2. 简述现代商业银行基本职能。
3. 简述现代商业银行的组织体制类型。
4. 简述现代商业银行经营体制变化趋势。
5. 简述商业银行"三性原则"。
6. 简述商业银行负债业务种类。
7. 简要分析商业银行资产业务。
8. 何谓中间业务?主要的中间业务有哪些?
9. 简述中间业务和表外业务的区别和联系。
10. 简述《巴塞尔协议Ⅲ》出台背景和主要内容。
11. 金融创新的动因有哪些?
12. 简述金融创新对我国银行业的影响。

参考文献

[1] 谢平,邹传伟.互联网金融模式研究[J].金融研究,2012(12).
[2] 曹红辉,李汉.中国第三方支付行业发展蓝皮书[M].中国金融出版社,2012.
[3] 黄健青,辛乔利."众筹"——新型网络融资模式的概念、特点及启示[J].国际金融,2013(9).
[4] 李鑫,徐唯燊.对当前我国互联网金融若干问题的辨析[J].财经科学,2014(9).
[5] 罗明雄等.互联网金融[M].中国财政经济出版社,2014.
[6] 王达.论美国互联网金融的主要模式、演进及启示[J].亚太经济,2014(4).
[7] 彼得S.罗斯等.商业银行管理(第九版)[M].机械工业出版社,2016.

第五章 中央银行

本章概要

在本章中,我们要学习中央银行的产生与发展、中央银行的性质和职能、中央银行的基本业务及其在现代经济体系中的地位等内容。本章分为四节,第一节主要介绍中央银行及其制度的产生与发展,以及我国中央银行制度的产生与发展;第二节重点介绍中央银行的性质和职能,包括"发行的银行""银行的银行""国家的银行";第三节主要介绍中央银行业务,包括负债业务、资产业务和中间业务;第四节主要分析中央银行在现代经济体系中的地位和与政府的关系。

[学习要点]

1. 中央银行的发展及其体制类型;
2. 中央银行的主要业务;
3. 中央银行与政府的关系,其核心是独立性问题。

[基本概念]

银行券　最后贷款人　发行的银行　银行的银行　国家的银行　票据再贴现　部分准备制　支付系统

第一节 中央银行制度

一、中央银行产生的必要性

18世纪末至19世纪初,社会生产力的迅速发展和商品流通的迅速扩大,使货币、信用业务迅速扩大。与此相适应,资本主义银行业也随着资本主义经济的发展而迅速发展起来。这时的银行不仅种类和数量不断增多,资本迅速扩张,而且银行纷纷关门倒闭,给银行的信誉和金融市场造成极大的威胁,并冲击着整个资本主义市场。总之,当时主要存在以下四方面的问题。

(一)银行券发行问题

在银行产生的初期,商业银行都有发行银行券的权力。同时,由于当时存款业务尚未得到充分发展,各商业银行不得不依赖发行银行券来增加银行的资金,以解决资金不足的问题,因而出现了市面上多种银行券并行流通的局面。随着资本主义的发展,这种状况越来越不适应现实的需要,主要原因是分散发行的制度存在严重的缺陷。首先,银行券流通具有区域限制。许多分散的小银行因其信用活动领域存在一定的区域限制,而随着资本主义的发展,商品流通必然会冲破区域的限制,形成全国统一的市场。这种商品市场的统一性和流通区域的无限性与银行券流通的区域限制性就发生了矛盾,给生产和流通造成了许多困难。这在客观上要求银行券成为能在全国市场流通的一般信用工具,否则,将阻碍资本主义商品经济的进一步发展。其次,银行券的兑现得不到可靠的保证。银行券由许多银行分散发行,无法保证货币流通的稳定。由于众多的小银行信用功能薄弱,信用度较差,它们所发行的银行券往往不能兑现。尤其是在经济危机时期,不能兑现的情况非常普遍,从而使货币流通趋于非常混乱的状态。因此,要保证银行流通券的稳定,客观上要求银行券集中统一发行,即客观上要求有一个资力雄厚并且有权威的银行,发行能在全国范围内流通并保证随时兑现的货币。

（二）票据交换问题

随着银行业务的扩大,银行每天收受的票据数量也日益增加,各银行之间的债权债务关系越来越复杂化,由各银行自行轧差当日清算已成问题。不仅异地间的结算矛盾突出,即使同城结算也很麻烦,这样客观上就要求有一个统一的票据交换和债权债务的清算机构。虽然当时在一些大中城市已经建立了票据交换所,但还不能为所有的银行服务,同样不能彻底解决全国性票据交换问题。因此,建立全国统一的公正的清算中心已成为金融事业发展的必然趋势。

（三）最后贷款人问题

随着资本主义商品生产的发展和流通的不断扩大,对贷款的需求量也不断扩大,商业银行自己以吸收存款来发放贷款已远远不能满足经济发展的需要,且自己发行的银行券又受到地区和信用度的限制。特别是在金融危机时期,银行业普遍银根吃紧,告贷无门,于是客观上要求有一个金融机构以最后贷款人(lender of last resort)的身份,支持资金周转困难的银行,以免银行挤兑风潮的扩大而导致整个银行业崩溃。

（四）金融管理问题

在自由资本主义向国家垄断资本主义的过渡、发展时期,资产阶级政府干预经济、调节经济的作用、手段明显在加强,银行在国民经济中居于十分重要的地位。银行业的稳定和发展对国民经济的稳定和发展关系重大,于是银行业也就成为政府管理经济的重点。为了管理和控制好以营利为目的的各种金融企业,客观上要求设定一个不以营利为目的、超然于所有金融企业之上的政府金融管理机构。

中央银行正是为解决上述四方面的问题而产生的。可见,中央银行的产生是商品经济和银行发展的必然产物。中央银行的产生基本上有两条渠道：一条途径是由信誉好实力强的大商业银行逐步发展演变而成,政府根据客观需要不断赋予这家银行某些特权,从而使这家银行逐步具有了中央银行的某些性质并最终发展成为中央银行。英格兰银行就是典型的例子。另一途径恰与英格兰银行相反,即不是由商业银行转化而成,而是一开始就作为中央银行出现。比如美国的联邦储备银行,它在最初就归政府所有。

二、中央银行发展历程

19世纪中叶,西方各国为了维护信用秩序、稳定金融,先后建立了中央银行。世界各国中央银行制度的建立和发展,大致经历了三个阶段。

(一)第一阶段(1844—1913年)

第一阶段即从英格兰银行成为中央银行开始至第一次世界大战前。这是中央银行初创阶段,其主要任务是统一货币发行和防止商业银行的倒闭。

英国是资本主义发展最早的国家,1844年在商业银行基础上演变而成的英格兰银行被称为现代中央银行的先驱。这一阶段产生的中央银行以英格兰银行为典型代表,多数是由商业银行逐步发展而来的;同时,中央银行的产生和发展的步伐较为缓慢,除个别国家的部分地区外,建立中央银行的必要性还没有得到世界各国的重视。

英格兰银行自1694年成立以来,一直是一家私营的股份制商业银行,从事一般的银行业务,从其成立至成为中央银行这150年间,经历了无数次考验,始终处于不败的正常经营状态。1825年和1837年,英国爆发了历史上最早的周期性经济危机,并冲击了整个英国的国民经济。这两次危机的实质是生产过剩,但危机爆发点却是从货币信用领域突破的。在这之前,英国的工业发展很快,使信用也随之扩大。同时,英国对外投资扩大,特别是拉丁美洲的矿业公司股票虚幻看涨,促成了股票交易所投机狂热。1825年,首先出现了证券交易所危机,股市下跌40%~70%,货币不足、信用中断、存款挤兑、贷款被迫冻结。1825—1826年就有140家银行倒闭,并且发生了国际收支逆差,资金外流,公众对银行失去信心。此后,资产阶级认为货币信用问题是危机的根源,便从货币信用方面寻找防止危机的办法,从而酿成了19世纪上半叶的一场关于银行券发行保证的争论,史称"通货论战"。在这场论战中,通货派取得了胜利。1844年,国会通过了《英格兰银行条例》(论战双方中,一方是银行派,另一方是通货派。通货派首领是英国首相皮尔,所以该条例又称为《皮尔条例》)。该条例规定:第一,将英格兰银行划分为发行部和业务部,并对该银行的银行券信用发行量规定了最高限额,即只能发行1400万英镑无须黄金作保证、而只需政府债券作保证的银行券,超过这一限额的发行,须有100%黄金作保证。第二,确定了英格兰银行作为货币发行者的相对垄断地位,规定在以伦敦城为中心,半径为3英里的范围内,除该行外的其他银行不再发行银行券,原来有银行券发行权的银行,此后不得增发,新成立的银行不能发行银行券。第三,英格兰银行要逐步公布有关报表,接受公众监督,以确保其社会信誉。《皮尔条例》的通过,标志着英格兰银行由商业银行转变为中央银行。

随着英格兰银行发行权力的扩大,其地位日益提高,许多商业银行便把自己的一部分现金准备存入发行银行,它们之间的债权债务关系也通过英格兰银行来划拨冲销,于是票据交换所的最后清偿也通过英格兰银行来进行了。在以后几次经济危机的打击下,英格兰银行居然岿然不动,商业银行便围拢过来,犹如百鸟朝凤。1854年,英格兰银行取得了清算银行的地位,到1876年,该行的存款有半数以上已经成为各商业银行的活期存款账户上的存款。在1825年和1837年两次经济危机中,英格兰银行曾经对商业银行提供贷款,在后来的1847年、1857年及1866年的周期性经济危机中,国会不得不批准英格兰银行的货币发行暂时突破1 400万英镑的限制,用它的银行券支持一般的银行,充当"最后贷款者"的角色。在经济繁荣时期,商业银行更是大量直接或间接对工商业者办理票据贴现,而他们的资力有限,不得不向发行银行要求重贴现,英格兰银行作为银行的银行的地位就这样确定了。

19世纪后半期,随着科技的进步,电报在英国普遍使用,使各地金融中心联成一体。于是,英格兰银行不仅成为全英的金融中心,而且成为世界金融中心;同时,伦敦也成为世界金融市场和国际借贷中心,英格兰银行的资产负债迅速扩大。为了适应国内外负债的提存需要,经过长期的探索,英格兰银行又采取了伸缩性的再贴现政策和公开市场活动等调节措施,这是近代中央银行理论和业务形成的基础。

(二) 第二阶段(1913—1945年)

第二阶段即第一次世界大战到第二次世界大战结束。

这是中央银行急剧发展的时期,其主要任务是调节货币供应量,为商业银行服务。这段时间所产生和改组的中央银行,以美国中央银行为典型代表,多数是由于各国政府出于加强货币信用管理的需要,以及在国际社会的要求下而创立的。

美国中央银行的确立,曾经历了一段曲折的道路。1782年,北美银行成立,它是美国第一家新式银行。1791年美国第一银行由国会批准设立,1816年美国国会通过设立美国第二银行。这两家银行同时具备私人银行和中央银行的特征,负责整体经济中货币和信贷供应量。但由于农业及其他利益群体对银行业中央集权管理的反对,形成了撤销这两家银行的政治压力,导致这两家银行到期都未能继续注册(美国第一银行执照于1811年被废止;美国第二银行执照于1836年被废止)。1837年后,美国货币流通和信用都很混乱。1861—1865年,南北战争大大地刺激了美国资本主义的发展,从而要求加快发展货币信用制度。1863年,美国国会通过了全国货币法案。1864年,修正为《国民银行法》,建立了国民银行制度,采取了一系列整顿银行业,整顿货币发行的措施,但货币发行和信用调控并没有集中统一。再加上存款准备制度不完善,所以美国每隔数年即发生一次金融恐慌,1908年5月美国国会通过组织国家货币委员会,调查研究各国银行制度。1913年,旨在增强银行体系安全性的联邦储备体系(美联储)的建立,标志着中央银行制度在美国的再次出现。所有的国民银行都必须成为联邦储备体系的成员,并接受美联储颁布的一系列规章制度的制约。州银行可以选择(并不强求)成为联邦储备体系的成员。美国国会对《联邦储备法》进行一系列修正,通过改革,使中央管理与地方管理、自愿参加与强制参加、政府所有与私人所有、政府管理与私人管理巧妙地结合和协调起来。由此,不但中央银行的地位得到加强,而且调节货币信用的手段更加灵活有效,如设立存款准备金制度、开展了公开市场业务、加强了再贴现率的运用等。美国中央银行的独立地位和完善调节手段方面的成功经验,为后来建立中央银行的国家所普遍采用。

在第一次世界大战中,多数实行金本位制的国家停止了黄金兑现,银行券的稳定性已从根本上动摇了,整个金融市场动荡不安。于是,各国为了改善货币金融状况,在重建币制的同时,也认识到中央银行的重要作用,从而出现了建立和改组中央银行的热潮。在1920年的布鲁塞尔国际会议上,倡议未建立中央银行的国家尽快建立中央银行,已建立中央银行的要进一步发挥中央银行的作用。1930年,在瑞士的巴塞尔成立了国际清算银行,被称为"中央银行的中央银行",其宗旨是谋求各国中央银行加强国际合作,这使中央银行的地位和作用又有所加强。

(三) 第三阶段(1946年以来)

第三阶段是各国对中央银行进一步加强控制的时期。其主要任务是完善组织结构,加强独立性,成为国家干预和调控经济的工具,这是中央银行发展的完成形态。

第二次世界大战后,各国中央银行有了很大发展,中央银行的作用普遍为人们所重视,尤其是1936年凯恩斯的《就业、利息与货币通论》发表后,凯恩斯理论风靡一时,国家干预成了西方国家管理经济的理论基础,而国家干预经济又主要通过中央银行来进行。因此,中央银行的作用更为重要了。世界各国大多数都通过立法程序,授权中央银行担起调节国民经济的重任。不但要负责稳定币值,调节金融,而且要以充分就业、经济增长和国际收支平衡为其政策目标,中央银行就这样成为国家机器的主要组成部分。在西方中央银行地位迅速提高的同时,社会主义国家和其他发展中国家对中央银行的认识有了新的发展。从20世纪40年代末到50年代初,它们也纷纷成立了中央银行。从这些国家的性质来看,主要分为两大类:一类是一大批新独立的第三世界国家,即殖民地或半殖民地国家独立后纷纷成立了中央银行;另一类是以生产资料公有制为基础,实行计划经济的社会主义国家,它们以苏联为模式,各自建立起中央银行制度。

三、中央银行制度

(一) 按中央银行所有制形式划分

按中央银行所有制形式划分,大体可分为三类。

1. 政府独立出资的中央银行

政府拥有中央银行的全部资本,即完全由政府出资的中央银行,如英国的英格兰银行、法国的法兰西银行、德国的德意志联邦银行、加拿大的加拿大银行等中央银行。

2. 公私合股的中央银行

公私混合持有中央银行的股份,即公私合股的中央银行。如日本的日本银行、墨西哥的墨西哥银行、比利时的国家银行等中央银行,是由公私双方共同出资成立的。

3. 完全为私人资本的中央银行

如美国的联邦储备体系、意大利银行、瑞士国家银行、西班牙中央银行等中央银行,其资本完全为私人出资。其中,美国比较特殊,其联邦储备银行的资本由同业银行共同出资。

各国中央银行的所有制之所以有这样几种情况,主要是由各国历史背景和经济发展状况决定的。早期的中央银行均为私有经营,随着中央银行的地位不断加强,许多私有中央银行逐步收归国有,如英国、法国等国就是如此。

(二) 按中央银行组织形式划分

按中央银行组织形式划分,可分为复合式中央银行、单一式中央银行、跨国中央银行和准中央银行体制。

1. 单一式中央银行体制

单一式中央银行体制(system of single central bank),是指一个国家单独建立中央银行机构,作为发行的银行、银行的银行和国家的银行,全面执行中央银行的职能。它又可分为一元的、二元的和多元的中央银行体制三种类型。所谓一元的中央银行体制(system of unit central bank),是在全国只设一家统一的中央银行,总行统一领导各分支行。英国、法国、日本以及中国都实行这种制度。所谓二元的中央银行体制(system of dual central bank),是在全国设立中央和地方两级相对独立的中央银行机构,中央机构不能绝对领导地方机构的管理体制,加入欧盟之前的德国等国实行这种制度。所谓多元的中央银行体制,是在全国建立较多的中央银行机构执行中央银行的职能和任务,美国是实行这一制度最典型的国家。

单一的中央银行体制相对于复合的中央银行体制,具有两大优点:第一,有利于摆脱大量的一般银行业务,而致力于宏观金融调控和金融管理;第二,有利于彻底摆脱盈利机制的束缚,致力于对国民经济整体利益的考虑和研究,无偏见地采取有利于国民经济和国家利益的政策和措施。正因为如此,有许多国家都逐步由复合式的中央银行体制转变为单一式的中央银行体制。

2. 复合式中央银行体制

复合式中央银行体制(system of compound central bank),是指一个国家没有专门行使中央银行职能的银行,而是由一家大银行既执行中央银行职能,又经营一般银行业务的银行管理体制。它又可分为一体式、混合式两种形式。一体式中央银行制几乎集中央银行和商业银行的全部业务和职能于一身。混合式中央银行制既设中央银行,又设专业银行,中央银行兼办一部分专业银行业务,一部分业务由专业银行办理。

3. 准中央银行体制

准中央银行体制(system of semi-central-bank),是指有些国家和地区只设置类似中央银行的机构,或由政府授权某个或某几个商业银行,行使部分中央银行职能的体制,如新加坡就属于这种制度。新加坡设有金融管理局和货币委员会两个机构来行使中央银行的职能,前者负责制定货币政策和金融业的发展政策,执行除货币发行以外的中央银行的一切职能;后者主要负责发行货币、保管发行准备金和维护新加坡货币完整。

4. 跨国中央银行体制

跨国中央银行体制(system of crossborder central bank),是指由一个货币联盟的成员国联合组成的中央银行制度。跨国中央银行是参加货币联盟的所有国家共同的中央银行,而不是其中某个国家的中央银行。属于这种体制的中央银行主要有:1960年3月成立的"西非货币联盟的中央银行";1960年8月成立的"中非货币联盟的中央银行"(1972年11月改名为"中非国家银行");1965年1月成立的"东加勒比海货币管理局"等(1983年10月1日成立了东加勒比中央银行,取代了原来的货币管理局)。

此外,欧盟成员国为适应其内部经济金融一体化进程的要求,于1969年12月正式提出建立欧洲经济与货币联盟,以最终实现统一的货币、统一的欧洲中央银行、统一的货币与金融政策。1995年正式命名欧洲货币为欧元(EURO),1998年3月宣布德国、法国等11国达到实施统一欧元所要求的标准,7月成立欧洲中央银行(European System of Central Bank,ESCB)。2002年7月1日,欧元成为欧盟唯一的法定货币,欧盟各国货币则停止使用。

(三) 按中央银行管理体制划分

中央银行的管理体制主要包括中央银行的内部机构设置、中央银行的分支机构设置及中央银行的权力分配。

1. 中央银行的内部机构设置

各国中央银行的内部设置虽然数量、名称各异,但基本上都包括以下四类:(1)行政办公机构;(2)业务操作机构;(3)金融管理监督机构;(4)经济金融调研机构。

2. 中央银行的分支机构设置

中央银行设置分支机构主要有三种方式。(1)按经济区划设置分支机构,即全国划分为若干与行政区划不同的经济区,在每个经济区设置中央银行分行,并可设下属分支机构。(2)按行政区划设置分支机构,即中央银行的分支机构设置与国家的行政区域划分相一致,逐级设置分支机构。(3)以经济区划为主,兼顾行政区划设置分支机构。这种方式一般是按经济区域设置分行,而分行之下的机构设置与行政区划相一致。

3. 中央银行的权力分配

中央银行的最高权力包括决策权、执行权和监督权这三方面。中央银行的权力分配主要有三种情况。(1)决策、执行和监督权力一体制,即央行的决策权、执行权和监督权由一个机构统一行使,如美国、英国、菲律宾等;(2)决策、执行和监督权力分散制,即央行的最高权力机构分为决策机构和执行机构,分别由不同机构承担、行使权力,如日本、法国、德国等;(3)决策、执行和监督权力分散制与监督、执行机构决策制,即决策权、执行权和监督权由不同机构交叉承担,如瑞士国家银行的监督机构和执行机构也有一定的决策权。

四、中国人民银行及其体制的沿革

中国人民银行经历了以下四个发展阶段。

1. 1948—1978年的中国人民银行

1949年2月,中国人民银行总行随军迁入北京。以后,各解放区银行合并改组成为各大区行,并按行政区,分省(区、市)、地(市)、县(区)设立分行、中心支行和支行(办事处),支行以下设营业所,基本上形成了全国统一的金融体系。

在中国人民银行建立和完善过程中,一方面,对于旧中国的银行分别采取了不同的政策,接管了四大家族官僚资本银行,整顿改造了民族资本银行。另一方面,进行币制整顿,发行了新的货币——人民币。截至1949年底,人民币基本上成为全国统一流通的货币,中国人民银行也基本上成了垄断全国货币发行的中心。

这一时期的中国人民银行,一方面全部集中了全国的农业、工业、商业短期信贷业务和城乡人民储蓄业务;同时,既发行全国唯一合法的人民币,又代理国家财政金库,并管理金融行政。这就是所谓的"大一统"的"一身二任"的"复合式"中央银行体制。这种"大一统"的中央银行体制,是适应并服务于当时我国以指令性计划为主的高度集中计划体制的,既有利于国家集中经济建设资金,又有利于严格集中管理信贷和货币发行。但是,这种中央银行体制的弊端也是很明显的,主要表现为以下三方面。

(1) 基本上是一种"大锅饭"的体制。中国人民银行系统上下在存贷业务上实行统存统贷,基层银行吸收存款全部上交,所有贷款由上级行层层下拨指标,基层银行责、权、利分离,不利于调动基层行发展业务的积极性。在核算上,实行统收统支,统一核算盈亏,全国金融系统共吃一口"大锅饭"。总之,这种银行体制使金融业失去了生机和活力。

(2) 政企不分,不利于行使中央银行的职能。中国人民银行既行使中央银行职能,又经办城市工商企业贷款和储蓄业务,它既是国家机关的组成部分,又是经营货币信用的金融企业,这往往使人民银行陷入日常繁杂的业务之中,不能充分发挥中央银行运用金融手段管理和调节国民经济的职能。

(3) 不利于对宏观经济的调控。中央银行的重要作用是强化对宏观经济的调控,而这种体制削弱了中央银行的"独立性",将财政、信贷和货币发行三者捆在一起,使中央银行货币政策的意向不能顺利得以实施,使中央银行处于"基本建设挤财政、财政挤银行、银行发票子"的被动地位。

2. 1979—1983 年的中国人民银行

中国共产党十一届三中全会以后,为贯彻改革开放的方针,努力发展社会主义商品经济,各专业银行和其他金融机构相继恢复和建立。1979 年 2 月,中国农业银行从中国人民银行分离出来,恢复营业,人民银行与农业银行再度划分业务范围;同年 3 月,中国银行从中国人民银行中独立出来,成为国家指定的外汇专业银行;1979 年 4 月,中国人民银行又扶持中国人民保险公司于 1980 年 1 月 1 日恢复办理中断 20 年之久的国内保险业务;同时,还巩固了农村信用合作制度,并建立了一些城市信用合作社。

这种混合式的中央银行制度,虽对过去"大一统"的银行体制来说是个改良,但从根本上说,在增强中央银行的独立性、宏观调控能力和改变政企不分等方面并无实质性进展。同时,随着各专业银行的相继恢复和建立,"群龙无首"的问题也亟待解决。

3. 1984—1998 年的中国人民银行

1983 年 9 月 17 日,国务院发布第 146 号文件,决定中国人民银行专门行使中央银行的职能,不再兼办工商信贷和储蓄业务,专门负责领导和管理全国的金融事业。1984 年 1 月 1 日,中国工商银行正式成立,承办原来由中国人民银行办理的城市工商信贷和储蓄业务,中国人民银行则专门行使中央银行的职能。

中国人民银行专门行使中央银行职能,这是我国金融体制的一项重大改革,具有深远意义。

(1) 有利于集中资金进行重点建设。中国人民银行改革后,着重研究宏观调控国民经济问题,并用经济手段和必要的行政手段控制各专业银行信贷资金的使用,把握信贷资金的投向和投量,这是防止资金分散和盲目使用从而确保重点建设的十分有效的措施。

(2) 有利于加强对宏观经济的调节和控制。我国经济体制改革不断深入,银行的地位和作用日显重要。为了使各专业银行的经营活动符合宏观经济发展的要求,中央银行集中全力从国民经济整体利益出发,采用经济的、行政的和法律的手段,调节信贷资金和货币流通,并对各专业银行的经营活动进行协调、指导、监督和检查,以保持信贷资金运动和市场货币流通的正常。

(3) 有利于进一步搞活经济和稳定货币流通。如何处理好发展经济与稳定货币的关系,是宏观决策的一个重要课题。建立中央银行,专管货币发行,调控货币流通,使货币发行不再成为弥补信贷差额和财政赤字的手段,实现货币发行与财政收支、货币发行与信贷收支脱钩,这对保证商品量和货币需要量两者相适应,实现金融和物价的稳定是十分有利的。

(4) 有利于健全和完善社会主义金融体系。各专业银行相继恢复和建立是社会主义市场经济发展和对外开放的要求,但也往往产生金融管理多头和资金使用分散的问题。如果各金融机构各行其是,就会形成"群龙无首"的局面。为了调控宏观经济,提高信贷资金的社会经济效益,建立一个有权威的、超脱的、管理和协调全国金融机构的中央银行也是当务之急。

4. 1999年之后的中国人民银行

根据国务院的决定,1999年中国人民银行管理体制进行了重大改革。(1) 撤销中国人民银行各省、自治区、直辖市分行,在全国设立9个跨省、自治区、直辖市的分行,作为中国人民银行的派出机构。具体划分如下:天津分行(管辖天津、河北、山西、内蒙古)、沈阳分行(管辖辽宁、吉林、黑龙江)、济南分行(管辖山东、河南)、南京分行(管辖江苏、安徽)、上海分行(管辖上海、浙江、福建)、武汉分行(管辖湖北、湖南、江西)、广州分行(管辖广东、广西、海南)、成都分行(管辖四川、贵州、云南、西藏)、西安分行(管辖陕西、甘肃、青海、宁夏、新疆)。同时,撤销北京分行和重庆分行,在这两个直辖市设立总行营业管理部,履行所在地中央银行职责。(2) 在不设中国人民银行分行的省、自治区人民政府所在地城市,共设立20个金融监管办事处,作为中国人民银行分行的派出机构。(3) 在不设中国人民银行分行的省会城市,共设立20个中心支行。中心支行与当地金融监管办事处都是分行的派出机构,相互之间不是领导与被领导的关系。(4) 中国人民银行地区级的分行与县级支行保持现状,职责不变。2005年8月10日,央行在上海成立了第二总部,央行上海总部的职能定位是总行的货币政策操作平台和金融市场监测管理平台。

2003年4月26日,第十届全国人民代表大会常务委员会第二次会议通过《全国人民代表大会常务委员会关于中国银行业监督管理委员会履行原由中国人民银行履行的监督管理职责的决定》,对人民银行管理体制再次进行了重大调整,设立了中国银行监督管理委员会(简称"银监会"),负责监督管理银行、金融资产管理公司、信托投资公司以及其他存款类金融机构。其主要职责是:拟定有关银行业监管政策法规,负责市场准入和运行监督,依法查处违法违规行为等。银监会的成立,标志着沿用了近50年的中国人民银行宏观调控和银行监管合一的管理模式正式结束,由银监会、证监会、保监会共同构筑起了金融分业监管的全新监管模式。

2017年11月,经党中央、国务院批准,国务院金融稳定发展委员会成立。设立国务院金融稳定发展委员会,是为了强化人民银行宏观审慎管理和系统性风险防范职责,强化金融监管部门监管职责,确保金融安全与稳定发展。作为国务院统筹协调金融稳定和改革发展重大问题的议事协调机构。其主要职责是:落实党中央、国务院关于金融工作的决策部署;审议金融业改革发展重大规划;统筹金融改革发展与监管,协调货币政策与金融监管相关事项,统筹协调金融监管重大事项,协调金融政策与相关财政政策、产业政策等;分析研判国际国内金融形势,做好国际金融风险应对,研究系统性金融风险防范处置和维护金融稳定重大政策;指导地方金融改革发展与监管,对金融管理部门和地方政府进行业务监督和履职问责等。

为深化金融监管体制改革,解决现行体制存在的监管职责不清晰、交叉监管和监管空白等问题,强化综合监管,优化监管资源配置,更好统筹系统重要性金融机构监管,逐步建立符合现代金融特点、统筹协调监管、有力有效的现代金融监管框架,守住不发生系统性金融风险的底线,将中国银行业监督管理委员会和中国保险监督管理委员会的职责整合,2018年3月21日,中国银行保险监督管理委员会(中国银保监会)成立,为国务院直属事业单位。

第二节　中央银行职能

中央银行的业务是中央银行职能的表现,中央银行的性质是通过其各项职能表现出来的。以下主要介绍中央银行的性质和职能。

一、中央银行的性质

中央银行从其性质来说,既是政府干预经济的重要金融工具,又是国家机构的组成部分,换言之,中央银行既是特殊的金融机构,又是特殊的国家管理机关。

(一)中央银行是特殊的金融机构

中央银行是金融机构的组成部分,但它与其他的银行和金融机构相比较,具有特殊之处。首先,中央银行不以营利为目的,不与商业银行和其他金融机构争利益。虽然中央银行的某些业务,如公开市场业务等,也有部分盈利,但这不是其目的,其目的是调节信用规模。其次,中央银行不经营普通银行业务,不与普通银行争业务。虽然中央银行也办理存款、贷款和清算业务,但它的服务对象是政府和银行等,而不是企业、个人。再次,中央银行对来自政府、普通银行及其他金融机构的存款一般不付利息。代理国库收支不付利息,也不收取手续费;吸收存款准备金的目的在于控制信用,并不运用周转,因而也不支付利息。最后,中央银行处于超然地位。因此,中央银行是作为"银行的银行""最后贷款人""信用管理者"身份出现的,是以控制信用和调节金融为目的的。

(二) 中央银行是特殊的国家管理机关

中央银行是国家机关的组成部分，但它与一般的行政管理机关相比有其本身的特殊性。这主要表现在两个方面。第一，中央银行管理和服务的领域是货币信用领域，如组织全国各银行的清算，代理政府债券的发行与还本付息，从事金融统计分析，发布有关经济与金融信息、数据，进行经济金融预测，充当最后贷款人，集中保管全国的准备金，保管全国的黄金、外汇储备，调剂、筹措和运用外汇头寸，为建立正常的金融活动秩序而制订种种"竞赛规则"并监督执行等。而其他一般行政管理机关所从事的是非货币信用领域的管理和服务，或与货币信用领域无直接联系的管理和服务。第二，中央银行的管理手段主要是经济手段。中央银行作为金融管理机关，是不同于那些以法律为依据，纯粹为行使其法定权力而直接进行行政管理的机关，也不同于国家金融管理委员会或证券管理委员会。中央银行是以其所拥有的经济变量，如货币供给量、利率、贷款量等，来对金融领域以及整个经济活动进行管理、调节和控制。中央银行运用经济变量调节经济，较少行政色彩和强制性，如运用公开市场业务手段调控货币供应量是完全按照市场原则行事的。正是因为中央银行的管理具有自愿性、有偿性和非强制性，才使它的影响力更容易融入各经济主体的经济利益中去，并容易为其所接受。因此，中央银行作为金融管理机关的管理作用，主要是通过其营业活动来实现的。

正是中央银行的这种特殊性质决定了它的两大任务：既要从宏观上管理、调节和控制金融，又要扶持金融业的发展，以实现稳定货币、促进经济稳定发展的目标。

二、中央银行的职能

中央银行的基本职能有三个，即"发行的银行""国家的银行""银行的银行"。

(一) 发行的银行

所谓的"发行的银行"(bank of issue)，是指中央银行垄断货币(银行券)的发行权。统一货币发行是中央银行产生的前提，从中央银行的产生与发展历史来看，各商业银行虽也曾发行过银行券，但自中央银行成立以来，各商业银行的银行券发行权被逐步取消而均统一于中央银行。目前，差不多所有国家的纸币都是由中央银行发行的，发行纸币已成为各国中央银行的特权，但在有些国家，硬币或辅币是由财政部发行的，如美国、日本、德国等。

在典型的金本位制下，中央银行发行银行券要遵循一定的原则，即所谓"银行券的发行保证原则"。银行券在流通中是以金属货币的代表者而出现的，即银行券是银行发行的用以代替商业票据的银行本票。银行券的持有者可随时向发券银行兑换金属货币。

为了保证银行券的发行适应流通的需要，并使其不发生对黄金的贬值，它必须同时具备双重保证，即信用保证和黄金保证。所谓信用保证就是指银行券的发行必须以掌握商业票据及国家有价证券作为保证；所谓黄金保证就是指中央银行发行银行券必须有足够的黄金作为保证。

随着货币制度的发展，银行券发行的保证制度也发生了一些变化。第一次世界大战之前,资本主义各国的银行券发行保证制度主要有三种类型。

1. 部分准备制

一般规定:(1) 对没有金属担保的发行,规定最高限额;(2) 超过法定限额的银行券发行需有100%的金属保证。至于银行券的发行总额,法律并未加以限制。

2. 最高限额准备制

一般规定:(1) 法律规定银行券发行总额的最高限额;(2) 法律对没有金属担保的发行不规定限额(实际发行额和黄金准备的比例由中央银行自行调节)。

3. 比例准备制

一般规定:(1) 法律不限制银行券发行总额;(2) 规定无黄金担保部门的最高发行额,并同时允许没有黄金担保的发行额可以超过,但是这种超额的发行要交纳发行税;(3) 在发行总额中,必须有一定比例的银行券是有黄金保证的,如德国规定这种比例为三分之一,美国规定为40%。

第一次世界大战后,金本位制开始崩溃,银行券发行保证制度也发生了变化。由于战后金汇兑本位制流行,许多国家把外汇也作为金属保证的一部分,做法上多采用比例准备制。

第二次世界大战以来,由于金本位制彻底崩溃,典型意义的银行券(可以与金属铸币自由兑换)已不存在了,它已蜕变为纸币。在这种情况下,中央银行凭借国家授权以国家信用为基础而成为垄断的货币发行机构,中央银行按经济发展的客观需要和货币流通及其管理的要求发行货币,并履行保持货币币值稳定的重要职责,这是社会经济正常运行与发展的一个基本条件。

1995年3月18日我国公布的《中国人民银行法》第十七条明确规定:人民币由中国人民银行统一印制、发行。

(二) 国家的银行

所谓的"国家的银行"(state's bank),是指中央银行代表国家政府贯彻执行财政金融政策,代为管理财政收支,服务于国家。中央银行作为"政府的银行"或"国家的银行",其职能具体表现在以下七个方面。

1. 代理国库

中央银行一般都是政府各项资金的主要存款银行,政府的收入与支出,都通过财政部门在中央银行开立的各种账户进行,如代理税收、办理公债的还本付息等事宜及国库款项的拨付等。中央银行之所以能承担这些任务,是因为中央银行本身有一套完整而发达的分支机构,又有一套完整的划拨资金的结算手段,使它成为全国国库的出纳中心。

2. 对财政融通资金提供特定信贷支持

中央银行可根据国家财政的需要,向政府提供贷款。在国家财政收支出现临时逆差时,中央银行对国家以有价证券为抵押和以国库券贴现等方式,发放短期贷款以解决财政的暂时困难。在这种情况下,提供的信贷一般不会产生货币流通混乱的现象。如果是对经常性财政赤字提供贷款,就会对货币流通产生不利影响。另外,通过购买政府债券的方式来融通资金,有两种情况:一是直接购买,即中央银行在一级市场上购买;

二是间接购买,即在二级市场上购买。

3. 制订以货币政策为主的金融调控政策

中央银行是国民经济的重要调节机构之一,为了进行有效的宏观金融调控,除采取必要的经济手段外,还应充分利用法律法规武器,通过制定以货币政策为核心的金融调控政策,以达到稳定宏观金融秩序的目标。

4. 代理黄金、外汇业务

中央银行一般代理政府进行黄金、外汇的交易,或管理国家的黄金外汇储备。

5. 代表国家政府参加国际金融组织和各项国际金融事务

中央银行一般代表政府签订国际协定,从事国际金融活动以及与外国中央银行交易。

6. 作为财政部的顾问

因为中央银行和世界各地金融机构建立了广泛的联系,对货币、证券和外汇市场方面的情况非常熟悉,所以,财政部参与证券市场、外汇交易市场活动时,中央银行能为其提供咨询和情报服务。

7. 政府债券的代理机构

西方国家的中央银行一般都是政府证券的代理机构,代理政府发行债券,办理还本付息业务。

(三) 银行的银行

所谓的"银行的银行"(bank of bank),是指中央银行一般不直接与工商企业发生业务往来,而主要是以各种金融机构为服务对象,集中它们的准备金,向它们提供信用和提供清算服务,充当它们的最后贷款人等。

1. 作为商业银行存款准备金的管理者

绝大多数国家,为了保障存款的安全与调节货币信用,都要求银行及有关金融机构根据其存款的种类和余额,按一定比例提取存款准备金交存中央银行。此项准备金一般不能由银行动用,中央银行通常以调整存款准备金率作为其调节货币信用的一种有效手段。

2. 作为商业银行的最后贷款人

最后贷款人是指在商业银行发生资金困难而无法从其他银行或金融机构筹措资金时,向中央银行融资成为最后的选择。中央银行对困难银行提供资金支持则是承担最后贷款人的角色,否则困难银行便会破产倒闭。一般来说,商业银行或其他金融机构需要资金时,可将其持有的票据向中央银行进行再贴现或要求抵押贷款,从而获得所需资金。从这个意义上说,中央银行是一般银行或金融机构所需资金的最终发放者。最后贷款人的角色确立了中央银行在金融体系中的核心和主导地位。

3. 作为全国票据清算的组织者

商业银行的票据多通过中央银行进行清算,各行都在中央银行开立账户,各金融机构之间的清算通过在中央银行的存款账户进行转账、轧差,直接增减存款金额便可完成。同时,中央银行办理金融机构的票据交换与结算,因此,中央银行实际上已成为全国票据清算中心。

> **专栏 5-1**
>
> **中国人民银行的职能**
>
> 根据1995年3月18日第八届全国人民代表大会第三次会议通过,且经2003年12月27日第十届全国人民代表大会常务委员会第六次会议修正的《中华人民共和国中国人民银行法》,中国人民银行具体应履行下列职责:
> (1) 发布与履行其职责有关的命令和规章;
> (2) 依法制定和执行货币政策;
> (3) 发行人民币,管理人民币流通;
> (4) 监督管理银行间同业拆借市场和银行间债券市场;
> (5) 实施外汇管理,监督管理银行间外汇市场;
> (6) 监督管理黄金市场;
> (7) 持有、管理、经营国家外汇储备、黄金储备;
> (8) 经理国库;
> (9) 维护支付、清算系统的正常运行;
> (10) 指导、部署金融业反洗钱工作,负责反洗钱的资金监测;
> (11) 负责金融业的统计、调查、分析和预测;
> (12) 作为国家的中央银行,从事有关的国际金融活动;
> (13) 国务院规定的其他职责。

第三节 中央银行业务

中央银行的业务,可分为负债业务、资产业务和中间业务。

一、中央银行的负债业务

中央银行的负债业务也就是其资金来源项目,一般包括货币发行业务、代理国库、集中存款准备金、其他负债业务等。

1. 货币发行业务

货币发行有两重含义:一是指货币从中央银行的发行库通过各家商业银行的业务库流到社会;二是指货币从中央银行流出的数量大于从流通中回笼的数量。这两者都被称为货币发行。

中央银行享有垄断货币发行的特权。货币发行是中央银行的职能之一,也是中央银行主要的负债业务。中央银行的货币发行,是通过再贴现、贷款、购买证券、收购金银外汇等投入市场,从而形成流通中的货币,以满足国民经济发展对流通手段和支付手段的需求,促进商品生产的发展和商品流通的扩大。纸币投入市场流通,便成为中央银行对社会公众的负债。但就公众个人而言,人们持有中央银行的纸币,却并不认为握有中央银行的债权,而是认为握有社会财富,因为用纸币可以购买到自己所需要的商品和服务。因此在一般情况下,中央银行的这种负债事实上成为长期的无须清偿的债务。

2. 代理国库

中央银行作为国家(或政府)的银行,一般都由政府赋予其代理国库的职责,财政的收入和支出,都由中央银行代理。同时,依靠国家财政拨给行政经费的行政事业单位(即公共机构)的存款,也都由中央银行办理。金库存款、行政事业单位(公共机构)存款在其支出之前存在中央银行,是构成中央银行资金的重要来源。

由中央银行办理这一项业务的意义重大,它可以沟通财政与金融之间的联系,使国家的财源与金融机构的资金来源相连接,充分发挥货币资金的作用,并为政府资金的融通提供一个有力的调剂机制。经常大量的财政存款构成了中央银行的负债业务。这部分存款经财政分配,下拨给机关、团体单位作为经费后,形成机关、团体的存款,即公共机构存款,这部分存款是财政性存款,它与财政存款一样,都是中央银行的负债。对这两种存款,中央银行一般不支付利息,故中央银行代理国库不仅可以积累大量资金,还可以降低其总的筹资成本。对于国家政府而言,由中央银行代理国库,既可以减少(甚至完全免去)收付税款的成本,又可以安全地保管资金,为其妥善使用提供方便。同时,在资金短缺时还可借助中央银行作短期融通。

专 栏 5-2

中国人民银行国库局

中国人民银行国库局经理国家金库业务,组织拟订国库资金银行支付清算制度并组织实施,参与拟订国库管理制度、国库集中收付制度;为财政部门开设国库单一账户,办理预算资金的收纳、划分、留解和支拨业务;对国库资金收支进行统计分析;定期向同级财政部门提供国库单一账户的收支和现金情况,核对库存余额;按规定承担国库现金管理有关工作;按规定履行监督管理职责,维护国库资金的安全与完整;代理国务院财政部门向金融机构发行、兑付国债和其他政府债券。

3. 集中存款准备金

集中存款准备金是中央银行制度形成的重要原因之一。各商业银行既然吸收存款,则势必要保留一部分准备金,以备随时提取,这种准备金称为存款准备金。存款准备金一部分留在商业银行本行,称为商业银行库存现金。另一部分存储于中央银行,按照法律规定交存中央银行的部分称作法定存款准备金,超过法定存款准备金的部分,称为超额准备金。目前,中央银行吸收的商业银行存款主要是法定存款准备金。各商业银行都将准备金存于中央银行,倘若某一银行客户大量提现,中央银行便可以用这些准备金支持这家银行。这种集中的准备金犹如蓄水池,其意义就在于节省各家商业银行存在本行的准备金,充分发挥资金作用,以满足社会对资金的需要。

随着商品经济的发展,中央银行集中存款准备金的原始目的逐步消失,现在这项业务已成为中央银行调节信用的货币政策工具。中央银行通过制定或调整商业银行交存存款准备金的比率,督促各商业银行按期如数上交存款准备金,以控制全国各商业银行的放款规模,从而达到有效调控货币供应量的目的。关于存款准备金的比率,各国的规定不太一致。英国按负债的一定比率确定;美国 1980 年规定普通法定存款准备率为 12%,联邦银行可在 8%～14%幅度内调整;法国和德国对各种不同存款规定不同的准备率(活期存款比定期存款的法定准备率高)。一般来说,制定存款准备率有两个依据。(1) 根据存款的性质,流动性越强的存款,准备金比率越高;(2) 根据存款规模的大小确定不同的准备率,存款规模越大,准备率越高;反之,则越低。

4. 其他负债业务

中央银行的负债业务除了货币发行业务、代理国库、集中存款准备金等主要业务外,还有一些其他负债业务,如发行中央银行债券、对外负债和资本业务等。

(1) 发行中央银行债券是中央银行的一种主动负债,中央银行债券发行的对象主要是金融机构,通常是在商业银行或其他金融机构的超额储备过多,而中央银行不便采用其他政策工具进行调节的情况下发行的。

(2) 对外负债业务主要包括从国外银行借款、对外国中央银行的负债、国际金融机构的贷款、在国外发行的中央银行债券等。

(3) 中央银行的资本业务实际上就是筹集、维持和补充自有资本的业务。中央银行的自有资本的形成有三个途径,政府出资、地方政府和国有机构出资、私人银行或部门出资。

二、中央银行的资产业务

中央银行的资产业务,也就是资金运用项目,它一般包括对商业银行的贷款、对政府及公共机构的贷款、黄金及外汇储备业务和证券买卖等。

(一) 贷款业务

贷款业务是中央银行的主要资产业务之一,充分体现了中央银行作为最后贷款人的职能作用。中央银行的贷款是向社会提供基础货币的重要渠道。

1. 对商业银行等金融机构的贷款

由于中央银行独家拥有货币发行权,并集中保管全国的存款准备金,因而其实力雄厚,在资金上是一般银行和其他金融机构的后盾。中央银行向商业银行及其他金融机构提供贷款,主要采取再贴现(rediscount)和再抵押(re-mortgage, re-collateralize)的方式。

(1) 票据再贴现,是指商业银行将其对工商企业贴现的票据,向中央银行再办理贴现的融通资金行为,也称重贴现。它是中央银行向商业银行融通资金的重要方式之一。商业银行向中央银行申请办理再贴现取得资金,而中央银行成为"最后的贷款者"。办理再贴现时要计收再贴现利息,再贴现利率是中央银行根据宏观金融调整的需要而确定的,因而再贴现又是中央银行实施宏观调节的主要手段之一。

(2) 票据再抵押。这是中央银行以商业银行所提供的商业票据作抵押的短期放款业务。商业银行如果在短期内需要资金,则往往采取这种方式,而不采取再贴现的方式。因为,当距离票据到期日较远时,如要求贴现,与再抵押短期放款相比较,要支付较多的利息。

(3) 有价证券再抵押。它是中央银行以商业银行所提供的有价证券(如公司债券、国库券等)作为抵押放款。

中央银行对商业银行办理再贴现和再抵押业务时应注意这类资产业务的流动性和安全性,注意期限的长短,以保证资金的灵活周转。

2. 对政府及公共机构的贷款

中央银行作为国家的银行,其职能之一就是向政府提供贷款。中央银行向政府提供贷款的形式主要有两种:一是中央银行向政府部门进行无担保的直接透支;二是中央银行购买公债或国库券所提供的信用。

3. 其他贷款业务

一是对非金融部门的贷款,这类贷款一般有特定的目的和用途,贷款对象的范围比较窄,各国中央银行都有事先确定的特定对象。例如,中国人民银行为支持老少边穷地区的经济开发发放的特殊贷款;出于国家安全和金融体系稳定考虑而向发生财务困境的金融机构发放的再贷款等。二是中央银行对外国政府和国外金融机构的贷款。

(二) 黄金及外汇储备业务

黄金和外汇是国际上进行清算的支付手段,各国都把它们作为储备资产,由中央银行保管和经营,以便在国际收支失衡时,用来清偿债务。因此,黄金及外汇储备乃是中央银行的一项重要资产业务。这种黄金、外汇储备也是中央银行集中储备金职能的具体表现。目前,世界各国市场上并不流通和使用金币,纸币也不能兑换黄金,而且多数国家实行不同程度的外汇管制,纸币一般也不能随便地兑换外汇,在国际收支发生了逆差时一般也不直接支付黄金,而是采取出售黄金换取外汇来支付。这样,各国的黄金外汇自然要集中到中央银行储存。需要黄金、外汇者,一般也需向中央银行申请购买。因此,买卖黄金和外汇也就成了中央银行的一项重要业务。中央银行这种买卖业务的目的在于集中外汇储备,调节货币资金,稳定外汇市场,改善经济和外贸结构,保持国际收支平衡等。一国的黄金、外汇储备是否雄厚,是该国经济实力强弱的一个标志。储备越多,国际支付能力相对越强;储备越少,则支付能力相对越弱。但储备也不是越多越好,储备过多,因收兑黄金、外汇而增加的货币投放也过多,从而易导致通货膨胀;同时,储备外汇的数额过多,既不易发挥这笔巨额资金的经济效益,还要承担储备货币币值变动或汇率变动的风险。因此,一国的黄金、外汇储备总额,应与本国的经济力量相适应。

(三) 证券买卖业务

证券买卖业务是中央银行的公开市场业务之一。一般说来,中央银行应持有优良且有利息的证券,而对那些随市场变化和经营状况不稳定的证券则不宜大量持有。中央银行肩负调节金融的重任,需视市场银根松紧调节资金供应。中央银行握有证券和买卖证券的目的,并不在于盈利,而是为了调剂资金供求,影响整个国民经济。为了保证手中握有优良证券,中央银行主要经营政府债券、国库券以及其他市场性非常高的有价证券,必要时也可持有少量企业证券。

中央银行买卖证券业务,各国的指导思想基本是一致的。不过根据各国的具体情况,也有一些细微的差别。在日本,法律规定日本银行可以从事商业票据、银行承兑票据、公债等的买卖。在德国,法律则规定,联邦银行可以对信用机构买卖国库券,联邦银行为了调节货币流通量,可以进入公开市场按市价买卖汇票、国库券、债券,以及其他在证券交易所正式挂牌的有价证券。在法国,法律规定法兰西银行可以购买、出售或保管理事会编制的清单上列名的证券和票证。在瑞典,则要求国家银行买卖瑞典政府公债和其他瑞典政府的债券,也可以收购易变现的外国债券,但期限限于3年之内。

1995年,中国人民银行开始通过融资券的买卖试点公开市场业务。1996年4月9日,国家正式启动中央银行国债公开市场业务。操作工具是国债、中央银行融资券、政策金融债,交易主体是国债一级交易商,而不是个人和企业事业单位。

三、中央银行的中间业务

中央银行的中间业务主要是资金清算业务。有一些中央银行也从事信托代理等业务。中央银行介入资金清算,疏通了货币所有权转移的主干及分支渠道,使各商业银行之间的债权债务得到顺利、及时地清偿,实现了全社会范围内各种错综复杂的经济、社会联系,对优化资源配置、提高劳动生产率、保证经济健康发展和社会生活正常进行具有极为重要的意义。

专栏 5-3

票据交换原理及做法

一、票据交换依据的原理

任一银行的应收款项,一定是其他银行的应付款项;各银行应收差额的总和,一定等于各银行应付差额的总和。因此,所有参加交换的银行分别汇总轧出本行是应收还是应付的差额,相互结清差额,就可结清全部债权债务。

表 5-1　各银行的应收款和应付款情况

应收行	应付行					应收合计	应付差额
	A	B	C	D	E		
A	0	10	20	30	40	100	—
B	10	0	20	30	40	100	—
C	10	20	0	30	40	100	0
D	10	20	30	0	40	100	30

(续表)

应收行	应付行					应收合计	应付差额
	A	B	C	D	E		
E	10	20	30	40	0	100	60
应付合计	40	70	100	130	160	500	
应收差额	60	30	0	—		90	

由表5-1可见,通过票据交换,500单位的应收应付款只需90单位(收付差额)即可了结,因此,票据交换不仅节约了人力物力,而且也大大节约了资金。

二、票据交换的具体做法

各国票据交换略有不同,但基本程序和规则是一样的,主要步骤包括以下三步。

第一步,入场前的准备。各交换银行的清算员将应收票据按付款行分别整理,在票据上加盖交换戳记后结出总额,填写《提交票据汇总单》(一式两份),并按交换号码次序逐一填入《交换票据计算表》的贷方,计算出当场交换的应收票据总金额。

第二步,场内工作。清算员一方面将提出票据分别送交有关付款行,一方面接收他行提交的应由本行付款的票据,清点张数,计算金额,并按号码逐一填入《交换票据计算表》的借方,结出总金额,然后与贷方总额比较,计算出当场应收或应付差额,填写《交换差额报告单》,递交给票据交换所的总清算员。

第三步,票据交换所工作。交换所的总清算员收到各行提交的交换差额报告单后,填制交换差额总结算表,按各行应收款记入贷方,应付款汇入借方,结出总数(借贷应平衡),当场交易即告结束,各行差额交由中央银行转账结清。

票据交换所通常在银行营业日一天交换一场,有些业务繁多的城市,也可一天交换两场。

资金清算业务主要有三类,即集中办理票据交换、结清交换差额和办理异地资金转移。

(一)集中办理票据交换

中央银行主持办理商业银行之间的票据交换工作,是在商业银行代客收付资金时具有相互收付特征的基础上产生的。商业银行在发展过程中,支票业务迅速扩大,每家银行几乎每天都会收进客户提交的他家银行支票。同时,其他银行也会收进其客户提交的本家银行支票。于是,就产生了各银行相互之间的资金收付结算问题。

由中央银行参与的集中办理票据交换业务是在票据交换所(clearing house)进行的。参加票据交换所交换票据的银行均为"清算银行"或"交换银行";按票据交换所的有关章程,清算银行均应承担一定的义务后方可享受入场交换票据的权利。这些义务主要有:(1)交纳一定的交换保证金;(2)在中央银行开立往来存款账户,以供交换差额的结清;(3)分摊交换所的有关费用。基本程序是各银行相互之间同时交换应收应付票据,抵消部分债权债务关系,然后结清差额。

（二）结清交换差额

各清算银行均在中央银行开立有往来存款账户（独立于法定存款准备金账户），票据交换后的最后差额即由该账户上资金增减来结清。票据交换所总清算员将应收行和应付行的明细表提交给中央银行会计后，会计人员便开始账务处理。当某家清算银行为应付行时，则借记其往来存款账户（资金减少），而对于应收行，则贷记其往来存款账户（资金增加）。该账户上的金额可以视为商业银行的"超额存款准备金"，当应付而账户上的资金又不足时，中央银行便作退票处理，同时，按有关规章予以处罚。

（三）办理异地资金转移

中央银行不仅通过其分支机构组织同城票据交换与资金清算，还要在全国范围内办理异地资金转移，这是中央银行资金清算工作的重要一环。通过在全国范围内办理异地资金清算，中央银行在为各地、各家银行提供服务的同时，也有利于及时掌握全国的经济、金融情况，便于按政策实施监督管理。

由于票据流通规则和银行组织方式的不同，中央银行办理异地资金转移时的具体做法也不尽相同。英国以伦敦为全国的清算中心，先由四大清算银行清算，其差额再由英格兰银行转账划拨。在美国，是由联邦储备银行代收外埠支票，建立清算专款。然后以华盛顿为最后清算中心。法国则是利用中央银行遍布全国的分支机构，建立转账账户为各银行服务的。各国中央银行运行的支付系统如表5-2所示。

表5-2 一些国家(地区)中央银行运行的支付系统

支付系统	所属中央银行	开始运行时间	设计模式
全国电子联行系统(EIS)	中国人民银行	1991年	分散式
中国现代化支付系统(CNAPS)	中国人民银行	2000年	RTGS
联邦资金转账系统(FEDWIRE)	美国联邦储备银行	1918年	RTGS
日本银行金融网络系统(BOJ-NET)	日本银行	1988年	RTGS/净额
瑞士跨行清算系统(SIC)	瑞士国民银行	1987年	RTGS
储备银行信息与转账系统(RITS)	澳大利亚储备银行	1991年	RTGS
韩国银行金融电信网络(BOK-WIRE)	韩国银行	1994年	RTGS
银行间支付系统(SPEEDS)	马来西亚银行	1989年	净额
法兰西银行转账系统(TBF)	法兰西银行	1992年	RTGS
欧洲实时全额自动转账系统(TARGET)	欧洲中央银行	1999年	RTGS

注：RTGS为实时全额清算模式。
资料来源：《国际清算银行十国集团支付系统》《亚太十国金融市场体系与运作》(中国金融出版社)。

我国对异地资金的清算，是由中国人民银行组织的全国银行联行资金清算系统完成的。清算办法历经1981年、1985年、1987年、1990年和1997年五次改革。依据

1997年12月1日起施行的《支付结算办法》第二十条规定：支付结算实行集中统一和分级管理相结合的管理体制。目前我国运行的主要支付系统包括票据交换系统、全国电子联行系统、电子资金汇兑系统、银行卡支付系统和中国现代化支付系统。

专栏 5-4

中国现代化支付系统

中国现代化支付系统（CNAPS）是中国人民银行按照我国支付清算需要，并利用现代计算机技术和通信网络自主开发建设的，能够高效、安全处理各银行办理的异地、同城各种支付业务及其资金清算和货币市场交易的资金清算的应用系统。它是各银行和货币市场的公共支付清算平台，是人民银行发挥其金融服务职能的重要的核心支持系统。中国人民银行通过建设现代化支付系统，将逐步形成一个以中国现代化支付系统为核心，商业银行行内系统为基础，各地同城票据交换所并存，支撑多种支付工具的应用和满足社会各种经济活动支付需要的中国支付清算体系。

中国现代化支付系统建有两级处理中心，即国家处理中心（NPC）和全国省会城市及深圳城市处理中心（CCPC）。国家处理中心分别与各城市处理中心连接，其通信网络采用专用网络，以地面通信为主，卫星通信备份。

各政策性银行、商业银行可利用行内系统通过省会城市的分支行与所在地的支付系统CCPC连接，也可由其总行与所在地的支付系统CCPC连接。同时，为解决中小金融机构结算和通汇难问题，允许农村信用合作社自建通汇系统，比照商业银行与支付系统的连接方式处理；城市商业银行银行汇票业务的处理，由其按照支付系统的要求自行开发城市商业银行汇票处理中心，依托支付系统办理其银行汇票资金的移存和兑付的资金清算。

中央银行会计核算系统（ABS）是现代化支付系统运行的重要基础。为有效支持支付系统的建设和运行，并有利于加强会计管理，提高会计核算质量和效率，中央银行会计核算也将逐步集中，首先将县支行的会计核算集中到地市中心支行，并由地市中心支行的会计集中核算系统与支付系统CCPC远程连接。地市级（含）以上国库部门的国库核算系统（TBS）可以直接接入CCPC，通过支付系统办理国库业务资金的汇划。

为有效支持公开市场操作、债券发行及兑付、债券交易的资金清算，公开市场操作系统、债券发行系统、中央债券簿记系统在物理上通过一个接口与支付系统NPC连接，处理其交易的人民币资金清算。为保障外汇交易资金的及时清算，外汇交易中心与支付系统上海CCPC连接，处理外汇交易人民币资金清算，并下载全国银行间资金拆借和归还业务数据，供中央银行对同业拆借业务的配对管理。

为适应各类支付业务处理的需要，正在建设的现代化支付系统由大额支付系统（HVPS）和小额批量支付系统（HEPS）构成。

第四节 中央银行在现代经济体系中的作用

一、中央银行在现代经济体系中的地位

中央银行在社会经济体系中处于一个很重要的地位,这从促使中央银行产生和发展的基本经济原因和中央银行自身所具有的职能以及承担的社会责任分析中不难得出结论。由于商品经济的迅猛发展,经济货币化程度的加深,金融在经济中作用的增强,中央银行在现代经济体系中的地位和作用更加突出。

(一)经济体系运转层面

从经济体系运转看,中央银行为经济发展创造货币和信用条件,为经济稳定运行提供保障。在金属货币制度下,由于金币可自由铸造,当市场上对货币的要求增加时,便会有相应的金块被铸造成金币进入流通,这个过程是自发完成的。而在中央银行垄断货币发行特别是在不兑现信用货币流通条件下,经济体系对货币的需求就必须通过中央银行来实现,中央银行成了唯一的货币供应者。中央银行根据经济发展的客观需要,不断地向经济体系提供货币供给,也就是不断地为经济发展提供必要的条件,从而使中央银行成为推动经济发展的重要力量,达到稳定货币、稳定金融的目的。同时还为经济体系的正常运行提供有效的保障,主要体现在:一是中央银行为经济运行提供稳定的货币环境,通过稳定货币来实现经济的稳定增长。二是中央银行为经济体系的信用活动提供支付保障,中央银行作为商业银行等金融机构的"最后贷款人",对全社会的支付体系承担着最终的保证责任。此外,中央银行通过组织、参与和管理全国的票据清算,大大节约了现金流通使用的费用,加速了资金的周转。

(二)国家对经济的宏观管理层面

从国家对经济的宏观管理看,中央银行是最重要的宏观调控部门之一。在现代经济中,金融成为经济的核心。所有的经济活动均伴随着货币的流通和资金的运行,中央银行则处于货币流通的起点和信息活动的中心。另外,市场经济条件下,国家的宏观经济调控主要依靠货币政策和财政政策,中央银行作为货币政策的制定者和执行者,因而成为国家最重要的宏观调控部门之一。同时,国家对宏观经济的调控越来越依靠经济手段,在有必要时才采用行政手段,而中央银行通过货币政策对宏观经济的调节基本上是属于经济手段。

(三)对外经济金融关系层面

从对外经济金融关系看,中央银行是国家对外联系的重要纽带。由于中央银行与促进世界融合的诸多要素如贸易、货币与资本的流动、合作与交流等有着极其重要的相关性,因此在国际联系当中,中央银行发挥着桥梁或纽带作用。同时,对世界经济的管理需要各国政府的相互协调和密切配合,共同建立和维护新的国际秩序,保证世界经济健康稳定发展,而中央银行就成为担负这一职责的重要国家部门,是国际金融组织的参

加者,承担着维护国际经济、金融秩序的责任。

总之,中央银行虽然从其产生伊始就在经济体系中扮演重要角色,但在现代经济体系中,中央银行的地位则是空前地提高了,它已成为经济体系中最为重要的政策部分。

二、中央银行与政府的关系

(一) 中央银行的相对独立性

中央银行与政府的关系,集中表现在中央银行的独立性(independence of central bank)问题上。中央银行不能完全独立于政府之外,不受政府约束或凌驾于政府机构之上,而应在政府的监督和国家总体经济政策的指导下,独立地制定、执行货币政策。这就是当代中央银行的相对独立性。

所谓相对独立性,是指中央银行与政府的关系要遵循以下两个原则。

1. 国家经济发展目标是中央银行活动的基本点

任何国家中央银行的活动,都离不开该国经济、社会发展的目标,离开经济发展目标,就没有中央银行活动的基本点。在中央银行制度建立和扩大的过程中,已蕴含着这种关系。尤其是在第二次世界大战之后,中央银行货币政策成为国家经济发展目标实现的重要工具,国家干预和调节经济要通过货币供应量来实现。中央银行不以营利为目的,对国家经济发展目标中央银行必须予以支持。否则,货币政策自行其是,会影响国家经济目标的实现。正是在这一点上,中央银行制定和执行货币政策,不仅要考虑自身所担负的重任,还要重视国家经济利益,而不能独立于国家经济发展目标之外。

2. 中央银行货币政策要符合金融活动的规律

中央银行在具体制定和执行货币政策时,要充分考虑国家资源、社会积累、货币信用规律等,不应完全受政府的控制,而应保持一定的独立性。其原因在于,政府与中央银行所担负的使命不同。政府是政治实体,侧重于政治利益,往往引发超经济行为;中央银行是一个经济实体,侧重于经济利益,其业务活动必须符合金融活动规律。中央银行在国家经济目标指导下,通过货币政策及其措施保持相对独立性,能对政府的超经济行为起到一种制约作用。防止在特定的政治需要和脱离实际的计划条件下,政府不顾必要性和可能性,牺牲货币政策,堕入短期化行为的陷阱,影响社会经济的正常发展和国民经济的稳定。因此,中央银行必须坚持相对独立性。

(二) 各国中央银行相对独立性的比较

各国中央银行的独立性可以从它们的有关立法、组织形式、资金和财务等方面加以说明。

1. 立法

从立法方面看,很多西方国家的中央银行法都明确赋予中央银行法定职责,或规定中央银行在制定和执行货币政策方面具有相对的独立性。例如,在日本银行法中,曾多次提到日本银行要受大藏大臣的监督,大藏大臣认为日本银行在完成任务上有特殊必要时,可以命令日本银行办理必要业务,变更条款或其他必要事项。又如,在加入欧盟之前,德国联邦银行法规定:德意志联邦银行为了完成本身使命,必须支持政府的一般

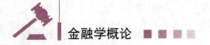

经济政策,在执行本法授予德意志联邦银行的权力是非常广泛的,在贴现、准备金和公开市场政策等方面,联邦银行都可以独立地做出决定。在独立性方面,德意志联邦银行大于日本银行。再如,《中国人民银行法》第七条明确规定:中国人民银行在国务院领导下依法独立执行货币政策,履行职责,开展业务,不受地方政府、各级政府部门、社会团体和个人的干涉。

2. 中央银行的理事或总裁的任命

从任命中央银行的理事或总裁来看,政府作为中央银行的唯一或主要的股东,甚至在私人全部持有中央银行股份的情况下,政府一般都拥有任命中央银行理事或总裁的权力。但是在中央银行理事会中,政府是否派有代表参加或政府代表的权限有多大,各国则有较大的差别。一般来说,有以下两种情况:一是在中央银行理事会中没有政府代表,政府对中央银行政策的制定不过问,如英国、美国、荷兰和奥地利等国;二是在中央银行中政府派有代表,但这些代表的发言权、投票权、否决权以及暂缓执行权,则各有不同。在意大利银行中,政府代表的权力较大;在德意志联邦银行和日本银行中,政府代表只有发言权而无表决权。

3. 中央银行的资本所有权

从中央银行的资本所有权看,它的发展趋势是趋于归政府所有。目前很多国家的中央银行资本归国家所有,其中主要有英国、法国、德国、加拿大、澳大利亚、荷兰、挪威、印度、中国等;有些国家中央银行的股本是公私合有的,如日本、比利时、奥地利、墨西哥、土耳其等;另外一些国家的中央银行虽归政府管辖,但其资本仍归个人所有,如意大利和美国等。凡允许私人持有中央银行股份的,一般都对私人股份规定一些限制条件。例如,日本银行的私人持股者只能领一定的红利,不享有其他权力;意大利只允许某些银行和机关持有意大利银行的股票;美国联邦储备银行的股票只能由会员银行持有。同时,对私人所持有的中央银行股权数额也有限制。中央银行的资本逐渐趋于国有化或对私人股份加以严格的限制,主要是因为中央银行是为国家政策服务的,不允许私人利益在中央银行中占有任何特殊的地位。

4. 中央银行与财政部的资金关系

从中央银行与财政部的资金关系上看,很多国家严格限制中央银行直接向政府提供长期贷款,但又要通过某些方法对政府融资予以支持。例如,美国财政部筹款只能通过公开市场进行,也就是发行公债的办法。如果财政部筹款遇到困难,也只能向联邦储备银行短期借款,有的期限只有几天,而且是以财政部发行的特别库券作为担保的。意大利银行可以向财政部提供短期贷款,但贷款余额不得超过年度预算支出的14%。法兰西银行可以向财政部提供无息透支,但有上限且实际透支量很少。中央银行与财政部的资金关系,是衡量中央银行相对独立性大小的一个重要尺度。

5. 中央银行的利润分配与税收管理

从中央银行的利润分配与税收管理上看,中央银行有着保持相对独立性的财务基础。中央银行虽不是企业,但都有盈利,不但能够维持自己的营业支出和股票分红,还有一部分盈利上缴财政。中央银行不需要财政拨款,因此减少了政府的制约,这是中央银行不同于其他政府部门的地方。各国中央银行盈利上交的比例都相当高,如美国、日本都达到80%左右。

根据以上分析,我们可以按中央银行独立于政府的程度不同,把中央银行分为三大类型:第一类,直接向国会负责,独立性较大的中央银行,如德国、美国、瑞典和瑞士等国的中央银行;第二类,名义上归财政部领导,实际上有相当独立性的中央银行,如日本、英国等国的中央银行;第三类,归财政部领导,独立性较小的中央银行,如意大利的中央银行。

本章小结

随着商业银行的发展,具有特殊性质——既是特殊的金融机构,又是特殊的管理机关的中央银行应运而生。中央银行产生以来,经历了一个半世纪的演变发展过程,形成了多种类型。其特殊性质主要通过中央银行三大职能充分表现出来,即"发行的银行""国家的银行"和"银行的银行"。

中央银行作用于经济主要通过运用其业务,即负债业务、资产业务和中间业务。中央银行的负债业务也就是其资金来源项目,一般包括货币发行业务、代理国库、集中存款准备金、其他负债业务等。

中央银行的资产业务,也就是资金运用项目,它一般包括对商业银行的贷款、对政府及公共机构的贷款、黄金及外汇储备业务和证券买卖等。

中央银行的中间业务主要是资金清算业务。资金清算主要是为了使各商业银行之间的债权债务顺利、及时得到清偿。资金清算业务主要有三类,即集中办理票据交换、结清交换差额和办理异地资金转移。

第二次世界大战以后,随着中央银行在现代经济体系中的地位和作用不断提升,中央银行与政府的关系成为各个国家宏观经济管理议事日程中的一个不可忽视的问题,问题的实质就在于中央银行是否应保持相对独立性。

练习与思考

一、单项选择题

1. 中央银行的产生(　　)商业银行。
   A. 早于 B. 晚于 C. 同时于 D. 必然来源于
2. 在下列银行中,(　　)的性质不同于其他三者。
   A. 英格兰银行 B. 中国建设银行 C. 中国银行 D. 花旗银行
3. 世界大多数国家的中央银行采用(　　)。
   A. 单一型 B. 复合型 C. 跨国型 D. 准中央银行型
4. 下列选项中,不属于中央银行执行政府的银行职能是(　　)。
   A. 代理国库 B. 代理政府债券
   C. 代理国家外汇和黄金储备 D. 向政府提供信贷支持
5. 下列属于中央银行资产项目的有(　　)。
   A. 流通中的货币 B. 政府和公共机构存款
   C. 持有政府债券 D. 商业银行等金融机构存款

二、判断题

1. 各国的中央银行都是由商业银行逐渐转化而来的。（　　）
2. 存款保险制度是为了维护存款者利益和金融业安全而建立的,它强制规定商业银行必须加入存款保险。（　　）
3. 避免金融机构之间的不正当竞争,规范和矫正金融行为,金融行业内自律监管十分重要。（　　）
4. 中央银行国有化已成为一种发展趋势,西方主要国家中的中央银行为国有的有美国、英国、法国等国。（　　）
5. 工商企业一般不与中央银行发生业务关系。（　　）

三、思考题

1. 试述中央银行建立的必要性。
2. 银行券的分散发行制度有何弊端?
3. 中央银行制度有哪些类型?
4. 简述中央银行的主要业务。
5. 试述中央银行的性质。
6. 试述中央银行的职能。
7. 论述中央银行的独立性。

参 考 文 献

[1] 吴庆田,朱永亮.中央银行学(第二版)[M].东南大学出版社,2015.
[2] 黄达,张杰.金融学(第四版)[M].中国人民大学出版社,2017.
[3] 姚长辉,吕随启.货币银行学(第五版)[M].北京大学出版社,2018.
[4] 刘肖原,李中山.中央银行学教程(第四版)[M].中国人民大学出版社,2020.
[5] 汪洋,中央银行学[M].机械工业出版社,2019.

第三篇　货币总量与货币政策

- 第六章　货币需求
- 第七章　货币供给
- 第八章　通货膨胀及通货紧缩
- 第九章　货币政策理论与实践

第六章 货币需求

本章概要

在本章中,我们要学习货币需求的概念及其影响因素,了解传统的货币需求理论和现代货币需求理论。本章分为四节:第一节主要介绍货币需求的含义、货币需求的决定因素;第二节重点介绍传统货币需求理论,包括马克思的货币需求理论和古典货币数量论;第三节主要介绍现代的货币需求理论,包括凯恩斯的货币需求理论和弗里德曼的货币需求理论;第四节主要介绍了货币需求的经验研究,包括货币需求对利率的敏感性和货币需求函数的稳定性等方面的研究状况。

[学习要点]

1. 决定货币需求的三类主要因素;
2. 费雪的现金交易方程式、剑桥方程式的要点及其比较;
3. 凯恩斯货币需求理论及其后继者对该理论的发展;
4. 弗里德曼货币需求理论及其与凯恩斯货币需求理论的区别。

[基本概念]

货币需求 货币存量 货币流量 货币流通速度 交易动机 预防动机 投机动机 平方根定律 恒常收入 持币的机会成本

第一节 货币需求概述

一、货币需求含义

货币需求是指宏观经济运行以及微观经济主体对货币的需求。从一个国家的角度考虑,指在一定资源(如财富拥有额、国民生产总值、恒久收入等)条件下,整个社会应拥有多少货币可用来执行其有关的职能;从微观经济主体角度考虑,则指其在不同条件下出于各种考虑愿意以货币形式持有其拥有的财产的需求。具体而言,就是商品流通或商品交换对货币的需求。

二、货币需求的分析视角

货币需求是一项极为重要的货币理论和实践问题,其表现形式多种多样。从不同角度对其进行分析,可归纳为以下四种类型。

(一) 经济运行对货币的需求

这是从宏观角度研究货币需求和需求量的。作为流通与支付的手段,货币的数量必须与全社会商品与劳务总量保持一定的比例,才能保证经济的正常运行,即货币发行量必须与需要量相适应。

在现实生活中,有许多因素决定货币的需要量,如流通中的商品量、价格总水平、货币流通速度、人口数量、城乡经济发展程度、交通运输发展状况、社会分工发展程度、信用经济、信用制度发展水平等。这些因素及其变化都会决定或影响一定时期内一国的货币需求和需求量的变化。

(二) 各经济主体对货币的需求

这是从微观角度研究货币需求和需求量的。经济主体对货币的需求,是指企业、单位、个人和政府部门对货币的需求,如企业购买原材料、支付工资和其他生产费用等对货币的需求。个人用货币购买商品、支付劳务、购买股票、债券等有价证券或以货币形式保存财富,以及预防不测之需等也表现为货币需求。

(三) 名义货币需求与实际货币需求

名义需求是指在物价变动的情况下同一货币单位所能购买的商品和劳务的数量;实际需求是指剔除了物价变动因素影响的货币需求量。货币的名义需求和实际需求的区别在于是否考虑物价变动的影响。假设生产、流通规模和实际财富水平不变而物价上涨了一倍,即全社会的商品、劳务的名义价值增加了一倍。如果货币流通速度不变,货币存量必须增加一倍,否则经济无法运转。但这种增加只是适应物价上涨幅度,是名义上的增加,就经济成长过程本身所提出的货币需求并没有变。例如,原来 100 元钱所能购买到的商品,现在因物价上涨 1 倍,需要 200 元钱才能买到与原来相同的物品,这 200 元钱就是名义需求,而实际需求仍然是原来价值 100 元的东西。

(四) 发挥产出潜力的货币需求

货币是为了使商品、服务交易更加便捷而产生的,因此,由已有的和即将有的商品、服务交易所提出的货币需求是最基本的货币需求。然而,商品、服务的提供是资源结合的过程,由于种种客观原因,资源的结合可以是处于相当充分的状态,即商品、服务的提供数量已接近最大可能;同样地,资源的结合也可以是处于相当不充分的状态,商品、服务可提供的数量还有相当的增长潜力。当处于前一种状态时,决定货币需求的商品、服务交易量已接近产出潜力的最大可能,也就是说,这时的货币需求接近其最大值。而当处于后一种状态时,有相当的资源闲置,产出潜力尚有待发挥,在这种情况下,就意味着同时还有一种需求,即需要货币使部分闲置资源结合的可能性转化为现实。只要实现了资源的结合,就会有追加的商品、服务交易,从而为促成资源结合而投入的货币也就成为经济过程之所必需。我们把这部分货币需求称为发挥产出潜力的货币需求。

当然，并非所有以闲置的资源为根据而提出的需求都可构成这里所说的货币需求。一方面，不少闲置资源不能形成有效产出，不能增加商品、服务交易量，从而就提不出追加的货币需求量。另一方面，当资源的结合从总体上说处于相当充分状态之际，也并非在所有的领域均不存在闲置但有可能结合的资源，因而也会有这种意义上的货币需求。

三、决定货币需求的因素

在经济生活中，决定货币需求的因素十分复杂，包括经济、技术、制度等方面，甚至还有社会风尚等多方面的因素。在货币需求分析中，通常将上述因素划分为三类：一类为规模变量，主要指的是收入；一类为机会成本变量，主要包括利率与预期通货膨胀率；余下的则称为其他变量，如制度因素等。

（一）规模变量

规模变量指收入和财富。该变量是决定货币需求的主要因素。经济主体手中的货币来源于收入，无论是出于交易动机、预防动机还是投机动机，其持有的货币量不可能超过其财富总额，而只是其财富总额的一部分。一般而言，收入水平越高，人们持有的货币量越多；反之，收入水平越低，人们持有的货币量越少。根据"收入＝消费＋储蓄"这个恒等式，随着收入的增加，消费和储蓄部分会增加。这对货币的需求是两方面的：一方面，收入增加，人们的日常开支消费会相应扩大，货币的交易需求就会增加；另一方面，收入增加时，边际消费倾向（在增加的每1元收入中用于消费的比例）呈递减趋势，即边际储蓄倾向是递增的。随着储蓄部分的增加，货币的资产需求也会增加。因此，收入水平的变化无论对货币的交易需求，还是对货币的资产需求都有影响。货币需求是收入水平的递增函数。

（二）机会成本变量

机会成本变量是利率和预期物价变动率。在既定的收入水平下，经济主体所持有的货币量占总收入的比例并不是固定不变的，该比例总是朝着使持有货币的经济主体的经济效益达到最大化的方向变动。经济效益最大化的货币持有比例应多大，则取决于持有货币的机会成本。利率和预期价格水平的变动等因素对货币持有主体可能造成潜在的收益或损失，因此，机会成本的大小会直接导致货币需求量的增加或减少。以利率水平为例：利率水平越低，人们持有的货币越多；反之，利率水平越高，人们持有的货币越少。这实际上是人们的储蓄部分在利率的作用下资产结构的调整问题。人们的金融资产主要有现金、存款和有价证券，每一种金融资产都可以相互转换，这种转换是有得有失的。在得到流动性的同时，丧失的是收益性。于是，人们自然会权衡利弊得失，做出理性的资产调整。例如，持有现金具有十足的流动性，但不产生任何收益，即收益率为零。因此，利息收入可视为持有现金的机会成本。只要未来的交易量能够预期，任何人都可以将所需的现金换成其他证券，届时再出卖证券以应付交易之需。但将证券换成货币需要花费一定的费用（如将有价证券在市场上转让变现都会有所花费，并且很麻烦），所以人们持有多少货币，取决于上述机会成本（利息）与费用的对比。货币需求是利率水平的递减函数。预期物价变动率同货币需求的关系也是逆向的，预期通货膨胀率越高,持有货币的机会成本越大,货币持有量越小,货币需求量就越小;反之,货币需求量就越大。

(三) 其他变量

其他变量指除上述两种变量之外的对货币需求量的决定因素,主要有以下四种。

1. 收入间隔期

人们两次收入的间隔时间长短对货币的需求量有影响,收入间隔时间越长,持有的货币越多;反之,收入间隔时间越短,持有的货币越少。假定某人月初收入4 000元,月中均匀花费,月末全部用完。当他刚好用完时,就得到了下个月的收入,这个模式可周而复始。显然,他在一个月中为满足交易需求,货币的平均持有量为2 000元。如果月收入4 000元改为周收入1 000元,并假定每月4周,那么,他平均每月持有的货币量为500元。利用间隔期可以说明我国城镇货币流通与农村货币流通的不同。城镇职工的年收入一般由12个月工资及奖金构成,而农民因受生产季节性的影响,年收入比较集中,主要集中在秋收以后。因此,职工手中的货币流通速度快于农民手中的货币流通速度。

2. 核算单位数量

每一个核算单位,不管是居民个人还是企事业单位,在经济生活中或多或少都需要持有一定的货币量。在国民经济中,随着核算单位数量的增加,如人口增加、企事业单位增加,原一个核算单位独立出几个核算单位等,即使国民生产总值不变,货币的需求也会增加。改革开放以来,由于农村推行家庭联产承包责任制,核算单位由原来的上百万个生产队核算变成上亿家农户核算,加之城镇就业人口的增加,企事业单位的发展,均可以说明我国的货币流通速度何以呈下降趋势。

3. 信用制度的状况

货币流通速度的大调节器是信用。信用制度的发展对人们手中的货币持有量有很大影响。一是由于转账制度的发展,许多债权债务得以抵消,资金周转加速,使货币的交易需求减少;二是储蓄机构的发展,如网点的增加、工作效率的提高、服务态度的改善等,使人们储蓄变得便利,货币持有量也就减少;三是信用工具的发展,使人们有多种资产选择的可能,人们的储蓄部分不再是仅在货币与存款两者之间作选择,而是在更广阔的范围内选择。因此,货币在金融资产中所占的比例呈缩小趋势。

4. 社会风尚

社会风尚包括国民的生活习俗、消费结构、勤俭风尚及人生观念等,这些因素对于一国的货币需求有一定的影响。

四、货币需求量

(一) 货币需求量的概念

不论是从微观角度还是宏观角度分析货币需求,目的都是为了测算出全社会对货币需要的总量,即货币需求量。什么是货币需求量?传统的解释是:社会公众在其总财富中愿意以货币形式保有的那一部分实际量,即为货币需求量。这一概念包括两个要点:一是意愿的货币需求量,意愿持有表示这种需求完全出于公众自身的经济利益。二是实际的(或称真实的)货币需求量。实际货币需求量是相对名义货币需求量而言的。名义货币需求量指社会公众在现行价格水平下对货币的需求量,它以按照现行购买力单位测算的名义货币来表示。实际货币需求量则指剔除价格变动因素后对货币的需求量,它以按照不变购买力单位测算的实际货币表示。一般而言,名义货币需求量和物价水平成正比,而实际货币需求量和物价水平无关,主要随实际收入和利率的变化而变化。

(二) 货币的流量和存量

货币量包括货币存量和货币流量两个概念。货币存量是指某一时点上存在的货币数量,它是货币静止状态的概念,是某一时点上货币数量的横断面。货币流量是指货币在一定时期内的支出或流动数量,也就是货币存量与每单位货币参加交易次数的乘积。例如,存量为1亿元,每元每年平均参加交易5次,则1年中货币的流量是5亿元,其中"5次"为货币的流通速度。可见,货币流量的大小取决于存量与货币流通速度的大小。与存量相比,流量反映的是货币的运转状态,是某一时期内货币数量的纵断面。

货币需求量显然是一种存量指标,但由于货币本身固有的流动性属性,同一枚货币可以多次地发挥交易等职能,因此,考察货币需求量仅仅停留于存量是不够的,还需要同时考虑其流量。同时,由于货币需求理论以及货币政策所关注的不是某一时点上的货币需求量,而是某一时期内货币需求量的大致趋势及变动幅度。因此,在货币需求量的计量中,需要同时考察存量与流量两种指标,做静态及动态的分析。

专栏 6-1

货币需求的替代性

货币需求的替代性,是指在一定条件下,公众对货币的需求为对其他流动性资产的需求所替代,货币需求量在总量上与结构上发生的转移、更替和变动的现象。

在简单的商品经济条件下,人们对货币的需求,在于直接购买或直接储蓄。此时,货币对持有者主要是一种交易媒介。在发达的市场经济中,由于资产的一般化和利率已成为衡量资产收益的一般标准,货币对持币者就主要表现为一种流动性资产。人们持有货币,不是单纯对流通媒介的考虑,而是将它作为一种资产,并在自己的资产持有总额中做综合考虑。个人资产持有的最佳形式是保持各种资产对持币者提供等量效用。如存款、有价证券等金融资产能给持有者提供直接收益,而货币不能。但货币可以给持有者提供安全、便利等效用,使其感受到与直接收益等量的效用。

替代性对货币需求本身的影响,与货币的定义有关。货币作为一种流动性金融资产,若将流动性范围定得很广,如把可变现的证券一并归纳进去,则替代性不影响货币需求总量,仅影响它的结构。但若将定期存款等"准货币"排除在货币范畴之外,其他金融资产的流动性与收益性越高,货币需求量将越小;反之,货币需求量将越大。

货币需求替代的发生,会引起其他金融资产的数量变动。由此引起资本市场中相对价格的变动,进而引起利率水平的变动,这些变动又会引起刺激或抑制实际部门生产的效果。例如,当发生证券取代货币之际,可能出现:(1)金融市场中部分证券需求过旺,行情看涨,这一信息传递到实际部门,会刺激相关部门和企业的投资及产出量;(2)由于证券取代部分货币,持币者对货币的意愿需求减少,在货币供给不变的情况下,将出现供大于求的趋势。这一趋势有抬高价格和抑制利率的作用,可能对实际部门产生扩张性作用。

货币需求替代性表明,在现实竞争的金融环境中,货币同其他资产的传统区别已被打破(人们对货币的需求会被其他流动性资产的需求部分替代)。人们更注重资产持有的整体性和合理性。货币作为资产之一,它的需求往往不单纯地由它的交换媒介职能决定。进而,它的供给与需求,往往不单纯地由货币本身的供求决定,而是在经济运行中由货币本身的供求与其他金融资产一道决定。货币对经济的影响,也往往是与其他金融资产的影响相互交叉,共同发生作用。

第二节 传统的货币需求理论

传统的货币需求理论包括以劳动价值论为基础的马克思价值论货币需求说和以不谈价值、只谈价格和数量为特点的古典货币需求数量说。

一、马克思的货币需求理论

马克思的货币需求理论,立足于资本主义现实,从简单商品货币经济揭示出货币需求的一般规律,然后又以此来揭示资本主义现代化商品经济和在发达的货币信用经济条件下的货币需求规律。

马克思的货币需求理论集中反映在其货币流通公式中。

马克思在研究货币需求问题时,为了分析方便,以"完全的金币流通"为假设条件,他的论证过程是:(1)商品的价格取决于商品的价值和黄金的价值,而价值决定于生产过程,所以商品是带着价值进入流通的;(2)商品价格是多少就需要多少金币来实现它,比如5克黄金的商品就需要5克黄金来购买;(3)商品与货币交换后,商品退出流通,黄金却留在流通之中使其他商品得以出售。因此,一定数量的黄金流通几次,就可使相应倍数价格的商品出售,有:

$$\frac{商品价格总额}{同名货币流通次数}=执行流通手段的货币量$$

用公式表示:$M=\dfrac{PT}{V}$ (6-1)

其中，M 表示一定时期内执行流通手段的货币量；P 为商品价格；T 为商品数量；V 为货币流通速度。

式(6-1)表明：货币需求量取决于价格的变动、流通的商品量和货币流通速度这三个因素。这三个因素按不同的方向和不同的比例变化，流通货币量则可能有多种多样的组合。

(1) 在商品价格不变时，由于流通商品量增加或货币流通速度下降，货币流通量就会增加，反之亦然。

(2) 在商品价格普遍提高时，如果流通商品量的减少同商品价格上涨保持相同比例，或者流通的商品量不变而货币流通速度的加快同商品价格的上涨一样迅速，那么流通货币量不变。如果商品量的减少或货币流通速度的加快比价格上涨更迅速，那么流通货币量还会减少。

(3) 在商品价格普遍下降时，如果商品量的增加同商品价格的跌落保持相同比例，或货币流通速度的降低同价格的跌落保持相同比例，那么流通货币量就会依然保持不变。如果商品量的增加或货币流通速度的降低比商品价格的跌落更迅速，那么流通货币量就会增加。

必须注意的是，马克思在分析这个问题时还有一个重要的假设：在该经济中存在着一个数量足够大的黄金储藏；流通中需要较多的黄金时，黄金从储藏中流出；流通中不需要很多黄金，多余的黄金就退出流通，转化为储藏。正是假设存在着这样一个调节器，所以流通中需要多少货币，就有多少货币存在于流通之中。

以上是货币需要量的基本公式，当货币支付手段职能产生以后，流通中所需货币量就不仅由货币执行流通手段职能所引起，而是除执行流通手段所需的货币量之外，还有执行支付手段的货币量。把执行流通手段的货币量和执行支付手段的货币量加到一起，构成流通中的货币量。

用公式表示：
$$M = \frac{T + T_1 - T_2 - T_3}{V} \tag{6-2}$$

其中，M 表示一定时期流通中所需的货币量；T 表示待实现商品价格总额；T_1 表示到期支付总额；T_2 表示彼此抵消的支付；T_3 表示赊销商品价格总额；V 表示同名货币作为流通手段和支付手段的流通速度。

式(6-2)考虑了在信用制度发展以后，不同期限的票据可以集中在同一段时间内支付，这样完全可以互相抵消，只支付抵消后的余额，从而可以减少流通对流通手段的需要，即待实现的商品价格总额，经过加减以后，才是真正需要支付的商品价格总额。

马克思进而分析了纸币流通条件下货币需要量与价格之间的关系。他指出，纸币是金属货币衍生而来的。纸币之所以能够流通，是由于国家的强力支持。同时，纸币本身没有价值，只有流通才能作为金币的代表。因此，纸币一旦进入流通，就不可能再退出流通。纸币的流通规律与金币不同，在金币流通条件下，流通所需要的货币数量是由商品价格总额决定的；而在纸币成为唯一流通手段条件下，商品价格水平会随纸币数量的增减而涨跌。

二、传统的货币数量论

所谓货币数量论,就是以货币的数量来解释货币的价值或一般物价水平的理论。传统的货币需求说在 20 世纪 30 年代发展至巅峰,并引入了数学作为研究工具。由于货币数量学者对于货币数量与物价、货币价值之间关系的解释方法和侧重点不同,形成了不同的学派。其中,最具代表性的是欧文·费雪(Irving Fisher)的现金交易说和剑桥学派的现金余额说。

传统的货币需求理论认为,货币本身并不存在内在价值,其价值来源于其交换价值,即货币的价值。它是对商品和劳务的实际购买力,货币只是遮掩"实际力量行动的面纱"。这种思想在经济学说史上被称为"货币数量论"(Quantity Theory of Money)。

最先发表货币数量说见解的是罗马的法学家鲍鲁斯(Julius Paulus)。他认为货币的价值取决于它的数量。然而,一般人们认为法国的重商主义者鲍丁(Jean Bodin)才是货币数量说的创始人。他认为,金银的价值与一般商品的价值相同,其数量增加,其价值就会被低估,价值被低估,则与其相交换的商品价值自然就要上涨。此外,英国重商主义者托马斯·孟(Thamas Mun)、著名的货币名目学说者和货币数量论者孟德斯鸠(Charles Montesquieu)、18 世纪英国哲学家和经济学家休谟(David Hume)等均持有货币数量说的观点。

(一)现金交易说——费雪方程式

20 世纪初,美国耶鲁大学教授欧文·费雪在研究了经济中总货币需求、总支出的关系后,提出了现金交易方程式(也被称为费雪方程式),为古典货币数量论构筑了一个清晰的框架。这一方程式在货币需求理论研究的发展进程中是一个重要环节。

费雪通过假设货币需求产生于个人之间彼此交易的需要,把货币需求和经济中的交易量相连接,并直接导出货币需求的宏观模型。费雪的分析是从一个简单的恒等式开始的:在每一次交易中都有买者和卖者,同时对总体经济来说,销售的价值必定等于收入的价值。费雪以 M 表示货币数量,V 表示一年中每一元钱用来购买最终产品或劳务的平均次数,它被称为货币流通速度,p、p' 和 p'' 表示各种不同的商品价格,q、q' 和 q'' 表示各种相应的不同的商品数量。他认为,货币量与其流通速度的乘积等于各种不同商品交易的总价格,即

$$MV = pq + p'q' + p''q'' + \cdots \tag{6-3}$$

其一般形式为:

$$MV = \sum_{i=1}^{n} p_i q_i \tag{6-4}$$

若以 P 作为 p 的加权平均,它既不代表个别物价水平,也不代表简单平均的物价水平,而是代表该时期内市场上以货币进行交换的商品及劳务的加权平均价格指数;以 T 作为 q 的总计,即社会商品交易总量,且不管是否当期生产,只要在当期发生货币交易的均计入,则交易方程可写成:

$$MV = PT \tag{6-5}$$

式(6-5)是一个恒等式，它仅仅描述了这样一个简单的事实：在交易中发生的货币支付总额(货币存量乘以其流通速度，即 MV)等于被交易商品或劳务的总价值(PT)。假定在某一年份中，平均货币余额为 1 000 亿元，而平均每一元钱又被花费了 8 次，那么在年中发生的货币支付总额就是 8 000 亿元。显然，这 8 000 亿元也就是这一年内利用货币进行交易的商品和劳务的总价值。反过来，如果某一年的交易总价值达 8 000 亿元，那一定意味着每一元钱平均周转了 8 次。

由于所有商品或劳务的总交易量资料不容易获得，而且人们关注的重点往往是国民收入，而不是交易总量，所以交易方程式常被写成下面的形式：

$$MV = PY \tag{6-6}$$

式(6-6)中，Y 代表以不变价格表示的一年中生产的最终产品和劳务的总价值，也就是实际国民收入；P 代表一般物价水平(用价格指数表示)，因此 PY 为名义国民收入。

显然，式(6-6)和式(6-5)一样，都是一个恒等式，是宏观经济学中最基本的恒等式之一。既然是恒等式，那就是在任何条件下都成立的，任何经济学家都必须承认。那么它们又是如何描述了货币数量论的观点呢？这主要是由于坚持货币数量论的费雪等经济学家对式中的某些变量做出了特殊的假定，从而得出了货币数量论的观点。

首先，费雪认为，在上述等式的 4 个变量中，货币流通速度 V 是由制度因素决定的，具体地说，它取决于人们的个人习惯、社会支付制度、人口密度、运输条件等。

将货币流通速度视为相对固定的常数具有重要的理论意义。如果货币流通速度经常波动的话，货币和交易总价值及名义国民收入就不会有稳定的关系，交易方程式也就变成了一个毫无意义的恒等式(事实上，不少凯恩斯学派的经济学家正是这样认为的)。但是只要货币流通速度是固定的，就意味着名义国民收入完全取决于货币供应量，这正是货币数量论的主要观点之一。

其次，和许多其他的古典经济学家一样，费雪也认为通过工资和物价的灵活变动，经济会保持在充分就业的水平上，实际国民收入 Y 在短期内也将保持不变。由于 V 和 Y 都保持不变，所以货币供应量 M 的变化就将完全体现在价格 P 的变化上。例如，当 M 增加一倍时，P 也将上涨一倍。这样我们可以得出货币数量论的另一重要观点：货币供应量的变化将引起一般物价水平的同比例变化。

费雪虽然更多地注意了 M 对 P 的影响，但是反过来，从这一方程式中也能导出一定价格水平和其他因素不变条件下的名义货币需求量。也就是说，

$$\because MV = PY$$

$$\therefore M = PY/V$$

在货币均衡的条件下，货币存量 M 就等于人们所愿意持有的货币量(即货币需求量 M^d)。因此我们有：

$$M^d = PY/V \tag{6-7}$$

费雪进一步认为,交易技术和制度性因素对流通速度的影响是相当缓慢的,因此短期内货币流通速度可以被看作一个常数。考虑到 V 是一个常数,令 $k=1/V$,

则有:
$$M = k * PY \tag{6-8}$$

式(6-8)就是传统货币数量论导出的货币需求函数。它表明:货币需求完全取决于货币流通速度和名义国民收入。而根据货币数量论的观点,货币流通速度是一个相对固定的量,所以货币需求取决于名义国民收入,利率对货币需求没有任何影响。

(二)现金余额说——剑桥方程式

在欧文·费雪发展货币需求现金交易理论的同时,英国剑桥的一批古典经济学家,包括马歇尔(Alfred Marshall)、庇古(A. C. Pigou)也在同一领域进行着类似的研究。该学派重视微观主体的行为,开创了微观货币需求研究的先河。他们认为,货币是一种资产,处于经济体系中的个人对货币的需求,实质上是选择以怎样的方式保持自己的资产的问题。他们深入探讨哪些因素决定了人们对这种资产的需求,并最终得出货币量和价格水平同比例变动的货币数量论观点。

马歇尔认为,人们通常都将当期收入的一部分以货币形式储存,但又不会储存过多。人们收入的去向不外乎三个方面:一是为了便利和安全储存货币;二是为了享受而购买消费品;三是为了收益而投资。三种用途是相互排斥的,人们究竟在三者之间保持一个什么样的比例,由各自的主观意愿决定。各经济主体在做出多少财富用于货币余额的决定时,除依赖于个人计划的交易量之外,还随持有货币的机会成本或由于未持有其他资产而放弃的收入变化(如股票债券能提供货币所没有的利息收入)。此外,名义货币需求会随物价水平成比例变化。持有货币的便利,来自它在交易中的用处。如果交易对象的商品和劳务的价格增加一定比例,那么个人为取得涨价前的相同便利,所持有的一定货币余额也必须同比例增加。

剑桥学派认为,就个人的财富水平来说,交易量和收入量彼此是按稳定的比例变动的。假定其他条件不变,对个人来说,名义货币需求和名义收入水平是成比例的。对整个经济体系来说,也是如此。因此,得出剑桥方程式:

$$M_d = kPY \tag{6-9}$$

式(6-9)中:M_d 代表货币需求;k 代表以货币形式持有的财富占名义总收入的比例;Y 代表总收入;P 代表物价水平。

(三)现金交易说和现金余额说的比较

比较费雪方程式和剑桥方程式,从表面上看,两个模型是相似的,特别是当把费雪方程式中的交易商品量(T)用总名义收入量(Y)代表时,两个模型更是一样的,但实际上,这两个方程式存在着显著的差异。

1. 对货币需求分析的侧重点不同

费雪方程式强调的是货币的交易媒介功能,着重分析货币的支出流;而剑桥方程式则重视货币的储藏功能,着重分析的是存量,是货币的持有而不是支出。用剑桥大学罗伯逊(D. H. Robertson)的话说,前者的货币是"飞翔的货币"(money on the wing),后者则是"栖息的货币"(money sitting)。

2. 货币需求对货币形式的侧重点不同

费雪方程式把货币需求与支出联系在一起,重视货币支出的数量和速度;而剑桥方程式则是从用货币形式保有资产存量的角度考虑货币需求,重视人们持有货币占其收入的比例。

3. 两个方程式所强调的货币需求的决定因素有所不同

费雪方程式用货币数量的变动来解释价格;反过来,在交易商品量和价格水平一定时,也能在既定的货币流通速度下导出相应的货币需求数量,但利率对货币需求没有任何影响。剑桥经济学家们也经常将 k 看作一个常数,但在利率能否影响货币需求问题上与费雪学派意见并不一致。剑桥学派认为,个体选择多少货币进行价值储存除了受名义收入的影响外,还受到其他资产收益率和期望回报率的影响,出于种种经济考虑,人们对保有货币有一个满足程度问题,保有货币要付出代价,如不能带来收益等,这是对保有货币数量的制约,微观主体在权衡比较中决定货币需求。显然,剑桥方程式中的货币需求决定因素多于费雪方程式,特别是利率的作用已成为不可忽视的因素之一。

专栏 6-2

货币面纱论

货币面纱论是关于货币在经济中的作用问题的一种观点,最早由让·巴蒂斯特·萨伊(Say Jean Baptiste)、约翰·穆勒(John Stuart Mill)、古斯塔夫·卡塞尔(Gustav Cassel)等人倡导,在货币数量论那里达到最完整的理论表述,其名称也来自货币数量论的主要代表庇古于1950年出版的《货币面纱》一书。这种理论认为,货币与商品的交换实质上是商品与商品的交换,货币本身没有价值,只是一种交易媒介,只是一种便利交易的工具,货币数量的变动只影响一般物价水平,货币面纱论并不影响实际的经济活动,也就不影响就业、产出、实际收入和实际利率,货币只不过是"一块遮挡实际经济力量活动的面纱"。当人们看不透这层面纱,认为货币本身也有价值时,就会产生货币幻觉,即人们只是对货币的名义价值做出反应,而忽视其实际购买力变化的一种心理错觉。考察经济力量的活动必须揭掉遮盖在实物经济上的面纱——货币。

第三节 现代货币需求理论

一、凯恩斯的货币需求理论

英国著名经济学家约翰·梅纳德·凯恩斯(John Maynard Keynes)早期是剑桥学

派的一员,1936年他的《就业、利息和货币通论》出版,标志着其独树一帜的学说的形成,导致了西方的经济学革命。就货币理论而言,凯恩斯在书中提出了以收入支出学说为中心的货币理论,取代了原来占统治地位的货币数量论,使西方货币理论取得重大突破和发展。

凯恩斯继承了剑桥学派的分析方法,从资产选择的角度来考察货币需求。所不同的是,凯恩斯没有像他的前辈们那样,在概略地陈述了影响货币需求的各种因素之后,又草率地断定只有名义国民收入才是影响货币需求的主要因素,而是对人们持有货币的各种动机进行了详尽分析,进而得出了实际货币需求不仅受实际收入的影响,也受利率影响的结论。这一结论隐含着另一个重要的含义,那就是,货币流通速度也是受利率影响的,因而是多变的。

(一) 持有货币的动机:流动性偏好

凯恩斯将人们持有货币的动机,称为流动性偏好,所以凯恩斯的货币需求理论也被称为流动性偏好论。

所谓流动偏好是指人们的货币需求行为。因为货币是最具流动性的资产,有货币在手,则机动灵活,放弃货币即放弃机动灵活。凯恩斯认为,人们在得到货币收入后,通常要做两个抉择:一是要决定收入中有多少用于消费,有多少用于储蓄,即存在时间偏好的抉择;二是要决定用于储蓄的那部分收入,究竟以什么形式来储蓄,是以手持货币来储蓄还是以购买有价证券来储蓄,即存在流动偏好的抉择。对于时间偏好的抉择,凯恩斯引入消费倾向和储蓄倾向的概念。根据收入与消费和储蓄的关系,他得出了边际消费倾向递减和边际储蓄倾向递增的结论。对于流动偏好的抉择,他分析了人们为什么不以其未消费的那部分收入全部用于购买有价证券以得到利息,而要手持一部分不生息的货币,从而归纳出货币需求即流动偏好的三个动机:交易动机、预防动机和投机动机。相应地,货币需求也被分为三部分:(1) 交易性需求;(2) 预防性需求;(3) 投机性需求。

1. 交易性需求

交易性需求是指个人或企业为应付日常的交易支出而愿意持有一部分货币。这是由于货币的交易媒介职能而导致的一种需求。由于收入的获得和支出的发生之间总会有一定的间隔,在这段间隔内,企业或个人固然可以把收入转换成货币以外的资产形式加以保存,但是为支付方便起见,仍必须持有一定量的货币。例如,当你在月初领到工资之后,不会把它都变成储蓄或定期存款,总会留出一部分工资以货币(现金或支票存款)的形式保存着,以备日常的开销。这部分货币需求就构成货币的交易性需求。凯恩斯认为,虽然货币的交易性需求也受其他一些次要因素的影响,但它主要还是取决于收入的大小。

2. 预防性需求

货币的预防性需求是指企业或个人为了应付突然发生的意外支出,或者捕捉一些突然出现的有利时机而愿意持有一部分货币。正如凯恩斯所一贯坚持的那样,未来是充满不确定性的,人们不可能把一切支出都计算好,并据此来决定持有多少货币,而总要在日常的支出计划之外,留出一部分机动的货币,来应付诸如生病、原材料涨价之类的突发事件,或者捕捉一些意料之外的购买机会(如商品降价等)。这部分货币需求就构成货币的预防性需求。根据凯恩斯的观点,货币的预防性需求也是同收入成正比的——这一点也不难理解,一个靠工资只能勉强糊口的小职员,又怎么可能为预防起见而持有大量的货币呢?

交易性需求与预防性需求的区别在于:前者持有货币的目的是便于应付日常支出,支出是有规律的、大致确定的;后者持有货币的目的是便于应付意外支出,支出是突发的、不确定的。但两者都注重货币的流通手段职能和支付手段职能,两者都主要取决于收入的大小,为收入的递增函数。凯恩斯以 M_1 代表为满足交易动机和预防动机而持有的货币量,以 L_1 代表由交易动机和预防动机所引起的流动偏好函数,以 Y 代表收入,则函数关系如下:

$$M_1 = L_1(Y) \tag{6-10}$$

凯恩斯把由交易动机、预防动机产生的货币需求统称为交易性货币需求。交易性货币需求的主要特征是:

(1) 货币主要充当交换媒介。它主要用于商品交换。货币持有者将货币作为商品交换的媒介,发挥流通手段职能。

(2) 交易性货币需求相对稳定,一般可以事先确定,因为在一定时期内用于交易的货币数量、用途和支出时间大体上可以预见,因而货币的需求也相对稳定。

(3) 交易性的货币需求是收入的递增函数,其大小与收入和货币的流通速度有关。

(4) 交易性货币需求对利率不敏感,由于持币会损失利息收入,所以以利率的变化会影响货币需求。但是,交易性货币需求主要用于日常经济活动或生活中必不可少的交易,因此利率损失再大也必须持有一定数量的现金,以保证日常交易得以顺利进行。

3. 投机性需求

凯恩斯关于货币的交易性需求的分析和古典经济学家们没有什么不同;他关于货币的预防性需求的分析虽然强调了不确定性在货币需求中的作用,但是由于它和交易性需求一样,主要取决于收入的大小,所以上述区分并未对传统的货币需求理论构成实质性的冲击。凯恩斯货币需求理论的真正创新之处在于他引入了对货币的投机性需求的分析,从而强调了利率在货币需求中的影响。这一点对于他的整个宏观经济理论体系也是至关重要的。

所谓货币的投机性需求,是指人们为了在未来某一适当的时机进行投机活动而愿意持有一部分货币。决定这部分货币需求的因素是什么呢?为分析方便起见,凯恩斯假定人们可以以两种形式来持有其财富:货币或生息资产,后者可以用长期政府债券来作代表。因此,影响财富在这两者之间进行分配的因素也就是影响货币投机性需求的因素。

究竟有哪些因素会影响人们在货币和生息资产之间的选择呢?凯恩斯认为,这主要取决于这两种资产分别能给人带来多少预期报酬。他假定,货币的预期报酬率为零。在凯恩斯生活的时代,支票存款是不支付利息的,所以他作出这个假定是很自然的。但实际上我们的目的仅仅是比较两种资产的相对报酬率,货币的预期报酬率是不是真的为零并不重要。和货币不同的是，债券等生息资产却可能有两种报酬：利息和资本利得。

利息收入显然取决于利率的高低。资本利得则是指债券的卖出价和买入价之间的差额，它也是和利率相关的。我们知道，债券的价格是和利率呈反向变化的。利率越高，债券的价格就越低；反之亦然。因此，如果你现在买入一张债券，三个月后利率下降了，你的债券就能升值，你也就可以获得一笔资本利得；反之，如果三个月后利率上升，你就必须蒙受资本损失（也就是负的资本利得）。可见，预期资本利得的大小（包括正负）取决于预期的利率波动。那么，人们又是如何预测未来利率波动的呢？凯恩斯假定，每个人心目中都会有一个利率的"安全水准"，当利率低于这个安全水准时，人们就会预期它将上升；反之，当利率高于这个安全水准时，人们就预期它将下降。因此，预期资本利得就取决于当前利率与安全利率的偏离程度。

由此我们就至少有两个理由相信，货币的投机性需求与利率呈反向变化。

首先，当利率较高时，持有生息资产的利息收入较大；其次，当利率较高时，它高于安全利率，从而在未来时期内下降的可能性也较大，所以持有生息资产获得资本利得的可能性也较大。这两方面因素加起来，就使利率越高，生息资产越有吸引力，货币的投机性需求越小。反之，当利率水平很低时，从生息资产上获得的利息收入还不足以补偿可能的资本损失，所以人们就宁愿持有货币。在极端情况下，当利率水平低到所有人都认为它肯定将上升时，货币的投机性需求就可能变得无限大，任何新增的货币供给都会被人们所持有，而不会增加对债券的需求，结果使利率进一步下降。这就是后人所谓的"流动性陷阱"。对于这种情形是否真的存在，经济学家们有着广泛的争论。

应该注意的是，由于预期资本利得是取决于当前利率与安全利率之间的偏差，而不是当前利率水平，所以当安全利率（也就是人们对利率的安全水准为多少的看法）发生变化时，货币的投机性需求，甚至是整个货币需求与利率的对应关系就会发生变化，也就是货币需求曲线将发生位移。

凯恩斯以 M_2 代表为满足投机动机而持有的货币量，以 L_2 代表由投机所引起的流动偏好函数，r 代表利率水平，则函数关系如下：

$$M_2 = L_2(r) \tag{6-11}$$

(二) 凯恩斯的货币需求函数

根据上述分析，以 M 代表货币需求总量，则整个社会的货币需求可用下列函数关系表示：

$$M = M_1 + M_2 = L_1(Y) + L_2(r) \tag{6-12}$$

显然，由式(6-12)描述的货币需求同实际收入成正向关系，与利率成反向关系。

把利率作为影响货币需求的重要因素考虑进来是凯恩斯的一大创举。而在此之前的货币需求理论，要么根本否认利率对货币需求的影响（如现金交易说），要么只是隐约地提到利率发生作用的可能（如现金余额说）。凯恩斯则将货币需求对利率的敏感性作为其宏观经济理论的重要支点，并以此来攻击传统的货币数量论。

由货币需求对利率的敏感性可以得出三个与货币数量论格格不入的结论。

首先,货币需求是不稳定的。由于市场利率往往有较大的波动,受其影响,人们对货币这种资产的需求也会有较大的波动。而且,由于人们对于安全利率的看法也会发生变化,所以货币需求函数本身也是不稳定的,它会随人们对安全利率看法的变化而发生位移。这样,货币需求与利率和实际收入之间就缺乏稳定的关系。因此,货币需求不仅是波动的,而且是难以预测的。

其次,在货币需求波动较大的情况下,货币流通速度也必然有较大的波动。这一点从交易方程式中不难看出来。在货币市场均衡(即货币需求 M_d 等于货币供给 M)的情况下可得:

$$货币流通速度 V = \frac{Y}{L_1(Y) + L_2(i)} \tag{6-13}$$

也就是说,货币流通速度是和实际货币需求呈反向关系的。这样,当实际货币需求随利率的涨落而发生波动时,货币流通速度也就随之波动。

在凯恩斯看来,传统货币数量论将货币流通速度视为常数,其错误就在于忽略了货币投机性需求 $L_2(r)$ 的存在。只有当 $L_2(r)$ 等于零时,货币流通速度才可被视为一个主要由制度因素决定的在短期内变化很小的量。

最后,在货币流通速度波动很大的情况下,货币量 M 与名义收入 PY 之间就不具有稳定的关系,因而名义收入完全由货币量决定的货币数量论观点就不能成立。例如,当货币供给增加时,利率下降,从而实际货币需求上升,由式(6-13)可以看出货币流通速度将因此下降。这样,货币供应量的增加就可能完全因货币流通速度的减小而抵消,从而对名义收入没有任何影响。更进一步地讲,在货币流通速度不稳定的情况下,交易方程式虽然是一个随时都成立的恒等式,但其本身并不能说明任何问题。这也是凯恩斯抛弃交易方程式这一分析工具的重要原因。

上述分析表明,货币需求对利率是否敏感是一个重大的理论问题,因此后来的凯恩斯主义者和货币主义者在这一问题上展开了长期的争论。

凯恩斯的理论被称为西方经济理论的革命,在货币理论方面,他有两个突出的贡献。

(1) 深入探讨了货币需求动机,提出了以投机需求为中心的流动偏好理论,从而把利率引入货币需求函数之中。这一"革命"为中央银行运用利率杠杆调节货币供应量提供了理论依据。凯恩斯主义把货币需求量与名义国民收入和市场利率联系在一起,这就否定了传统数量论者关于货币数量直接决定商品价格的说法,使货币成为促进宏观经济发展的重要因素,对通过收入政策和利率政策调控货币供应量以及促进经济增长有重要借鉴意义。

(2) 深入分析了货币的传递机制。货币的传递机制理论作为货币理论的有机组成部分,在凯恩斯以前的货币理论中是有所论及的。货币的"面纱观"与传统的"两分法",使货币量论者对货币的作用不可能有全面深入的认识。19世纪末期,瑞典学派奠基人维克塞尔(Wicksell)以其积累过程理论,把货币分析引进一般经济分析,成为当代货币传递机制理论的奠基人。与维克塞尔相比,凯恩斯直接把利率作为联结货币与产量的纽带,而不借助于物价,更不停留于物价(货币购买力)波动的解释,而是全力分析产量变动的原因。正是由于他的这种分析法,才真正把传统的"两分法"变为"一元论"。

二、凯恩斯货币需求理论的发展

20世纪50年代,一些凯恩斯学派的经济学家在深入研究凯恩斯的货币理论时发现,凯恩斯的货币需求理论还存在一些缺陷,他们因此提出了许多新的理论。这些新理论有一个共同的特点,那就是都突出地强调了利率对货币需求的影响。

(一) 交易性货币需求理论的完善:平方根定律

凯恩斯把货币需求分析为交易性需求与投机性需求,前者取决于收入所得,与利率无关。但一些凯恩斯学派的经济学家发现,实际情况并非如此,利率对交易性货币需求也有较大影响。任何经济主体的经济行为都以收益的最大化为目标。因此,在货币收入取得和支用的时差内,没有必要让所有用于交易的货币都以现金形式存在。人们可以把暂时不用的现金转化为生息资产的形式,待需要时再变现。

鉴于这一情况,美国经济学家鲍莫尔于20世纪50年代初首先深入研究了交易性货币需求与利率的关系,提出了被西方经济学界广泛接受的鲍莫尔模型(即"平方根定律")。此后,托宾也论证了货币的交易性需求同样受到利率变动的影响。

鲍莫尔在分析时有以下三个假定。

(1) 人们有规律地每隔一定时间获得一定量的收入(Y),而支出的数量事先可知且是连续和均匀的,即人们的交易活动在一定时期内是可以预见的,而且收支是有规律的。

(2) 人们将现金换成生息资产采取购买短期债券的形式,因为短期债券具有容易变现和安全性强等特点。

(3) 每次变现(出售债券)与前一次的时间间隔及变现量(k)都相等。

鲍莫尔认为,一个企业的现金余额通常可以看作一种货币的存货,这种存货能够被其持有者随时用来进行交换,而保存任何存货都将耗费成本。保存现金的成本有两项:一是获得现金时(出售债券)所支付的手续费(b);二是保持现金所损失的利息(r表示利率)。根据假定(1),支出是一个不变的常量,因此在整个支出期间内的平均交易余额为$k/2$,所以利息成本为$r(k/2)$。以C代表保有现金的总成本,人们持有现金的成本等于将有息资产转换为现金的实际成本(手续费、花费的时间等,鲍莫尔称之为"佣金"或"重置成本")和持有现金丧失的利息收入之和,即

$$C = 将有息资产转换为现金的实际成本 + 持有现金丧失的利息$$

其代数表达式为:

$$C = bY/k + rk/2 \tag{6-14}$$

鲍莫尔认为,所有的现金持有者都是理性的,他们必须获得持有现金的最低成本。为了求得C为极小时的k值,对k求一阶导数。并令其为零,有

$$\frac{\partial C}{\partial k} = -\frac{bY}{k^2} + \frac{r}{2} = 0$$

解得：

$$k = \sqrt{\frac{2bY}{r}} \tag{6-15}$$

即每次将债券转换为现金的数额为 $\sqrt{2bY/r}$ 时，持有现金的总成本最小。由于人们的平均手持现金余额为 $k/2$，最适宜的现金持有额为 $\frac{1}{2}\sqrt{2bY/r}$，即

$$M = \frac{k}{2} = \frac{1}{2}\sqrt{\frac{2bY}{r}} \tag{6-16}$$

式(6-16)即为著名的平方根公式，它表明，当 Y 或(和) b 增加时，适宜的 M 将增加；而当 r 上升时，M 则下降。式(6-16)表明，交易性货币需求在很大程度上受利率变动的影响。

鲍莫尔模型自 20 世纪 50 年代产生以来，一直受到西方经济学界的重视，对西方货币理论产生了重大影响。

第一，鲍莫尔证明了交易性货币需求在很大程度上受利率变动的影响。这一论证不仅进一步地为凯恩斯主义以利率作为货币政策的传导机制的理论提供了理论依据，而且向货币政策的制定者指出，货币政策如果不能影响利率，那么它的作用将会是十分有限的。

第二，根据平方根公式，假定利率和物价水平不变，增加一定的货币将导致 Y 的增加，因为货币的交易需求与 Y 的平方根成正比。鲍莫尔的理论因此强调了货币政策的重要性。

第三，鲍莫尔的理论不仅阐明了 Y 的变化与交易性货币需求变化的数量关系，而且间接地说明了物价的变化与交易性货币需求变化的关系。这对保持最适度的货币供应量和货币市场的均衡，具有一定的参考价值。

当然，鲍莫尔的理论也不尽完善，主要是该理论对利率变动与交易性货币需求变动的数量关系的描述不一定十分准确，这一点以后已被其他经济学家，如布伦纳(K. Brunner)、米勒(M. H. Miller)和奥尔(D. Orr)等的实证研究所证实。但是，鲍莫尔模型中的数量关系所揭示的定性分析，无疑对后来的研究者具有相当的启发性。

(二) 预防性需求理论的进一步完善：惠伦模型

凯恩斯的货币需求理论不仅认为交易动机的货币需求与利率的大小无关，而且还认为，预防动机的货币需求也不受利率变动的影响。鲍莫尔的理论已经证明，凯恩斯的第一个论点不成立。1966 年，美国经济学家惠伦发表的研究证明，凯恩斯的第二个论点也不成立。

惠伦认为，预防性货币需求来自事物的不确定性。一个人无法保证他在某一时期内的货币收入和货币支出情况与先前所预料的完全一致。因此，人们实际保有的货币

通常会比预期所需要的多一些,其中的超额部分来自预防动机的货币需求。

惠伦在其研究中分析了影响最适度预防性货币需求的三个主要因素:一是非流动性成本,指"因低估在某一支付期间内的现金需要而造成的后果的严重性",即少持有或不持有预防性货币余额而可能造成的损失;二是持有预防性现金余额的机会成本,指为持有这些现金而须放弃一定的利息收入(类似于鲍莫尔理论中的持有交易性现金余额的机会成本);三是收入和支出的平均值变化的情况。前两项成本构成了持有预防性现金余额的总成本。

现在,货币持有者面临的两难选择是:如果他为预防不测持有较多的货币,则减少了预期非流动性成本,但同时增加了持有预防性现金余额的机会成本。反之,如果他持有较少的预防性现金余额,减少了持有预防性现金余额的机会成本,提高了非流动性的成本。所以,利润最大化目标是选择一个最适度的预防性现金余额,使两种成本之和降至最低。

模型假设如下:假设 r 为利率,M 代表预防性现金的平均持有额,持有预防性现金余额的机会成本为 Mr。如果一定时期内净支出大于预防性现金持有量 M,公司就要将其他资产变现,费用为 C(假定 C 不受转换量的影响),净支出的概率分布以零为中心,净支出大于预防性现金持有量的概率为 p,则预期非流动性的成本为 Cp;以 T_c 代表总成本,有

$$T_c = Mr + Cp \tag{6-17}$$

惠伦假定,持币者都是风险回避者,所以在估计净支出超过预防性现金金额的可能性时,做最保守的估计,取 $p = S^2/M^2$,其中 S 表示净支出分布的标准差,代入上式得:$T_c = Mr + CS^2/M^2$。

根据数学推导,得到:

$$M = \sqrt[3]{\frac{2S^2C}{r}} \tag{6-18}$$

式(6-18)表明,最适度预防性现金余额大小与三个变量的变化成立方根关系,这三个变量是:(1)净支出分布的方差 S^2;(2)非流动性成本 C;(3)持有现金余额的机会成本率 r 的倒数。

惠伦理论的结论是:预防性货币需求也受利率变动的影响。

根据惠伦和鲍莫尔的结论,凯恩斯的货币需求函数应被修正为:

$$M = L_1(r, Y) + L_2(r) \tag{6-19}$$

进一步简化为:

$$M/P = L(r, Y) \tag{6-20}$$

式(6-20)也就是凯恩斯学派的货币需求函数,它表明实际货币需求由利率和收入两个因素共同决定。

(三)投机性货币需求理论的发展:托宾的资产选择理论

凯恩斯的货币需求理论不能说明人们为什么同时持有货币和债券。一方面,凯恩

斯认为公众对"均衡利率"持有一种"点预期"。当实际利率低于该点时,投资者就不愿意持有任何债券,而实际利率高于该点时,投资者就会将其全部资产都转向债券。另一方面,他假定预期利率不可能无限期地持续高于以往水平,以此来解释公众在高利率时的现金需求,托宾把这称为利率预期的黏性。托宾放弃了这种"利率预期的黏性"的假定,用投资者逃避风险的行为来解释流动性偏好。

托宾认为,资产的保存形式不外乎两种:货币和债券。持有债券可以得到利息,但也要承担由于债券价格下跌而受损失的风险,因此债券被称为风险性资产;持有货币虽然没有收益,但也不必承担风险(物价变动情况例外),故货币被称为安全性资产。一般来说,如果某人将资产全部投入风险性资产,那么他的预期收益达到最大,与此同时他的风险也达到最大;如果某人的所有资产都以货币形式保存在手里,他的预期收益和所要承担的风险都等于零;如果他将资产分作货币和债券各一半,那么他的预计利益和风险就处于中点。由此可见,风险和收益是同方向变化、同步消长的。

面对同样的选择对象,由于人们对待风险的态度不同,就可能做出不同的选择决定。据此,托宾将人们分成三种类型:一是风险回避者,这部分人注重安全,尽可能避免风险。二是风险爱好者,这部分人喜欢风险,热衷追逐意外收获。三是风险中立者,这部分人追求预计收益也注重安全,当预计收益比较确定时,他们可以不计风险。

托宾认为,现实生活中后两种人只占少数,绝大多数人都属于风险回避者,资产选择理论就以他们为主进行分析。

托宾认为,风险回避者按照效用最大化原则选择其资产组合而不仅仅是考虑收益最大化。在他看来,收益给人们带来正效用,风险带来负效用。正效用随收益的增加而增加,但收益的正效用随着收益的增加以递减的速度增加,随风险的增加而减少。风险的负效用随着风险的增加而增加。若某人的资产构成只有货币而没有债券,为了获得收益,他会把一部分货币换成债券,因为减少了货币在资产中的比例就带来收益的正效用。但随着债券比例的增加,债券收益的边际正效用递减而风险的负效用递增,当新增加的债券带来的收益正效用与风险负效用之和等于零时,他就会停止将货币换成债券的行为,这时他的资产组合就达到一种均衡状态。同理,若某人的全部资产都是债券,因其风险太大而使其总效用低,为了安全,他就会抛出债券而增加货币持有额,直到债券风险带来的边际负效用与收益带来的边际正效用之和等于零时为止。正因为人们追求效用的最大化而不仅仅是收益的最大化,才导致了人们资产持有的多样化,这就是所谓的"资产分散化原则"。

(1)在不确定状态下人们同时持有货币和债券即资产多样化的原因,以及对各种资产在量上进行选择的依据。

(2)货币投机需求与利率之间存在着反方向变动的关系。当利率上升时,债券的收益率就会上升,但不会因此而增加持有债券的风险,投资者会减少货币需求而增购债券。反之,当利率下降时,虽不增加债券的风险,但减少了债券的收益,这样就促使投资者把一部分债券转换成现金。

(3)货币投机需求的变动是通过人们调整资产组合实现的。这是由于利率的变动引起预期收益率的变动,破坏了原有资产组合中风险负效用与收益正效用的均衡,人们重新调整自己资产组合的行为,导致货币投机需求的变动。

三、弗里德曼的货币需求理论

(一) 弗里德曼货币需求理论的内容

弗里德曼(Milton Fridman)是现代货币主义的代表人物。弗里德曼的货币需求理论是在继承剑桥学派现金余额学说的基础上,吸收了凯恩斯的流动偏好学说形成和发展起来的。弗里德曼继承了凯恩斯等人把货币视为一种资产的观点,把货币需求当作财富所有者的资产选择行为来加以考察。所不同的是,他不像凯恩斯那样,用债券来代表所有货币之外的金融资产,把资产选择的范围限定在货币和债券之间,而是把债券、股票,以及各种实物资产都列为可替代货币的资产,将资产选择的范围大大扩大,并从中得出了与凯恩斯主义者截然不同的结论。

弗里德曼研究货币需求理论的思路也与凯恩斯学派不同,他抛弃了从人们保有货币的动机出发来研究货币需求的方法,只是把货币当作一种资产、一种持有财富的方式,或一种(提供生产劳务的)资本货物,如同债券、股票、房屋和耐用消费品等一样。所以,弗里德曼认为"货币需求理论是资本理论中的一个特殊论题"。弗里德曼认为,人们的货币需求与消费者对商品的选择一样,受收入水平、机会成本和效用等三种因素的影响。

1. 收入或财富对货币需求的影响

(1) 财富总额对货币需求的影响。作为资本理论的直接运用,弗里德曼将个人的财富总额视为货币需求的主要决定因素。他这里所指的财富是从最广泛和最普遍意义上来说的财富。因此,财富总额包括收入或消费劳务的所有来源,其中之一是人类的生产能力(即人力财富),它成了保持财富的形式之一。一般来说,个人所持有的货币量,不会超过其财富总额。财富可以用收入来表示,但不能用即期收入代表财富,因为即期收入受不规则的年度波动影响带有较大的片面性。因此,弗里德曼使用"恒常收入"(permanent income)概念。恒常收入是一个人在相当长时间内获得的收入流量,相当于观察到的过去若干年收入的加权平均数(弗里德曼认为在其模型中,恒常收入可用货币需求解释变量中的四种资产——货币、债券、股票和非人力财富的总和作为代表性指标)。从这一观点出发,利率(贴现率)就表示财富存量与收入流量之间的关系,可以视为财富收入的资本化价值。若以 Y 表示收入流量总额,r 表示贴现率,则财富总额 $= \dfrac{Y}{r}$。

(2) 财富结构对货币需求的影响。弗里德曼把财富划分为非人力财富与人力财富。人力财富是指个人获得收入的能力,包括一切先天的和后天的才能与技术。非人力财富是指物质财富,如房屋、机器、耐用消费品等。非人力财富具有较高的替代性,而人力财富的市场则是不完全的,尤其在经济不景气时,更难将人力财富转变为收入。因此,为了应付可能发生的人力财富的滞销,人力财富在总财富中所占比例越大,出于审慎动机对货币的需求也就越大;而非人力财富所占比例越大,对货币的需求也就越小。这样,非人力财富占个人总财富的比率与货币需求为负相关关系。

2. 持有货币的机会成本对货币需求的影响

弗里德曼认为，货币和其他资产一样，对其持有者提供劳务流量(a flow of service)。它可以是货币收益，也可以是便利、安全感等。于是，因持有货币而放弃其他资产所提供的劳务流量就成了持有货币的机会成本，这些机会成本的大小自然会影响人们的持币需求。所以货币的预期收益(r_m)就成为持有货币的机会成本，另外由于债券、股票和实物资产被弗里德曼视为货币的主要替代品，这三种资产的收益也成了持币的机会成本。

债券的收益由利息和因债券价格变动所引起的资本增值(可正可负)两部分组成。假定持有价格为1元的债券所获得的年息收入为r_b，年息为1元的债券的价格为$1/r_b$。弗里德曼将r_b称为债券的市场利率，并由此将保持价格为1元的债券的收益近似地表示为：

$$r_b - \frac{1}{r_b}\frac{dr_b}{dt} \tag{6-21}$$

式(6-21)中，t为时间。

同样可以认为，股票持有人的名义收益具有三种形式：在价格不变条件下，每年获得的固定股息量；价格变动后，该名义量的增量或减量；随时间推移而发生的股票名义价格的变动，这一变动由利率或价格水平的变动导致。以r_e表示股票市场相对应的利率，则以股票形式保有1元财富的收益可以近似表示为：

$$r_e + \frac{1}{p}\frac{dp}{dt} - \frac{1}{r_e}\frac{dr_e}{dt} \tag{6-22}$$

式(6-22)中，p为价格水平。

货币的另一种主要替代品——实物资产的收益，取决于物价水平的变动。1元实物资产的收益为：

$$\frac{1}{p}\frac{dp}{dt} \tag{6-23}$$

3. 效用(个人对财富持有形式的偏好)对货币需求的影响

对于经济主体来说，持有货币既可便利日常交易，又可以应付不测之需，还可以抓住获利的机会，这就是货币所提供的效用。这些效用虽然无法直接测量，但人们的感觉和现实证明它确实存在。这种流动性效用以及影响此效用的因素，如社会的富裕程度、取得信贷的难易程度、社会支付体系的状况以及人们的嗜好、兴趣等，均是影响货币需求的因素。就个人对财富的持有形式的偏好来说，一般视为不变。但它们在客观环境发生变化时也会发生变化。例如，战争时期以货币形式保有的财富的比例会增大；严重通货膨胀时期，人们可能更乐意保持实物资产。所以，这种偏好的变动也会对货币需求产生影响。

综上所述，弗里德曼将货币需求的决定因素归结为七种：价格水平(p)、债券的预期收益 $\left(r_b - \frac{1}{r_b}\frac{dr_b}{dt}\right)$、股票的预期收益 $\left(r_e + \frac{1}{p}\frac{dp}{dt} - \frac{1}{r_e}\frac{dr_e}{dt}\right)$、实物资产的预

期收益 $\left(\frac{1}{p}\frac{dp}{dt}\right)$、非人力财富占总财富的比例$(w)$、财富总额 $\left(\frac{Y}{r}\right)$ 和财富持有者对各种财富持有形式的偏好(u)。据此,可以得到如下货币需求函数①:

$$M=f\left(p, r_b-\frac{1}{r_b}\frac{dr_b}{dt}, r_e+\frac{1}{p}\frac{dp}{dt}-\frac{1}{r_e}\frac{dr_e}{dt}, \frac{1}{p}\frac{dp}{dt}; w; \frac{Y}{r}; u\right) \tag{6-24}$$

弗里德曼的货币需求函数中包含了三种利率,即两种特定种类资产的利率:债券利率r_b和股票相对应利率r_e,以及一般利率r。这个一般性的利率r将被解释为两种特殊利率加上适用于人力财富与实物商品利率的某种加权平均数。鉴于后两种利率不能直接观察到,所以,将它们看作以某种系统的方式随r_b与r_e的变化而变化,这可能是最好的解决办法。在这一假设之下,我们可以将作为附加的显变量r予以省略,而将它的影响在r_b和r_e中充分考虑②。

如果再假定两种特定资产利率r_b和r_e波动预期是一致的,债券与股票有充分替代性,则套利将使:

$$r_b-\frac{1}{r_b}\frac{dr_b}{dt}=r_e+\frac{1}{p}\frac{dp}{dt}-\frac{1}{r_e}\frac{dr_e}{dt} \tag{6-25}$$

或者,若假定利率保持稳定,或利率以相同百分比变动,则有

$$r_b=r_e+\frac{1}{p}\frac{dp}{dt} \tag{6-26}$$

即"货币"利率等于"实际"利率加上价格变动的百分比③。

现若再考虑实际货币需求,根据假定,弗里德曼的货币需求函数可以简化为:

$$\frac{M}{P}=f\left(r_b, r_e, \frac{1}{p}\frac{dp}{dt}; w; \frac{Y}{P}; u\right) \tag{6-27}$$

或进一步简化成:

$$\frac{M_d}{p}=f(Y_p, r) \tag{6-28}$$

在上述模型中,弗里德曼认为货币需求解释变量中的四种资产——货币、债券、股票和非人力财富的总和,即人们持有的财富总额,其数值大致可作为恒常收入Y的代表性指标。

(二) 弗里德曼货币需求理论的特点

弗里德曼货币需求理论的最主要的特点,是强调货币需求与其决定因素之间存在稳定的函数关系。货币需求函数的稳定性是由以下两方面因素决定的。

---

① [美] 米尔顿·弗里德曼.货币数量论研究[M].中国社会科学出版社,2001.
② 同上。
③ 同上。

1. 影响货币需求和货币供给的因素是相互独立的

弗里德曼认为,影响货币供给的若干主要因素,比如金融制度和金融政策,对货币需求没有什么影响,货币需求的变化主要受货币需求函数中的变量的影响。

2. 货币需求函数中的许多变量自身就具备相对的稳定性

在弗里德曼货币需求理论中,恒常收入与利率是影响货币需求最主要的因素。弗里德曼经过实证分析认为,货币需求对利率变化的敏感性较差,其利率弹性很低,仅为 -0.15,即利率每增加 1%,货币需求只减少 0.15%。因此,利率的波动性虽较大,但对货币需求的影响较弱。弗里德曼同时还认为,市场利率并不是变幻莫测的,根据瓦尔拉斯的一般均衡理论,市场利率可以由投资者通过一定的方法来预测。除预期利率外,预期价格变动和其他资产的预期收益率等也都可通过统计方法来得到。货币需求与其决定变量——财富总量、各种资产的预期报酬率、物价变动率等存在稳定的函数关系,而不会发生难以预料的急剧变化。因此,货币需求也是相对稳定的。此外,货币需求函数中的 w、u 等也具有相当的稳定性; $\frac{1}{p}\frac{dp}{dt}$ 也只在很少情况下才影响货币需求。

弗里德曼货币需求稳定性的结论,具有较大的政策意义:由于货币需求是稳定的,中央银行就不应该采取货币需求管理的政策,而应该采取货币供给管理的政策。货币供给应配合货币需求,货币需求是稳定的,货币供给也应该是稳定的,中央银行应采取稳定的货币政策。弗里德曼的"简单规则"由此产生。

(三) 弗里德曼货币需求理论与凯恩斯货币需求理论的比较

经过简化的弗里德曼货币需求函数,其形式上似乎同凯恩斯的货币需求函数 $M_d = f(Yp, i)$ 基本相同,尤其是自变量十分相似。其实,两者存在较大的差别,主要表现在以下三方面。

(1) 凯恩斯认为货币需求受未来利率不确定性的影响,因此不稳定;而弗里德曼则强调货币需求的稳定性。

(2) 两者强调的重点不同。凯恩斯的货币需求函数非常重视利率的主导作用。凯恩斯认为,利率的变动会直接影响就业和国民收入的变动,最终必然影响货币需求量。而弗里德曼则强调恒常收入对货币需求的重要影响,认为利率对货币需求的影响是微不足道的。

(3) 由于上述的分歧,导致凯恩斯主义与货币主义在货币政策传导变量上发生分歧,凯恩斯认为应是利率,而货币主义则坚持认为是货币供应量。

专栏 6-3

货币中性与非中性[①]

所谓货币中性问题,实际上是解释货币是否对经济产生实质性影响的问题。也就是说,货币是否仅仅是罩在实物经济上的一层面纱,而不能使投资、消费、产量、收

---

① 康书生.货币银行学[M].高等教育出版社,2013.

入等经济变量发生实质性变化。因此,关于货币的这些争论只能放到货币经济模型框架中进行。

按照货币理论界对货币中性的一般解释,如果名义货币供给变动引起初始均衡的破坏,新的均衡与所有实际变量数值和货币供给变动同时达到,货币就是中性的。否则,货币就是非中性的。因此,判断一个特定模型中货币是不是中性的标准是,确定名义货币供给的变化,会不会引起均衡的相对价格和利率的变动,或者仅仅引起绝对价格水平的同比例变化,货币就不是中性的。因为相对价格和利率的变动包括了消费或投资方式的变动。如果名义货币余额变化仅仅引起绝对价格水平的同比例变动,那么,所有实际变量,包括货币余额的实际价值在内,都不会改变。如果名义货币供给的增加只是引起绝对价格水平的相应提高,那么,货币就是中性的。

第四节 货币需求的经验研究

前面三节介绍的货币需求理论,有的互为补充,有的彼此对立。这种对立在凯恩斯主义和货币主义之间表现得尤为明显。对这些对立的理论做出适当的评价,仅仅停留在理论的层次上是不行的,因为它们在逻辑上都是合理的,我们很难据此判断它们的优劣,最好的办法就是对其进行经验研究(empirical study),分析哪一种理论对现实有更强的解释、预测能力。

关于货币需求的经验研究数不胜数,在这里主要介绍两个方面:(1)货币需求对利率的敏感性;(2)货币需求函数的稳定性。

一、关于货币需求对利率的敏感性

较早对这一问题进行经验研究的是詹姆斯·托宾,他把货币分为交易余额和闲置余额,并利用1922—1941年的美国经济资料证明,闲置金额确实和利率具有明显的负相关关系。托宾由此推论说货币需求对利率是敏感的。

托宾的研究在方法论上存在一定的问题,那就是交易余额与闲置余额实际上是很难划分开来的,而且正如他自己后来的理论所证明的那样,交易性需求实际上也受到利率的影响。尽管如此,货币需求具有利率敏感性的观点依然为后来的大量经验研究,包括货币主义者进行的经验研究所证实(唯一的例外是弗里德曼的一次研究,但后来证明他在那次研究中所使用的方法是有问题的)。

Bronfenbrenner 等(1960)利用美国 1919—1956 年的数据进行实证研究,发现全部货币需求的利率弹性还不到 0.1,比闲置余额需求的利率弹性小得多,这也证明了他们关于只有闲置余额的需求才对利率有较大反应的论断;Laidler(1962)利用 1892—1960 年的美国资料进行实证研究,发现货币需求对利率具有敏感性;Meltzer(1963)利用美国 1900—1958 年的资料进行实证研究,发现利率和非人力财富这两个变量几乎可以解释所有能观察到的货币余额的变化,利率和非人力财富在长期货币需求函数中起着差不多相同的作用;英国经济学家莱德勒(Laidle)利用 1892—1960 年的美国资料研究得出结论:货币需求对利率具有敏感性。

上述结果表明,在货币需求对利率是否敏感这一问题上,凯恩斯主义的观点也许更符合实际。但货币需求对利率的敏感性是否会无限增大,以至于出现所谓的"流动性陷阱",致使货币供给的变动完全不影响名义收入呢?答案几乎是完全否定的。莱德勒及其他一些经济学家的研究证实,在利率下降时,并不存在货币需求利率弹性增大的倾向。

二、关于货币需求函数的稳定性

货币需求的稳定性主要考察货币需求与其相关的解释变量(包括利率)之间的对应关系是否会随着环境的改变而发生较大的改变,也就是说,在某一时间、某一地区估计出来的货币需求经验公式能否被用于另一时间或地区的货币需求估计的问题。只有当货币需求函数本身较为稳定,不会发生预测不到的大幅度改变,它才可能具有较强的理论或实践意义。

包括货币主义者在内的一些学者所做的实证研究结果表明,在 20 世纪 70 年代中期以前,货币需求函数基本上是稳定的。但 20 世纪 70 年代中期以后,根据传统货币需求函数所做的估计显著地大于实际的货币余额,从而出现所谓的"失踪货币"现象。20 世纪 70 年代以后,一些国家面临供给冲击(如石油危机)、严重且不稳定的通货膨胀和高利率,出现经济衰退和通货膨胀并发的"滞胀"格局。与此同时,布雷顿森林体系崩溃后西方国家普遍推行浮动汇率制,金融创新和放松金融管制导致市场规制等制度层面出现深刻变革。在 80 年代,伴随可观察的货币流通速度的下降,根据美国的货币需求模型估测的货币余额持续低于实际值。

传统货币需求函数解释力的下降促使经济学家们寻找新的稳定的货币需求函数形式。这种努力主要朝着两个方向展开,一种是对原有货币需求函数的各种变量、函数形式重新考察。例如,将传统的货币定义(M_1)扩大到 M_2、M_3,甚至是 L。事实上,确实有研究表明,近年来 M_2 需求函数比 M_1 更为稳定。另一种是试图引入新的变量以体现金融创新和放松管制的影响,对货币需求函数内容做更多的修正。但是,这方面的研究仍未取得真正令人满意的结果。

总之,自 20 世纪 70 年代中期以来,传统的货币需求函数已经变得很不稳定。经济学家努力寻求新的稳定的货币需求函数并没有取得令人满意的结果。这对货币需求函数在实际操作中的有效性提出了质疑,同时对货币主义理论构成了挑战。

本 章 小 结

货币需求,是指宏观经济运行以及微观经济主体对货币的需求。货币需求表现形式多种多样,可从不同角度对其进行分析。

在货币需求分析中,通常关注三类因素:第一类为规模变量,主要指的是收入;第二类为机会成本变量,主要包括利率与预期通货膨胀率;第三类称为其他变量,如制度因素等。

传统的货币需求理论中,马克思的货币需求理论集中反映在其货币流通公式中。费雪交易方程式是就国民经济总体而论的,说明一国商品与劳务的交易总值同交换过程中的货币流通总量的恒等关系。剑桥学派在研究货币需求问题时,重视微观主体的行为。

现代货币需求理论中,凯恩斯的流动性偏好理论分析了人们持有货币的三大动机,即交易动机、预防动机和投机动机。凯恩斯的货币需求理论认为仅有投机动机的货币需求与利率的大小有关,而交易动机和预防动机的货币需求不受利率变动的影响。凯恩斯理论的继承者对此提出了修正。具有代表性的研究成果一是鲍莫尔提出的交易性货币需求对利率相当敏感的"平方根定律",二是惠伦提出的预防性货币需求也受利率影响的"惠伦理论";三是托宾提出的多样化资产选择对投机性货币需求影响的"资产选择理论"。

弗里德曼货币需求理论的最主要的特点,是强调货币需求与其决定因素之间存在稳定的函数关系。在货币政策传导变量上,弗里德曼强调恒常收入对货币需求的重要影响,认为利率对货币需求的影响是微不足道的。

上述货币需求理论,有的互为补充,有的彼此对立。凯恩斯主义和货币主义之间的对立表现得尤为明显。对这些对立的理论做出适当的评价,仅仅停留在理论层次上是不行的。因为它们在逻辑上都是合理的,我们很难据此判断它们的优劣。最好的办法就是对其进行经验研究,分析哪一种理论对现实有更强的解释、预测能力。因此,涌现出许多关于货币需求的经验研究就是一件很自然的事。

练习与思考

一、单项选择题

1. 在决定货币需求的各个因素中,收入水平的高低和收入获取时间长短对货币需求的影响分别是( )。
   A. 正相关,正相关　　　　　　B. 负相关,负相关
   C. 正相关,负相关　　　　　　D. 负相关,正相关

2. 货币本身的收益是货币需求函数的( )。
   A. 规模变量　　B. 机会成本变量　　C. 制度因素　　D. 其他变量

3. 提出现金交易说的经济学家是( )。
   A. 凯恩斯　　B. 马歇尔　　C. 费雪　　D. 庇古

4. $M=KPY$ 反映的理论是( )。
   A. 现金交易说　　　　　　B. 现金余额说
   C. 可贷资金说　　　　　　D. 流动性偏好说

5. 凯恩斯的货币需求函数式可表示为( )。
   A. $M_d=f(p, \gamma b, \gamma e, W)$　　　　B. $M_d=KPY$

C. $M_d = M_1 + M_2 = L_1(y) + L_2(r)$ D. $M_d = PT/V$

6. 惠伦理论是对凯恩斯的(　　)的货币需求理论的重大发展。
   A. 交易动机　　B. 预防动机　　C. 投机动机　　D. 公共权力动机

7. 阐述交易性货币需求对利率也相当敏感的理论是(　　)。
   A. 平方根定律　　B. 资产选择理论　　C. 惠伦理论　　D. 流动性偏好理论

8. 弗里德曼的货币需求函数强调的是(　　)。
   A. 恒常收入的影响　　　　　　B. 人力资本的影响
   C. 利率的主导作用　　　　　　D. 汇率的主导作用

二、判断题

1. 马克思认为，金币流通条件下的货币数量由商品的价格总额决定。(　　)
2. 费雪方程式中的 P 值主要取决于 V 值的变化。(　　)
3. 剑桥方程式是从宏观角度分析货币需求的。(　　)
4. 凯恩斯认为，预防性货币需求与利率水平正相关。(　　)
5. 弗里德曼认为，人力财富占个人总财富的比重与货币需求负相关。(　　)
6. 弗里德曼的货币需求理论的一个重要特点是他以"恒常收入"来代替当前收入作为财富的代表。(　　)。

三、思考题

1. 决定货币需求的主要因素有哪些?
2. 如何看待马克思的货币需求理论? 你认为该理论在今天还有指导意义吗?
3. 如果在某一年内，经济中平均的货币存量为1万亿元，货币流通速度为5次，则该年的名义国民收入为多少? 若该年的货币流通速度为5.5次呢?
4. 剑桥学派是如何从货币需求的角度得出货币数量论的观点的? 如果把剑桥方程式的 k 看成 $1/V$，它就和费雪的货币需求函数在形式上是完全一样的，这是否说明它们在内容上也是完全一样的?
5. 谈谈凯恩斯货币需求理论的特色和凯恩斯对货币需求理论发展的贡献。
6. 为什么凯恩斯认为，如果货币的投机性需求为零的话，货币流通速度就可被视为由制度因素决定的一个常数? 如果考虑到凯恩斯的后继者们对他的理论的发展，这一说法还能成立吗?
7. 货币需求函数中的机会成本变量主要有哪些? 它们对货币需求有何影响?
8. 弗里德曼是如何得出货币需求对利率不敏感的结论的?
9. 在发达的市场经济中，利率对货币需求的大小起着重要的作用。试列举这一规律的实际应用。
10. 试述弗里德曼货币需求理论与凯恩斯理论的异同。

参 考 文 献

[1] 陈利平.货币理论[M].北京大学出版社,2003.

[2] 郭红玉.货币金融学[M].中国对外经济贸易出版社,2002.

[3] 胡援成.货币银行学[M].中国财政经济出版社,2011.
[4] 王克华,陈雨露.货币银行学[M].武汉大学出版社,2004.
[5] 姚长辉,吕随启.货币银行学[M].北京大学出版社,2005.
[6] 胡庆康.现代货币银行学教程(第五版)[M].复旦大学出版社,2014.
[7] 王克华,陈雨露.货币银行学[M].武汉大学出版社,2008.
[8] [美]托马斯·梅耶.货币、银行与经济[M].上海人民出版社,2007.
[9] [美]米什金.货币金融学[M].中国人民大学出版社,2011.
[10] [美]劳埃德·B.托马斯.货币、银行与金融市场[M].机械工业出版社,2012.
[11] [美]米尔顿·弗里德曼.货币数量论研究[M].中国社会科学出版社,2001.
[12] [美]爱德华·S.肖.经济发展中的金融深化[M].格致出版社,2015.
[13] [美]劳伦斯·S.里特等.货币、银行和金融市场原理[M].机械工业出版社,2013.
[14] [美]弗雷德里克·S.米什金.货币金融学[M].中国人民大学出版社,2019.

第七章 货币供给

本章概要

本章中,我们主要了解和掌握货币供给的形成机制。本章内容分为五节:第一节阐述信用货币范围及其层次划分标准,介绍美国、日本、英国、中国以及国际货币基金组织对货币供给层次的划分口径;第二节阐述基础货币的构成及其影响因素,剖析中央银行投放基础货币的渠道和投放机制;第三节阐述存款货币信用创造的前提条件,剖析商业银行存款货币创造机制;第四节推导货币供给模型,据此分析货币乘数的影响因素;第五节讨论货币供给的外生性和内生性问题。

[学习要点]

1. 什么是货币供给,货币供给的层次划分标准是什么;
2. 基础货币的构成及其影响因素,中央银行投放基础货币的渠道和投放机制;
3. 存款货币创造机制及货币供给模型;
4. 影响货币乘数的因素有哪些。

[基本概念]

基础货币　货币供给　货币乘数　法定存款准备率　超额存款准备率　现金漏损　内生性变量　外生性变量　原始存款　派生存款

第一节　信用货币的范围及层次划分

一、信用货币的范围

在金属货币制度背景下,人们普遍认为货币的范围局限于金属货币。尤其是在银行券由商业银行分散发行的时代,人们甚至不把银行券作为货币,而只是把它当作向银行兑换金属货币的凭证。直到各国相继成立垄断银行券发行的中央银行,人们才开始认为银行券与金属币一样都是货币,只是表现形式不一样罢了。

随着银行信用的不断发展和金融服务范围的不断扩张,支付制度发生重大变化。除了小额的商品零售使用现金外,大宗的商品交易一般通过银行转账进行结算,能够用于转账结算的支票成为货币供给不可或缺的组成部分。

随着技术进步和金融创新的日益发展,信用货币的范围进一步扩大。银行卡(包括借记卡和贷记卡)的不断推广,使刷卡支付成为现代经济中重要支付手段。大额定期存单(CD_S)和可转让提款单(NOW)等的广泛使用,使一些大银行的定期存款和储蓄存款具有了活期存款的功能。

金融市场的迅速发展,极大地提高了各种金融资产的变现能力。债券、股票、保险单等金融资产与现金再也不存在什么不可逾越的鸿沟,它们可以相互转化。货币的范围迅速从现金、活期存款扩大到大额存单、储蓄存款、定期存款以及各种有价证券等范畴。

可以预见,随着银行信用制度的不断发展以及现代科学技术在银行经营中的广泛应用,信用货币的范围还将进一步扩大。

二、货币层次的划分标准

虽然现金货币、存款货币和各种有价证券均属于货币范畴,但它们的流动性是不相同的。现金和活期存款是直接的购买手段和支付手段,随时可以形成现实的购买力,货币性或流动性最强。储蓄存款一般要转化成现金或活期存款才能用于购买;定期存款到期方能支取,如要提前支取,要蒙受一定的损失,因而流动性较差。票据、债券、股票等有价证券,要转化为现实购买力,必须在金融市场上出售之后,还原成现金或活期存款。

各种货币转化为现实购买力的能力不同,对商品流通和经济活动的影响也不同。因此,有必要对这些货币形式进行科学分类,以便中央银行分层次分别对待,提高宏观调控的有效性。

各国中央银行在确定货币供给的统计口径时,都以流动性作为划分货币层次的标准。流动性程度不同的货币在流通中转手的次数不同,形成的购买力也不同,对商品交换和商品流通活动的影响程度不同。流动性强的货币如现金、活期存款可以直接进入市场,引起市场供求关系变化;流动性较差的货币,如定期存款、储蓄存款,虽然也能形成购买力,但是必须转成活期存款,或者提前支取现金才能购买商品。这类流动性较差的货币对市场的影响,就不如现金来得那么直接和迅速。

从20世纪70年代开始,货币供给量逐渐取代利率成为一些国家货币政策的中介目标,对货币供给内容的约定则是执行货币供给量政策的前提。货币当局要明确到底控制哪一层次货币以及这一层次货币与其他层次的界限。没有明确划分货币层次,货币政策就成为空谈。按流动性对货币层次的科学划分,有助于中央银行分析经济的动态变化。因为经济活动的任何变化最先反映在市场供求和物价变化上,而市场供求和物价变化又都集中表现在货币流通状况的变化上。具体来说,每一层次的货币量,都有特定范围的经济活动和商品流通与之对应。通过对货币层次的划分和观察,可以掌握生产、交换、分配、消费与再生产各个环节的变化,摸清不同层次的经济活动的脉搏,预测它们的发展趋势。对货币层次的科学划分,能够为中央银行的宏观金融决策提供一个清晰的货币流通结构图,有助于中央银行分别了解不同货币领域的问题,采取不同的措施加以控制。根据不同流动性划分货币层次,中央银行就可以理解货币政策如何在不同流动性的货币层次中传递,对哪一层次的货币量发生影响,以怎样的方式和程度影响经济。通过货币层次之间的数量变化,中央银行还可以分析市场动向和经济变化趋势,正确估计前期货币政策的效果,就未来货币政策做出正确决策。只有在对货币层次进行科学划分的基础上,才能真正把握经济增长、物价、投资、国际收支等整个经济状况。

三、货币层次划分的多重口径

尽管各国中央银行都以流动性作为划分货币层次的标准,然而各国货币层次的具体划分却不尽相同,存在着多重统计口径。为了适应本国的需要,各国中央银行或金融管理部门通常依据本国的特点划分货币层次。

(一) 美国货币层次的划分

美国联邦储备委员会将货币层次划分为 M_1、M_2、M_3、L 和 Debt。

M_1 包括:(1) 处于国库、联邦储备系统和存款机构之外的通货;(2) 非银行发行的旅行支票;(3) 商业银行的活期存款,不包括存款机构、美国政府、外国银行和官方机构在商业银行的存款;(4) 其他各种与商业银行活期存款性质相近的存款,如 NOW、ATS 等。

M_2 在 M_1 的基础上,还包括:(1) 存款机构发行的隔夜回购协议,美国银行在世界上的分支机构向美国居民发行的隔夜欧洲美元;(2) 货币市场存款账户(MMDA$_s$);(3) 储蓄和小额定期存款;(4) 货币市场互助基金金额(MMMF$_s$)等。

M_3 在 M_2 的基础上,还包括:(1) 大额定期存款;(2) 长于隔夜的限期回购协议和欧洲美元等。

L 是大于货币的一种口径,它等于 M_3 加上非银行公众持有的储蓄券、短期国库券、商业票据和银行承兑票据等。从 L 的统计方法即 M_3 加上某些债务工具来看,它意味着货币供给口径之上的直接延伸。

Debt 是一个更大的口径,但并不与货币供给的统计直接联系:它不再是在 L 的基础上再加上些什么。这个口径是指国内非金融部门在信用市场上未清偿的债务总量,包括:各级政府的债务和私人非金融部门的债务、私人非金融部门的债务是由公司债券、抵押契约、消费信用、商业票据、银行承兑票据等债务工具所构成。

(二) 日本货币层次的划分

日本把货币划分为 M_1、M_2+CD、M_3+CD 以及广义流动性。

(1) M_1=现金+活期存款。现金是指银行券发行额与辅币之和减去金融机构库存现金后的余额;活期存款包括企业活期存款、活期储蓄存款、通知即付存款、特别存款和纳税准备金存款。

(2) M_2+CD=M_1+CD+准货币。准货币是指活期存款以外的一切公私存款。

(3) $M_3+CD=M_2+CD$+邮政、农协、渔协、信用组合和劳动金库的存款以及货币信托和贷放信托存款。

(4) "广义流动性"="M_3+CD"+回购协议债券、金融债券、国家债券、投资信托和外国债券。

(三) 英国货币层次的划分

英国公布的货币口径颇具特色,且频繁调整。以1991年所采用的口径为例。

(1) M_0。这是英格兰银行1983年第4季度开始采取的用以表示基础货币的口径,它包括两项内容:一是英格兰银行发行的钞票和硬辅币;二是商业银行在英格兰银行的储备存款余额。

(2) M_2。M_2包括三项:私人部门(指非金融业的工商企业和居民)中流通的钞票和硬辅币;私人部门在银行的无息即期存款;私人部门在银行和建房互助协会中的小额英镑存款。

(3) M_3。包括五项:前两项与包括在M_2中的前两项相同;后三项分别是私人部门的有息英镑即期存款、私人部门在银行的定期英镑存款(包括英镑存单)、私人部门持有的建房互助协会的股份和存款(包括英镑存单)。

(4) M_4。等于M_3加私人部门在银行和建房互助协会的外币存款。

(5) M_5。等于M_4加私人部门持有的金融债券、国库券、地方当局存款、纳税存单和国民储蓄。

(四) 中国货币层次的划分

目前中国人民银行将货币供应量划分为三个层次。

M_0=流通中现金

$M_1=M_0$+企事业单位活期存款

$M_2=M_1$+企事业单位定期存款+居民储蓄存款+证券公司客户保证金[①]+其他定期存款。

(1) 流通中现金,即在社会上流通的现金,用符号M_0表示;(2) 狭义货币供应量,即M_0+企事业单位活期存款,用符号M_1表示;(3) 广义货币供应量,即M_1+企事业单位定期存款+居民储蓄存款+证券公司客户保证金+其他定期存款,用符号M_2表示。在这三个层次的货币供应量中,M_0是最活跃的货币,流动性最强;M_1反映经济中的现实购买力,流动性仅次于M_0;M_2不仅反映社会现实的购买力,还反映潜在购买力,能较好地体现社会总需求的变化。

(五) 国际货币基金组织货币层次的划分

由于各国公布的货币供给量统计口径各不相同,不利于比较和分析国际经济和金融发展态势,为此国际货币基金组织制定和公布了自己的货币层次统计口径。按照国

[①] 我国自2001年6月份起,在中国人民银行的统计季报中,对广义货币供给M_2的统计口径进行了调整,即在原来包括狭义货币供应量M_1、储蓄存款和定期存款,以及其他存款的基础上,又增加了一个新科目——证券公司客户保证金。证券公司客户保证金是指在上海、深圳证券交易所开户的投资者存入各证券公司账户上用于购买这两个市场出售的有价证券的资金。

际货币基金组织的标准定义,货币供给量是指不包括银行和政府部门所保有的通货及存款货币。银行是创造货币信用的机构,所以银行本身持有的通货及同业存款不计算在货币供给量之中。国际货币基金组织将货币划分为"货币"和"准货币"两类。

货币＝通货＋私人部门的活期存款

准货币＝定期存款＋储蓄存款＋外币存款

第二节 中央银行与基础货币

一、基础货币及其构成

基础货币(base money),也称货币基数(monetary base),因具有使货币供应总量成倍放大或收缩的能力,又被称为高能货币(high-powered money)。根据国际货币基金组织的定义,基础货币包括中央银行为广义货币和信贷扩张提供支持的各种负债,主要指银行持有的货币(库存现金)和银行外的货币(流通中的现金),以及银行与非银行金融机构在货币当局的存款。在货币经济分析中,一般将基础货币定义为流通中现金与银行准备金(包括银行持有的库存现金及其在中央银行的存款)的总和。

基础货币(B)＝银行准备金(R)＋流通中现金(C)

各国对基础货币的定义和统计不尽相同,即使是在一个国家之内,根据基础货币的分析用途不同,可能有几种基础货币的定义。我国基础货币的定义和统计也经历了一个逐步演化的过程。

1994年,我国开始进行基础货币统计。当时对基础货币的统计定义为:基础货币＝金融机构库存现金＋流通中现金＋金融机构准备金存款＋金融机构特种存款＋邮政储蓄转存款＋机关团体在人民银行的存款。其中,金融机构库存现金包括商业银行、政策性银行、城乡信用社、财务公司所持有的现金;金融机构特种存款是人民银行为了吸收农村信用社多余的流动性设立的特别账户,通常账户余额很小,并且不活跃。

2002年1月起,人民银行对"货币当局资产负债表"的内容进行了调整,同时采用了"储备货币"口径,并对外公布。这里的"储备货币"理论上与基础货币是同一概念,包括中国人民银行所发行的货币、各金融机构在人民银行的准备金存款,邮政储蓄存款和机关团体存款。将全部邮政储蓄存款纳入储备货币统计范围是与当时邮政储蓄无资产运用的能力和渠道,只相当于中央银行吸收居民和企业存款,回笼货币的特定存款机构这一性质相符的。

2003年8月,邮政储蓄资金管理体制开始改革,邮政储蓄部门自主投资、委托理财的渠道开通,其负债方吸收的全部储蓄存款与资产方存放在中央银行的转存款之间的差距越来越大。因此,储备货币中统计邮政部门的存款应用"邮政储蓄在中央银行的转存款"更为合适,2004年1月以后,我国储备货币的统计据此进行了调整。自此,基础货币统计数字与《中国人民银行统计季报》公布的储备货币统计数字一致。

二、基础货币影响因素

基础货币是中央银行的负债,其中流通中现金是中央银行对社会公众的负债,商业银行的准备金是中央银行对商业银行的负债。考察影响基础货币变动的因素,可以依据"有借必有贷,借贷必相等"的会计原理,分析中央银行的资产负债表。

各国中央银行资产负债表的具体科目的设置各不相同,为了方便讨论,我们对其中的具体科目进行合并及简化处理,得到简化的中央银行资产负债表,并在此基础上讨论影响基础货币的因素。

表7-1 中央银行资产负债简表

资　产	负　债
A_B:对银行的债权 A_G:对政府的债权 A_F:对国外的债权 A_O:其他资产	L_C:流通中现金 L_R:银行准备金 L_G:对政府的负债 L_F:对国外的负债 L_O:其他负债 O_C:中央银行自有资本

根据资产等于负债的原理,得:

$$A_B + A_G + A_F + A_O = L_C + L_R + L_G + L_F + L_O + O_C \tag{7-1}$$

由于基础货币 $B = L_C + L_R$,整理后得到基础货币方程式:

$$B = A_B + (A_G - L_G) + (A_F - L_F) + (A_O - L_O) - O_C \tag{7-2}$$

从式(7-2)可以看出,基础货币受中央银行对银行的债权、对政府的净债权、对国外的净债权、其他净资产以及中央银行自有资本等因素的影响。

1. 对银行的债权

中央银行对银行的债权表现为中央银行对商业银行提供的信用支持,包括票据再贴现和再贷款。中央银行投放再贷款和增加再贴现,会导致基础货币的增加;反之,收回再贴现和再贷款则使基础货币减少。

2. 对政府的净债权

中央银行对政府债权表现为中央银行持有的政府债券和向政府提供的贷款或透支。中央银行在公开市场上购买政府债券,向政府提供贷款或透支,会导致基础货币增加;反之,中央银行在公开市场上售出政府债券,收回政府贷款或透支,会使基础货币减少。

3. 对国外的净债权

中央银行对国外债权表现为中央银行持有的外汇储备、货币黄金和特别提款权等。

中央银行在公开市场上收购外汇、货币黄金等,基础货币增加;反之,出售外汇和货币黄金,基础货币减少。

4. 其他净资产

中央银行的其他净资产是其他资产(包括中央银行对非银行金融机构债权、对非金机构债权等)减去其他负债(包括中央银行债券等)的净额。中央银行的其他资产增加,其他负债减少,都会导致基础货币增加;相反,其他资产减少,其他负债增加,会导致基础货币减少。

5. 自有资本

中央银行提高自有资本,会导致基础货币减少;降低自有资本,会导致基础货币增加。

三、基础货币的投放渠道及机制

中央银行投放基础货币是中央银行的资产业务,具体渠道包括收购证券、外汇和黄金,以及发放贴现贷款和再贷款等。

(一)证券买卖业务与基础货币投放

1. 买入证券

(1)向商业银行购买证券。假定中央银行向商业银行买入 100 万元的证券,中央银行所持有的证券增加 100 万元,商业银行所持有的证券减少 100 万元。如果商业银行将出售证券所得存入中央银行,准备金存款将增加 100 万元;如果将出售证券所得兑现,库存现金增加 100 万元。无论采取哪种行为,都意味着商业银行准备金增加了 100 万元。由此导致商业银行和中央银行的资产负债表作以下调整:

商业银行

资　产	负　债
证券:—100 万元 准备金存款或库存现金:+100 万元	

中央银行

资　产	负　债
证券:+100 万元	银行准备:+100 万元

这一公开市场购买的结果是,银行准备金增加 100 万元,由于流通中现金没有变化,所以基础货币增加了 100 万元。

(2)向非银行公众购买证券。假定中央银行向非银行公众买入 100 万元的证券,中央银行所持有的证券增加 100 万元,非银行公众所持有的证券减少 100 万元。如果非银行公众将出售证券所得以活期存款方式存入商业银行,那么活期存款增加 100 万元。由此导致非银行公众、商业银行和中央银行的资产负债表作以下调整:

非银行公众

资产	负债
证券：−100 万元	
活期存款：+100 万元	

商业银行

资产	负债
银行准备：+100 万元	活期存款：+100 万元

中央银行

资产	负债
证券：+100 万元	银行准备：+100 万元

如果非银行公众将出售证券所得兑现，流通中现金将增加 100 万元。由此导致非银行公众和中央银行的资产负债表作以下调整：

非银行公众

资产	负债
证券：−100 万元	
流通中现金：+100 万元	

中央银行

资产	负债
证券：+100 万元	流通中现金：+100 万元

由此可见，非银行公众向中央银行出售 100 万元的证券，同样会使基础货币增加 100 万元。如果非银行公众将出售证券所得存入商业银行，基础货币的增加表现为银行准备金的增加；如果非银行公众将出售证券所得兑现，基础货币的增加表现为流通中现金的增加。

2. 卖出证券

假定中央银行对商业银行或非银行公众卖出 100 万元的证券，中央银行所持有的证券减少 100 万元，商业银行或非银行公众所持有的证券增加 100 万元。与此相对应，银行准备减少 100 万元或流通中现金减少 100 万元，其结果都会导致基础货币减少 100 万元。

（二）贴现贷款业务与基础货币投放

1. 发放贴现贷款

假定中央银行向商业银行发放 100 万元贴现贷款，则中央银行资产增加 100 万元，商业银行负债增加 100 万元。如果商业银行将贴现贷款存入中央银行，准备金存款增加 100 万元；如果将贴现贷款兑现，库存现金增加 100 万元。无论采取哪种行为，都意味着商业银行准备金增加了 100 万元。由此导致商业银行和中央银行的资产负债表作以下调整：

商业银行

资产	负债
准备金存款或库存现金：+100 万元	贴现贷款：+100 万元

中央银行

资产	负债
贴现贷款：+100 万元	银行准备：+100 万元

这一发放贴现贷款业务活动的结果是，银行准备金增加 100 万元，由于流通中现金没有变化，所以基础货币增加了 100 万元。

2. 收回贴现贷款

假定中央银行向商业银行收回 100 万元贴现贷款，中央银行资产将减少 100 万元，商业银行负债减少 100 万元。由此导致商业银行和中央银行的资产负债表作以下调整：

商业银行

资产	负债
准备金存款或库存现金：-100 万元	贴现贷款：-100 万元

中央银行

资产	负债
贴现贷款：-100 万元	银行准备：-100 万元

这一收回贴现贷款业务活动的结果是，银行准备金减少 100 万元，由于流通中现金没有变化，所以基础货币减少了 100 万元。

(三) 其他业务与基础货币投放

中央银行外汇买卖业务、黄金买卖业务的基础货币投放机制与证券买卖业务的相类似，再贷款业务的基础货币投放机制与贴现贷款业务的相类似。在此就不再赘述。

第三节　商业银行与存款货币

一、存款货币及其信用创造的条件

存款货币是以银行存款为表现形式的货币，银行存款按其来源性质的不同可以分为原始存款和派生存款。原始存款来自中央银行通过购买证券、外汇和黄金以及贴现贷款等渠道投放的基础货币;派生存款是商业银行在中央银行投放的基础货币的基础上,通过发放贷款和办理贴现等业务活动引申而来的存款。

商业银行对客户的存款,除留下部分准备应付提现外,其余大部分要通过贷款等资产业务运用出去。而借款人一般都在银行开立了活期存款账户,在非现金结算制度下,人们大多数采用转账方式进行资金收付。因此,银行贷放的资金又会转入银行账户。这种由银行贷款所引起的活期存款的增加,即存款货币的扩张。相反的情况是,如果客户从银行提取现金,就会减少银行的放款,导致存款货币的减少,即存款货币的收缩。商业银行存款货币的扩张和收缩须具备两个前提条件。

(一) 部分准备制

部分准备制,是指银行对于所吸收的存款,不保留百分之百的现金准备,只保留其中一定百分比以应付客户提现,其余部分通过贷款等资产业务运作出去的准备制度。部分准备制是相对于十足准备制而言的。在十足准备制下,银行必须保持百分之百的现金准备,这就排斥了商业银行用所吸收的存款去发放贷款的可能性。只有在部分准备制下,商业银行才有创造存款货币的能力。因此,部分准备制是商业银行创造或削减存款货币的首要条件。

商业银行在吸收存款后,提取一定准备金的制度最初始于18世纪的英国,以法律形式规定金融机构向中央银行交存存款准备金制度始于美国。建立法定存款准备金制度的初衷,在于保障客户存款的安全,避免商业银行出现流动性危机。存款准备金制度作为一般性货币政策工具,是在中央银行体制下建立起来的,而其作为货币政策工具真正受到重视是从20世纪50年代到80年代。这期间,人们越来越深刻地认识到货币供给量与存款准备金率之间的密切关系,因此控制货币供给量也就成了实行存款准备金制度的主要目的。

在存款准备制度下,商业银行在吸收存款后,要按照法律的规定提取一定比例的准备金缴存中央银行,这部分准备金称为法定准备金。通常情况下,商业银行的准备金保有量会大于法定准备金,超过的部分称超额准备金。商业银行的准备金一般以库存现金和在中央银行存款的形式持有。但由于准备金制度的最初目的就是要求存款机构保持一定比率的流动性较强的资产,以供随时动用来满足提兑、清算等业务需要,保证存款机构具有足够的清偿能力。因此,从理论意义上说,在宏观金融调控允许的范围之内,凡是能够满足这些流动性要求的资产,都可以作为存款机构的准备金来源。

(二) 部分非现金结算制

非现金结算又称转账结算,是指货币结算的双方,通过银行把款项从付款人账户划转到收款人账户,完成的货币收付行为。非现金结算是相对于现金结算而言的。现金结算是指直接的现金收付,银行每笔贷款都必须付现,企业债权债务的结清在银行体系外通过现金收付进行,这就否定了银行创造存款货币的可能。部分非现金结算导致了如下四个特点的经济行为。

第一,客户把现金存入银行之后,并不一定再把现金全数提出。从银行取得贷款的客户通常并不要求银行给付现金,而是要求把贷得的款项记入自己的存款账户。当他们的存款账户上存有款项时,既可于必要时提取现金,又可开出转账支票履行支付义务。

第二,取得支票者,可能用于提取现金,但往往不提取现金,而是委托自己开有存款账户的往来银行代收,收到的款项记入存款账户。

第三,各个银行由于自己的客户开出支票,应该付出款项;同时,由于自己的客户交来支票委托收款,应该收入款项。应收款、应付款的金额很大,但两者之间的差额通常较小。经济相互联系越紧密,相互的支付义务就越多,应收、应付之间的差额就越小,这个差额才需要以现金结清。

第四,各个银行对现金的需要归结为两类。一类是客户从存款中提取现金用于发放工资、小额零星支付等必须使用现金的用途;另一类是结清支票结算中应收应付的差额。在长期的经营活动中,银行认识到现金的需要与存款之间有一定的比例关系,即只要按存款的一定百分比保持现金库存即可应付上述的现金需要。于是这个百分比就成为银行用以调控自己业务规模的依据。

二、原始存款的形成机制

原始存款来源于中央银行投放的基础货币。如果中央银行投放的基础货币为银行准备金,商业银行将其贷放给工商企业,工商企业用这笔贷款向其他工商企业购买商品和劳务,其他工商企业将出售商品和劳务所得存入其他商业银行,商业银行因此获得原始存款;如果中央银行投放的基础货币为流通中现金,其持有者将现金存入商业银行,商业银行同样也获得了原始存款。下面我们以中央银行收购证券为例说明原始存款的形成机制。

假定中央银行向工商银行购买 100 万元证券。工商银行出售证券后,所持证券减少 100 万元,准备金则增加了 100 万元。

工商银行

资　产	负　债
证　券:－100 万元	
准　备:＋100 万元	

由于工商银行活期存款没有增加,法定准备金不变,这笔增加的 100 万元准备金是超额准备金。假定工商银行将这笔超额准备金贷出,转入借款人在工商银行开立的活期存款账户。这样操作的结果,使工商银行资产负债表作以下调整:

工商银行

资　产	负　债
证　券:－100 万元	活期存款:＋100 万元
准　备:＋100 万元	
贷　款:＋100 万元	

借款人不会让这笔存款闲置在工商银行的账户上。当借款人用这笔资金支付购买款项后,工商银行账户上借款人的活期存款将不复存在;与此同时,工商银行因出售证券取得的超额准备也随之消失。假定商品和劳务出售者开户行为建设银行,这样操作的结果使工商银行和建设银行的资产负债表作以下调整:

工商银行

资　产	负　债
证券:－100 万元 贷款:＋100 万元	

建设银行

资　产	负　债
准备:＋100 万元	活期存款:＋100 万元

上述操作的净结果是,中央银行投放了 100 万元的基础货币,商业银行体系内增加了 100 万元的原始存款。

三、派生存款的形成机制

设定法定准备金率为 10%,延续上述案例,由于建设银行活期存款增加了 100 万元,法定准备金相应地要增加 10 万元,其余 90 万元为超额准备金。假定建设银行与工商银行一样,也不愿意持有超额准备金,因而全部贷出。再假定借款人将该贷款以活期存款形式暂时存于建行活期存款账户上,因而此时建行资产负债表上活期存款增加 90 万元,相应的超额储备金仍然保持 90 万元。操作的结果见如下资产负债表:

建设银行

资　产	负　债
法定准备:＋10 万元 超额准备:＋90 万元 贷　款:＋90 万元	活期存款:＋100 万元 活期存款:＋90 万元

建设银行的借款人与工商银行的借款人一样,不会让 90 万元存款闲置在银行的账户上,也会用它来购买商品和劳务。当建设银行借款人用这笔资金支付购买款项后,建设银行账户上借款人的 90 万元活期存款将不复存在;与此同时,建设银行因吸收存款而取得的 90 万元超额准备金也随之消失。假定该商品和劳务出售者开户行为农业银行,这样操作的结果使建设银行和农业银行的资产负债表作以下调整。

建设银行

资　　产	负　　债
法定准备：＋10万元 贷　　款：＋90万元	活期存款：＋100万元

农业银行

资　　产	负　　债
准　　备：＋90万元	活期存款：＋90万元

上述操作的净结果是，建设银行在吸收100万元原始存款的基础上，通过贷款创造了90万元派生存款。

同样的操作过程，在农业银行与中国银行以及其他银行之间反复进行，派生存款将不断地被创造出来，其结果汇总如表7-2所示。

表7-2　存款货币的扩张过程　　　　　　　　　　　　　　　　单位：万元

银　　行	存款增加额	贷款增加额	准备增加额
建设银行	100	90	10
农业银行	90	81	9
中国银行	81	72.9	8.1
…	…	…	…
所有银行合计	1 000	900	100

从表7-2可以看出，在法定准备金率为10%、不留超额准备金以及全部非现金结算条件下，100万元的原始存款，通过商业银行的信用创造，能够形成900万元的派生存款，从而使存款货币总额达到1 000万元。

四、存款货币的收缩机制

存款货币的收缩是存款货币扩张的逆过程。仍设定法定准备金率为10%，商业银行不持有任何超额准备。假定存款人从建设银行提取100万元的现金，为应付提现，建设银行一方面可以通过因存款减少而减少10万元的法定准备金，另一方面还需收回90万元贷款。假定建设银行回收贷款对象的开户行为农业银行，这样农业银行的存款会减少90万元，为此农业银行除减少9万元法定准备外，还需收回81万元贷款。同样的操作过程，再由农业银行传递到中国银行以及其他银行，其结果汇总如表7-3所示。

从表7-3可以看出，由于存款人从建设银行提取100万元的存款，最终使存款货币收缩1 000万元。

表 7-3　存款货币的收缩过程　　　　　　　　　　　　单位：万元

银　行	存款提取额	收回贷款额	准备减少额
建设银行	100	90	10
农业银行	90	81	9
中国银行	81	72.9	8.1
…	…	…	…
所有银行合计	1 000	900	100

五、存款货币扩张及收缩模型

把上述存款货币扩张和收缩的过程推广到一般情况，可以得到相应的模型。假定中央银行投放总额为 A 的基础货币，在商业银行不持有任何超额准备金及全部非现金结算前提下，银行系统中相应形成总额为 A 的原始存款。设定商业银行法定准备率为 r，经过 n 家银行的信用创造，银行系统中形成总额为 S 的存款货币，则有：

$$S = A + A(1-r) + A(1-r)^2 + \cdots + A(1-r)^{n-1} \quad (7\text{-}3)$$

对式(7-3)的等比数列进行求和运算得：

$$S = \frac{A}{r}[1-(1-r)^n] \quad (7\text{-}4)$$

由于 $0<r<1$，因而 $0<(1-r)<1$，当 $n \to +\infty$ 时，$(1-r)^n \to 0$，即经过商业银行无穷次信用创造后，存款货币总额 S 为：

$$S = \frac{A}{r} \quad (7\text{-}5)$$

这就是在部分准备金制、全部非现金结算以及商业银行不持有任何超额准备金前提下，存款货币扩张与收缩模型。联系前述案例，当 $r=10\%$，$A=100$ 万元，$S=1\,000$ 万元。与前述案例结果相同(见表7-2)。

第四节　货币供给模型及货币乘数的影响因素

一、货币供给模型

在第三节中，我们以部分准备金制、商业银行不持有任何超额准备金及完全非现金结算为前提，讨论了存款货币的扩张和收缩机制。然而，现实经济生活并非如此，商业银行一般会持有一定的超额准备金,商品和劳务交易中存在非现金结算的情况。考虑这些现实因素,可以将存款货币扩张和收缩模型,扩展为货币供给模型。

(一) 货币乘数的定义

为推导货币供给模型,首先引入货币乘数的概念。货币乘数,是指货币供给量与基础货币的比值,用公式表达为:

$$m = \frac{M}{B} \tag{7-6}$$

式(7-6)中,m 为货币乘数,M 为货币供给量,B 为基础货币。

由于货币供给量有 M_1、M_2 等层次划分,因而货币乘数也有 m_1、m_2 之别。

$$m_1 = \frac{M_1}{B} \tag{7-7}$$

$$m_2 = \frac{M_2}{B} \tag{7-8}$$

(二) 货币供给量的界定

根据货币供给层次划分标准,M_1 包括活期存款和流通中现金。为了方便讨论问题,我们把其他类型的存款全部划归一类,以活期存款称谓,即 M_2 包括活期存款、非活期存款和流通中现金。用公式表达为:

$$M_1 = D + C \tag{7-9}$$

$$M_2 = D + T + C \tag{7-10}$$

式(7-10)中,D 为活期存款,C 为流通中现金,T 为非活期存款。

(三) 基础货币的构成

根据基础货币的定义,基础货币由银行准备和流通中现金两部分构成,用公式表达为:

$$B = R + C \tag{7-11}$$

式(7-11)中,R 为流通中现金。

为了深入分析问题,我们将银行准备金分为两部分:法定准备金和超额准备金,用公式表达为:

$$R = R_L + R_E \tag{7-12}$$

式(7-12)中,R_L 为法定准备金,R_E 为超额准备金。

进一步,我们再将法定准备金分为两部分:活期存款的法定准备金和非活期存款的法定准备金,用公式表达为:

$$R_L = R_D + R_T \tag{7-13}$$

式(7-13)中,R_D 为活期存款法定准备,R_T 为非活期存款准备。

综上所述，基础货币的构成被分解为活期存款法定准备、非活期存款法定准备、超额准备及流通中现金，即

$$B = R_D + R_T + R_E + C \tag{7-14}$$

（四）货币乘数的推导

根据货币乘数 m_1 的定义，有：

$$m_1 = \frac{D + C}{R_D + R_T + R_E + C} \tag{7-15}$$

把式(7-15)右端的分子和分母同除以 D，为了使其分母中的第二项具有经济意义，对其进行除以 T 和乘以 T 的等价处理，得：

$$m_1 = \frac{1 + \dfrac{C}{D}}{\dfrac{R_D}{D} + \dfrac{R_T}{T}\dfrac{T}{D} + \dfrac{R_E}{D} + \dfrac{C}{D}} \tag{7-16}$$

将 $\dfrac{C}{D}$ 界定为现金漏损率，用 h 表示；$\dfrac{R_D}{D}$ 为活期存款法定准备率，以 r_D 表示；$\dfrac{R_T}{T}$ 为非活期存款准备率，用 r_T 表示；$\dfrac{T}{D}$ 为非活期存款与活期存款比例，用 t 表示；$\dfrac{R_E}{D}$ 为超额准备率，用 r_E 表示。式(7-16)变换为：

$$m_1 = \frac{1 + h}{r_D + r_T t + r_E + h} \tag{7-17}$$

根据货币乘数 m_2 的定义，有：

$$m_2 = \frac{D + T + C}{R_D + R_T + R_E + C} \tag{7-18}$$

采用类似的推导方法，可以得到下式：

$$m_2 = \frac{1 + t + h}{r_D + r_T t + r_E + h} \tag{7-19}$$

（五）货币供给模型

对货币乘数定义的公式作简单的变换，就可得到货币供给模型：

$$M = mB \tag{7-20}$$

式(7-20)表明，货币供给是由货币乘数和基础货币两个基本变量决定的。货币供给的任何变化，都是货币乘数、基础货币或者两者综合变化的结果。进一步，还可以将货币供给模型根据货币供给层次的划分具体表达为：

$$M_1 = \frac{1 + h}{r_D + r_T t + r_E + h} B \tag{7-21}$$

$$M_2 = \frac{1+t+h}{r_D + r_T t + r_E + h} B \qquad (7\text{-}22)$$

根据式(7-21)和式(7-22),可以考察中央银行、商业银行以及非银行公众对不同层次上的货币供给的影响方向和影响力度,从而指导具体的经济实践。

二、货币乘数的影响变量及其作用方向

(一) 活期存款法定准备金率 r_D 对货币乘数的作用方向

对货币乘数 m_1 和 m_2 求关于 r_D 的偏导数,得:

$$\frac{\partial m_1}{\partial r_D} = \frac{-(1+h)}{(r_D + r_T t + r_E + h)^2} \qquad (7\text{-}23)$$

$$\frac{\partial m_2}{\partial r_D} = \frac{-(1+t+h)}{(r_D + r_T t + r_E + h)^2} \qquad (7\text{-}24)$$

由于式(7-23)和式(7-24)中分母是不为零的数据的平方值,分母必然大于零;分子中非活期存款与活期存款比例、现金漏损率不可能小于零,分子必然小于零。所以,上述两个偏导数均小于零,即活期存款法定准备金率越高,货币乘数越小。

(二) 非活期存款法定准备金率 r_T 对货币乘数的作用方向

对货币乘数 m_1 和 m_2 求关于 r_T 的偏导数,得:

$$\frac{\partial m_1}{\partial r_T} = \frac{-(1+h)t}{(r_D + r_T t + r_E + h)^2} \qquad (7\text{-}25)$$

$$\frac{\partial m_2}{\partial r_T} = \frac{-(1+t+h)t}{(r_D + r_T t + r_E + h)^2} \qquad (7\text{-}26)$$

同上所述,式(7-25)和式(7-26)两个偏导数均小于零,即货币乘数与非活期存款法定准备金率成反比,非活期存款法定准备金率越高,货币乘数越小。

(三) 超额准备率 r_E 对货币乘数的作用方向

对货币乘数 m_1 和 m_2 求关于 r_E 的偏导数,得:

$$\frac{\partial m_1}{\partial r_E} = \frac{-(1+h)}{(r_D + r_T t + r_E + h)^2} \qquad (7\text{-}27)$$

$$\frac{\partial m_2}{\partial r_E} = \frac{-(1+t+h)}{(r_D + r_T t + r_E + h)^2} \qquad (7\text{-}28)$$

同上所述,式(7-27)和式(7-28)两个偏导数也都小于零,即货币乘数与超额准备金率成反比。

(四) 非活期存款与活期存款比例 t 对货币乘数的作用方向

对货币乘数 m_1 和 m_2 求关于 t 的偏导数,得:

$$\frac{\partial m_1}{\partial t} = \frac{-(1+h)r_T}{(r_D + r_T t + r_E + h)^2} \qquad (7-29)$$

$$\frac{\partial m_2}{\partial t} = \frac{r_D + r_E + h - r_T - hr_T}{(r_D + r_T t + r_E + h)^2} \qquad (7-30)$$

式(7-29)的偏导数明显小于零,货币乘数 m_1 与 t 也成反比。式(7-30)的偏导数是大于零还是小于零,难以直接看出。为此,我们将分子等价变换为:$(r_D - r_T) + r_E + h(1 - r_T)$。由于活期存款的流动性高于非活期存款的流动性,因此 $r_D > r_T$,即 $(r_D - r_T) > 0$;很明显,$r_E > 0$;由于非活期存款法定准备金率不可能大于1,即 $(1 - r_T) > 0$,且现金漏损率 h 不可能小于零,因此 $h(1 - r_T) > 0$。换言之,第二个偏导数的分子为三项之和,且各项均大于零,因此该偏导数大于零,即货币乘数 m_2 与 t 成正比。

(五)现金漏损率对货币乘数的作用方向

对货币乘数 m_1 和 m_2 求关于 h 的偏导数,得:

$$\frac{\partial m_1}{\partial h} = \frac{r_D + r_T t + r_E - 1}{(r_D + r_T t + r_E + h)^2} \qquad (7-31)$$

$$\frac{\partial m_2}{\partial h} = \frac{r_D + r_T t + r_E - 1 - t}{(r_D + r_T t + r_E + h)^2} \qquad (7-32)$$

由于货币供给量不可能小于基础货币投放量,意味着 $m_1 > 1$,根据公式 $m_1 = \dfrac{1+h}{r_D + r_T t + r_E + h}$,可得 $r_D + r_T t + r_E < 1$,式(7-31)的偏导数小于零,因此,货币乘数 m_1 与现金漏损率 h 成反比。很明显,式(7-32)的偏导数小于第一个偏导数,也小于零,因此,货币乘数 m_1 与现金漏损率 h 也成反比。

将上述分析的结果汇总,得到表7-4。

表 7-4 各变量对货币乘数的作用方向

变量名称	变量含义	变量的变动	m_1 的反应	m_2 的反应
活期存款法定准备金率	$r_D = \dfrac{R_D}{D}$	↑	↓	↓
非活期存款法定准备金率	$r_T = \dfrac{R_T}{T}$	↑	↓	↓
超额准备金率	$r_E = \dfrac{R_E}{D}$	↑	↓	↓
非活期存款与活期存款比例	$t = \dfrac{T}{D}$	↑	↓	↑
现金漏损率	$r_E = \dfrac{C}{D}$	↑	↓	↓

注:本表只显示各变量上升(↑)时的情况,各变量下降时表中的箭头做相反的变动(↓)。

三、货币乘数影响因素的进一步考察:经济主体行为分析

在影响货币乘数变动的五个变量中,活期存款法定准备金率和非活期存款法定准备金率取决于中央银行,超额准备金率取决于商业银行,活期存款与非活期存款比例、现金漏损率取决于非银行公众。下面就中央银行、商业银行及非银行公众行为对各变量影响情况作具体考察。

(一) 法定准备金率

法定准备金最初是为了满足客户提现的需要,维护客户的利益,保障银行的安全。后来中央银行在实施中发现,准备金的变动,可以影响商业银行的贴放和投资,进而影响到市场信用的扩张和收缩。于是,法定存款准备金率逐渐成为中央银行调控货币信用的有力工具之一。法定存款准备金率的变动直接由中央银行决定。中央银行可以根据其货币政策的需要,调整该比率,从而达到鼓励或限制商业银行创造存款货币、控制货币供给量的目的。一般说来,经济高涨时,中央银行会通过提高法定准备金率来紧缩货币供给,防止经济过热;相反,经济萧条时,中央银行会通过降低法定准备金率来扩张货币供给,推动经济复苏。

(二) 超额准备金率

超额准备金的多少是商业银行对持有超额准备金的成本和收益进行比较分析之后的抉择。持有超额准备金的成本,是商业银行因持有超额准备金而放弃用这笔资金去放贷或投资可能取得的收益,即持有超额准备金存在机会成本;持有超额准备金的收益,是商业银行因持有超额准备金而避免流动性不足可能造成的损失。因此,超额准备金率的高低受以下因素影响。

1. 市场利率

市场利率的高低决定了持有超额准备金机会成本的大小。市场利率越高,银行放款或投资越有利,势必减少超额准备金;反之,市场利率越低,持有超额准备金的机会成本也随之降低,超额准备金相应增加。所以,超额准备金率与市场利率成反向变动。由于市场利率的高低与资金供求状况相关,因此,资金需求旺盛时,市场利率上升,银行超额准备金率降低;资金需求萎缩时,市场利率下降,银行超额准备金率提高。

2. 出现流动性不足的可能性

银行出现流动性不足的可能性取决于预期存款流出量及其不确定性。预期存款流出量越大,出现流动性不足的可能性越大;存款流出量的波动范围越宽,即预期存款流出量的不确定性越大,流动性不足出现的可能性越大。一般说来,经济动荡时期,预期存款流出量大,且波动范围大,银行应持有较多的超额准备金;经济稳定时期,预期存款流出量小,且波动范围小,银行可以持有较少的超额准备金。

3. 弥补流动性不足的难易

当银行出现流动性不足时,可以通过多种途径补充流动性,如向其他银行借入资金、向中央银行申请贴现贷款、签订证券回购协议、出售证券、催收贷款以及出售贷款等。弥补流动性不足的难易取决于金融市场的发育程度和资金供求状况,金融市场发

达,补充流动性的渠道广阔,弥补流动性不足容易,超额准备金率相应较低;相反,金融市场落后,补充流动性的渠道狭窄,弥补流动性不足困难,超额准备金率相应较高。资金供给富余时,弥补流动性容易,超额准备金率较低;资金供给紧张时,弥补流动性不足较容易,超额准备金率较高。

4. 补充流动性的成本

银行在金融市场上取得流动性是要支付成本的。同业拆借、贴现贷款、回购协议需要支付利息,出售证券除需支付佣金外还可能因为当时行情低落造成损失,提前催收贷款会伤害同客户的关系,销售贷款则可能蒙受巨额本息损失。补充流动性的成本越高,超额准备率越高;反之亦然。

(三) 现金漏损率

现金漏损是指客户从银行提取现金,使部分现金流出银行系统的现象。流通中现金与活期存款之比称为现金漏损率。因此,现金漏损率实际上是非银行公众对现金与活期存款进行选择的结果,取决于非银行公众的资产选择行为。根据资产选择理论,财富所有者对某种资产的需求主要取决于财富的总额以及该种资产的相对报酬率、相对风险、相对流动性。因此,现金漏损率的大小受以下因素影响。

1. 财富增长状况

非银行公众财富总额的增长将会使流通中现金和活期存款都相应增加。然而,由于两者需求的财富弹性是不同的,现金需求的财富弹性小于活期存款的财富弹性,因此随着财富的不断增长,现金漏损率不断减少。

2. 金融资产相对预期报酬率的变动

现金的预期报酬率为零,因此现金与活期存款相对预期报酬率就是活期存款利率。显然,活期存款利率上升,现金漏损率下降;活期存款利率降低,现金漏损率提高。其他金融资产预期报酬率的变动也会影响现金漏损率,其他金融资产预期报酬率上升,现金持有量和活期存款均下降,但现金持有量下降幅度小于活期存款的下降幅度,现金漏损率上升。如果其他金融资产预期报酬率下降,现金漏损率上升。

3. 金融资产相对风险的变动

由于活期存款面临银行倒闭不能兑付的风险,而现金则不存在该种风险。因此,金融危机时期,现金漏损率明显上升。

4. 金融资产相对流动性的变动

现金是流动性最强的金融资产,而活期存款流动性受到银行营业网点疏密、营业时间长短、支付系统技术状况以及公众偏好等因素影响。因此,银行营业网点增加、营业时间延长、支付系统技术进步等因素都会使现金漏损率降低。

(四) 非活期存款与活期存款比例

非活期存款与活期存款比例的高低也是非银行公众资产选择的结果,其大小主要受财富增长状况、金融资产相对预期报酬率的变动等因素影响。从财富增长状况角度考察,由于非活期存款的财富弹性大于活期存款,因此随着财富的不断增长,非活期存款与活期存款的比例会稳步上升。从相对预期报酬率角度考察,非活期存款与活期存款的利差扩大,非活期存款与活期存款比例提高;利差缩小,两者比例下降。其他金融资产预期报酬率的变动也会影响该比例,其他金融资产预期报酬率上升,非活期存款和活期存款均下降,但前者下降幅度大于后者,从而非活期存款与活期存款比例降低。

> **专栏 7-1**
>
> ### 央行:金融机构平均法定存款准备金率较 2018 年初已降低 5.2 个百分点
>
> 中国人民银行表示,截至 2020 年 5 月 15 日,金融机构平均法定存款准备金率为 9.4%,较 2018 年初已降低 5.2 个百分点。
>
> 2018 年开始人民银行 12 次下调存款准备金率,共释放长期资金约 8 万亿元。其中,2018 年 4 次降准释放资金 3.65 万亿元,2019 年 5 次降准释放资金 2.7 万亿元,2020 年初至 5 月 3 次降准释放资金 1.75 万亿元。
>
> 人民银行指出,降准致人民银行资产负债表收缩,不但不会使货币供应量收紧,反而具有很强的扩张效应,这与美联储等发达经济体央行减少债券持有量"缩表"的收紧货币正相反。主要原因是,降低法定存款准备金率,意味着商业银行被央行依法锁定的钱减少了,可以自由使用的钱相应增加了,从而提高了货币创造能力。
>
> 人民银行表示,通过降准政策的实施,满足了银行体系特殊时点的流动性需求,加大了对中小微企业的支持力度,降低了社会融资成本,推进了市场化法治化"债转股",鼓励了广大农村金融机构服务当地、服务实体,有力地支持了疫情防控和企业复工复产,发挥了支持实体经济的积极作用。
>
> (资料来源:新华社)

> **专栏 7-2**
>
> ### 央行:仍实施常态货币政策 货币政策总体稳健
>
> 2019 年,中国人民银行资产负债表规模变化引起市场关注,个别月份负债规模环比下降催生出中国央行"缩表"、流动性收紧等猜测。对此,央行日前发布报告称,当前,中国仍实施常态货币政策,货币政策总体稳健。
>
> 央行数据显示,2019 年 10 月央行资产负债表环比减少 2 326.28 亿元,此前 7 月央行资产负债表环比减少 5 642.4 亿元。对于央行资产规模增长放缓和个别月环比下降,有人简单套用国际经验,由此判断我国货币政策取向发生转变。
>
> 对此,央行发布的 2019 年第三季度中国货币政策执行报告称,中国仍实施常态货币政策。虽然中国央行资产规模增长放缓甚至可能下降,但降准放松了流动性约束,增大了货币创造能力,与国外央行量化宽松结束后一度进行的缩表有本质区别。
>
> 国际金融危机后,美联储通过三轮量化宽松(QE)购买国债和抵押贷款支持债券

(MBS),其资产端的国债和 MBS、负债端的存款准备金迅速增加。

央行相关人士介绍,由于美国的法定准备金率常年处于较低水平,增加的存款准备金绝大多数为超额准备金,相当于直接在市场上投放了大量流动性,货币政策是放松的。因此,美联储 2017 年启动的"缩表"计划使超额准备金减少,直接影响银行体系流动性,货币政策呈现收紧态势。

报告指出,中国实施常态货币政策,法定存款准备金率作为常规货币政策工具发挥了重要作用,这使中国央行资产负债表变化的效果与美联储明显不同。近期,我国央行资产负债表环比收缩主要出现在降准的当月或次月。这是央行考虑到降准政策效应较强,为保证银行体系流动性合理充裕,减少逆回购、MLF 等操作的结果。

"长期看,降准放松了银行贷款创造存款行为的流动性约束,在信用收缩的背景下起到了对冲作用,使货币条件总体保持稳定。"央行相关人士认为,近年来,我国金融机构各项贷款余额同比增速基本保持平稳,也说明我国货币政策总体上是稳健的。

业内人士指出,此外还要看到,央行资产负债表受季节性因素影响较大,财政税收和支出、现金投放和回笼,都会引起央行资产负债表规模变化,因此观察个别时点的央行资产负债表规模并无太大意义。

关于下一阶段政策走向,央行表示,实施好稳健货币政策,加强逆周期调节,保持流动性合理充裕和社会融资规模合理增长。货币政策保持定力,主动维护好我国在主要经济体中少数实行常态货币政策国家的地位,增强调控前瞻性、针对性和有效性。继续平衡好总量和结构之间的关系,从供需两端夯实疏通货币政策传导的微观基础,缓解局部性社会信用收缩压力。

第五节 货币供给内生性与外生性

一、货币供给内生性与外生性的概念

内生变量和外生变量,是计量经济学术语。内生变量,也称非政策性变量,是指在经济体系内部由诸多纯粹经济因素影响而自行变化的变量。这种变量通常不为政策所左右,如市场经济中的价格、利率、汇率等变量。

外生变量,也称政策性变量,是指在经济机制中受外部因素影响,而由非经济体系内部因素所决定的变量。这种变量通常能够由政策控制,并以之作为政府实现其政策目标的变量。

货币供给的内生性,是指货币供给取决于社会的货币需求,由经济体系内的经济行为主体的行为所决定的,中央银行难以对货币供给进行绝对控制,从而使货币供给量具有内生变量的性质。货币供给的外生性,是指货币供给独立于货币的需求,由中央银行

根据政策、意志决定或由经济过程之外的因素决定,因此货币供给量具有外生变量的性质。

货币供给的内生性或外生性问题,是货币理论研究中具有较强政策含义的一个问题。如果认定货币供给是内生变量,那就等于说,货币供给总是要被动地决定于客观经济过程,而货币当局并不能有效地控制其变动。因此,货币政策的调节作用,特别是以货币供给变动为操作指标的调节作用,有很大的局限性。如果肯定地认为货币供给是外生变量,则无异于说,货币当局能够有效地通过对货币供给的调节影响经济进程。

二、货币供给外生论

货币供给外生性的思想,最早可以追溯到19世纪初英国的金块论者。金块论者认为,贵金属货币就其贵金属本身的供给来看,它完全受制于自然条件,即贵金属矿藏的有无、多寡以及开采的程度等。这些条件决非经济活动本身能够决定的,因此,货币供给是外生的。在他们看来,贵金属货币的供给机制就是贵金属本身的采掘与生产。另外,他们认为货币流通速度是稳定的,货币供给决定了名义收入和物价水平,以后的大多数货币数量论者均持相似的观点。

希克斯在其《经济学展望》中认为,休谟时代的货币供给毫无疑问是外生的。萨缪尔森也认为,在早几个世纪中,金矿和银矿的偶然发现使货币供给处于混乱状态。凯恩斯和新古典主义者虽然反对传统的货币数量论,但也是外生论者。至于以弗里德曼为代表的新货币数量论者更是主张货币的外生性。

弗里德曼提出的"不变增长率"的货币控制规则就以货币供给能够被中央银行控制作为必要前提。货币主义者根据公认的存款与货币创造模型 $M_S = B \times m$,在统计数据的支持下得出以下几个结论:(1)基础货币与货币乘数相互独立,互不影响;(2)影响货币乘数的各因素在短期内是稳定的,长期而言也常会起反向作用而相互抵消,货币乘数可看作常数;(3)基础货币对货币供给量的影响比货币乘数要大;(4)中央银行通过公开市场操作等政策工具,不但可以主动增减基础货币量,还可抵消货币乘数某些系数变动的影响。由此得出货币供给外生的结论。

三、货币供给内生论

货币供给内生性的思想同样源远流长,最早可追溯至早期的货币名目主义者詹姆斯·斯图亚特。斯图亚特在1767年出版的《政治经济学原理的研究》一书中,指出一国流通只能吸取一定量的货币,货币供给量与经济活动水平相适应,这一原理后来被亚当·斯密加以继承,又被银行学派加以发展。马克思从劳动价值论出发,认为在金属货币时代是商品和黄金的内在价值决定了商品的价格,从而又与流通的商品量共同决定了社会的"必要货币量",这也属于货币供给的内生论。后来,瑞典经济学家米尔达尔打破了传统货币数量说所坚持的货币流通速度稳定的结论,将银行学派的货币供给内生论进一步加以发展,从而把纸币本位制下 M 与 P(或 Y)的单向前因后果重塑为双向的相互作用。

近代货币内生论较为有代表性的观点来自1959年英国《拉德克利夫报告》,以及格利和肖、托宾等人。

1959年,英国拉德克利夫委员会发表了一份关于《货币体系之运行》的报告(简称拉德克利夫报告),报告虽然没有明确指出货币供给的内生性,但流动性命题已完全摒弃了以货币外生性为前提的传统货币政策。该报告除了将货币定义为"流动性"之外,还指出流动性的最重要来源是大量的非银行金融机构。各种非银行金融机构的迅猛发展使控制货币供给量变得毫无意义。这些金融机构具有比银行更低的准备金率,一旦人们的资产选择发生变化,银行的存款负债就有可能被转移到这些金融机构中,于是整个社会的现金准备尽管未变,信用却得到扩张。决定整个社会支出的是整个流动性状况,而不仅仅是货币供给。只有对经济的一般流动性加以控制才能获得一种有效的货币政策。虽然没有明确说出,拉德克利夫委员会实际主张的是,货币供应是内生的,它是不受货币当局控制的。

格利和肖认为,货币不是货币金融理论的唯一分析对象,货币金融理论应面对多样化的金融资产。他们认为银行和非银行金融中介机构在充当信用中介的过程中并没有本质的区别,它们都创造出某种形式的债权;货币系统和非货币中介机构的竞争取决于它们创造的金融资产间的替代程度,而货币、非货币间接金融资产具有较强的替代性,这就使货币供给不再仅仅取决于银行体系的货币创造。据此,他们证明货币供给具有内生性,而不是一个外生变量。格利和肖的上述观点得到近三十年来世界各国(尤其是西方国家)的金融机构和金融工具多样化趋势的证实。

托宾认为,由于商业银行与其他金融机构之间、货币与其他资产之间的区别日渐消失,货币越来越多地取决于经济过程的内部变动,即成为内生变量,使人为的对货币供给的"外生"控制日渐失去有效性。随着金融机构与金融资产的多样化,货币的供给函数变得复杂,银行与其他非银行金融机构的资产负债规模以及社会大众对资产结构的选择,都对社会货币供给产生影响,并非由货币当局直接控制。他还认为,真正的存款创造过程是一个反映银行与其他私人单位的经济行为的内生过程。他将银行对准备金的需求行为函数与社会大众的货币需求行为函数引进货币乘数的计算,从而得出货币乘数具有内生性的结论。

现代货币内生论有适应性货币内生论和结构性货币内生论之分。适应性内生供给理论认为当银行和其他金融中介机构的储备不够充足时,中央银行必须适应性地供给,否则金融结构将不稳定,甚至危及整个经济。持这种观点的有温特劳布、卡尔多、莫尔等。

温特劳布认为,如果给定货币的收入流通速度不变,那么工资率的任何过度增加都将通过某种在单位劳动成本之上的事先决定的和稳定的加成,导致物价上升;对于任何给定的实际产出水平和相应的就业水平,其直接效应是名义收入按比例增加,这将造成在给定实际产出水平上对交易货币(信贷)的需求增加。这时,如果要使实际产出和就业水平保持不变,货币供应就必须增加;如果央行拒绝增加货币供应量或部分满足货币需求的增加,实际产出和就业量就会下降,同时伴随着物价水平的提高,即滞胀。由此,温特劳布通过模型证明,与名义收入增加相联系的任何货币需求的增加,中央银行都被迫采取增加货币供应的行动,直到增加的需求得到充分满足为止。这时,货币政策只不过是在起一种"支撑职能",毫无主动可言,所以货币供给表面是外生的,但实质上是内生的。

卡尔多的理论是牢固地建立在中央银行充当"最后贷款人"的职能上的。简言之,卡尔多的推论过程是:中央银行迫于政府压力降低利率→投资增加→名义收入水平增加→经济中的交易性货币需求增加→央行消极地予以满足→货币供给成为纯内生变量。

莫尔认为,正常情况下,商业银行准备金提供所有的贷款,中央银行准备金提供所有的储备或在现有的利率水平上提供所需的差额……贷款创造存款,存款创造储备。利率的变化将会导致银行借贷水平和货币供给的变化,同时准备金自动地调整以适应存款的扩张。扩张的贷款需求增加了银行借贷水平,进而增加了需求存款的水平和狭义的货币供给。关于利率,适应性内生货币供给的观点认为中央银行基本可以控制利率,尤其是短期利率。中央银行一方面可直接控制贴现率,另一方面也可通过公开市场操作影响银行之间拆借资金市场的短期利率(在美国是联邦基本利率)。如果中央银行直接确定了贴现率和间接确定了短期利率,其他利率就会随之变动,但央行利率调节也是为了银行准备金自动调整的适应存款扩张的要求,是一种适应性的调整。这一理论的特点是包含了贷款需求和银行负债约束。由于包含了这两者就能保证银行贷款市场的出清,贷款需求会影响独立货币供给。但是由于该理论假定经济主体满足于持有银行贷款所创造的任何水平的存款,忽略了经济主体的货币需求,这将影响最终的均衡。

结构性货币内生论认为,中央银行通过公开市场操作来控制非借贷准备金增长,这限制了银行对可得到的准备金数量的约束,此时,金融机构额外的储备通常是在金融机构本身内产生的,通过创新的负债管理在联邦市场、欧洲美元市场和CD_s市场上借入资金。持这种观点的有罗西斯和派尔利等。它与适应性内生供给论不同的是引入了银行持有的二级准备金和银行关于资产负债决策的模型。银行二级准备金被视为银行持有的债券,它的存在减缓了贷款需求、支票需求和定期存款需求的变化。如果发生公众集体提取存款并变换成现金的未预期行为时,银行就会出售二级准备金来融通这一额外借贷资金。银行资产负债选择模型提供给银行一个寻找最便宜的融资来源的动机。这一动机影响到银行因借贷增加导致的高联邦利率作出的反应,使中央银行对货币供给的控制失灵。结构性内生供给理论中,强调二级准备金重要的缓冲存量的作用,银行在它的组合资产与非银行公众组合资产之间进行自己内部的公开市场操作。尽管在这些交易中总的准备金存量保持不变,但可使银行系统能融资更多的贷款。同时,他们的另一个重要观点是通过负债管理而产生的储备过程不一定生产出所需求的足够储备。当货币市场不能生产出足够的储备供应时,就会出现流动性不足,中介机构不得不收回贷款,出售资产以满足其储备需要,新贷款的扩张将会消失,这可导致信贷困境和金融危机。

关于货币供给能不能控制的问题,我国也同样存在,但具有中国特色。例如,存在着关于现金发行能不能控制的争论。一种意见是,对现金发行与信贷投放从管理体制上划开,将现金发行数量的决定权交给某一有权威性的机构严格管理,现金超速增长问题就会迎刃而解。另一种相反的意见是,现金发行和信贷投放根本不可能脱钩而成为货币供给的两条独立渠道,从而其数量不可能简单地用行政方法控制住。这一争论往往也用"内生"与"外生"之争来加以概括。再如,是否存在着信贷供应的"倒逼机制"是另一个例子。一种见解认为,企业的贷款需求总是迫使商业银行被动地增加贷款供应。中央银行在企业和商业银行贷款需求的压力下又不得不实行松动的、迁就性的货币政策,结果就会出现货币供给被动地适应货币需求的现象。显然,这种见解实质上是确认货币供给是内生变量。另一种见解认为,中央银行有足够的权威和手段控制信贷扩张或货币供给,倒逼机制纵然应予承认,但也不应将之估计为决定作用。显然,这种见解是典型的货币供给外生变量论。

四、中国货币供给的内生性与外生性

在现行体制条件下,中国的货币供给到底是内生变量还是外生变量？这一问题是在货币供给能否由中央银行有效控制这一方面提出的。

货币供给可由中央银行有效控制的观点,其论据有:(1)经济体系中的全部货币都是从银行流出的,从本源上说,都是由中央银行资产负债业务决定的,只要控制住每年新增贷款的数量,货币供应的总闸门就可以把牢;(2)中国人民银行不是没有控制货币供给增长的有效手段,而是没有利用好这个手段。例如,不论来自各方的压力多么强大,如果中央银行始终不渝地按照稳定通货、稳定物价的政策严格掌握信贷计划,那么,货币供给就不会增长过快。这无疑是货币供给外生论观点。

认为货币供给不能由中央银行决定的观点也很普遍。有一种意见是从"究竟谁是货币当局"这个角度提出问题的。这种观点认为,在中国目前条件下,中央银行没有独立的决策地位,货币紧缩或松动大都是由更高的决策层作出的。只能认为中央银行具有货币政策的执行权,但没有决策权。这种观点实际上是从另一角度肯定货币供给的外生论。因为他们认为,真实经济活动之外或模型以外的因素——不过是高于中央银行的决策层——决定货币供给。另一种意见则从"倒逼机制"角度出发,认为在中国现行体制下,工商企业特别是大中型国有企业、地方政府和个人对各自利益的追求形成了一种合力,即偏好经济增长和收入增长的合力,该合力倒逼中央银行投放基础货币,从而直接影响货币增长速度。对于这种合力,中央银行本身是难以左右的,很明显,这种倒逼机制说明,货币供给的变动事实上是内生的。

本 章 小 结

随着银行信用制度的不断发展以及现代科学技术在银行经营中的广泛应用,信用货币的范围不断扩大。在现代经济中,信用货币的范围十分广泛,不仅包括流通中现金、活期存款,还包括定期存款、储蓄存款以及其他有价证券。不同形式货币的流动性不同,对商品和劳务供求影响不同,为此各国根据其具体情况对货币供给层次作相应划分,划分的标准是货币的流动性。

货币供给过程分两个阶段,第一阶段是中央银行投放基础货币;第二阶段是商业银行创造存款货币。基础货币由银行准备金和流通中现金组成,中央银行通过收购证券、外汇、黄金以及贴现贷款等渠道投放基础货币。在部分准备金制和部分非现金结算前提下,商业银行能够通过贷款等资产业务在原始存款的基础上创造派生存款,从而创造出多倍于基础货币的存款货币。

货币供给可以表达为货币乘数与基础货币的乘积,因此货币供给的变动可以用货币乘数和基础货币的变动加以解释。基础货币的变动取决于中央银行,具体受中央银行对银行债权、对政府净债权、对国外净债权、其他净资产以及中央银行自有资本等因素的影响。货币乘数的变动受活期存款法定准备金率、非活期存款法定准备金率、超额准备金率、非活期存款与活期存款比例以及现金漏损率的影响;其中,法定准备金率取决于中央银行,超额准备金率取决于商业银行,非活期存款与活期存款比例、现金漏损率取决于非银行公众。

货币供给内生论认为,货币供给取决于货币需求,由经济体系内的经济行为主体的行为所决定,中央银行难以对货币供给进行绝对控制;货币供给外生论认为,货币供给独立于货币需求,由经济过程之外的因素决定,中央银行能有效地控制货币供给。

练习与思考

一、单项选择题

1. 货币供给层次划分的主要依据是(　　)。
   A. 风险性　　　　B. 盈利性　　　　C. 创新性　　　　D. 流动性
2. 根据国际货币基金组织对货币层次的划分,M_1 也被称作(　　),商业银行的活期存款是 M_1 的主要构成部分。
   A. 准货币　　　　B. 狭义货币　　　C. 潜在货币　　　D. 广义货币
3. 商业银行存入中央银行的准备金与社会公众所持有的现金之和,称为(　　)。
   A. 存款准备金总额　B. 备付金　　　　C. 超额准备　　　D. 基础货币
4. 货币乘数等于(　　)。
   A. 基础货币×货币供应量　　　　　　B. 基础货币÷货币供应量
   C. 货币供应量÷基础货币　　　　　　D. 存款准备金率×基础货币
5. 在基础货币中,中央银行控制力最强的项目是(　　)。
   A. 流通中的通货　　　　　　　　　　B. 银行存款准备金总量
   C. 银行库存现金　　　　　　　　　　D. 社会公众持有的现金
6. 已知存款账户余额为1 000万元,存款准备金率为20%,则该银行可发放贷款的最大数额为(　　),银行最多可创造出的派生存款为(　　)。
   A. 200万元　　　B. 800万元　　　C. 4 000万元　　　D. 5 000万元

二、判断题

1. 国际货币基金组织采用的货币供给口径包括外国政府存款。(　　)
2. 通过公开市场业务可以增加或减少商业银行准备金。(　　)
3. 若货币供给为外生变量,则意味着该变量的决定因素可以是公开市场业

务。（　　）

4. 若货币供给为内生变量，则意味着该变量的决定因素可以是消费。（　　）

5. 货币供给过程中的主要环节有基础货币的提供、存款货币的创造、货币乘数的扩大。（　　）

三、思考题

1. 我国货币供给层次是如何划分的？
2. 简述基础货币的构成及中央银行投放基础货币的渠道。
3. 基础货币变动受哪些因素影响？
4. 货币乘数受哪些变量影响？其作用方向如何？
5. 你认为货币供给是外生变量还是内生变量？为什么？
6. 假设银行体系准备金为 11 000 亿元人民币，公众持有现金为 8 000 亿元人民币。中央银行法定活期存款准备金率为 9%，法定非活期存款准备金率为 6%，现金漏损率为 18%，非活期存款与活期存款比例为 2.2，商业银行的超额准备金率为 12%。

（1）基础货币是多少？
（2）货币乘数是多少？
（3）狭义货币供应量 M_1 是多少？
（4）广义货币供应量 M_2 是多少？

7. 以第 6 题数据为基础，如果中央银行在公开市场上购进 100 亿美元外汇，假定汇率为 1 美元兑 8.3 元人民币，基础货币、货币供给量 M_1 和 M_2 有何变化？

8. 以第 6 题数据为基础，如果中央银行在公开市场上卖出 600 亿元人民币国债，基础货币、货币供给量 M_1 和 M_2 有何变化？

9. 以第 6 题数据为基础，如果中央银行将活期存款和非活期存款的法定准备率分别提高 1%，货币乘数、货币供给量 M_1 和 M_2 有何变化？

10. 以第 6 题数据为基础，如果现金漏损率下降 1%，货币乘数、货币供给量 M_1 和 M_2 有何变化？

11. 以第 6 题数据为基础，如果非活期存款和活期存款的法定准备率降为 1.9，货币乘数、货币供给量 M_1 和 M_2 有何变化？

12. 以第 6 题数据为基础，商业银行超额准备率提高 1%，货币乘数、货币供给量 M_1 和 M_2 有何变化？

参考文献

[1] 胡庆康. 现代货币银行学教程(第五版)[M]. 复旦大学出版社, 2014.
[2] 弗雷德里克·S. 米什金. 货币金融学(第十一版)[M]. 中国人民大学出版社, 2019.
[3] 黄达. 金融学(第四版)[M]. 中国人民大学出版社, 2017.
[4] 王静, 魏先华. 我国货币供给内生性问题的实证分析[J]. 当代财经, 2012(6).

第八章 通货膨胀及通货紧缩

本章概要

在本章中,我们要掌握货币均衡与非均衡、通货膨胀及通货紧缩等概念,学习通货膨胀的衡量、成因及效应分析、通货膨胀治理,以及通货紧缩成因、效应及治理等内容。本章共分为六节:第一节介绍货币均衡与非均衡的概念;第二节介绍通货膨胀的概念及其测度;第三节分析通货膨胀的成因;第四节分析通货膨胀的社会、经济效应;第五节介绍通货膨胀的治理对策;第六节重点讨论通货紧缩问题。

[学习要点]

1. 货币均衡与非均衡的概念,货币供求由非均衡向均衡的调整方式;
2. 按产生通货膨胀的原因讲授通货膨胀的类型;
3. 测度通货膨胀的主要指标;
4. 通货膨胀对经济和社会的不利影响及其治理措施;
5. 通货紧缩对经济和社会的影响及其治理措施。

[基本概念]

货币均衡 通货膨胀 需求拉动型通货膨胀 成本推动型通货膨胀 供求混合型通货膨胀 菲利普斯曲线 通货紧缩

第一节 货币均衡与非均衡

一、货币均衡的概念

货币均衡,其含义主要在于经济社会中货币总供给等于货币总需求,即 $M_s = M_d$。它意味着货币供应量与实际货币需求量相等,既无超额需求,也无超额供给。货币均衡包括以下 4 个方面的含义。

(1) 货币均衡是货币供求作用的一种状态,其含义是大体一致,货币供给与货币需求完全相等是一种偶然的现象。

(2) 货币均衡是指货币的实际供给与实际需求的均衡。货币均衡必须考虑到价格水平变动的因素。名义货币供给量的变动有时并不一定会引起货币的失衡,这是因为价格水平也变动了;同样,由于价格水平的变动,即使名义货币供给量不变也可能存在货币的失衡。

(3) 货币均衡是一个动态的过程,货币供给与货币需求不可能在每个时点上都相等,这种均衡存在于长期之中。它表现为货币供给量只在一定幅度内偏离货币需求量,并收敛于货币需求量。

(4) 货币均衡不仅仅是一种货币现象,它在某种程度上反映了经济的总体均衡状况。如前所述,货币不仅仅是现代经济中的交换手段,也是经济发展的内在要求,它联系着社会的供给和需求。

二、货币均衡与经济均衡

货币的均衡对经济发展是否会产生影响,不同的经济学家有不同的看法。

"古典"学派的经济学家主张货币是中性的。他们认为货币只有媒介商品交换的功能,它的数量多少并不会影响经济发展。他们将整个经济分为实物和货币,认为货币与实际经济过程并无联系,因此货币对于经济发展是中性的。货币中性论认为:货币的供给与需求体现在商品的交换上,货币的购买过程就是商品的售出过程。货币购买商品也就是商品购买货币,因此货币的供给总是和商品价值的实现相一致的,整个经济总是处于均衡状态。在货币过度供给时整个经济总会提供足够的商品,货币供给不足时也能实现社会商品的购买,这些会通过价格的上涨和回落来调节,但是不会影响经济的发展。货币中性论一直受到人们的认可,直到19世纪末,瑞典经济学家维克塞尔才首先否定了这一观点。他提出货币中性论只注意到货币的交易职能,而忽视了货币的价值储藏功能。在经济的运行中,不可能所有的货币都一直处于交易状态,其中一部分货币会退出流通领域,被人们储藏起来。这样货币供给量就不可能在任何时候都恰好等于社会总商品量,货币中性论的前提就不成立了。

现代西方经济学家普遍认为,货币均衡与经济均衡存在着密切的联系。货币如果失衡,它的调整过程将引起经济均衡的改变。在这个调整过程中,利率有着很大的作用,他们认为在任何时点上的货币均衡都对应着一个均衡利率。

如图8-1所示,我们知道货币供给与利率变动呈正向关系,而货币需求与利率变动呈反向关系。当货币供给等于货币需求时,经济均衡于 E 点,此时均衡利率为 R_e。

如果假设货币供给量完全由货币当局决定,是一个外生变量,那么货币供给表现为一条竖直的直线,如图8-2所示。

我们用图8-2来解释货币均衡的实现过程如何导致经济均衡的改变。经济的初始均衡点为 E 点,这时货币供给为 M_s,均衡利率为 R_e。如果货币当局增加货币供给量,

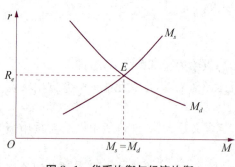

图8-1 货币均衡与经济均衡

M_s 右移至 M'_s,这时经济中各要素将发生改变。一方面,由于货币供给的增加,在货币市场上其价格必然下降,表现为利率的降低;另一方面,由于货币供给的增加,国民收入也随之增加,这会引起交易性货币需求的上升。这样货币需求曲线也向右移动,由 M_d 移至 M'_d。这时经济均衡于 E' 点,均衡利率为 R'_e,低于初始水平,社会产出高于初始水平。反之,当货币供给量低于均衡水平时,经济产出将低于初始水平,同时利率升高。

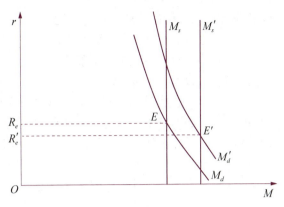

图 8-2 货币供给外生性下的经济均衡

三、货币失衡的调整

货币均衡是经济均衡的反映,同样货币失衡也是经济失衡的反映。货币失衡带来的后果,一方面是经济萧条和通货紧缩,另一方面是长期、剧烈的通货膨胀。货币失衡的调整有两条途径:自动调整和政策调整。

(一) 自动调整

自动调整是指货币失衡完全由市场机制进行调整,没有政府的干预。当货币供给不足时,经济生活表现为存货增加,资源闲置,这样必然导致价格水平的下降。货币的交易需求减少,促使货币的需求与供给趋于一致;相反地,当货币供给超量时,社会总商品量没有改变,价格水平将上涨。这样一来,价格水平的上涨可以吸收多余的货币,也可以使货币的供给与需求趋于一致。

(二) 政策调整

政策调整是指政府采取各种措施干预市场,促使货币供给与需求重新达到均衡。政策调整主要从货币供给量和社会总供给这两条途径进行,具体的手段将在以后章节中进行详细论述。

第二节 通货膨胀的概念及其测度

一、通货膨胀的定义

长期以来,通货膨胀一直存在于世界各国的经济中。由于通货膨胀程度不同,对各国经济发展影响程度也不同。尤其是,当一国发生恶性通货膨胀时,经济将受到摧毁性的破坏。因此,对通货膨胀进行研究是众多经济学家的重大任务。他们通过研究和实践，从不同的角度给出了通货膨胀的定义。

（1）通货膨胀是由于货币数量的过度增长导致物价总水平上涨的经济现象。新自由主义学者弗·哈耶克认为："通货膨胀一词的原意是货币数量的过度增长，这种增长合乎规律地导致物价上涨。"

（2）通货膨胀是生产成本增长引起的物价水平上涨的经济现象，包括由于工资的过度增长引起的物价水平上涨。持这种观点的主要代表有罗宾逊等人，他们认为通货膨胀是由于同样经济活动的工资报酬率的日益增长引起的物价的直线运动。

（3）通货膨胀是物价总水平普遍上涨的经济现象，任何原因引起的物价总体上涨就是通货膨胀。新古典综合派保罗·萨缪尔森认为："通货膨胀的意思是：物品和生产要素的价格普遍上升时期——面包、汽车、理发的价格上升；工资、租金等也都在上升。"

这一定义包含了三层含义：通货膨胀是价格水平的持续上升，不是短期或一次性上升；通货膨胀不是指个别商品价格水平的上升，而是价格总水平的上升，包括所有商品和劳务的价格；价格总水平的上升幅度作为是否发生通货膨胀的度量标准是很难判断的，许多经济学家用"可以觉察到的"来描述这一上涨幅度。

从上述各种不同的定义中可以看出，通货膨胀包括以下三方面的含义。

（1）通货膨胀是商品和劳务价格的普遍上涨，即所有商品和劳务平均价格水平的上涨。单个商品的物价上涨不能视为通货膨胀，而是相对价格的变化。

（2）通货膨胀是一般物价水平的持续上涨，季节性或偶然性因素引起的物价上涨不能称为通货膨胀，如世界石油价格的短期波动，又如本国农产品由于天气异常变化导致大幅度减产使物价临时上涨。

（3）通货膨胀的表现形式可以是公开的，也可以是隐蔽的。前者表现为物价的变化，后者表现为商品供应短缺、凭票证供应、变相降低产品质量或者黑市买卖等，这种隐蔽形式的物价变化又称为"抑制性的通货膨胀"。

二、通货膨胀的测量指标

世界上较为流行的用以度量价格水平的价格指数可以分为以下五种。

（一）消费者价格指数

消费者价格指数（consumer price index，CPI），主要根据居民消费的代表性商品和劳务的价格波动状况编制的，主要反映与居民消费相关的食品、服装、住房、交通、通信等商品和劳务的价格变化。优点在于资料较易收集，公布次数较频繁，因此较能迅速、直接地反映影响居民生活水平的物价变化趋势。缺点是范围较窄，不能表示消费品与劳务的质量改善。由于该指标与公众生活密切相关，且公布的频率较高，公众通过这一指标感受币值稳定与否，因此许多国家的中央银行都十分关注该指标。

（二）生产者价格指数

生产者价格指数（producer price index，PPI），主要根据企业购买的商品的价格变化状况编制。它主要反映包括原材料、中间产品和最终产品在内的各种商品批发价格的变化。该指数主要反映生产者的成本变化。中国人民银行定期公布企业商品价格指数,此外还公布企业商品分类价格指数,如农产品、矿产品、加工业产品价格指数等。

(三) 国民生产总值平减指数

国民生产总值平减指数(gross national product deflator,GNP deflator),主要反映一国生产的最终产品(包括劳务)的价格变化。其计算公式为:

$$GNP\text{ 平减指数} = \frac{\text{按现行价格计算的}GNP}{\text{按基期价格计算的}GNP} \times 100\%$$

这种指数的优点是:包括的范围广,既有商品又有劳务,既有消费资料又有生产资料,能较全面地反映一般物价水平的趋势;然而由于该指数所统计的范围很广,资料不易收集,且统计数字发表滞后,难以经常性地公布该统计数据,一般是一年一次。

由于传统的通货膨胀衡量指标更专注于社会总体价格水平的变化,针对价格水平而编制的指数对就业、供给等宏观经济组成部分的变化难以提供指示作用,对于宏观经济政策的制定而言帮助有限。决策者在选择通货膨胀度量指标时,客观上提出了时效性、全面性、层次性相平衡的要求,现代价格指标由此应运而生,主要包括采购经理人指数、核心通胀率度量,对于判断经济形势、制定有针对性的经济政策具有极强的指导意义。

(四) 采购经理人指数

采购经理人指数(purchasing managers index,PMI),该指数是以百分比来表示,常以50%作为经济强弱的分界点:指数高于50%,是经济扩张的信号。当指数低于50%,尤其是非常接近40%时,有经济萧条的忧虑。而一般在40%~50%时,说明制造业处于衰退,但整体经济还在扩张。

PMI是通过对采购经理的月度调查统计汇总、编制而成的指数,涵盖了企业采购、生产、流通等各个环节。它是一个综合指数,计算方法全球统一。作为国际通行的宏观经济监测指标体系之一,PMI已成为经济运行活动的重要评价指标和反映经济变化的晴雨表,对国家和地区经济活动的监测和预测具有重要作用。近年来,任何一个重要经济体发布的月度PMI,都会引起政府、商界、经济学界和社会公众的广泛关注和高度重视。

(五) 核心消费价格指数

核心消费价格指数(core consumer price index,Core CPI),是指将受气候和季节因素影响较大的产品价格剔除之后的居民消费物价指数。经济学家为了分析,将容易波动的食品和能源等价格剔除出去。

一般来说,消费物价指数所涵盖的商品当中有若干短期内价格变化幅度较大的商品,比如大米、小麦、肉类、水果、蔬菜、电力和汽油等商品。农产品价格取决于天气状况,能源价格取决于不可控制的外部因素。剔除这些商品后的价格指数就是核心消费指数。该指数能够更准确地反映物价的整体走势,因此各国货币当局日益加大了对该指数的关注。除此之外,该指数还考虑到货币政策操作。当通货膨胀率变化主要源于供给因素,如石油价格上涨导致的通货膨胀,此时货币当局采取紧缩性的货币政策,虽然物价得以控制,但这是以经济增长受到冲击为代价的。因此不少国家的中央银行对第一轮由供给因素造成的物价上涨,往往不采取紧缩性的货币政策。

目前，我国对核心 CPI 尚未明确界定，美国是将燃料和仪器价格剔除后的居民消费物价指数作为核心 CPI。这种方法最早是由美国经济学家戈登于 1945 年提出的，其背景是美国受到第一次石油危机的影响，出现了较大幅度的通货膨胀，而当时消费价格的上涨主要是受食品价格和能源价格上涨的影响。当时有不少经济学家认为美国发生的食品价格和能源价格上涨，主要是受供给因素的影响，受需求拉动的影响较小，因此提出了从消费价格指数中扣除食品和能源价格的变化来衡量价格水平变化的方法。从 1978 年起，美国劳工统计局开始公布从消费价格指数和生产价格指数中剔除食品和能源价格之后的上涨率。但是，美国经济学界关于是否应该从消费价格指数中扣除食品和能源价格来判断价格水平，仍然存在很大争论，反对者大有人在。

第三节 通货膨胀的成因

货币主义学派认为通货膨胀完全是一种货币现象，总需求的增加主要源于货币数量的过度增长，当货币数量增长的速度超过了生产增长的速度就发生了通货膨胀。从总需求和总供给的角度来解释通货膨胀，其成因主要有三个方面。

一、需求拉动型通货膨胀

需求拉动型通货膨胀（demand-pull inflation）指的是源于社会总需求膨胀而导致的物价上涨。经济学家最早分析通货膨胀时就始于对总需求的分析，需求因素是通货膨胀形成的最基本原因。一般来说，总需求包括消费需求、投资需求和净出口需求三方面，当生产资源和要素接近充分就业状态，或者已经达到充分就业状态，任何一方面的扩张都可能导致通货膨胀。然而，货币主义学派却对此有着不同的看法，他们认为，货币供应量的增加是总需求增加的主要原因。

需求拉动型的通货膨胀可用图 8-3 来表示。

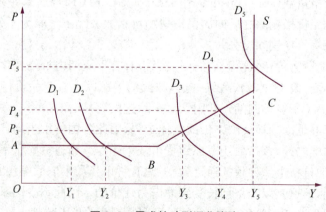

图 8-3 需求拉动型通货膨胀

在图 8-3 中,横轴代表国民收入,纵轴代表物价水平,总供给曲线可以根据充分就业的情况分为 AB、BC、CS 三段。

AB 段的总供给曲线呈水平状态,这意味着供给曲线无限大,表明全社会存在大量闲置资源,没有达到充分就业状态。总需求从 D_1 扩大到 D_2 时,国民收入会增加,不会引起物价上涨。因此,当一国经济处于 AB 区间时总需求的增加不会导致通货膨胀的发生。

BC 段的总供给曲线表示社会总供给逐渐接近充分就业状态,闲置资源很少,总供给的增加能力较小,此时实行扩张性的政策,总需求从 D_2 增加到 D_3,国民收入会随之增加,但是物价也会同时上涨。因此,当一国经济处于这一区间时,总需求的增加可能会导致通货膨胀的发生。但是,这一区间内总需求的增加不会引起物价的急剧上涨。

CS 段的总供给曲线表明社会已经达到充分就业状态,不存在闲置的资源。此时的总供给曲线成为无弹性的曲线,在这种状态下,当总需求继续扩大时,不会引起国民收入的增加,只会使物价大幅上涨。因此,当一国经济处于 CS 阶段时,总需求的增加很容易导致物价的急剧上涨,引发通货膨胀。

二、成本推动型通货膨胀

在 20 世纪 50 年代以前,人们一直认为总需求的增加是通货膨胀的唯一原因,然而 50 年代后期美国出现了一种新的现象:一方面,物价水平持续温和上升;另一方面,失业率逐渐升高。显然,需求拉动的通货膨胀并不能解释这种现象。经济学家通过大量的分析,提出了成本推动型通货膨胀(cost-push inflation)。

成本推动型通货膨胀主要从供给角度对通货膨胀进行分析。假定在总需求不变的条件下,由于生产要素价格(如工资、租金、利息以及利润)上涨,导致生产成本上升,从而物价持续上涨。由于供给因素变动形成的通货膨胀大体可以归纳为两点:一是工会迫使企业提高工会会员工资,导致工资上涨率超过劳动生产率时,生产成本增加,引发物价上涨,这又构成工会继续要求增加工资的理由,如此螺旋上升,形成工资推动型通货膨胀;二是垄断行业为保持垄断利润而制定高价,垄断企业凭借其垄断地位,通过提高价格来增加利润也会导致物价的普遍上涨。如欧佩克组织大幅提高石油价格,导致石油进口国的通货膨胀。成本推动型通货膨胀可用图 8-4 表示。

如图 8-4 所示,横轴依然代表总产出或国民收入,纵轴代表物价水平,Y_1 代表充分就业状态下的国民收入。社会总供给曲线最初为 A_1S,在总需求不变的条件下,生产要素价格的提高引致生产成本上扬,使总供给曲线上升至 A_2S,结果物价上涨至 P_2,国民收入下降至 Y_2。国民收入的下降是由于生产成本增加后,失业率上升而造成的。这个过程不断持续下去,物价进一步上涨至 P_3,国民收入进一步下降至 Y_3。

三、供求混合型通货膨胀

一般来说,任何一次通货膨胀都不可能单纯由需求拉动或成本推动原因而造成。

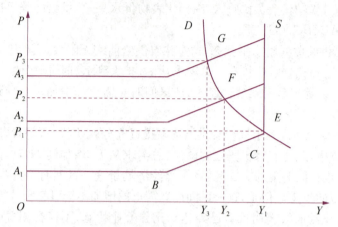

图 8-4　成本推动型通货膨胀

每一次通货膨胀都是一个动态的过程,需求的拉动和成本的推动都只是通货膨胀过程之中的一个静态的发展阶段。需求的增加引起价格的提高,导致成本提高;成本提高通过各种传递途径又导致需求的增加,如此恶性循环,导致通货膨胀不断地持续下去。事实上,无论是需求拉动的通货膨胀还是成本推动的通货膨胀都只会引起物价的一次上涨,而不会导致物价的恶性持续上涨。我们用图 8-5 来说明它们的互动如何引起了通货膨胀的持续。

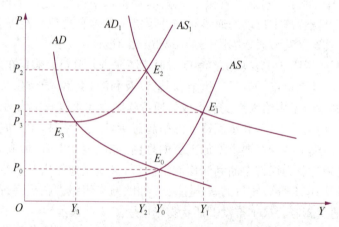

图 8-5　供求混合型通货膨胀

图 8-5 中,AD 和 AS 分别表示原来的总需求曲线与总供给曲线,E_0 为初始均衡点,这时国民收入为 Y_0,价格水平为 P_0。

当总需求增加,总需求曲线由 AD 上升到 AD_1,与 AS 交于 E_1,此时经济均衡于 E_1。这时,国民收入为 Y_1,价格上升至 P_1。这是由于价格的上升引起生产成本的增加,总供给不会维持在原来水平,也相应地从 AS 移动到 AS_1 时,AS_1 与 AD_1 相交于 E_2,价格水平再次上升,达到 P_2。这样就完成了价格上升的一个循环,如此多个循环就形成了供求混合型通货膨胀(hybrid inflation)。在需求拉动的持续性通货膨胀中,供给曲线也在相应地上移,但是这种移动是被动的,是由需求拉动的通货膨胀引起的。

如果成本上升,总供给曲线 AS 移动到 AS_1,这时经济均衡点为 E_3,价格上升至 P_3 水平。此时如果需求水平维持不变,通货膨胀不会维持下去。例如,当由于工资水平的提高引起成本推动的通货膨胀时,如果需求没有相应增加,意味着产出和就业的下降,而工资的持续增加则会导致产出的进一步下降。只要需求不增加,随着就业率的下降就会迫使单纯由成本推动的通货膨胀停下来,并且增加就业的压力可能会使通货膨胀向反方向转化。在增加就业的同时,必将使工资和价格水平回落。然而,这种恢复过程极为缓慢,政府为了解决高失业和低产出将会采取多种措施增加需求。这时,总需求的增加,使 AD 移动到 AD_1,价格再次上升,达到 P_2 水平。这样就完成了价格上升的一个循环,如此多个循环就形成了供求混合型通货膨胀。在成本推动的通货膨胀中,需求曲线也在相应上移,但是这种移动是被动的。

当然,也有学者认为,即使需求和供给没有变化,只是经济结构发生了变化,也会导致通货膨胀。因为从整个社会经济来看,有些产业是新兴产业,有些产业是夕阳产业;有些产业发展迅猛,有些产业已经处于衰退阶段、发展迟缓;有些产业逐渐走向国际化,有些产业一直局限于国内市场。从发展趋势来看,整个经济必将向新兴的、发展迅速的、开放型的产业部门看齐,逐渐靠近。然而在现实的经济中,这种看齐只能停留在价格和工资上,而不可能将所有生产要素转化过去,也不可能将生产率提高至同等水平。所以,这就导致经济结构的不平衡和变化趋势,引发通货膨胀。

第四节 通货膨胀的社会效应和经济效应

一、财富、收入分配效应

对于整个社会而言,通货膨胀只是物价上涨的过程,不会影响社会的总财富和总收入。但是,这个过程却通过价格途径改变了人们的财富分配。通货膨胀对人们财富的影响方向及大小主要取决于人们以何种方式持有资产。总体来说,持有财产有两种方式:实物资产和金融资产。在通货膨胀期间,实物资产的价值升降取决于其价格上涨率与物价总水平上涨率是否一致。如果资产价格上涨比例大,持有人为受益者,反之为受损者。如果以金融资产持有资产则比较复杂,它取决于持有哪种金融资产。如果是货币形式,显然他是受损者。如果是股票形式,一般而言在通货膨胀期间,股票行情看涨,然而其价格的涨跌有许多影响因素,所以持有人可能受益也可能受损。如果是债务形式,债权人在通货膨胀过程中是受损者,债务人为受益者。但如果是大的债权人,他们可以采取各种措施避免通货膨胀带来的损失,而且他们一般也是大的债务人,不但不会受损反而可以从通货膨胀中受益。一般来说,小额存款人和债权人最容易受到通货膨胀的打击。从整个社会范围来看,可以把社会成员分为居民、企业和政府三个部门。一般来说,居民是货币多余者;而企业和政府部门是货币不足者,因此居民个人作为一

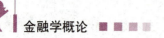

个部门是受损者,企业和政府部门是受益者。

通货膨胀的收入效应主要源于货币幻觉,即人们所注重的收入往往是名义货币收入,而不考虑实际收入(名义货币收入/物价指数)。而名义货币收入的增加并不意味着人们生活水平的提高,甚至有时可能是下降。在通货膨胀期间,社会各阶层由于其收入方式、收入来源不同,所受的影响也不同。比如靠固定工资生活的工人,他们在物价持续上涨时,也可能会要求工资的提高,但是这种提高相对于物价上涨往往是滞后的。滞后时间越长,损失越大。与工人类似的还有其他一些群体,领取救济金和退休金的、公共雇员、靠福利和转移支付维持生活的人。

此外,通货膨胀还将使税收负担发生扭曲。一般来说,在世界各国,所得税一般按名义收入采取累进制。通货膨胀产生后,个人和企业的实际收入尽管有可能不变,甚至下降,但名义收入都会出现上升从而承担较高的税率,这打破了政府、企业和公众之间收入的平衡。通货膨胀还将对企业折旧产生负面影响。通常情况下,公司或企业被允许从其应税收入中扣除房屋和设备的一定量的折旧,如果折旧是根据投资的历史成本,而不是其重置成本来提取,那么折旧的价值就会被通货膨胀侵蚀,这将损害公司或者企业进行生产性投资的积极性。此外,通货膨胀还将导致一种恶性循环。例如,财政赤字扩大加重了通货膨胀的程度,通货膨胀又使税收的实际收入下降,税收收入的不足进一步加大了财政赤字,如此恶性循环。20世纪80年代许多发展中国家的通货膨胀,很大程度上都与此有关。

二、资源配置效应

市场价格机制在通货膨胀期间往往失去了资源配置(resource allocation)的作用,价格的变化以及比价的变化都会影响社会资源的转移。通货膨胀会引起生产要素的畸形转移。从整个社会来看,各种商品和劳务的价格上升幅度不一,有些部门价格涨幅大,有些部门价格涨幅较小。一般来说,涨幅大的部门利润率也高,生产要素也就倾向于从价格涨幅小的部门向价格涨幅大的部门转移。但是价格上升幅度大的部门并不一定是整个社会需求最大的,相反地,价格上升幅度小的部门也并不一定是社会中所不需要的。这样就导致一些部门产品的大量闲置,而一些部门的产品却由于生产要素不足处于紧缺状态,最终导致大量资源的浪费。此外,由于各种商品的相对价格不断变化,企业和消费者难以做出正确的决策。由于这种不确定性,企业投资也由长期投资转向了短期投资,这些短期行为显然不利于经济的长期发展。

三、强迫储蓄效应

这里的储蓄是指社会中用于投资的货币。为了增加社会投资,政府向中央银行举债,中央银行增发货币,导致物价普遍上涨。而人们的名义收入很难同步提高,因而实际收入下降。消费水平也随之下降,因而形成一种强迫性的节约。如果政府通过通货膨胀这种方式来促进投资,就会导致强迫储蓄效应(forced saving effect)。

四、产出效应

产出效应(output effect)亦即指通货膨胀对经济增长的影响,经济学家对此持有不同的观点,大体来说有三种:促进论、促退论和中性论。

(一)促进论

促进论就是认为通货膨胀具有促进产出增加的效应。持该观点的学者认为,由于经济没有实现充分就业,经济体系中存在资源闲置,政府利用扩张性的货币政策和财政政策来刺激有效需求,尤其是在发展中国家,由于经济主体存在通胀幻觉(inflation illusion),即经济主体因为收入的增加感觉更富裕而忽视了通货膨胀率的上升使其实际收入下降,这增加了企业的收入,刺激投资的扩大。同时,由于通货膨胀导致有利于富裕阶层的收入分配,这会增加其储蓄,满足经济增长的需要。

(二)促退论

促退论则认为通货膨胀不利于经济的长期增长。纵观世界各国,寄希望于实行通货膨胀经济政策以实现更高的经济增长,其结果往往是持续的高通胀。它干扰了资源配置的效率,扭曲了收入分配。在理性预期的作用下,经济主体的通胀幻觉消失。政府甚至连短期的经济繁荣也无法实现。因此,促退论认为在长期内通货膨胀不会带来经济增长。这种看法基本上成为理论界和政策制定者们的共识。各国货币当局都将保持物价稳定作为其首要目标,以期为经济发展创造一个稳定的经济环境。

(三)中性论

中性论认为通货膨胀对经济增长的影响是中性的,它既不会促进经济的增长,也不会阻碍经济的增长。这是因为通货膨胀会使人们对其形成预期,从而各经济主体会根据预期合理调整自己的经济行为,使通货膨胀的各种效应相互抵消。

五、通货膨胀对失业的影响

通货膨胀和失业之间的关系非常复杂,从 20 世纪 50 年代以来人们就做了大量的分析来研究这种关系,许多研究成果也随之而生。

(一)菲利普斯曲线

最早研究通货膨胀和失业之间关系的理论成果是著名的菲利普斯曲线,由英国经济学家菲利普斯提出。他通过对英国近百年(1861—1957 年)的数据分析,得出了如图 8-6 的一条曲线。

其中,横轴 U 代表失业率;纵轴 $\dot{W}$(即 $\Delta W/W$)代表工资膨胀率(wage inflation),即货币工资提高的比率。

这条曲线表明:当失业率低时,货币工

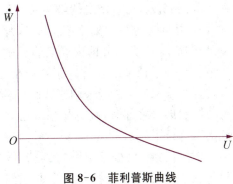

图 8-6 菲利普斯曲线

资膨胀率高;当货币工资膨胀率低时,失业率会上升。货币工资与失业率呈反向运动,西方学者对此提出了多种解释,其中一种较为流行的理论由加拿大经济学家李普西给出。他认为菲利普斯曲线反映了货币工资调整速度与劳动力市场失衡的关系。当劳动力需求旺盛时,失业率下降,这时工人在谈判中占主动地位,有利于工人工资的提高;反之,当失业率高时,工人工资下降。货币工资上升的速度和劳动力市场的失衡(指需求与供给之间的不平衡)程度是正相关的,而失业率正代表了劳动力市场的失衡程度。失业率越高表明劳动力市场供过于求的程度越高,货币工资下降得越快;失业率越低表明劳动力市场供不应求的程度越高,货币工资上升得越快。

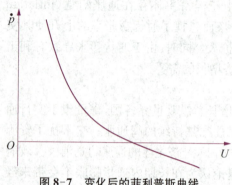

图 8-7 变化后的菲利普斯曲线

这一理论的提出引起了大家的关注,继菲利普斯之后,萨缪尔森和索洛发现并证明了美国经济的运行也符合菲利普斯曲线,并对菲利普斯曲线进行了修改。一般来说,工资在总成本中占有相对稳定的比例,在企业定价时多采用成本加成法,即用成本乘以一定比例来制定价格。这样工资的变化率就相当于产品价格的变化率。即 $\Delta W/W = \Delta P/P$,我们用 $\dot{p}$ 表示价格的变化率,则菲利普斯曲线可以改变为图 8-7 的形式。

菲利普斯曲线所阐述的是工资膨胀率与失业率之间的关系,而经萨缪尔森和索洛修正后的菲利普斯曲线所描述的是通货膨胀率和失业率之间的关系,可以用一个函数表示:

$$\dot{p} = f(U) \quad \text{而且} \quad f'(U) < 0$$

它具有重要的政策含义,政府在实现低通货膨胀率和低失业率这两大宏观经济目标之间会发生冲突:要想保持较低的通货膨胀率就要忍受较高的失业率;反之,要将失业率控制在较低水平就要承受较高的通货膨胀率。这为政策制定者提供了一个选择。在现实经济运行中,政策制定者经常在菲利普斯曲线上划定一个区域,只要经济在这个区域内运行,政府均认为是可以承受的。这个区域的边界也就是可承受的最大失业率和可承受的最高通货膨胀率。

我们假设社会可承受的最高通货膨胀率为 4%,可承受的最大失业率为 4%,那么如图 8-8 所示,阴影部分即为经济运行的最佳区域。当一个社会的经济处于阴影部分时,政府无须采取任何措施来调节。而当经济运行于阴影部分之外时,政府将采取必要的措施对其进行干涉。

假设社会经济处于图中的 A 点,这时通货膨胀率较高,超出了社会可忍受的范围,政

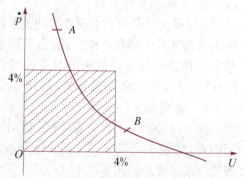

图 8-8 菲利普斯曲线的应用

府应该在失业率不超过 4% 的前提下,以提高失业率为代价来换取通货膨胀率的降低;反之,当社会经济处于图中的 B 点,这时失业率过高,政府应该在通货膨胀率不超过 4% 的前提下,以提高通货膨胀率为代价换取失业率的降低。

(二) 附加预期的菲利普斯曲线

菲利普斯曲线在相当一段时间内处于主导地位,并为政策制定者们解决了许多现实的经济问题。然而西方国家在 20 世纪 70 年代相继出现的"滞胀"令人们对此产生了怀疑。以弗里德曼为首的货币主义学派提出了预期的菲利普斯曲线。他们认为,在通货膨胀期间,人们会根据预期不断调整自己的经济行为,从而逐渐抵消通货膨胀所带来的各种影响,包括对失业率的影响。而原始的菲利普斯曲线假设工人具有完全的货币幻觉,所以失业率只与货币工资率有关,与实际工资率和价格的预期无关。预期的菲利普斯曲线认为,在任何时候,对应于一个实际工资率结构都有一个均衡的失业水平,称为"自然失业率"。因而可以将菲利普斯曲线方程式改写成:

$$\dot{p} - \dot{p}^e = f(U - U^*) \text{ 或者 } \dot{p} = \dot{p}^e + f(U - U^*) \quad U^* \text{为"自然失业率"}$$

然而,自然失业率也不是固定不变的,它会随着社会劳动力市场结构的变化而改变。这种失业只与劳动力市场的不完全性、劳动力流动的费用等因素有关,与货币因素无关。短期内,经济的运行可能会偏离"自然失业率",但长期内均有向其靠近的趋势。我们可通过图 8-9 来描述这种趋势。

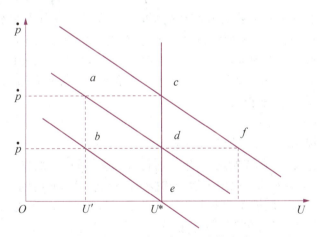

图 8-9 短期菲利普斯曲线的移动

图 8-9 中有一组短期菲利普斯曲线 be、ad 和 cf,U^* 代表自然失业率。

当经济处于 e 点时,通货膨胀率为零,预期通货膨胀率也为零。这时经济处于长期均衡状态,失业率为自然失业率 U^*。如果经济此时发生变动,比如政府通过某些措施降低失业率达到 U',则此时经济暂时均衡于 b 点,通货膨胀率升高至 $\dot{p}_1$。人们在这一经济运行的过程中会逐渐发现自己的实际工资水平的下降,在现行的工资水平上会减少劳动力的供给,社会劳动力总量的下降使失业率增加,恢复到原始的 U^* 水平,社会经济从 b 点移动到 d 点。这种移动过程是因为物价总水平的上涨使人们改变了对通货膨胀率的预期,而这种预期会逐渐接近并达到实际通货膨胀率,政府所实行的措施在长期内失去效用。在短期内,政府宏观经济政策的实施还是有效的,这是由于人们调整自己的预期存在着时滞。在 d 点上,如果政府仍想降低失业率,只会导致菲利普斯曲线的再次上移,经济处于 c 点上。反之,当经济处于 c 点时,如果政府通过某种政策降低通货膨胀率,并达到 $\dot{p}_1$ 水平,这时经济处于 f 点上。人们的预期通货膨胀率高于实际通货膨胀率,人们会发现实际工资的提高而增加劳动力的供给,失业率降低至 U^* 水平,经济均衡于 d 点上,菲利普斯曲线下移。

第五节 通货膨胀的治理对策

经济学家和政策制定者们提出了各种方法来治理通货膨胀,总体来说可以分为两类,一类是政策性措施,另一类是制度性措施。

一、治理通货膨胀的政策性对策

政策性措施主要包括货币政策、财政政策、收入政策、汇率政策以及供给政策。

(一) 紧缩性货币政策

通货膨胀产生的基本原因是总需求超过了总供给,因此有必要控制总需求的过快增长。控制货币的过快增长被认为是最重要的政策手段。正如弗里德曼所指出的那样,通货膨胀何时何地都是一种货币现象,是"太多的货币追逐太少的商品",因此货币主义者认为抑制通货膨胀的主要方法就是控制货币供应量的增长速度。实现这一目标的方法之一就是采取紧缩性货币政策。其主要政策手段包括两方面:一是提高利率水平,二是控制信贷的过快增长。

(二) 紧缩性财政政策

对总需求的控制还可以采取紧缩性财政政策,其主要手段是削减财政支出(包括政府购买支出和转移支付)和增加税收(包括所得税和流转税)。税收的增加和转移支付的减少,直接减少了企业和居民用于消费和投资的资金来源,政府购买支出的下降意味着总需求的直接下降。压缩财政支出在国际上主要是削减财政投资的公共工程项目,减少各种社会救济和补贴;在我国则主要表现为控制基建项目,缩短国家基建战线。通过紧缩性财政政策的增收节支,减少财政赤字或财政向中央银行的借款量,达到抑制赤字型通货膨胀的目的。

(三) 收入政策

收入政策也可以称为工资-价格政策,其方法就是对工资和物价的上涨进行直接干预,其理论基础是成本推进型通货膨胀。主要包括以下两种方式:确定工资-物价指导线和管制或冻结工资。具体来说,前者就是政府当局规定了一定时期内的货币总收入增长目标额,并据此控制各个部门的工资增长率;后者就是政府直接冻结工资水平,这种严厉的管制措施往往在战争期间较为常见,在和平时期很少采用,即使采用也是一种临时性举措。

(四）汇率政策

从进口商品价格看，本币汇率上升，以本币计价的进口商品价格下降，如果进口商品需求弹性小，且占 GDP 比重大或没有替代品，进口成本下降带动国内总体消费物价水平下降，有利于抑制输入型通胀。

从出口商品价格看，本币汇率上升，以外币计价的出口商品价格上升，本国出口商品价格竞争力下降，出口减少，外贸企业产能过剩导致商品供过于求，一般物价水平持续下跌，从而产生一定的通货紧缩效应。

然而，即期汇率波动首先影响的是进出口价格，然后进出口价格通过成本、工资以及进出口与本国产品的替代作用影响生产者价格，从而影响整个价格体系，可见这个传递过程是很间接和缓慢的。

（五）供给政策

以上几种政策都是从控制总需求的角度着手的，而供给政策是从扩大总供给的角度提出的。通货膨胀的最基本原因是总需求大于总供给，所以有些经济学家提出扩大总供给也能有效地解决通货膨胀问题。比较而言，这种政策比紧缩政策更有积极意义。供给政策的主要措施是减税，也就是要降低边际税率。边际税率是指增加的收入中必须向政府纳税的部分所占的百分比。

二、治理通货膨胀的制度性对策

这种政策是从通货膨胀预期的角度提出的。人们对通货膨胀的预期很大程度上来自中央银行的政策和态度。如果中央银行有足够的能力执行价格稳定的货币政策，那么公众的通货膨胀预期下降，菲利普斯曲线下移，物价也随之下降；反之，则上升。所以对中央银行的制度性安排和实行价格稳定的货币政策是一种行之有效的治理方法。

（一）强化中央银行的独立性和透明度

一般来说，中央银行的独立性一般可以分为人事的独立性、融资的独立性和政策的独立性三个方面。人事的独立性是指中央银行行长以及高级职员的任免安排的独立性；融资的独立性是指政府财政收支出现赤字时中央银行是否给予融资时的决策独立性；政策的独立性是指中央银行执行金融政策时的决策权力，包括选择和运用政策目标和政策工具的决定是否独立。不论中央银行独立性具体采取何种形式，其目的都是使中央银行避免政府对其采取的行政干预，或者屏蔽政府为降低失业率而采取的短期扩张政策，实现物价稳定的目标。

增加货币政策的透明度，包括向公众披露有关货币政策决策的信息和依据，澄清货币政策工具、中介目标和最终目标之间的相互关系，发表中央银行的有关研究结果，等等。IMF 对透明度的解释是"透明度是一种环境，即在易懂、容易获取并且及时的基础上，让公众了解有关政策目标及其法律、制度和经济框架，政策制定及其原理，与货币和金融政策有关的数据和信息，以及机构的职责范围"。具体来说，主要有四个方面的内容：（1）明确中央银行和金融监管机构的作用、责任和目标；（2）公开中央银行制定和报告货币政策决策的过程，以及金融监管机构制定和报告金融政策的过程；（3）公众对货币和金融政策信息的可获得性;(4)中央银行和金融监管机构的责任追究和诚信保证。

(二) 实现物价稳定的货币政策框架

在经历了通货膨胀的困扰之后,许多国家的中央银行将保持物价稳定作为其最主要的政策目标,并将这一点写进有关的法律当中。在中央银行保持物价稳定的过程中,实现物价稳定的货币政策框架是极其有效的。这种货币政策框架实质性地限制了中央银行一些有可能导致通货膨胀的做法,从而稳定了人们对通货膨胀的预期,最终保持了物价的稳定。有一个很好的例子,20世纪90年代开始,一些新兴市场国家和发达国家实施了通胀目标制(Inflation targeting),这是一种货币政策框架,其核心特征就是将保持物价稳定作为货币政策的首要目标。其一般做法是:货币当局先向公众公布目标通胀的水平,并承诺在未来的某一时间跨度内实现该目标。具体来说,就是在一定的时间跨度内,货币当局将通货膨胀率保持在目标区间范围内;货币政策的中介目标就是货币当局对通货膨胀率的预测值,同时监控包括货币供应量在内的其他一系列经济指标;货币政策的操作目标是价格型的指标,如短期利率、汇率等;在汇率制度方面实行浮动汇率制。实践证明,实行通胀目标制的国家在控制通货膨胀方面无一例外地取得了巨大的成功。

> **专栏 8-1**
>
> **关于中国通货膨胀成因及其治理方法的研究**[①]
>
> 中国通货膨胀问题自 2006 年以来已经成为社会各界最为关注的宏观经济问题。围绕目前中国通货膨胀的形成核心原因是什么以及如何治理目前的通货膨胀等问题,大量的学者和研究机构进行了激烈的争论。围绕通货膨胀形成的原因及其治理方法的争论大致可以分为以下五个派别。
>
> 1. 货币数量派
>
> 货币数量派主要代表性人物有宋国青(2008)、周其仁(2008)、中国人民银行(2007;2008)等。在该派别看来,分析通货膨胀问题有一个颠扑不破的真理,那就是新货币数量论创始人弗里德曼宣传的一句话——任何通货膨胀在本质上都是一种货币现象,因此,他们认为中国目前所面临的通货膨胀问题没有任何特殊性,在本质上就是货币发行过多了。治理通货膨胀的方法就是采取紧缩的货币政策,减少货币的发行量。他们还有针对性地指出,中国目前的通货膨胀不能归结为粮食价格和基础原材料价格上涨导致的成本推动型通货膨胀,因为粮食价格和基础原材料价格上涨不是通货膨胀的原因,而是通货膨胀的结果。
>
> 2. 其他需求拉动派
>
> 其他需求拉动派主要代表性人物有张军(2007)、余永定(2008)、中国经济增长与

---

① 刘元春.中国通货膨胀成因的近期研究及其缺陷[J].经济学动态,2008(10).

宏观稳定课题组(2008)、陈功(2008)等。在他们看来,货币发行过多只是导致需求推动的一种因素而已,需求膨胀导致通货膨胀的途径很多,主要体现在:(1)由于人民币过分低估导致外需过旺,进而引发外需拉动型通货膨胀(余永定,2007;2008);(2)由于过度城市化导致固定投资过度膨胀,引发投资拉动型通货膨胀(陈功,2008);(3)由于人民消费升级导致粮食需求的上升,进而导致粮食价格主导型的通货膨胀;(4)由于经济增长速度过快导致总体性需求的上涨(中国经济增长与宏观稳定课题组,2008)。因此,该派认为治理目前通货膨胀不仅需要紧缩的货币政策,而且还必须通过大幅度提升本币价值、从紧的投资政策以及价格管制等措施进行总需求控制,总需求抑制是解决中国通货膨胀的关键。

3. 成本推动派

成本推动派主要代表性人物有李稻葵(2007;2008)、桑白川(2008)、顾书桂(2008)等。该派别认为,中国目前的通货膨胀并不具备需求拉动型通货膨胀的典型特征,导致价格上涨的核心原因在于,经济高速发展而带来的供应短缺以及相应的各种成本急剧上涨。具体体现在:(1)由于土地资源有限性导致的地租价格的上涨;(2)由于劳动力市场出现"刘易斯拐点"和新合同法的出台,导致劳动力成本的上升;(3)由于美元贬值、投机资本以及气候等原因导致各种原材料和大宗商品价格的暴涨;(4)由于节能环保政策的出台,导致环境成本的大幅度上升;(5)农业机会成本以及实际成本的上升导致粮食价格的上涨。因此,该派认为,治理目前的通货膨胀不能采取紧缩性的货币政策,因为货币的紧缩不仅无法从根本上解决这些成本上升带来的问题,反而会对经济体系带来过度的冲击,引起经济大幅度的下滑。因此,他们主张,相比需求管理而言,中国更重要的是应当进行供给管理,国家应当通过鼓励企业创新、减税、补贴等措施扩大企业成本消化的能力,同时利用财政政策和体制改革以提高农业产量和其他瓶颈产业的供给。

4. 结构性价格上涨派

结构性价格上涨派主要代表性人物有刘煌辉(2008)、姚景元(2008)、王敏(2008)、人民大学经济研究所(2007;2008)等。该派认为,目前价格上涨问题自2006年以来都具有结构性上涨的特征,在本质上是一种相对价格的上涨,这些特征超越了传统的"需求拉动-供给推动"的通货膨胀分析框架,价格上涨产生的核心根源在于以下几个方面:(1)中国经济非均衡发展导致的结构性失衡,即全球分工体系的调整导致大量的制造业向中国转移,从而导致中国制造业原材料以及相应的初级产品价格相对于制成品和贸易品价格进行调整——制成品价格在规模经济和技术提升中不断下降,而原材料和初级品在供给约束下价格出现快速的提升;(2)中国经济改革在要素价格改革滞后的情况下,要素价格管制的放松必定带来劳动力、原材料和土地密集使用部门的产品价格急剧上涨;(3)中国工业化、国际化以及城市化进展到一定程度,需要中国经济进行结构性调整,必然引起相应供求的相对变化,进而引起相对价格的变化。因此,治理这种结构性价格上涨就与治理一般通货膨胀的方法有本质的区别:第一,应当看到这些价格上涨的合理性和必要性,政府和各种经济主体应当适度提高通货膨胀的容忍度,在中期范围内承受这些价格的上涨;第二,应当从纠正中国经济长期性积累的结构性问题出发,利用放松价格管制、减少税收、稳定汇率等措施,纠正目前价格体系中面临的各种扭曲,调整经济增长方式,以根治价格上涨的隐患。

5. 输入型通货膨胀派

输入型通货膨胀派主要代表性人物有李扬(2008)、祝宝良(2008)、刘元春(2008)等。该派认为,目前的通货膨胀不是中国经济所特有的,全球都面临着结构性价格上涨的问题。中国经济在高度的国际化进程中,通过两种途径将大量的通货膨胀因素输入中国:(1)大量的贸易顺差和资本与金融项目顺差将国际流动性过剩输入中国;(2)国际石油和原材料价格的暴涨通过大量的国际大宗商品的进口输入中国;(3)国际食品价格的上涨给中国食品价格带来了上涨的预期;(4)对于人民币升值的预期导致大量投机性资本的涌入,使中国各种投机资本的投资资本价格上涨。因此,该派认为,治理通货膨胀在长期来看是一个国际经济货币的问题,需要全球经济合作;在短期和中期来看,中国需要改变汇率政策和外汇储备管理政策以及贸易政策,以改变目前过度失衡的国际收支状况,同时应当推动中国经济增长方式的转变,减少对初级原材料进口的依赖。

第六节 通货紧缩

一、通货紧缩的概念

与通货膨胀相对应,通货紧缩是货币非均衡的另一种形式。在现实经济中我们更多地提起通货膨胀,这是因为通货膨胀发生得更为频繁,即使在经济正常运行期间也会有通货膨胀的存在。而通货紧缩相对来说发生得较少,但是我们不能因此忽视通货紧缩的存在,通货紧缩也会从多方面影响经济的运行。一般来说,对通货紧缩的分析和通货膨胀刚好相反,它们是两个相对的概念。通货紧缩在国外经济学家中较主流的定义就是:商品和劳务价格水平的普遍持续下降。它包含了两个方面的含义:一方面,这种价格的下降是普遍的,不是某一个或某几个部门的产品价格的下降,而是整个社会总体价格水平的下降;另一方面,这种价格的下降是持续的,会持续一段较长的时间,而不是短时间的下降。

然而,持续多长时间的物价总水平下降才是通货紧缩呢?对于这个问题的观点不尽相同,有的国家认为以一年为界,有的以半年为界。一般来说,若物价水平连续半年时间持续下跌,那么货币当局就应该对此加以重视了。

(一) 通货紧缩的特征

通货紧缩通常会引起一系列的经济现象,一般来说,通货紧缩期间有以下三种表现。

1. 物价水平持续下降

物价水平持续下降，一般来说物价水平长时间的负增长才可以称为通货紧缩。但是英国的一项研究表明，各国公布的通货膨胀率都没有将产品质量提高的因素考虑在内，因此现行的通货膨胀率被高估了一个百分点。如果一个国家或地区的通货膨胀率低于百分之一，则认为这个国家或地区的物价产生了负增长。

2. 货币供给量减少

通货膨胀是"太多的货币追逐太少的商品"，相应而言，通货紧缩也伴随着货币供应量的不足。通货紧缩不仅仅是物价水平的持续下降，它还应当与货币供应量的减少联系起来。

3. 需求不足，投资萎缩

一方面，货币供应量的减少降低了整个社会的有效需求，商品滞销，因而企业不愿进行投资；另一方面，通货紧缩使实际利率有所提高，因而投资成本上升。同时，通货紧缩又会使投资的预期收益率下降，这是因为投资者预期物价水平会进一步下降，利润将进一步降低。投资成本的增加和预期投资利润的降低成为抑制投资的两大因素。

(二) 通货紧缩的分类

通货紧缩从不同的角度有不同的划分方法。从对经济的影响而言可以分为"温和性通货紧缩"和"危害性通货紧缩"两种。温和性通货紧缩是由于技术进步加快，生产成本下降，市场准入的放宽以及竞争的加剧而引起的。它促进了产品的价格下降，市场价格的下降增加了公众的实际收入和购买力，而总产出继续保持增加，因此它对经济增长产生正面影响；危害性通货紧缩是由于生产能力过剩和需求低迷引起的，实际产出和潜在产出的"产出缺口"不断扩大，物价持续下降，经济衰退，它对经济运行产生负面影响。

另外，按持续的时间来划分，通货紧缩可以分为长期性通货紧缩和短期性通货紧缩。按与货币政策的关系来划分，可以分为货币紧缩政策情况下的通货紧缩、货币扩张政策情况下的通货紧缩和中性货币政策下的通货紧缩。

二、通货紧缩产生的原因

通常而言，产生通货紧缩的原因是多种多样的。纵观世界各国在各个时期产生的通货紧缩现象，我们大体可以将通货紧缩的产生归因于以下五个方面：有效需求不足、供给过剩、汇率制度僵硬、金融体系脆弱、紧缩性的经济政策。

(一) 与有效需求不足有关

当国内消费和投资需求出现严重下滑，或者当公众预期发生变化时，均可能导致通货紧缩。

(二) 与供给过剩有关

这种供给过剩既可能是由于技术进步的原因产生的，也可能是因为企业盲目决策、重复建设而导致的低水平产品过剩造成的。

(三) 与汇率制度僵硬有关

这一般和本国实行盯住汇率制度造成本国货币的汇率高估有关。

（四）与金融体系脆弱有关

例如，由于本国金融机构的不良资产比重太大，金融机构为规避风险，不愿意扩大信贷投放，结果造成信贷萎缩，进而形成通货紧缩。在20世纪90年代，日本金融机构由于资产充足率达不到巴塞尔协议的要求，为实现这一目标，在经济不景气的环境下，各金融机构收缩信贷，提高信贷标准，导致贷款余额下降，从而加剧了日本的通货紧缩。

（五）与紧缩性的经济政策有关

在国内经济出现通货紧缩苗头的时刻，政府本该实行扩张性的经济政策以刺激经济，结果由于政府决策失误，反而采取紧缩性政策以至于加重了通货紧缩的程度，或者由于政府扩张性经济政策的力度不够，以至于经济长期陷入通货紧缩的陷阱当中。

三、通货紧缩的社会经济效应

（一）通货紧缩对财富、收入的影响

和通货膨胀相反，通货紧缩有利于债权人而不利于债务人。物价水平的下降使实际利率有所上升，债务人实际上所支付的利息上升，受到损失。一般来说，居民作为一个持有多余货币的部门，能享受到由于货币购买力上升而带来的好处，而企业和政府作为债务部门在通货紧缩期间是受损者。通货紧缩对于收入的影响主要视工资是否具有刚性而定。通货紧缩期间，由于物价水平的下降，工人们在相同的工资水平上可以购买更多的商品，也就是说人们的实际工资上升了，对工人来说是有利的。这是建立于工资刚性的假设之上的：如果工资的下调滞后于物价的下降，工人就会受益；如果工资的下调和物价的下降同步，那么通货紧缩对收入的影响是很小的。

（二）通货紧缩对消费的影响

价格水平的持续下降意味着货币购买力的上升，消费者可以以相同的货币购买到更多的同质商品和劳务。一方面，由于预期价格水平会进一步下降，消费者会推迟各种消费。另一方面，由于通货紧缩期间经常伴随着经济增幅的下降，人们预期收入会减少，因而会减少消费，导致社会消费总水平的下降。

（三）通货紧缩对经济发展的影响

通货紧缩通常伴随着很多不正常的经济现象，有效需求下降、投资收益率降低、投资减少、消费水平下降，经济疲软，严重影响社会经济的正常运行，阻碍经济的发展。但是，通货紧缩对经济是否产生不利影响还要取决于它的形成机制。在有些情况下，通货紧缩并不一定会对经济产生负面的影响。例如，国内市场竞争激烈或者受到国外市场的冲击，各企业为增强竞争力纷纷降低价格，从而被迫更新设备、改进技术、提高资本有机构成、提高劳动生产率、降低单位产品成本。这样形成的物价总水平下降不但不会影响经济的发展，反而是经济发展的一种表现。

（四）通货紧缩对银行业产生的影响

通货紧缩也会给银行带来威胁，主要体现在：物价水平下降导致实际利率提高，企业和个人还款付息压力增大甚至无力偿还，因而银行的违约风险上升；物价水平的不断变化使实际利率也不断地在变化，给银行利率水平的确定带来了困难，银行的利率风险

也随之而增加。

四、通货紧缩的治理对策

通货紧缩的治理基本上可以分为两个层面来分析,一是通货紧缩出现之前的预防,二是通货紧缩出现之后的政策措施。

一般来说,在通货紧缩来临之际,货币当局应该通过各种方式向社会表达其反通货紧缩的决心和准备采取的举措,通过这种宣告效应改变公众的预期,打破通货紧缩的自我强化特征。

当通货紧缩出现之后,政府就应该采取扩张性的经济政策,包括财政政策、货币政策和汇率政策。扩张性的财政政策通过财政分配活动来增加和刺激社会的总需求,从而刺激投资、带动消费以刺激经济增长。它包括增加国债发行、扩大财政支出和减少税收等措施;扩张性的货币政策通过放松银根、增加货币供给量以增加有效需求,带动消费和生产,促进经济的繁荣。它包括降息、降低法定存款准备金率、扩大信贷规模等措施;汇率政策主要通过本币汇率贬值,刺激外部经济需求,拉动国内经济增长。扩张性的财政政策和货币政策旨在刺激国内有效需求,而汇率政策的重点是扩大外部需求。从短期来看,这三种措施都是从需求方面来改善通货紧缩对经济运行的负面影响。

专栏 8-2

日本的通货紧缩与"安倍经济学"

1. 日本的通货紧缩困境

1997年,麦金农与大野健一在其著作《美元与日元》中论述了"日元持续升值综合征"。日元的实际升值以及与日元升值相对应的货币政策对日本经济造成通货紧缩冲击,进一步升值的预期使日元资产的名义利率逼近于零,制造了令人恐怖的流动性陷阱,同时延缓了工资的增长。贸易品的日元价格从20世纪80年代中期开始普遍下降。20世纪80年代中期房地产和股票市场巨大的资产价格泡沫是这种综合征的内生产物。泡沫在1990—1991年破灭后,对日本经济造成的负面冲击与持续至1995年4月的日元继续升值相互混合,从而使日本在1992—2002年经历了声名狼藉的"失去的十年"。

自"广场协议"后,日本一直是国际货币事件中的受害者。时至今日,日本仍受困于工资停止增长与近乎零利率的流动性陷阱的通货紧缩。但自2003年起,产出开始通过出口扩张出现温和增长。然而,这种出口增长是由日元被动的实际贬值引起的。外汇风险(对日元升值的担心)使日本的利率在十余年内保持近乎零的水平,迄今为止仍使日本银行无法有效刺激国内需求。2003—2007年,尽管产出在"失去的十年"之后重新恢复温和增长,工资水平却仍然停滞。

在长期通货紧缩的状态下,不仅使日本物价水平全面下行,工资、地价、股价等价格水平全面下跌,也使日本国内投资和消费全面萎缩,社会总需求跌到谷底,从而形成了通货紧缩的恶性循环。在安倍晋三政府看来,通货紧缩的恶性循环是日本经济持续走不出困境的关键所在。

2. "安倍经济学"的主要内容

2012年12月,安倍晋三重新登上首相的宝座,他希望摆脱经济长期低迷的困境来巩固日本自民党执政地位,以此来重建日本经济的国际地位。因此,安倍晋三上任后的首要执政目标就是要改变日本持续多年通货紧缩的困境,将通货膨胀率回升到2%的水平。

"安倍经济学"(Abenomics),是指安倍晋三于2012年12月26日再次执政后加速实施的一系列经济刺激政策,其政策的核心内容包括"大胆的金融政策""灵活的财政政策"和激活民间投资的增长战略,也被称为"安倍经济学"的"三支利箭"。具体措施包括:将通胀目标设置为2%;促使日元贬值;政策利率降为负值;无限制实施量化宽松货币政策;推行大规模公共投资(国土强韧化);日本银行通过公开市场操作,购入建设性国债;修改《日本银行法》,加大政府对央行的发言权等。

"安倍经济学"的主要特点是以下四点。

(1)通过超级量化宽松政策,促使日元大幅贬值,进而促进出口部门效益改善。自"安倍经济学"开始实施,在不到半年的时间内,日元兑美元汇率就迅速贬值。统计发现,从安倍履职的2012年12月26日—2013年2月15日不到两个月的时间,日元对美元贬值幅度就超过8.4%。日元大幅贬值,不仅改善了企业业绩、恢复了汽车、电子等传统强势产业的竞争力、提振了出口,而且也使因日元升值而出现的"产业空洞化"现象得以消退。

(2)通过大规模回购国债扩大基础货币供给,压低长期融资成本,扩大投资和消费,改变长期通缩困境。日本央行大规模回购国债后,大规模的基础货币投放使市场流动性持续增长,这对压低长期利率水平,刺激企业投资起到了积极作用。

(3)以大规模公共投资来引导民间投资,促进投资止跌回升。2013年2月份,日本国会批准了总量约占GDP 1.4%的新债务融资计划,该计划覆盖2013—2014年。受此影响,2013年日本结构性基本预算赤字将上升0.5个百分点,达到8.9%。在扩张性财政政策作用下,2013年前两季度政府消费支出环比分别增长0.0%和0.7%,公共投资连续6个季度增长。

(4)通过"日本再兴战略"和中长期经济财政运营指针等推动结构改革,促进长期经济增长。2013年6月14日,日本政府出台了名为"日本再兴战略"的经济成长战略,以及中长期"经济财政运营指针",被认为是安倍经济学的第三支箭。"日本再兴战略"包括振兴产业、刺激民间投资、放宽行政管制、扩大贸易自由化等内容,重点是结构改革,目标是经济增长。"日本再兴战略"提出未来10年使国民总收入年均增长3%,实际GDP年均增长2%的目标。根据这一战略,日本政府于10月15日通过了《产业竞争力强化法案》,作为落实经济成长战略的重要步骤。该法案希望通过减税等优惠政策促进企业重组、消化过剩产能,同时放松规制来激活经济、创造需求,目标是促进企业5年内集中开展重组和设备投资。

3."安倍经济学"的内在冲突与矛盾

日本经济在经历了20年的一蹶不振后,客观上需要通过深度的结构改革和再造,恢复竞争力。但由于日本经济问题错综复杂、积重难返,就像一个旧病难医、身体羸弱的病人,需要"安倍经济学"在实施过程中既要"对症下药",又怕"治一经、损一经"。这两者间存在一定的冲突和矛盾。如何把握好火候,殊为不易。其政策实施效果也令人质疑。

(1)"安倍经济学"难以克服凯恩斯经济学的弊端。"安倍经济学"实际上是凯恩斯经济学与供给学派的"大杂烩"。其前两大支柱,即激进的货币政策和扩张性财政政策,所坚持的仍是凯恩斯经济学的政策主张。这些政策,曾被安倍的前任多次推行,安倍只不过比他们走得更远。当下日本经济的一些问题,如已进入"流动性陷阱"的货币政策,接近"天量"的政府债务,以及有效需求不足和增长潜力下降等都是长期实施凯恩斯政策所产生的副作用①。"安倍经济学"第三支箭强调结构改革,这从"日本再兴战略"中多少能看到供给学派的影子②。供给学派有两大政策主张:为使市场机制真正发挥作用,需要大量放松政府管制和大规模减税。安倍的结构改革政策虽然也试图在农业、金融业和劳动力市场规制改革方面取得突破,在增加消费税率和降低法人税率之间取得平衡,但放松规制与政府加大公共支出力度、主导经济复苏间存在矛盾,降低法人税率又与巨额政府债务间存冲突,况且日本又是一个政府管制较多的国家。因此,"安倍经济学"能在多大程度上克服凯恩斯经济学的弊端,促使日本经济走向增长,值得怀疑。

(2)重建财政与经济再生间进退两难。日本中央政府债务与GDP的比率已超过200%,如果加上地方政府负债,全部债务约是GDP的250%③。日本已成为全球负债率最高的发达国家,比深陷债务危机的希腊高出近100个百分点。为重建财政,日本政府计划于2014年4月将消费税率由目前的5%上调至8%④。日本国内多数观点认为,上调消费税率能够大体维持财政健全,避免长期利率上升。据测算,消费税率上调3%将使每年的税收增加8.1万亿日元,相当于GDP的1.5%。这对巨额政府债务来说简直是杯水车薪⑤。然而,上调消费税率将使日本经济面临紧缩的风险,可能扼杀经济增长。据日本政府测算,消费税每上调一个百分点,经济增长率将下降

---

① 与长期实施凯恩斯政策会引起高通胀不同,日本经历了长期通货紧缩。这主要与日元不断升值、持续的对外投资循环,以及劳动力净减少产生的紧缩效应等有关。
② 这一政策思路早在2006年安倍第一次担任日本首相时就曾尝试过。当时,安倍主张"改革与成长并重""创新与开放共举",但因不到一年安倍内阁宣布倒台,其思想没有得到很好的贯彻。
③ IMF. World Economic Outlook[EB/OL].October 2013,http://www.imf.org.
④ 2013年10月1日日本内阁会议决定,将于2014年4月将当前5%的消费税率分阶段提高到8%。至于是否会根据重建财政方案,在2015年10月将消费税率进一步上调到10%,将"根据经济形势做出适当决策"。
⑤ 驻日本使馆经参处.日本将如期上调消费税率[R].世界经济调研(内部资料),2013(174).

0.5个百分点①。为此,安倍强调,"兼顾经济再生和财政健全化,除此(消费增税)之外别无选择"②。为寻求社会各界理解,日本政府突出提高消费税率"取之于民、用之于民"的目的,安倍强调,"消费增税仅用于社会保障"。虽然为避免提高消费税率导致景气复苏夭折,日本政府拟采取包括5万亿日元规模的2013财年补充预算案、降低企业税负、研究下调法人税等政策措施,但提高消费税率带来的巨大冲击对经济的影响仍难以摆脱,日本政府在重建财政和经济再生之间很难取得平衡。

(3)旨在消除通缩的政策有可能引发停滞膨胀。随着消费物价企稳,日本政界对于两年内实现2%的通胀目标持乐观态度,但多数经济学家担心物价上涨对经济复苏可能带来危害。自从2011年福岛核电站危机后,日本更加依赖能源进口。2013年上半年日本贸易逆差同比增长66.2%。这在很大程度上是由于日元贬值引发原油、LNG等进口价格上涨引起的,属于典型的成本推动型通胀。这与因收入水平提高引起的消费结构改善和消费总量增长所导致的通胀不同,是非良性的物价上涨。据日本央行测算,消费增税将推动2014财年消费者物价指数同比增长3.3%③。如果是这样,一旦进口商品价格大幅上涨,加之消费税率上调,其带来的物价上涨,与其对消费和投资的抑制作用一起,将使日本经济面临停滞膨胀(即滞胀)的困境,经济复苏可谓难上加难。

本章小结

通货膨胀和通货紧缩作为经济体系的相互对立的两种经济现象,是一国宏观经济运行失衡的表现,在经济的运行中总是相伴相随。它们是社会经济中货币失衡的两种表现形式。

通货膨胀的直接表现就是社会总体物价水平的持续上升,通货膨胀的程度可以用通货膨胀率来度量,它的计算基于一些价格指数。从不同的角度来看,通货膨胀有多种划分方法。从社会总需求和总供给来解释通货膨胀,通货膨胀可以分为需求拉动型通货膨胀、成本推动型通货膨胀、供求混合型通货膨胀和结构失调型通货膨胀。

通货膨胀和通货紧缩会给社会经济、生活带来多方面的不利影响,即各种社会和经济效应,对它们的治理须针对其原因而定。一直以来,财政政策和货币政策是主要的治理措施。此外,还有其他的一些治理措施,譬如收入政策、汇率政策等。从制度层面上来说,强化中央银行的透明度和独立性、实现物价稳定的货币政策框架也是治理货币失衡的有效措施。

---

① 朝鲜日报.安倍首相真正的课题从7月22日开始[EB/OL].人民网,http://www.peopledaily.com.cn,2013-07-23.
② 驻日本使馆经参处.日本将如期上调消费税率[R].世界经济调研(内部资料),2013(174).
③ 同上.

练习与思考

一、单项选择题

1. 下列关于货币均衡的论述哪个是错误的：（ ）。
   A. 是一种货币现象　　　　　　　　B. 它并不反映经济的均衡
   C. 是一个动态的过程　　　　　　　D. 是实际供给与实际需求的均衡

2. 以下哪个指数不能用来度量通货膨胀：（ ）。
   A. 消费者价格指数　　　　　　　　B. 生产者价格指数
   C. 纳斯达克指数　　　　　　　　　D. 国民生产总值平减指数

3. 能反映出直接与公众的生活相联系的通货膨胀指标是（ ）。
   A. 消费物价指数　　　　　　　　　B. 批发物价指数
   C. GDP冲减指数　　　　　　　　　D. 通货膨胀扣除率

4. （ ）膨胀是引起财政赤字和银行信用膨胀的主要原因。
   A. 消费需求　　B. 投资需求　　C. 社会总储蓄　　D. 社会总需求

5. 导致通货膨胀的直接原因是（ ）。
   A. 货币贬值　　B. 纸币流通　　C. 物价上涨　　D. 货币供应过多

6. 从整个社会范围来看，一般来说，通货膨胀期间受损者是（ ）。
   A. 居民　　　　B. 企业　　　　C. 政府　　　　D. 债权人

7. 成本推动说解释通货膨胀时的前提是（ ）。
   A. 总需求给定　　B. 总供给给定　　C. 货币需求给定　　D. 货币供给给定

8. 需求拉上说解释通货膨胀时的前提是（ ）。
   A. 总需求给定　　B. 总供给给定　　C. 货币需求给定　　D. 货币供给给定

二、判断题

1. 使用GDP平减指数衡量通货膨胀的优点在于其能度量各种商品价格变动对价格总水平的影响。（ ）
2. 需求拉上说解释通货膨胀时是以总供给给定为前提的。（ ）
3. 工资—价格螺旋上涨引发的通货膨胀是需求拉上型通货膨胀。（ ）
4. 一般说来通货膨胀有利于债权人而不利于债务人。（ ）
5. 当一国国际收支出现长期顺差时，国内流通的货币量增加，导致社会总需求大于总供给而导致通货膨胀。（ ）
6. 货币主义学派认为通货膨胀完全是一种货币现象，总需求的增加主要源于货币数量的过度增长，当货币数量增长的速度超过了生产增长的速度就发生了通货膨胀。（ ）
7. 通货紧缩期间往往伴随着货币供应量的不足。（ ）
8. 对于整个社会而言，通货膨胀只是物价上涨的过程，不会影响社会的总财富和总收入，所以，这个过程不会改变人们的财富分配。（ ）

三、思考题

1. 简述通货膨胀的不同类型。

2. 试利用图形解释需求拉动型通货膨胀、成本推动型通货膨胀、供求混合型通货膨胀。

3. 通货膨胀的度量指标有哪些?

4. 试述通货膨胀的成因。

5. 试述通货膨胀带来的社会经济效应。

6. 试述通货膨胀的治理对策。

7. 试述引起通货紧缩的原因及其治理对策。

参 考 文 献

[1] 盛松成,施兵超,陈建安.现代货币经济学[M].中国金融出版社,1992.

[2] 苏梽芳.中国通货膨胀不确定性研究[M].社会科学文献出版社,2010.

[3] [美]伯南克等.通货膨胀目标制:国际经验(第二版)[M].东北财经大学出版社,2006.

[4] [美]罗斯巴德.为什么我们的钱变薄了:通货膨胀真相[M].中信出版社,2008.

[5] [美]劳伦斯·S.里特等.货币、银行和金融市场原理[M].上海翻译出版公司,1990.

[6] [美]约翰·G.格利,爱德华·S.肖.金融理论中的货币[M].上海三联书店,1994.

[7] [美]莱·威·钱得勒等.货币银行学[M].中国财政经济出版社,1980.

第九章 货币政策理论与实践

本章概要

在本章中,我们要学习货币政策的基础内容,即货币政策的目标体系、工具体系和货币准则,以及如何选择。本章分为三节,第一节介绍货币政策的目标,包括基本目标、中间目标、直接目标及其选择;第二节介绍货币政策的工具,即一般性政策工具和选择性政策工具的基本内容;第三节主要介绍中国的金融宏观调控机制,其历史沿革和现状,以及相应的货币政策实践及其发展。

[学习要点]

1. 货币政策的目标体系、工具体系和货币准则;
2. 货币政策工具的主要内容以及特点。

[基本概念]

货币政策目标　一般性政策工具　选择性政策工具　法定存款准备率　贴现率工具　公开市场业务　间接信用控制　直接信用管制　道义劝告

第一节　货币政策目标

从货币政策宏观调控的最终目的以及调控的指示器而言,货币政策的目标可分为三个层次,即第一层次的最终(或基本)目标、第二层次的中介目标和第三层次的直接目标。

第一层次的最终目标是货币政策宏观调控的最终目的,通常情况下,公认的有充分就业、物价稳定、经济增长和国际收支平衡等目标。

第二层次的中介目标作为调控的指示器,包括数量型和质量型两类目标。数量型目标如货币供应量、储备总量、贷款规模等;质量型目标如利率、汇率和金融市场稳定等。

第三层次的直接目标作为调控的指示器,包括基础货币、商业银行持有的准备金、向商业银行贷款收取的银行利率、国库券利率和其他选定的市场利率等。

这三个层次的目标相互关联,最终目标是货币政策的基本目标或终极目标,而中介目标乃是实现最终目标过程中首先必须达到的过程性目标；直接目标则是实现这些中介目标的前提性标志。

一、货币政策最终目标

(一) 最终目标内容概述

货币政策最终目标，是一国运用货币政策所要达到的宏观经济总目标。这些目标目前公认的有充分就业、物价稳定、经济增长和国际收支平衡。

1. 充分就业

货币政策的最终目标之一就是要实现充分就业，使经济运行处于高就业率或低失业率状态。充分就业体现人的社会价值与和谐目标。一般来说，任何国家都愿意就业率高，失业率低，但客观上总会存在某些摩擦性失业。所谓摩擦性失业，是指劳动者离开原工作岗位去寻求更好、更适合的工作；或者由于不同行业、不同地区的结构性问题产生的重新择业；以及新加入劳动力队伍的人最初总是作为失业者（待业者）出现的临时性失业。这些自然会造成国民收入的损失，但经济体系中总保持一定的职位空缺也是使经济变得更有效率的条件之一。所以，失业率为零乃是一种不现实的理想状态，但失业率较高也是不好的，它会妨碍国民经济的增长和社会的安定。因此，确定充分就业目标的难点在于究竟失业率为多少才算作充分就业。国际上通常将不超出 4%～6% 的失业率视作充分就业。这种有一定幅度的比率目标要比精确固定的最佳失业率目标更有实际意义，因为影响失业率的因素有许多，而各国的情况又各不相同，所以将失业率与经济增长之间的关系表现为一个相对固定的区间而非某个精确的比率更加符合现实。在影响失业率的因素里面最值得关注的是失业率与通货膨胀率的关系。经济研究表明，降低失业率往往促使通货膨胀率上升。

2. 物价稳定

货币政策最终目标之二就是要实现物价稳定，也就是要避免通货膨胀。对中央银行来说，稳定物价也就是要稳定币值，通过稳定币值来稳定物价。目前，国际上普遍将物价上涨率视为通货膨胀率。稳定物价问题，事实上也是指每年通货膨胀率能否控制在可容许限度内的问题。通常认为，通货膨胀率在 5% 以内，就可视为稳定，在第八章中，我们已就通货膨胀问题做了较全面的论述。必须指明的是，现实中的通货膨胀并不是可以充分预测的，因而通货膨胀的危害难以完全避免。通货膨胀可能造成的危害包括：增加公司的实际税负成本，对社会性投资基金配置产生不利影响，对收入和财富再分配产生不利影响，以及给社会带来不安定因素和使人们对政府丧失信心等。20 世纪 70 年代末期以来，由于世界各国通货膨胀问题日显突出，给经济和金融秩序造成很大影响，因此，各国都力求将物价稳定作为基本的政策目标。

3. 经济增长

货币政策的最终目标之三就是要实现国民经济持续稳定地在较高水平上增长。尽管不少人对追求高速经济增长仍持怀疑态度，但大多数人已取得共识，即相信在持续稳定的情况下，保持较高水平经济增长乃是社会发展和进步的基本要求。高的经济增长往往与高就业率密切相关,保持较高的经济增长率,有利于扩大投资,提供更多的就业机会;而低增长率会影响就业率,经济增长的停滞甚至将导致高失业率。因此,过低的经济增长率是我们大家所不愿意接受的。保持高经济增长往往需要增加投资,而通过调节利率这一中介手段和目标可以刺激投资的增长(即将利率保持在低水平),但这又容易造成经济过"热",引致通货膨胀。当然,这两者并非完全互不兼容,若控制了通货膨胀率,消除了其本身的不可充分预测性,适当调节利率也是有利于投资合理增长,从而促使经济增长的。

4. 国际收支平衡

货币政策的最终目标之四就是要实现国际收支的平衡。所谓国际收支平衡,是指一定时期内一个国家同其他国家的全部货币收入总额与支出总额的基本平衡关系。这一总额包括商品劳务进出口货币收支、货币无偿转移收支、资本流出入总额等内容。一国国际收支是否平衡与本国货币供应量和物价水平有较密切关系。国际收支顺差过大,尤其是进出口收支顺差过大,将意味着外汇收入增加较多,而收购这些外汇,必然增加国内货币供应量,同时又会相应减少国内产品供应量,从而对国内物价上涨造成压力;反之,若国际收支逆差过大,则又会影响到该国的外汇储备、对外信誉,还将导致该国货币对外汇率下降。因此,国际收支差额无论是逆差还是顺差过大,都会或多或少对该国经济发展产生不利影响。为达到国际收支平衡的目标,我们运用货币政策进行调节时,可考虑通过调节汇率、利率以及金融市场等中介手段和目标来实现。

在各国货币政策调控的实践中,维持金融体系稳定似乎有可能成为货币政策的最终目标之一。金融体系涵盖整个金融市场、银行、保险、证券机构以及相应支付体系等,金融体系对国民经济的渗透和支撑日益加深。自20世纪90年代以来,全球金融危机不断,金融系统性风险十分突出,尤其是2007年以来的美国次贷危机,更加暴露出系统性风险的危害,使人们越来越关注金融体系的稳定性,也在客观上对各国货币当局提出了稳定金融体系的强烈要求。前美联储副主席罗杰·弗格森就曾指出:"维持一国的金融稳定,金融监管机构特别是中央银行要负起主要责任。"[1]

(二) 最终目标之间的矛盾

一般而言,货币政策的上述最终目标往往是难以同时兼顾的,它们之间存在着种种矛盾。这主要表现在以下四方面。

1. 充分就业与稳定物价的矛盾

按照传统的经济学理论,通货膨胀率与失业率之间存在负相关关系,也就是说是通货膨胀率降低,失业率会相应增高;反之,失业率会相应降低。原因是要降低失业率,就必须扩大生产规模,增加货币投放量,从而相应使物价上涨,通货膨胀率升高;若要降低通货膨胀率,则必须紧缩银根,压缩生产规模,这又会导致失业率上升。因此,一些学者认为,应找到这两者的最佳结合点或者说使两者均达到社会可接受的水平,比如将失业率和通货膨胀率均维持在4%的水平。

---

[1] 林铁钢.资产价格和风险管理在金融稳定中的作用[J].中国金融,2006(12).

2. 经济增长与物价稳定的矛盾

通过对经济现象的观察可见,经济增长与物价稳定两者实质上是互为基础的。经济的适度增长有利于维持物价的长期稳定,同样,物价稳定更能促进经济的长期增长。但从短期看,经济的高速增长,往往伴随着信用扩张和物价上涨。经济增长率越高,物价上涨的幅度也相应越大,这两者之间呈一种较强的相关关系。因此,关键在于保持一种既能使物价相对稳定,又能使经济较快增长的良性结合,但现实中往往很难达到。西方一些国家为刺激经济增长,片面强调和运用信用扩张手段,结果导致物价普遍上涨,而经济却出现"滞胀"(即高通货膨胀率、高失业率、经济停滞三者并存)现象。这是我们面临的新课题。

3. 经济增长与实现国际收支平衡的矛盾

经济增长与国际收支平衡之间,往往也存在矛盾。比如经济发展加快,人均收入水平也会随之大幅度提高,对进口需求也会相应大大增加,因而容易引起出口贸易逆差,从而对国际收支状况产生不利影响。反之,追求国际收支平衡,意味着要避免贸易逆差,同时贸易顺差也自然消失,也就是说净出口趋近于零,而净出口本身又是影响国内经济增长的重要组成部分,当净出口趋近于零,也就丧失了促进经济增长的一大动力。此外,若追求国际收支平衡目标,相应要求维持汇率稳定,又常常被迫采取高利率政策,结果又会抑制国内投资,从而对经济增长产生不利影响。

4. 稳定物价与国际收支平衡的矛盾

在一个开放型经济国家,其经济状况通常带有国际化的特征,即该国的经济状况与其他国家的经济状况有着密切的联系,并在一定程度上受他国经济状况的影响。一般而言,当一国货币贬值,出现通货膨胀时,社会总需求就会超过社会总供给,使本国的物价水平高于外国的物价水平,其结果是国内出口减少,进口增加,贸易收支顺差减少或逆差增加,从而对本国的国际收支状况产生不利影响。反之,当本国物价稳定时,如果其他国家出现了通货膨胀,则会出现本国的物价水平相对低于其他国家的物价水平,其结果则是本国出口增加,进口减少,贸易收支顺差扩大,从而引发本国国际收支的失衡。

总之,在现实生活中,如何确定最终目标,如何避免目标之间的矛盾和冲突,以达到目标之间的和谐并收到最佳效果,是现代各国所需解决的首要问题。较为乐观的看法是,选择合理的经济增长率、较低的失业率和通货膨胀率,可使上述最终目标相互协调起来。但更为实际的做法是,在一定时期只选择一到两个目标作为货币政策的重点目标。

专栏 9-1

中国货币政策目标的确定

《中国人民银行法》中明确规定,中国人民银行是我国的中央银行,货币政策目标是保持货币币值稳定,并以此促进经济增长。这一最终目标的选择与确定,既不同于过去所争论的单一目标论、双重目标论,更不同于多重目标论,它符合体制转轨时期我国社会发展的特征及要求、目标搭配与组合,是十多年来我国货币政策目标的艰难探索与借鉴国外经验的结晶。选择"保持货币币值的稳定,并以此促进经济增长"为我国体制转换时期货币政策的最终目标,既规定了"稳定货币"的第一属性,又明确了"稳定货币"的最终目标;既充分遵循了货币政策目标选择的一般规律,又符合和满足了现阶段国情与大力发展社会主义市场经济,促进国民经济持续、高速、健康发展的内在要求。

(三) 最终目标的选择

由于货币政策的最终目标之间往往存在难以克服的矛盾,很难同时实现所有目标,因而各国政府和中央银行都力图从其中选择一至两个目标作为一定时期内的优先目标。关于最终目标的选择,有如下四种做法。

1. 相机抉择

相机抉择是凯恩斯学派经济学家提出的关于货币政策操作的主张。这种观点认为,在经济调控过程中,政府究竟选择哪种最终目标,牺牲某个目标换取另外的目标,从而充分协调目标间的矛盾,以及各种政策之间如何搭配,不应是一成不变的模式,而应当根据不同时期的具体情况灵活机动地进行选择。由于各国在方法上和策略上考虑的角度往往并不相同,选择自然也就常常不同。例如,英国保守党把控制通货膨胀作为首要的政策目标,而英国工党则把降低失业率作为首选目标;法国前总统密特朗把政策目标重心放在降低失业率上,而美国前总统里根则把控制通货膨胀作为主要政策目标。通过实行相机抉择的货币政策,中央银行可以根据当时的经济形势,优先解决当时的主要问题,以达到当时最需达到的政策目标,并在一定程度上缓和货币政策目标之间的矛盾。

2. "临界点"抉择

当两个政策目标之间存在矛盾时,中央银行不可能在同一时间通过实行任何一种货币政策即可如愿以偿地同时达到这两个目标。但是,在制定货币政策时中央银行可确定一个"临界点"作为货币政策的最终目标,并通过适当的操作,将这两个目标都控制在预定的安全区内。"临界点"抉择的理论依据是由菲利普斯曲线所揭示的通货膨胀率与失业率的负相关关系。通货膨胀率上升,则失业率下降;反之,通货膨胀率下降,失业率则上升。这种观点主张根据社会的承受能力相应确定一个安全区,在安全区内,政府不必采取任何措施;若超过安全界线,政府则需考虑相应的政策措施。假定4%的通货膨胀率和失业率为安全临界点,则当某阶段失业率上升为6%、通货膨胀率为2%,政府便可选择降低失业率为最终目标的扩张型货币政策;倘若通货膨胀率为6%,失业率为2%,则政府可选择降低通货膨胀率作为首选货币政策最终目标的紧缩型货币政策。

3. 逆经济周期抉择

这是一种常用方式。一般来说,要刺激经济增长,维持充分就业,就得扩张信用,执行扩张的信用政策,而这样做又易引起物价上涨,导致进口增加和国际收支逆差;反之,要稳定物价和平衡国际收支,就要执行紧缩的货币政策,但结果会使失业率上升,经济将可能出现停滞或衰退。为此,根据上述调节特点,只能是区别不同情况,相应地采用信用扩张和信用紧缩的办法来实现不同时期的不同目标。一般的选择是,在经济衰退时期,将刺激经济增长、维护充分就业作为主要货币政策目标,而在经济高涨时期,则把稳定物价和平衡国际收支作为主要货币政策目标。

4."简单规则"抉择

与相机抉择和逆经济周期抉择等抉择方式相反,"简单规则"抉择不以主观判断为准,而是按照一套简单规则来行事。货币主义学派的杰出代表密尔顿·弗里德曼提出货币增长率规则,认为保持一个稳定的货币增长率比选择其他方法来执行货币政策更为重要。为保证实现货币政策的最终目标,中央银行只要始终如一地保持一个稳定的货币增长率即可,而不管经济形势如何变化,便可确保实现经济增长和物价稳定的货币政策目标。这里的关键是要稳定,并具有可预测性。前面讲过,通货膨胀的不可预测性不利于经济的增长,而通货膨胀的不可预测性很大程度上是源于货币增长率的不可预测性。当然,具体选定什么样的货币增长率,要看选用什么样的货币供应量概念(如 M_1、M_2 等)。根据弗里德曼的测算,可选取 M_1 按年率 4%~5% 的增长率为标准。之所以要按"简单规则"行事,主要是考虑了三个方面的原因:① 人们对经济状况不可能作出完全准确的估计;② 政策效应存在时滞;③ 对政策效果的预测不可能很精确。例如,中央银行试图采取放松银根、增加货币供应量的政策,以刺激经济复苏,但从增加货币供应量到实际促进经济的增长往往需要一年乃至更长的时间,而在这段时间里,可能各种情况已发生变化,经济已提前复苏,而且因作用期较长,各种变化也难以正确估测和把握。所以,采用当机立断和权衡行事的做法来执行货币政策都是行不通的,而只能采取简单做法,按简单规则行事。

二、货币政策中介目标

中介目标又称中间目标,是指在实现货币政策最终目标过程中,首先必须达到的过程性目标。中介目标之所以重要,在西方货币理论看来主要有两点原因,一是人们长久以来认识到货币政策作用机理具有滞后性和动态性,因而有必要借助于一些能够较为迅速地反映经济状况变化的金融或非金融指标,作为观察货币政策实施效果的信号;二是为避免货币政策制定者的机会主义行为,因此需要为货币当局设定一个名义锚(nominal anchor),以便社会公众观察和判断货币当局的言行是否一致。确切地说,第一点原因只能表明中介变量的重要性,而无法作为必须设立中介目标的依据。中介目标不同于中介变量。在有中介目标的情形下,货币政策的制定与实施均依中介目标进行,给大家造成的印象是该目标是货币政策意图实现的最终目标,尽管大家都知道实际上它不具有任何终极价值。而中介目标可以由多个经济变量组成,其重要意义是仅仅作为货币政策操作的参考指标,对中央银行并没有法定约束力,往往也不是以一个预定的数量去刻画。因此在最近的西方货币理论文献中,中介目标的必要性更依赖第二个原因,即中介目标的名义锚功能。充当名义锚的经济指标必须容易控制且便于观察,因此经济增长率或就业率等体现货币政策最终目标的经济指标显然不适合作为名义锚,而必须选择货币供应量、利率等一些与货币政策工具的关联度和可控性都较强的经济指标。

(一) 中介目标的类型

中介目标的划分和选取标准虽不尽相同,但大致可划分为数量型和质量型的中介目标两类。数量型目标如货币供应量、储备总量、贷款规模等;质量型目标如利率、汇率和金融市场稳定等。

1. 利率目标

利率包括长、短期存款和贷款利率,国库券利率等。经济学研究表明,良好的货币政策应追求利率稳定。长、短期利率稳定有利于货币政策的实施,而利率波动频繁对经济正常运行影响较大。一方面,利率波动将给投资者、银行造成很大冲击,利率的上升将导致证券的市场价格下跌,从而给证券投资者造成损失;在利率剧烈波动情况下,人们存款短期化,使短存长贷的金融机构难以经营。另一方面,利率波动亦将影响外汇市场,引起汇率波动,从而又导致国际贸易和国际投资的混乱。利率作为中介目标的前提是物价较稳定,即通货膨胀率不高。从长期看来,两者之间是一致的。但从短期考察,两者之间就会产生矛盾,这一矛盾的产生与经济周期各阶段有着密切的关系。比如经济繁荣时期,投资的增长引起总需求增长,进而利率会上升。中央银行控制利率上升的办法只有增加货币投放量,而这容易导致通货膨胀。反过来,若要控制既有的通货膨胀,必须降低货币的增长率,结果又可能会导致利率的上升。利率作为一个十分重要的经济体系内生变量,受到经济周期、预期的通货膨胀率、收入等众多经济变量的影响,从而使维护其稳定的任务变得十分困难。它的资料易于取得也易于受中央银行控制,但它的波动也是十分频繁的。所以,我们的政策应尽量避免利率波动。

2. 货币供应量目标

货币供应量通常指 M_1 或 M_2。20 世纪 70 年代中期以来,确定货币总量目标较流行。例如,原联邦德国在 1974—1978 年以"中央银行货币"的年增长率 8% 为货币供应量目标;英国 1976 年规定用 M_2 年增长率 12% 作为货币供应量目标;美国于 1979 年也以多种口径的货币供应量年增长率作为货币政策的中间目标。货币供应量主要与经济增长有关,随着经济周期的变化而变化。比如经济景气时,经济增长引起对货币的交易需求的增加,进而货币供应量增大。影响货币供应量的还有其他一些非货币政策的内生变量的影响,比如超额准备金率、现金漏损率等。而受货币供应量影响的因素主要是通货膨胀率。此外,货币供应量的变动也直接会反作用于经济过程的变动。正是由于货币供应量的这种中间地位,使其适合于作为一个中介目标,但同时也加大了中央银行判断该目标是否适宜的难度。

3. 储备总量目标

储备总量包括法定准备金、超额准备金以及基础货币等。法定准备金指中央银行依法规定的商业银行现金准备的最低限额。超额准备金指商业银行实际持有的存款准备金超过法定准备金的部分。由于法定和超额准备金的变动均可影响商业银行的实际贷放和投资数量,引起信用的扩张或收缩,从而调节实际货币供应量。因此,确定法定准备金和超额准备金目标,是实现货币政策基本目标的基础和中介。此外,从储备总量

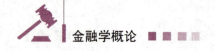

来看,基础货币也是重要的构成因素。基础货币,是由商业银行的储备金总额加流通中的现金构成的。由于商业银行存入中央银行的准备金并不是其银行储备金总额(因为其库存现金也可充抵法定准备金),加之货币乘数的大小受众多变量的影响,对货币乘数的估计比较困难。所以,要控制货币供应量,单控制商业银行在中央银行的准备金是不够的,还必须对基础货币进行综合控制。确立了基础货币目标,才真正能实现对货币供应总量的有效控制。

4. 汇率目标

汇率稳定与国际收支平衡有直接关系,汇率的大幅度波动将直接导致进出口收支的大幅度波动,并引起国际资本的频繁流动。由于汇率稳定对维持国际收支平衡至关重要,因而确立汇率稳定目标,同样是实现货币政策基本目标的基础。

5. 金融市场稳定

保持金融市场稳定是维护金融良好秩序的基本条件,也是防止金融恐慌和大量银行倒闭的根本性措施,因而,它也是一个重要的货币政策中介目标。比如说,有10%的商业银行由于某种原因已发生无法应付存户提款的危机,则中央银行应及时介入,通过大量公开市场业务,给这些商业银行提供足够的准备金,以满足存户提款需求,从而保证这些银行安全渡过难关。如果一国的金融市场比较发达,在市场上融通资金的渠道比较顺畅,商业银行等金融机构便可通过金融市场迅速融得所需资金,对中央银行的依赖性相对就小。

(二)中介目标的选择标准

同最终目标一样,中介目标的确定也很难同时兼顾,而且有些目标之间也是相互矛盾的,客观上就存在一个如何科学选取的问题。根据美国联邦储备体系运行的经验,选择中介目标有三条标准,即可计量性、可控性和强影响力。

1. 可计量性

中介目标应可计量。在调控过程中,能否对中介目标做出迅速而精确的测定十分关键。这是因为,只有在经济运行偏离正常轨道时,由于中介目标比最终目标能更为迅捷地发出指示性信号,才能真正显示出其实用价值。比如,利率数据几乎随时可得到,货币总量数字两个星期可得到,而作为最终目标的国民生产总值(GNP)或国内生产总值(GDP)数值则要等到一个月后才能获得。

2. 可控性

中介目标应能由中央银行有效控制。这是因为如果中央银行无法控制其中介目标,那么当该中介目标的运行脱离轨道时,中央银行便无能为力了,即无法使它重新"入轨"。GNP(或 GDP)是一个经常被用于度量经济增长的具体指标。有的经济学家曾建议将名义 GNP 作为中介目标,但从中央银行角度看,因它无法控制名义 GNP 的变动,所以名义 GNP 并不适合作中介目标。与此相类似的是,其他的与货币政策基本目标有关的经济总体变量,比如失业率,也不便作为中介目标。

3. 强影响力

作为确定中介目标的一个重要标准,它应具有较强的影响力,而且,这种影响力可以量化和测定,换句话说,货币政策的中介目标与最终目标之间应有强相关关系,或表现为自变量与因变量之间的那种函数关系。这种强相关关系既能将货币政策执行的情况及时传达给中央银行,又能通过确立中介目标及其影响程度,有效保证基本目标的实现。

(三) 中介目标的比较

就前述各项中介目标来看,利率目标和总量目标(包括货币供应总量和储备总量)属于两种不同的基本类型,这两类目标是难以同时兼顾的。例如,为实现 5% 的名义 GNP 增长,中央银行既可选择 4% 的 M_1 增长率作为中介目标,也可选择降低国库券利率:比如从原来的 10% 降至 8% 作为中介目标。能否同时追求这两个目标呢? 结论是否定的。因为,追求货币总量目标会导致利率波动;而追求利率目标则会引起货币供应量波动。这两种情况可见图 9-1 和图 9-2。

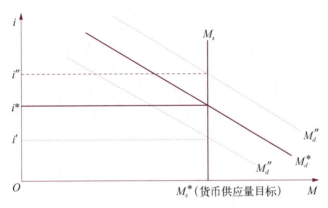

图 9-1 以货币供应量为目标的影响

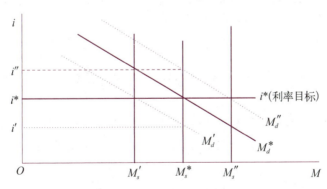

图 9-2 以利率为目标的影响

我们先看选取货币总量控制目标而导致利率波动的情况。如图 9-1 所示,中央银行的货币供应量目标为 M_s^*,最初的利率水平为 i^*,最初的货币需求曲线为 M_d^*。由于产出量的意外增减或物价水平的变动以及公众的货币与债券选择偏好的意外变动,使实际货币需求曲线在 M_d' 和 M_d'' 之间波动。货币需求量的波动最终导致利率在 i' 和 i'' 之间波动。

再看追求利率目标而导致货币供应量波动的情况。如图 9-2 所示,i^* 为中央银行的利率目标,M_s^* 和 M_d^* 为最初的货币供应量和货币需求量。由于产出量、物价水平及公众的货币与债券的选择偏好的意外变动,使货币需求曲线在M'_d和M''_d之间波动,而这又相应引起利率的波动。当需求曲线下降至M'_d时,利率相应降到i',同时,债券价格将相应上升,此时,中央银行为维持其利率目标,将出售债券,收回货币,减少货币供应量,从而促使债券价格下跌,利率回升到原先水平;反之,若需求曲线上升至M''_d且推动利率上升至i'',则中央银行为维持利率稳定,又从公开市场买入债券,增加货币供应量,使债券价格下跌,从而使利率回复到目标水平。

由上述分析可见,利率目标和货币总量目标是互不相容的,我们不可能在同一时刻实现这两个目标,而只能是择其一而行之。

三、货币政策直接目标

货币政策直接目标又称操作目标,是中央银行运用货币政策工具能够直接影响或控制的目标变量。直接目标介于政策工具和中介目标之间,是货币政策工具影响中间目标的传送点。之所以选择直接目标,一方面,由于中央银行有时不能通过政策工具直接影响中间目标,为了及时掌握政策工具对调节中间目标的效果,有必要在政策工具和中间目标之间设置一些中间变量,通过这些中间变量来判断中介目标的未来变化;另一方面,由于货币政策最终目标不仅受货币政策措施的影响,同时还会受到一些非货币政策措施(如财政政策等)的影响,为了将这些影响与货币政策的影响区分开来,需要在政策工具与中介目标之间设置一些能够及时、准确反映货币政策操作力度和方向的中间变量。选择直接目标要符合三个条件:操作目标和中介目标的相关性要强,中央银行能运用货币政策工具对其进行控制,而且控制性要强于中介目标。通常被采用的直接目标主要有基础货币、货币市场利率和存款准备金。

第二节 货币政策工具

中央银行的货币政策目标被确定后,还需要一套行之有效的货币政策工具来保证货币政策目标的实现。中央银行的货币政策工具大体可分为两类:一般性政策工具和选择性政策工具。

一、一般性政策工具

一般性政策工具指中央银行所运用的法定存款准备金率政策、贴现率政策和公开市场业务这三大政策工具。运用一般性政策工具的主要目的在于影响信贷成本和信贷规模,以调控货币供应量。一般性政策工具的特点是,它对金融活动的影响是普遍的,即无特殊的针对性和选择性。

(一)法定存款准备金率

存款准备金是指金融机构为保证客户提取存款和资金清算需要而在中央银行的存

款。根据存款准备金的性质又可分为法定存款准备金和超额存款准备金。法定存款准备金,是指金融机构按规定向中央银行缴存的存款准备金,超额准备金则是指金融机构在中央银行的存款超过法定存款准备金的部分。法定存款准备金率,是指金融机构的法定存款准备金占其存款总额的比率。

运用法定存款准备金率工具,是指中央银行在法律赋予的权限内,通过提高或降低商业银行对其存款所必须保持的最低储备水平,以此改变商业银行持有的实有准备金数量和货币乘数,以达到控制商业银行信用创造能力,最终调节货币供应量的目的。

法定存款准备金率制度的基本内容包括:(1) 规定可充当存款准备金的资产内容。一般规定,只有商业银行的库存现金及其在中央银行的存款才可充当准备金。(2) 根据存款种类、金额、期限及银行类别,规定具体存款准备金率。一般而言,规模大、期限短的存款,其存款准备金率要求相对较高;经济过度繁荣,发生通货膨胀,中央银行就应提高法定存款准备金率,以维护金融稳定和抑制通货膨胀。相反,则应降低法定存款准备金率。例如,美国于1980年规定,所有存款机构包括商业银行、储备贷款协会、互助储蓄银行等,都必须遵循如下储备要求:① 所有可开支票的存款,2 500万美元以内法定准备金率为3%,2 500万美元以上法定准备金率一般为12%;② 非个人定期存款,一般为3%;③ 个人定期和储蓄存款的法定准备金率要求为零;④ 借入欧洲美元的法定准备金率为3%。

由派生存款原理可知,存款的法定准备金率与货币乘数为负相关。因此,如果经济处于衰退状态,中央银行为刺激经济增长,便可降低法定准备金率,增大货币乘数,使银行扩张信贷的能力增强,从而增加货币供应量。反之,如果经济处于过热状态,货币供应量过剩,形成通货膨胀,中央银行则可提高法定准备金率,缩小货币乘数,借以收缩货币和信贷规模。这里,降低法定准备金率,实际上等于相应增加商业银行的超额准备金,或相应减少商业银行在中央银行的存款,从而增加商业银行放款,并能衍生出数倍于超额准备金的存款。运用法定准备要求来控制货币供应量的主要特点在于,其可公平地影响所有银行,并对货币供应量有强有力的影响。由于存款准备金率对货币供给影响十分敏感,所以,它常常被称为"猛烈而不常用的武器",各国在运用这一工具时均持慎重态度。

> **专栏 9-2**
>
> ### 中国差异存款准备金制度的实施
>
> 2003年以来,金融机构贷款进度较快,部分银行扩张倾向明显。一些贷款扩张较快的银行,资本充足率及资产质量等指标有所下降。为了完善货币政策传导机制,促进金融机构稳健运行,防范金融风险,督促金融机构逐步达到资本充足率要求、降低不良贷款比率,经国务院批准,人民银行决定在2004年4月25日起实施差别存款准备金率制度。金融机构适用的存款准备金率与其资本充足率、资产质量状况等指标挂钩,金融机构资本充足率越低、不良贷款比率越高,适用的存款准备金率就越高;

反之，金融机构资本充足率越高、不良贷款比率越低，适用的存款准备金率就越低。

央行存准框架大体分为三档，即大型商业银行、中小型商业银行、县域农村金融机构三个基准档，同时在此基础上有两项优惠。两项优惠是，大型商业银行和中小型商业银行可参与普惠金融定向降准政策考核，达到一定标准的机构可在相应基准档次上降低0.5个或1.5个百分点的存款准备金率要求。县域农村商业银行和县域农村金融机构用于当地贷款发放的资金达到其新增存款一定比例的，可在相应基准档次上降低1个百分点的存款准备金率要求。这两项政策旨在激励金融机构将更多的信贷资源配置到小微企业和"三农"等普惠金融领域。2020年1月1日中国人民银行宣布降准，此次调整后，银行执行"三档两优"准备金率政策，三个基准档是大型银行12.5%，中型银行10.5%，服务县域的银行7%，此外，多数农信社、农商行可享受1个百分点的优惠。因此，多数农信社、农商行实际执行的存准率是6%。此优惠是为了激励金融机构将更多的信贷资源配置到小微企业和"三农"等普惠金融领域。

（二）贴现率政策

贴现率政策是指中央银行通过制订和调整其贴现率来改变商业银行接受中央银行贷款的融资成本，影响对商业银行贴现的贷款数量以及市场利率，从而影响整个货币供应量的一种金融工具。这里的贴现率实质上就是中央银行向商业银行的放款利率。商业银行向中央银行借款可通过两种形式取得：一种是贴现方式；另一种是贷款方式。贴现方式需要商业银行把合格商业票据再贴现（卖）给中央银行。贷款方式是商业银行凭自身的期票向中央银行取得贷款，但需要足够的担保品。在早期，商业银行向中央银行借款多采取再贴现方式。但随着现代金融理论和实践的发展，现在几乎全部借款都已采取由政府证券担保的贷款形式，虽然这种借款仍笼统地被称作贴现。

中央银行向商业银行发放贴现贷款的设施称作"贴现窗口"。贴现窗口的业务包括两部分：（1）确定和调整贴现率，通过贴现率的变动来影响贷放规模；（2）采用贴现率以外的多种方法来调节贷放规模，这些方法包括道义上的劝告、数量限制，甚至拒绝放款等。

通过调整贴现率来影响贷放规模，其作用方式表现为：中央银行若提高贴现率，商业银行从中央银行取得借款的成本也就提高了。商业银行若将借来的款再贷放或投资出去，且利率不变，将减少商业银行的盈利，这就迫使商业银行减少或不向中央银行借款。倘若商业银行也提高其对客户的贷款利率，又会相应减少公众的借款需求。因此，中央银行提高贴现率，通常可抑制信贷规模和减少货币供应量；而降低贴现率，会扩张信贷规模和增加货币供应量。另外，再贴现率也影响着国内和国际贸易的发展。因为中央银行贴现的票据大多数是国内外贸易主要工具，再贴现后补充了贸易中的周转资金，间接促进了贸易发展。

需指出的是，在具备下述两个条件的情况下，中央银行贴现率能较好地调节市场利率水平：第一，中央银行可随时提供贷款，只使用贴现率调节贷放量，不采用其他限额方法；第二，商业银行可自由从中央银行借款。在这种条件下，为追求利润最大化，每当市场利率超过贴现率,而月利差足以弥补贷放风险和费用时,商业银行便从中央银行借款,随后再贷款出去。而当市场利率高于贴现率的差额不足以弥补上述费用时,商业银行就从市场收回贷款并偿还中央银行借款。此时,中央银行贴现率便支配市场利率,提高或降低贴现率(通过扩张和收缩货币供应量),几乎可自动使市场利率上升或下降。

由于现实经济很难完全满足上述两个条件,因而贴现率也难以完全支配市场利率。中央银行变动贴现率,能否影响商业银行向中央银行的借款量,关键取决于商业银行对其借款成本与放款收益的比较,以及从其他来源取得资金的可能性和机会成本。实际上,从中央银行借款只是商业银行增加其储备资金的一个来源,其他来源还有诸如出售证券、发行存款单以及在欧洲债券市场借款等。因此,商业银行在应付其储备不足时,面临着几种方案的选择,而选择的关键在于要用最经济的方法来补足其储备。所以,中央银行运用贴现率工具来影响货币供应量,其作用方式是被动的和有限的。

尽管如此,贴现率政策工具仍然表现出以下几种显著功能:(1)当某些金融机构发生清偿力危机时,履行中央银行作为最后贷款人的职责。(2)为金融业提供一种安全保障。中央银行对商业银行的贴现贷款可采取"调节信贷"与"中期信贷"两种方式。调节信贷作为主要借款业务,属于短期信贷,经常通过电话进行。当存款机构由于大量存款突然流失或贷款需求急剧增加而面临流动资金耗尽时,调节信贷可帮助他们渡过难关,直到他们从其他途径获得资金。(3)发挥告示作用。事实上,贴现率的变动在某种程度上影响着人们的市场预期。当中央银行提高贴现率时,公众可能会将此理解为一种信号,认为中央银行正在采取行动,抑制过分通货膨胀;相反,当中央银行降低贴现率时,便可能被看作是中央银行采取措施刺激经济扩张的信号。因此,由于贴现率的告示作用,贴现率提高可使某些商业银行预期未来利率看涨而限制其放款,贴现率降低则可能使商业银行预期未来利率趋跌而增加其贷款量。(4)影响市场利率。少数长期贷放利率是随贴现率变动而变动的。

中央银行在使用贴现率政策工具时,应该注意以下几点:(1)贴现率调整幅度过大会不利于国际收支平衡。这是因为,贴现率提高幅度过大,将引起本国市场利率上升,从而吸引大量国外资本流入国内市场;如果贴现率降低幅度过大,则会引起国内资本的大量外流。这两种情况都可能引起国际收支失衡。(2)贴现率一般是略低于市场利率的,但也不要过低,否则,商业银行会向中央银行大量借款,从而助长商业银行的投机行为。同时,货币的大量投放,也会影响金融市场稳定。(3)贴现率应保持相对稳定。因为,贴现率经常变动,会使商业银行作出频繁反应,结果必将引起金融秩序混乱,给经济发展带来不良影响。

(三) 公开市场业务

公开市场业务是中央银行通过公开买卖有价证券,吞吐基础货币,以调节货币供应量的货币政策工具,而且是最活跃的一种政策工具。公开市场业务主要是买卖国债,包括政府公债和国库券;有时也买卖地方政府债券、政府担保债券以及银行承兑汇票等。例如,美国联邦储备系统经授权通过公开市场业务主要买卖美国财政部债券、政府合同抵押协会的债券,某些州和地方的政府债券以及银行承兑汇票等。实际上,美国大量的公开市场业务是买卖财政部债券,而且大部分是国库券。由于国库券市场容量极大,所以，对国库券的大批量买卖，不会对其价格产生太大影响。在我国的公开市场业务中，实际上还包括外汇业务和央行票据发行。

中央银行从事公开市场业务按其目的可分为两种类型：主动型和防御型。主动型公开市场业务是指中央银行以改变储备金水平和基础货币量为目的的公开买卖有价证券的业务。主动的市场操作在实施货币政策方面具有重要意义。为贯彻货币政策目标，正是通过能动地改变商业银行储备水平，中央银行的金融政策才能影响金融部门，并进而影响国民经济。例如，中央银行在公开市场买入 100 万元有价证券，这样商业银行就获得 100 万元准备金货币，从而提高了进入流通的货币供应量。所以，主动型公开市场业务是有意识地通过公开市场买入或卖出有价证券来影响货币供应量的。

防御型公开市场业务是指中央银行为抵消市场因素对银行准备金的影响，使准备金保持稳定而进行的公开买卖有价证券的业务。市场因素的波动，如商业票据或货币持有量变化，往往引起银行准备水平的较大波动。为稳定货币市场和货币供应量，中央银行便通过从事防御型公开市场业务来抵消这些变动。例如，中央银行在税收纳税季节买入政府证券，以增加市场货币供应量来抵消因纳税而减少的货币量；在财政支出旺季，因财政支出引起的货币投放过多，中央银行则卖出政府证券，以吸收社会资金，从而减少因财政资金的季节性变化而给货币供应量带来的不利影响。必须指出的是，现实中大部分公开市场业务都是防御型的，而不是主动型的。

就公开市场业务的形式而言，主要有两类：一类是直截了当的买或卖，又称现券交易；另一类是订有回购协议的买或卖，又称回购交易。在现实中，回购交易方式是主要的。现券交易是普通的交易，买方没有承担售出的义务，卖方也没有承担回购的义务，交易到成交就终止了。

回购交易是根据回购协议进行的。若以中央银行的对家（卖方）为主体，央行在进行证券回购业务时，与卖方（经纪人）在购买证券时达成协议，协议规定卖方在规定期间内（一般少于 7 天）须按某种价格再买回证券（可视作"正回购"）。一份回购协议实际上就表现为中央银行的一次暂时性公开市场交易，它特别适合于防御型公开市场业务。同样，若以中央银行的对家（买方）为主体，当央行要出售证券时，它与买方（经纪人）达成协议，协议规定买方在规定时间（一般在 7 天之内）里须以确定价格再把证券卖回给中央银行。此方式称作"配售"，或称"逆回购"。中央银行使用正回购和逆回购协议方式，目的在于暂时性地调节市场证券价格和货币供应量，以保持金融市场的稳定。例如，中央银行可按回购协议方式于春节前一周买进债券，此时货币流入市场；而证券经纪人按协议安排在一周后春节刚过时再购回此种债券，此时货币又由市场流回中央银行。所以，这一交易可有效抵消因春节需求变动对货币供应量的影响，又可防止政府债券的市场价格发生不规则变动。逆回购影响货币的流动和作用与正回购正好相反，前者是收缩市场流动性，而后者是扩张市场流动性。

若以央行为主体，当央行先出售政府有价证券，再购回来，称作"正回购"，则此行为将收缩市场流动性；若央行先购买政府有价证券，再售出去，称作"逆回购"，则此行为将扩张市场流动性。

通过公开市场业务买卖有价证券，中央银行可有效改变商业银行的准备金乃至公众手持现金,从而达到控制、调节信贷规模和货币供应量的作用。例如,当中央银行从经纪人手中购买政府证券时,中央银行开出支票,而经纪人则将此转付给证券出售人。或者出售人是商业银行,出售证券款将直接增加商业银行的储备。若出售人是银行以外的个人或团体,则出售证券款将直接增加社会货币供应量(公众持有现金量),同时也增加银行储备,因为出售人将把该支票存入其开户银行,而开户银行根据法定准备要求便相应地增加了其储备。反之,若中央银行出售政府证券,则其对货币供应量的作用方向和效果正好相反。

中央银行买卖政府证券,可以产生三种直接效应:(1)影响商业银行储备额;(2)影响所买卖证券的价格和收益;(3)影响对一般证券价格和收益的预期。在这三种效应中,通常第一种效应最强烈。因为,影响银行储备额的变动,借助货币乘数作用,可衍生出几倍的货币供应量变动,中央银行对某种政府证券的买或卖,对该证券价格和收益的初始影响或冲击是较大的,具体影响大小则取决于交易的数量,交易量越大,造成的影响和冲击也越大;反之,则越小。公开市场业务也可影响投资者对证券市场的预期。例如,当中央银行开始大量购买证券时,投资者相信证券价格将进一步上涨,于是也增加证券的购买,从而使投入市场的货币量增加,进一步促使证券的价格上涨,并引起相应收益率的下跌。相反,当中央银行出售巨额证券时,便会促成对利率将会提高的预期,而这又会使证券投资需求减少,从而进一步紧缩信贷规模。

公开市场业务作为货币政策工具有如下优点:(1)调节信贷规模的主动权掌握在中央银行手中。对有价证券的数额、买卖证券的种类、数额和时间等,中央银行完全可自主决定,因而能较精确地控制其证券持有量和银行储备量。(2)该政策工具运用起来灵活方便。调节货币数量要大可大,要小也可小,其调节方向也容易改变,当发现公开购买过多从而货币供应增长过快时,它可立即通过公开出售来改变调节方向。(3)公开市场业务的运用速度快,不会有行政上的延误。当中央银行决定要改变银行储备和基础货币时,它只需向证券交易商发出购买或出售指令,交易就可立即得到执行。

虽然公开市场业务已成为现代中央银行运用最多,也是最主要的货币政策工具,但运用这一工具要求具备一定的金融条件。一是中央银行具有领导地位,并具有雄厚资金实力。二是需赋予中央银行弹性操作的权力,即在买卖证券的数量和种类方面有主动权。三是金融市场较发达,组织也较完善,其范围具有全国性,信息传递快捷,价格接近统一,这样能使中央银行在金融中心采取的措施立即影响全国。四是所买卖证券种类丰富,数量充足,能够有选择地进行买卖,使中央银行能够通过买卖证券影响全国的信贷状况。五是信用制度较完善。

二、选择性政策工具

上述三种一般性货币政策工具,是对整个国民经济和金融市场起作用的,也是中央银行调控金融的传统手段。自第二次世界大战以来,许多国家不仅丰富了传统的调控手段,而且还增添了一些新的调控手段。这些新的调控手段的特点在于,它们是针对个别部门行业进行调节,而不是影响整个金融市场,这类调控手段被称作"有选择的政策工具"。中央银行常用的选择性政策工具主要有直接信贷调节工具、间接信用控制工具、直接信用管制手段和道义劝导手段。

(一) 直接信贷调节工具

1. 中央银行再贷款

中央银行再贷款是指中央银行为实现货币政策目标而对金融机构发放的贷款。这是中国特有的一种货币政策工具,也是中国人民银行投放基础货币的主要渠道之一。它是中央银行贷款给商业银行,再由商业银行贷给普通客户的资金,所以称为"再贷款"。中国的再贷款有两种含义,狭义的再贷款是指专指中央银行对金融机构的贷款;广义的再贷款包含中央银行对商业银行的票据再贴现。根据中国现行的信贷资金管理办法,再贷款包括四种:① 年度性贷款;② 季节性贷款;③ 日拆性贷款;④ 再贴现。这里,我们专指狭义的再贷款。

再贷款最长期限一般不超过一年,而且资金来源只能是"货币发行、财政存款和法定存款准备金存款",也就是基础货币。然而实际上,为收购不良资产,中国人民银行给四大资产管理公司提供的再贷款多为五年期。此外为维护金融稳定,央行也给地方政府提供过贷款。2014年以后,考虑到原有的流动性再贷款承担了流动性供给和信贷支持的功能,我国央行重新对再贷款体系进行划分,进一步细分为流动性再贷款、信贷政策支持再贷款、金融稳定再贷款和专项政策性再贷款。

2. 常备借贷便利

常备借贷便利(standing lending facility,SLF),是全球大多数中央银行都设立的货币政策工具,但名称各异,如美联储的贴现窗口(discount window)、欧央行的边际贷款便利(marginal lending facility)、英格兰银行的操作性常备便利(operational standing facility)、日本银行的补充贷款便利(complementary lending facility)、加拿大央行的常备流动性便利(standing liquidity facility)等。其主要作用是提高货币调控效果,有效防范银行体系流动性风险,增强对货币市场利率的调控效力。其主要特点:一是由金融机构主动发起,金融机构可根据自身流动性需求申请常备借贷便利;二是常备借贷便利是中央银行与金融机构"一对一"交易,针对性强;三是常备借贷便利的交易对手覆盖面广,通常覆盖存款金融机构。借鉴国际经验,中国人民银行于2013年初创设了常备借贷便利。它是中国人民银行正常的流动性供给渠道,主要功能是满足金融机构期限较长的大额流动性需求,对象主要为政策性银行和全国性商业银行,期限为1~3个月。利率水平根据货币政策调控、引导市场利率的需要等综合确定。常备借贷便利以抵押方式发放,合格抵押品包括高信用评级的债券类资产及优质信贷资产等。分支机构常备借贷便利是短期流动性调节方式的创新尝试,主要解决符合宏观审慎要求的中小金融机构流动性需求,完善中央银行对中小金融机构提供正常流动性供给的渠道。中国人民银行分支机构常备借贷便利的对象包括城市商业银行、农村商业银行、农村合作银行和农村信用社四类地方法人金融机构,采取质押方式发放。

3. 中期借贷便利

中期借贷便利(medium-term lending facility,MLF)是中国人民银行2014年9月

创设的一项针对中期基础货币的货币政策工具,对象为符合宏观审慎管理要求的商业银行、政策性银行,可通过招标方式开展。其具体操作方式为,金融机构提供国债、央行票据、政策性金融债、高等级信用债等优质债券作为合格质押品,由央行提供资金,以调节金融机构中期融资成本的方式,支持相关机构提供低成本贷款,目的在于间接降低社会融资成本。

4. 短期流动性调节工具

短期流动性调节工具(short-term liquidity operations,SLO),作为公开市场常规操作的必要补充,在银行体系流动性出现临时性波动时相机使用。公开市场短期流动性调节工具以7天期以内短期回购为主,如涉及隔夜等超短期品种,作为市场基准利率的指引,为推进利率市场化进程打下了良好基础,但并未作为优先的常规性制度安排。人民银行可根据货币调控需要,综合考虑银行体系流动性供求状况、货币市场利率水平等多种因素,灵活决定该工具的操作时机、操作规模及期限品种等。该工具原则上在公开市场常规操作的间歇期使用,通常采用市场化利率招标方式进行,遇节假日可适当延长操作期限。操作对象为公开市场业务一级交易商中具有系统重要性、资产状况良好、政策传导能力强的部分金融机构,操作结果滞后一个月通过《公开市场业务交易公告》对外披露。

5. 抵押补充贷款

抵押补充贷款(pledged supplementary lending,PSL),是一种新的货币政策工具。它有两层含义,首先是数量层面,它是基础货币投放的新渠道,商业银行通过抵押资产从央行获得融资;其次是价格层面,这种抵押补充贷款的利率,可引导中期利率。PSL的目标是借PSL的利率水平来引导中期政策利率,以实现央行在短期利率控制之外,对中长期利率水平的引导和掌控。自2013年底以来,我国央行在短期利率水平上通过SLF已经构建了利率走廊机制。

PSL和再贷款非常类似,再贷款是一种无抵押的信用贷款,不过市场往往对再贷款赋予某种金融稳定含义,即一家机构出了问题才会被投放再贷款。出于多种原因考虑,未来PSL有可能很大程度上取代再贷款,但再贷款将仍然是央行的重要政策工具。在我国,有很多信用投放,比如基础设施建设、民生支出类的信贷投放,往往具有政府担保有限但获利能力差的特点,如果商业银行基于市场利率水平自主定价,这类信贷需求就很难得到满足。央行推出的PSL可引导中期政策利率水平,也可以直接为商业银行提供一部分低成本资金,从而起到降低这部分社会融资成本的作用。

(二) 间接信用控制工具

这类调控工具的特点是,它的作用过程是间接的,需通过市场供求变动或资产组合的调整来实现。

1. 优惠利率

优惠利率是指利率较低的放款利率。中央银行根据国家发展战略,通过制定适用于某些部门的较低放款利率来鼓励一些重点部门、行业增加投资,加速发展。优惠利率政策一般为发展中国家所采用。

2. 证券抵押放款的法定保证金比率

中央银行通过对购买证券所提供的贷款规定法定保证金比率,控制信贷投放量。

法定保证金比率指证券购买者在购买证券时必须支付现金的比例。规定最低法定保证金比率，实际上也就是间接地规定最高付款比例。例如，法定保证金比率为60%，意味着证券购买者必须用现金支付证券市场额的60%，其余可由贷款支付的比例最多不超过40%。通过调整这个比率，比如说调高这一比率，会抑制购买证券者通过借款来购进证券的行为，从而影响这类贷款的规模，并有助于控制投机性活动。因为这种控制手段只对证券抵押贷款起作用，所以它可在不影响信贷规模总量情况下，改变和优化信贷的结构。同时，使用该控制手段可以避免被迫采用提高利率，以牺牲经济增长为代价来遏制证券市场的过度借贷行为。

3. 消费信贷管制

消费信贷管制是指中央银行根据市场供求状况和货币供应量情况，针对为消费所提供的信贷量进行控制的一种手段。这种消费信贷管制可采取两种方式，即规定第一次付现的最低比率，或规定最高偿还期限。当市场需求过旺和货币投放过多时，为紧缩信贷规模，中央银行可提高第一次付现比率，或缩短分期付款期限；反之，在需求不足及经济衰退时，则可采取降低第一次付现比率，或放宽分期付款期限的办法以增加信贷投入，刺激消费和经济增长。这种控制手段要求社会的信用基础比较好，同时要建立一些行之有效的信用制度，比如存款实名制、个人信用档案等。

4. 预缴进口保证金制度

这一制度适用于经常处于国际收支逆差的国家，目的是缩减国际收支赤字。当国际收支出现逆差，要求将进口商品总值一定比例的外汇存于中央银行，借以抑制进口数量，控制和减少外汇储备流失。预缴外汇比例越高，进口换汇成本便越高，抑制作用也越大。

5. 房地产信贷管制

房地产信贷管制是指中央银行对为新住宅建设所需资金提供信贷实施有选择的管理。该管制类似于消费信贷管制，主要采用两种方式，规定最低付现额和最长偿还期限，其目的在于控制不动产放款，抑制高标准建房，以及房地产市场价格泡沫。

（三）直接信用管制手段

直接信用管制手段的特点是，中央银行以行政命令的方式，直接对商业银行放款或接受存款的数量以及比率进行控制。这类强制性的信用控制工具主要有四种，即进行信贷分配、规定贷款最高限额、规定利率上限以及差别利率、规定贷款及流动性比率。

1. 信贷分配

中央银行可根据经济所处的阶段，即当前的经济形势，对商业银行的资金使用直接进行一定的分配，以限制、调控信贷活动，充分发挥资金的使用效果。该手段可以运用于一些特殊情况，比如经济萧条时期，为了刺激经济增长，通过商业银行信贷配额有针对性地增加信贷投放。在我国计划经济时代，信贷配额手段是信贷投放的基本手段。此手段也曾经在美国及一些欧洲国家（如法国）使用过。使用信贷分配的理由主要是，一些投资具有很大的经济和社会效益，需要政府扶植，如公共产业部门。此外，在一国进行大量的经济开发时，该手段还能起到调节产业优先发展顺序，优化产业结构进而促进经济增长的作用。但直接信贷分配也往往会产生副作用，导致各行业、各部门相互攀比，资金分配不公，资金配置效率低下等。

2. 规定贷款最高限额

这种管制方式不常用,但在特殊情况下(比如战争、严重经济危机等),中央银行可对商业银行规定贷款最高限额,以严格控制贷款规模。我国1998年以前一直采取指令性的商业银行贷款限额控制。

3. 规定利率上限以及差别利率

此种手段是指中央银行直接规定利率上限以及针对不同类型的商业银行规定差别利率。有些国家往往通过法律形式来确保该手段的实施。例如,美国1935年的银行法规定,禁止对活期存款支付利息,并责成联邦储备体系和联邦存款保险公司制定其会员银行对定期存款和储备存款所支付利率的最高限。采取这一限制措施的理由是,一方面,商业银行为吸引存款而竞相提高利率,盲目竞争会迫使银行业从事高风险放款;另一方面,为争夺资金来源而进行的利率竞争也大大增加了银行的营业费用。

4. 规定贷款及流动性比率

中央银行为了控制信用风险和信贷投放规模,往往直接规定商业银行贷款余额与存款余额的比率,以及流动资产余额与流动负债余额的比率。例如,我国商业银行法就明确规定,商业银行贷款余额与存款余额的比率不得超过75%;流动性资产余额与流动性负债余额的比率不得低于25%。

(四)道义劝导手段

道义劝导,是指中央银行利用其地位和监督权力,对商业银行和其他金融机构采用会议、"窗口指导"、发出书面通告、指示或口头通知,甚至面谈等形式来通报行情,劝告它们自觉遵守金融政策法规,并劝导其采取各种措施以配合中央银行政策的实施。目前,世界上许多国家的中央银行都采取道义劝导手段来加强金融管理。除美国外,英国的英格兰银行也有运用道义劝导手段的传统,它定期或随时与商业银行举行例会,共同商议有关金融事宜。

"窗口指导"是指中央银行根据国家经济政策、产业发展要求、物价趋势以及金融市场状况等,规定商业银行的贷款重点投向和贷款规模,并以劝导的方式来贯彻产业政策的落实。例如,日本银行使用"窗口指导",对各金融机构每季度增加的贷款额度加以规定,并以此来劝导各金融机构遵守金融政策规定。

道义劝导的优点是运用灵活方便,使用范围广。它既可作为一般货币政策工具,用以影响中央银行借款总额、银行信贷规模总量乃至货币供应量的变动,又可作为有选择的货币政策工具,对某些特定政策目标的实现施加影响。比如,在通货膨胀恶化时期,中央银行劝导商业银行和其他金融机构自动限制贷款或提高利率;在房地产和股票投机盛行时,中央银行劝告商业银行抑制其投机性证券放款,而从事正当营业目的的放款;在国际收支出现较大赤字时,中央银行劝告各金融机构减少对外人放款。

当然,由于道义劝导手段缺乏法律约束力,其实施效果好坏取决于各金融机构是否有诚意合作。毕竟,中央银行的说服力来自它的影响力、监督力和资金力量,而不是具有法律意义上强制力的政策规章。因而,道义劝导手段起作用是有限的,它只能是其他政策工具的一种有益的补充。

根据上面的分析可以看出,作为一般性货币政策工具的法定准备率政策、贴现率政策和公开市场业务是中央银行实施货币政策的主要工具。但我们也不应忽视选择性政策工具的作用。实践表明,对于某些特殊部门、行业和金融领域的局部问题,选择性政策工具也是实施货币政策的有益和有效的补充。

第三节 中国货币政策实践

一、货币政策调控的一般关系

运用货币政策来实施金融调控,其实质也就是通过运用货币政策工具,不断地调节货币政策中介目标,以使整个宏观经济达到最终目标或总目标。这里我们先分析这三者的一般关系,然后再研究时滞问题。

(一) 一般关系

通过研究中央银行货币政策的最终目标、中介目标和货币政策工具这三者的关系,我们可了解这三者之间是相互联系、相互依存的。当中央银行确定了货币政策最终目标之后,它必须根据最终目标的要求,在最终目标的传递过程中,制定出一些在短期内可实现的相关经济指标,即中介目标,并运用相应的货币政策工具来实现这些目标,然后,通过不断地实现和调整这些中介目标来达到货币政策的最终目标。

可举例来说明这一联系。假定中央银行根据就业和物价水平的政策要求而相应确定的经济增长目标为名义 GDP 增长 5%。如果中央银行发现,中介目标 M_1 的增长率达到 6%便可实现 5%的名义 GDP 增长率,而 6%的 M_1 增长率又可通过使中介目标的基础货币增长率(也可称作"操作目标")保持在 3.5%来实现,于是,中央银行便会运用货币政策工具的公开市场业务来实现 3.5%的基础货币增长率。在政策执行的随后几天里,中央银行可能觉得基础货币增长太慢,比如增长率仅为 2%,于是,它便增加公开市场业务的证券购买量,使基础货币增长率提高。再过些时候,中央银行检查政策执行情况,如果发现 M_1 增长过快,比如增长率为 7%,它便又运用公开市场业务手段来调节,如减少证券购买量或增加证券出售量来降低 M_1 的增长率。

由上述过程可以看出,货币政策的最终目标、中介目标和货币政策工具这三者再加上作为调控者的中央银行便可构成一个完备的调控体系。这一体系如图 9-3 所示。

(二) 时滞效应

在考察调控过程时,我们还有必要了解政策实施中的时滞现象及其效应。由于货币量变动对经济状态产生影响的传导过程是需要时间的(从实施政策工具到实现政策目标不可能一瞬间完成,这中间存在一个或短或长的时间差,这就是时滞),所以,时间因素在调控过程中占有重要位置。研究表明,在政策时差过程中,从货币供应量增加到国民收入的增加或物价普遍上涨,通常有一个较长时间的扩散和传递过程。这期间还包括人们对政策效应的反应和政策目标调整过程。因此,时滞不仅表现为从行动到效果的时间滞后,而且还表现为传导过程中初始效果与最终效果的时间差异。

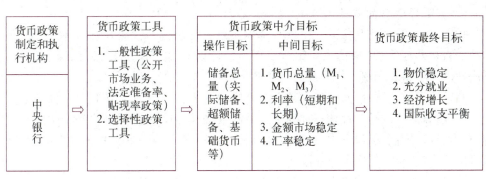

图 9-3　货币政策调控体系

例如,某年货币政策的基本目标为经济增长 8%(经常用国内生产总值的增长率或者国民收入的增长率来衡量),通货膨胀率控制在 5%。但达到这些目标总值需要经过一段时间。根据事后得到的数据计算出来的结果可能与原定目标有差距,这就是时滞效应产生的时间性差异。

认识时滞效应具有重要的理论和现实意义。首先,就对货币理论有重要影响的预期理论来说,它的理论前提之一就是时滞的存在。因此,人们预测未来变动的准确性会受到影响,也就是在有时滞情况下人们作出相应预测的结果。当被预测变量的行为发生变化时,相应的预期也会变化,这又会反过来作用于被预测对象,从而影响预测的准确性。同样,卢卡斯认为,当货币政策发生变化时,预期结构也会发生变化,从而用作预测的计量经济模型中的各种关系也应发生变化,否则,利用以往数据测算出的计量经济模型将不再能正确评估这项政策变化所带来的影响,而很可能导致错误结论。其次,对于货币政策来说,时滞常引起对货币政策效果的误解或引起决策的失误。例如,由于货币量增加不能立即表现为物价的变化,所以人们往往会误以为货币量与物价之间不存在相关关系,从而怀疑货币政策的合理运用。又如,货币当局要紧缩货币投放,防止通胀,但因通货紧缩过程同样存在时滞,所以,货币量减少的初始效果不是平抑物价,而是生产下降,这便可能使决策者作出错误的判断和决策,为刺激生产而又采取扩张政策,从而使紧缩半途而废,通货膨胀进一步加剧。最后,正是由于货币政策的时滞效应是客观存在的,这就使中央银行选取一些可计量性强、可控性强、具有强影响力的金融指标作为中介目标变得十分必要。这样,中央银行就可以随时根据这些中介目标反映出来的货币政策的执行情况及时调整,尽量消除由于时滞带来的对货币政策效应的影响。所以,正确理解和认识时滞效应的政策含义意义重大,我们应在货币政策的制定和执行中追求长期稳定和连续一致的货币政策。

二、我国货币供给管理的四种基本类型

由于经济体制上的差异,我们在对货币供应的管理方式上表现出自身的发展过程和特色。我国自 1949 年以来,所采用的货币供应管理方式大体可划分为四个阶段,四种基本类型。

(一) 统存统贷的管理方式

我国在 1949—1979 年的 30 年中,基本实行统存统贷的管理方式。这是一种典型的金融直接调控方式:中国人民银行以指令性计划的形式,对下属各类各级银行层层下达各项年度存款和现金投入或回笼额度指示,并监督执行。

实行统存统贷管理,有一定优越性。就优越性来说,由于统存统贷是一种高度集中的行政式管理,它的指令性信贷计划是货币政策工具,因而对货币总量和结构的控制明确、有力、准确度高,能保证中央调控意图很快得到实现。在这种调控方式下,人民币币值可保持稳定,货币供应量也能及时与生产、流通需要相协调。

同时,这种调控模式也存在一些致命弱点。其突出表现为:第一,由于中国人民银行总行凭借行政力量控制基层银行,通过行政手段来分配资金,不讲究资金运用的经济效益,所以严重削弱了基层银行的经济责任和权利,抑制了它们组织信贷资金、有效运用资金的积极性,无法提高信贷资金的使用效益。第二,这种调控管理方式人为地割断了基层银行存款与贷款之间的内在联系,使存款多少与贷款多少互不相关,这就使基层银行对自身努力多吸收存款失去积极性,而一味追求向上级银行争取贷款指标,从而导致争规模、争指标的弊端。第三,中国人民银行一身兼二任,行政管理与金融业务经营混在一起,职责不清,权限不明,难以真正发挥中央银行的监管职能。

(二) 存贷挂钩、差额控制的管理方式

为使金融管理体系与"对内搞活,对外开放"的经济环境相适应,我国从 1979 年开始实行"统一计划、分级管理、存贷挂钩、差额控制"的管理办法,并随之废止了统存统贷的管理办法。

所谓"统一计划、分级管理",是指在这种管理方式下,全国的存款额仍由中国人民银行总行在经过综合平衡后分配下达给下级各分行;同时,总行把大部分存款项目也交给省一级分行管理。"存贷挂钩、差额控制"是指,总行在确认存贷款之间有互相制约关系的前提下,允许各分行在完成或不突破总行核定的存贷差额基础上,可多存多贷。就总行而言,存贷差额就是现金的回笼或发放净额;就各省分行而言,若存款余额与上级投入信贷基金额之和大于贷款余额,其差额就称为"存差";若存款余额与上级拨入信贷基金额之和小于贷款余额,其差额就称为"借差"。总行根据全国各省、自治区、直辖市的经济发展状况,分别核定各省、自治区、直辖市分行的存贷差额;而各省、自治区、直辖市分行再确定各基层银行的存贷差额。对于存差行,总行规定的存差计划必须完成,在完成存差的前提下,若其存款进一步增加,则有权用这一存款增加部分发放贷款。对借差行,由总行规定的借差计划不得突破,在借差计划范围内,多吸收到存款就可多发放贷款。在差额控制管理方式下,其调控程序如图 9-4 所示。

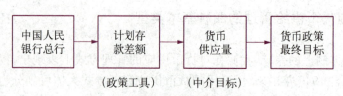

图 9-4　差额控制管理的调控程序

实行差额控制方式,改变了基层银行单纯作为执行者的地位,使之具有了一定的发放贷款的主动权,在一定程度上克服了统存统贷方式下总行对基层行信贷总量干预过多、统得过死的弊端,使基层行组织存款的责任与发放贷款的权力部分有机地结合起来,从而在一定程度上调动了其组织存款和发放贷款的积极性。但差额管理方式实际上使中国人民银行处于一种非常被动的地位。因为差额一经确定,派生存款的扩张就只能靠现金漏损来起制约作用,而现金漏损率取决于人们的持币行为等多种因素,是经常变动的,于是中国人民银行既不能将它作为直接控制工具,又没有一种可替代的、很好的货币政策工具。因此,在差额管理方式下,货币供应量实际处于一种放任自流状态。

(三) 实贷实存管理方式

从1984年1月1日起,中国人民银行正式作为国家中央银行,专门行使中央银行职能,成为"银行的银行、货币发行银行和政府银行",从而不再对企业和个人办理信贷、结算等业务。至此,我国的中央银行加专业银行的银行体系才真正建立起来。与之相适应,我国金融调控方式也逐渐趋于完善和成熟。1985年,中国人民银行改革了信贷差额管理办法,开始实行"统一计划、划分资金、实存实贷、相互通融"的信贷资金管理办法。

实存实贷管理方法的主要作用是:以存款准备金制度为基础,改变中国人民银行与专业银行的资金往来关系,把过去的将资金计划指标层层下达的做法改为上贷下存的实存实贷方式。在再贷款做法上,先由中国人民银行核定对专业银行的计划指标,并分期贷给各专业银行分行,同时将此记入该分行在中国人民银行的存款户头,此项存款可由专业银行自由支配。此外,不同专业银行系统之间还可互相拆借调剂资金;各专业银行系统内部则形成联行系统,通汇结算。

实存实贷管理方式的主要特点表现为:(1)建立存款准备金政策调控手段,增强了调控力度和弹性。(2)从1989年起,实行计划与资金脱钩,中国人民银行不再按计划保证专业银行的资金缺口,但中国人民银行可根据经济发展和物价变动状况确定实际再贷款数额,这就提高了中国人民银行运用再贷款政策工具调控货币供应量的能力。(3)允许专业银行之间资金横向拆借和融通,提高了专业银行的资金活力和资金运用效率。

(四) 间接调控管理方式

随着经济体制改革的继续深入,我国于1998年开始实行"计划指导、自求平衡、比例管理、间接调控"的管理方式。主要运用货币政策工具,包括存款准备金、再贷款、贴现率、利率、公开市场业务等进行宏观间接调控。

计划指导是指对于商业银行年度贷款增量,不再按年分季下达指令性计划,而是只确定指导性计划,作为中央银行宏观调控的检测目标,供各家商业银行执行自编资金计划时参考。从而实现了货币信贷总量由直接调控为主转为以间接调控为主。

自求平衡是指商业银行以法人单位对资金来源与资金运用自求平衡。各商业银行要根据中国人民银行公布的货币供应量目标、信贷政策、资产负债比例管理规定和可用资金等要求,根据资金的承受能力确定贷款等资金运用,不得超过资金来源安排贷款,不得把资金缺口留在缴存准备金、购买政策性金融债、归还中央银行贷款上。

比例管理是指加强内部管理,改进服务金融,防范和化解金融风险,提高资金使用效益,逐步达到中国人民银行规定的资本充足率、贷款质量比例、单个贷款比例、备付金比例、拆借资金比例、国际商业借款比例、存贷款比例、中长期贷款比例、资产流动性比例等九大比例指标。

间接调控是指中国人民银行宏观金融调控,综合运用存款准备金、再贷款、再贴现、公开市场业务和利率等政策工具,及时调控基础货币,保持贷款适度增长,避免货币供应过多或不足,维护币值稳定,促进国民经济持续快速健康发展。

三、近年来我国货币政策工具运用的创新

1998年以来,中国人民银行面对全球经济的复杂变化和国内宏观经济的紧缩和扩张,坚持执行稳健的货币政策,灵活运用多种货币政策工具,适当调控货币供应量,调整信贷结构,维护金融稳定运行,保持国内物价和人民币汇率的稳定,促进了国民经济持续快速健康发展。综合起来看,这一时期我国货币政策调控反映了以下三个特点。

(一) 加大公开市场操作力度,使之成为货币供应量调控的主要手段

在多数发达国家,公开市场操作是中央银行吞吐基础货币,调节市场流动性的主要货币政策工具,通过中央银行与指定交易商进行有价证券和外汇交易,实现货币政策调控目标。中国公开市场操作包括人民币操作和外汇操作两部分。外汇公开市场操作1994年3月启动,人民币公开市场操作1998年5月26日恢复交易,规模逐步扩大。1999年以来,公开市场操作已成为中国人民银行货币政策日常操作的重要工具,对于调控货币供应量、调节商业银行流动性水平、引导货币市场利率走势发挥了积极的作用。

中国人民银行从1998年开始建立公开市场业务一级交易商制度,选择了一批能够承担大额债券交易的商业银行作为公开市场业务的交易对象,目前公开市场业务一级交易商共包括40多家商业银行。这些交易商可以运用国债、政策性金融债券等作为交易工具与中国人民银行开展公开市场业务。从交易品种看,中国人民银行公开市场业务债券交易主要包括回购交易、现券交易和发行中央银行票据。其中回购交易分为正回购和逆回购两种,正回购为中国人民银行向一级交易商卖出有价证券,并约定在未来特定日期买回有价证券的交易行为,正回购为央行从市场收回流动性的操作,正回购到期则为央行向市场投放流动性的操作;逆回购为中国人民银行向一级交易商购买有价证券,并约定在未来特定日期将有价证券卖给一级交易商的交易行为,逆回购为央行向市场上投放流动性的操作,逆回购到期则为央行从市场收回流动性的操作。现券交易分为现券买断和现券卖断两种,前者为央行直接从二级市场买入债券,一次性地投放基础货币;后者为央行直接卖出持有债券,一次性地回笼基础货币。中央银行票据即中国人民银行发行的短期债券,央行通过发行央行票据可以回笼基础货币,央行票据到期则体现为投放基础货币。

自1998年5月中国人民银行恢复公开市场操作以来,在历次正回购、逆回购及现

券买卖交易中，中国人民银行适时选择不同的招标方式开展操作，调控基础货币，调节商业银行流动性，引导货币市场利率，充分体现了公开市场操作的灵活性。价格（利率）招标和数量招标是中央银行公开市场操作两种基本的招标方式。价格（利率）招标是指央行明确招标量，公开市场业务一级交易商以价格（利率）为标的进行投标，价格（利率）由竞标形成。数量招标是指央行明确最高招标量和价格，公开市场业务一级交易商以数量为标的进行投标，如投标量超过招标量，则按比例分配；如投标量低于招标量则按实际投标量确定中标量。价格招标过程是央行发现市场价格的过程，数量招标过程是央行用指定价格发现市场资金供求的过程。中央银行根据不同阶段的操作意图，相机选择不同的招标方式。

特别值得关注的是我国央行推出的中央银行票据业务。2002年9月24日，为增加公开市场业务操作工具，扩大银行间债券市场交易品种，央行将公开市场业务操作的91天、182天、364天的某些未到期正回购品种转换为相同期限的中央银行票据，转换后的中央银行票据共19只，总量为1937.5亿元。2003年4月22日以来，中国人民银行选择发行央行票据作为央行调控基础货币的新形式，在公开市场上连续滚动发行3个月、6个月及1年期央行票据。自2004年12月9日起，央行又发行了3年期央行票据，增添了中期央行票据品种。2013年以来陆续推出常规借贷便利、中期借贷便利、短期流动性借贷便利以及抵押补充贷款等货币政策工具。

（二）灵活运用利率手段，稳步推进利率市场化改革

利率是我国货币政策调控的重要手段。1998年3月—2014年1月，16年间中国人民银行共调整银行存款基准利率24次。其中，上调基准利率13次，下调11次。为了应对亚洲金融危机影响，刺激经济增长，我国银行一年期人民币存款基准利率由1998年3月25日前的5.67%连续5次下调，降至2002年2月21日的1.98%，下降了近三分之二。伴随着新一轮世界经济的复苏，以及通货膨胀预期的影响，我国从2004年10月29日开始，到2007年12月21日，连续8次上调基准利率，利率水平翻了一番多，达到4.14%。接下来受美国次贷危机影响，世界经济遭受重创，我国经济也受到波及，基准利率又开始了新一轮下调，至2008年12月23日，基准利率共下调4次，一年期银行存款基准利率下调至2.25%，利率水平下降了近一半。2015年连续五次下调了基准利率以后，截至现在，我国的一年期的存款利率保持1.5%未变。

我国利率市场化改革一直在稳步推进。中国利率市场化改革从1996年正式启动，1999年基本实现货币市场与债券市场利率市场化；2004年中国利率市场化改革取得阶段性进展，就是实现了存款利率管上限、贷款利率管下限的阶段性目标，贷款利率可以在基准利率之上完全自由浮动，存款利率可以在基准利率及之下完全自由浮动；到2013年7月20日，中国利率市场化改革取得进一步进展，人民银行完全放开对金融机构贷款利率的下限管制。最近，中国利率市场化改革又取得新的进展，存款利率不仅可以向下浮动，而且可以向上浮动，2012年时可以向上浮动的区间是基准利率的1.1倍，到2014年11月份可以向上浮动的区间是基准利率的1.2倍。自2015年10月24日起，中国人民银行决定对商业银行和农村合作金融机构等不再设置存款利率浮动上限。

另外，中国人民银行还对一些利率管理制度进行了改革，进一步理顺利率结构，稳步推进利率市场化进程。一是放开人民币各项贷款的计、结息方式，由借贷双方协商确定；二是放开了境内英镑、瑞士法郎、加拿大元的小额存款利率管理，由各商业银行自行确定并公布，同时对美元、日元、港币、欧元小额存款利率实行上限管理，商业银行可根据国际金融市场利率变化，在不超过上限的前提下自主确定；三是改革邮政储蓄转存款利率计息办法，明确自2003年8月1日起，邮政储蓄新增存款转存中国人民银行的部分，按照金融机构准备金存款利率（年利率为1.89%）计息，此前的邮政储蓄老转存款暂按原转存款利率计息（年利率为4.131%），同时允许邮政储蓄新增存款由邮政储蓄机构在规定的范围内自主运用。

（三）频繁调整法定存款准备金率，实行差别存款准备金制度

法定存款准备金率是目前我国货币政策工具中使用十分频繁的一个工具。1998年，中国人民银行将法定存款准备金账户与备付金账户合并，法定存款准备率由13%下调至8%；1999年11月21日，再次下调了存款准备金率，由8%下调至6%。1998年3月21日—2015年4月19日的17年中，我国共调整法定存款准备金率45次，除1998年和1999年各一次外，2003—2006年共调整5次；2007—2020年共调整了47次。可见，我国运用法定存款准备金率工具调控宏观经济越来越频繁。此外，每次的调整幅度以0.5%的调幅占绝大多数。

另外，中国人民银行决定从2004年4月25日起实行差别存款准备金率制度。差别存款准备金率制度的主要内容是，金融机构适用的存款准备金率与其资本充足率、资产质量状况等指标挂钩。金融机构资本充足率越低、不良贷款比率越高，适用的存款准备金率就越高；反之，金融机构资本充足率越高、不良贷款比率越低，适用的存款准备金率就越低。对金融机构实行差别存款准备金率制度，有利于抑制资本充足率较低且资产质量较差的金融机构盲目扩张贷款，防止金融宏观调控中出现"一刀切"，有利于促进我国金融平稳运行和健康发展，也为完善货币政策传导机制，提高货币政策的有效性奠定了基础。对尚未进行股份制改革的国有独资商业银行和农村信用社、城市信用社暂缓执行差别存款准备金率制度。近年来，中国人民银行一直运用差异化存款准备金率政策加强金融对"三农"发展的支持。

LPR集中报价和发布机制

中国人民银行决定，从2013年10月25日起建立LPR集中报价和发布机制。贷款市场报价利率（loan prime rate，LPR）是由具有代表性的报价行，根据本行对最优质客户的贷款利率，以公开市场操作利率（主要指中期借贷便利利率）加点形成的方式报价，由央行授权全国银行间同业拆借中心计算并公布的基础性的贷款参考利率，各金融机构应主要参考LPR进行贷款定价。2019年8月17日，央行发布公告，决定改革完善贷款市场报价利率（LPR）形成机制。改革后，LPR报价行由10家增

加至 18 家，报价方式改为按照公开市场操作利率加点形成，并成为新发放贷款的主要参考基准。目前，LPR 包括 1 年期和 5 年期以上两个品种。LPR 市场化程度较高，能够充分反映信贷市场资金供求情况，使用 LPR 进行贷款定价可以促进形成市场化的贷款利率，提高市场利率向信贷利率的传导效率。

（资料来源：引自中国人民银行网站：货币政策工具——利率政策）

本章小结

货币政策是经济政策的组成部分，货币政策的目标按照其层次可以划分为：货币政策最终目标、货币政策中间目标、货币政策直接目标。最终目标通常包括充分就业、价格稳定、经济增长和国际收支平衡。由于最终目标之间往往存在矛盾，客观上存在如何选择目标的问题。通常做法是选取一至两项目标作为最终目标；货币政策中间目标，一般包括利率稳定、货币总量、储备总量、汇率稳定和金融市场稳定等目标。中介目标同样有选择问题，依据标准有可计量性、可控性和强影响力；货币政策直接目标是中央银行运用货币政策工具能够直接影响或控制的目标变量。直接目标介于政策工具和中介目标之间，是货币政策工具影响中间目标的传送点。在实际过程中，有很多变量同时充当其中几个目标，因此实践中，各国央行需要对各种目标变量进行效果分析。

货币政策工具是实现货币政策目标的保证。中央银行的货币政策工具大体可分为一般性政策工具和选择性政策工具，在金融调控过程中，中央银行所运用的法定存款准备率政策、贴现率政策和公开市场业务三大政策工具，具有积极而重要的意义。近年来，随着宏观经济的变化，很多央行创造性地开发了诸如常备借贷便利等货币政策工具，作为传统政策工具的有益补充。

中国的金融调控方式是伴随着中国经济体制改革发展进程而变化的。它大体经历了四个阶段，即统存统贷管理方式阶段、存贷挂钩和差额控制管理方式阶段、实存实贷管理方式阶段，以及间接调控管理方式阶段。目前，我国已逐步形成一种调控手段齐备，且富有弹性的货币供给调节机制。

练习与思考

一、单项选择题

1. 下列哪一项属于货币政策的中间目标：（　　）。
　　A. 利率　　　　　　B. 经济增长　　　　C. 充分就业　　　　D. 物价稳定

2. 货币政策数量型目标是（　　）。
　　A. 利率　　　　　　B. 金融市场稳定　　C. 货币供应量　　　D. 汇率

3. 我国货币政策的目标是（　　）。
　　A. 保持国家外汇储备的适度增长
　　B. 保持国内生产总值以较快的速度增长
　　C. 保持货币币值稳定，并以此促进经济增长

D. 保证充分就业

4. 在中央银行各种货币政策工具中,(　　)作用方式是被动的。

A. 法定存款准备率　　　　　　　B. 贴现率政策

C. 公开市场业务　　　　　　　　D. 信贷分配

二、判断题

1. 我国迄今为止一直实行双重货币政策目标,即发展经济和稳定货币。(　　)

2. 一般认为货币政策操作目标和中介指标的选取要兼顾三个标准,即中间性、相关性和安全性。(　　)

3. 在一般性货币政策工具中,中央银行实施再贴现政策时具有较强的主动性。(　　)

4. 存款准备率是通过影响商业银行借款成本来调控基础货币的。(　　)

三、思考题

1. 货币政策的最终目标有哪些?

2. 选择货币政策中介目标的标准是什么?

3. 法定存款准备金率对金融宏观调控有什么作用?

4. 公开市场业务作为货币政策工具的优点有哪些?

5. 简述货币政策的最终目标及其选择方法。

6. 简述货币政策的中介目标及其选择标准。

7. 试述货币政策的一般性工具。

8. 为什么说我国的公开市场业务已成为货币政策调控的主要手段之一?

9. 合并设立中国银行与保险业监督管理委员会对中国人民银行专门制定和执行货币政策有何利弊?

参考文献

[1] 胡庆康.现代货币银行学教程(第五版)[M].复旦大学出版社,2014.

第四篇 金融稳定与金融改革

- 第十章 金融稳定与宏观审慎
- 第十一章 中国金融改革

第十章 金融稳定与宏观审慎

本章概要

在本章中,我们要学习金融稳定相关理论及制度安排、宏观审慎的基本理念、目标和内容以及宏观审慎政策的相关政策工具。本章分为三节,第一节主要介绍金融稳定的概念和特征,以及促进金融稳定的主要原则和制度安排;第二节主要介绍宏观审慎的兴起缘由和基本理念;第三节主要介绍宏观审慎政策的相关政策工具。

[学习要点]

1. 金融稳定的概念和主要制度安排;
2. 宏观审慎的兴起缘由和基本理念;
3. 宏观审慎政策工具及其作用范围。

[基本概念]

金融稳定　资本监管　存款保险制度　最后贷款人　宏观审慎　金融风险　逆周期资本缓冲　净稳定资金比率　贷款价值比率　债务收入比率

第一节 金融稳定的概念、特征和制度安排

一、金融稳定的概念

尽管近年来定期发表本国《金融稳定报告》的中央银行逐年增加,但都没给"金融稳定"下一个准确的定义。国际上至今也没有公认的关于金融稳定的统一、准确的理解和概括。西方国家的学者较多地是从"金融不稳定""金融脆弱性""金融危机"等方面来展开对金融稳定及其重要性的分析。相对而言,金融不稳定的特征更容易被人们所觉察,如金融机构大量挤兑、倒闭,金融资产价格剧烈波动,巨额资产损失,社会融资环境发生重大变化等负面影响。正如美联储副主席 Roger W. Ferguson 所说,定义金融不稳定似乎更加容易一些。他认为金融不稳定具有以下三个特征:(1)一些重要金融资产的价格集合严重脱离了其基础;(2)国际、国内的市场功能及信贷可得性严重扭曲;

(3) 前两项的结果导致总支出或高或低严重背离了实体经济的生产能力。

目前比较权威的是欧洲中央银行(ECB)的定义,即"金融稳定是指这样一种金融环境:在这种环境中,金融中介、金融市场以及市场基础设施均处于良好状态,面对各种冲击,都不会降低储蓄向投资转化的资源配置效率"。美国经济学家米什金认为,金融稳定缘于建立在稳固的基础上、能有效提供储蓄向投资转化的机会而不会产生大的动荡的金融体系。国际清算银行前任总经理克罗克特认为,金融稳定可包括:(1) 金融体系中关键性的金融机构保持稳定,因为公众有充分信心认为这些机构能履行合同义务而无须干预或外部支持;(2) 关键性的市场保持稳定,因为经济主体能以反映市场基本因素的价格进行交易,并且该价格在基本面没有变化时短期内不会大幅波动。

可见尽管国际上还没有公认的关于金融稳定的定义,但关于金融稳定应具备的内涵,各国在理解上则大体相同。由以上定义可以看出,金融稳定实际上描述的是一种状态,包括机构、市场和金融基础设施三个方面的协调发展,其中基础设施除包括支付体系或网络系统等硬件外,还应包括法律框架等软环境。总体而言,金融稳定是金融体系功能运作良好的一种标志,最终目的是实现资源配置的最优化。ECB 的定义中没有明确提到货币的稳定,并不表明币值的稳定不重要。事实上,金融稳定的两个基本条件是稳定的价格和安全高效的支付系统,一旦发生货币危机(恶性通货膨胀或汇率大幅波动),错误的价格信号将阻碍储蓄向投资的有效转化。除此之外,金融稳定的定义还应该具有以下基本内容:(1) 在一个稳定的金融体系当中,有盈利前景的项目应该能够得到所需的融资;(2) 个人应可以跨时间分配其消费;(3) 市场参与者具有处理(即选择接受或转嫁)风险的可能性;(4) 交易各方可以按合理的价格实现支付。这实际上是一个健康的金融体系所必须具备的特征。

由上述分析可以得出关于金融稳定的几个基本观点:(1) 金融稳定是一个宏观经济概念,不是指某一具体机构的表现;(2) 稳定的金融体系不一定意味着有效的金融体系,理想的状态是系统在某种程度上稳定且有效,但两者之间的平衡往往比较困难;(3) 金融稳定关注系统性风险,同时,关注对系统安全影响较大的个体或事件;(4) 稳定并非静止,特别是金融稳定应该是金融体系功能的稳定,不应是功能实现方式的一成不变。

金融稳定的类型通常可以分为金融基本稳定、金融恶化和金融危机三个级别。与金融稳定相关的一个概念是金融安全,它们的关系是金融稳定涵盖了金融安全。

基于上述的认识,可将金融稳定的特征简要归纳为:

(1) 金融稳定具有全局性。金融稳定首先是指宏观金融系统的稳定。作为金融机构的"最后贷款人"和支付清算体系的提供者和维护者,中央银行应立足于维护整个宏观金融体系的稳定,在密切关注银行业运行态势的同时,将证券、保险等领域的动态及风险纳入视野,重视关键性金融机构及市场的运营状况,注意监测和防范金融风险的跨市场、跨机构乃至跨国境的传递,及时采取有力措施处置可能酿成全局性、系统性风险的不良金融机构,保持金融系统的整体稳定。

(2) 金融稳定具有动态性。金融稳定是一个动态、不断发展的概念,其标准和内涵随着经济金融的发展而发生相应的改变,并非一成不变而固化的金融运行状态。一国理想的金融状态包括健康的金融机构、稳定的金融市场、充分的监管框架和高效的支付清算体系，其内部及其相互之间会进行结构和机制等方面的调整以及互动博弈，从而形成有效调控系统性风险的可调性制度架构，以适应不断发展变化的金融形势。

（3）金融稳定具有效益性。金融稳定不是缺少福利改进的运行状态，而应是福利增进型的状态。一国金融体系的稳定，要着眼于促进储蓄向投资转化效率的提升，改进和完善资源在全社会范围内的优化配置。建立在效率不断提升、资源配置不断优化和风险抵御能力不断增强等基础上的金融稳定，有助于构建具有可持续性、较强竞争力和良好经济效益的金融体系。

二、促进金融稳定的原则

由于金融系统的特殊脆弱性和金融危机对实体经济的巨大冲击，金融安全网设计必须在遏制道德风险和保持金融稳定之间实现平衡。维护金融稳定必须坚持以下四项基本原则。

（一）预防原则

金融稳定需要价值判断。稳定的金融体系不完全等于有效的金融体系。出现金融危机当然不是金融稳定，存在引发金融危机的结构性缺陷同样不是金融稳定。过度管制、效率低下和结构失衡状态下的稳定状况会损害金融体系的中介功能，增加其脆弱性，潜伏着金融风险。运行稳健、效率良好和结构合理状态下的金融稳定可以为金融安全奠定有力的基础。"好"的金融稳定要求银行系统能通过资产拨备自主控制可预见的风险，并通过资本充足率预防不可预见的风险。央行作为最后贷款人的援助只能在不可预见的风险超出银行体系承受力时才能发生。因此，通过银行体制改革，完善治理结构和内控制度，是金融稳定的一项基础设施建设，由此建立金融稳定的两级预防机制：银行自主管理风险是第一道防线，央行监控支付系统的稳定是第二道防线。

（二）市场原则

金融稳定不是温室，不是低效率金融机构的保护伞。市场原则要求在同等经济条件和同等竞争环境下，必须存在竞争机制。而不具备以上条件的情形是需要差别对待的。因此，金融稳定的竞争原则必须适用于同一市场内部，在相同地区和相同业务领域，低效率机构必须被淘汰出局，以此消除金融不稳定因素。

（三）最低保护原则

金融稳定是需要成本的，因为金融风险化解直接意味着要有人付出代价。一方面，对存款人的保护是"有差别的金额保护"，即应该通过显性的（不能是隐性的）、有限度的存款保险机制解决，一定额度以下的储蓄账户可以得到全额保险，而大额储蓄只能部分保险。另一方面，对投资者的保护是"无差别的机制保护"，投资者应该对自身的资产选择负责，金额保护是不具备法理基础的。但这不意味着放弃对投资者的保护。由于机构投资者、企业和中小投资者的不对等，投资者保护应重点集中于消除不对等所产生的不规范交易行为，避免欺诈、内幕交易，提供良好的市场机制。

（四）权责对称原则

当前金融稳定的最大隐患来自权责不对称。一旦出于私利而制造了金融动荡的责任机构或责任人不能承担相应责任,则必然形成可怕的示范效应。金融机构管理者并非都是风险爱好者,而是权责不对称导致冒险的个人或机构收益巨大,责任成本太小。机制塑造行为,严格权责可以把金融稳定工作真正局限在管理不可预见的金融风险范围内,这乃是具备宏观调控和维护支付体系稳定职能的中央银行所必需的。

三、促进金融稳定的制度安排

从制度层面考虑促进金融稳定的安排,涉及以下四方面的内容。

一是相对独立的政策手段,包括监测支付结算系统、宏观审慎分析、紧急流动性援助、危机协调管理四种手段;二是借助货币政策工具来稳定金融体系,包括货币信贷政策、短期利率、公开市场操作和信息交流与窗口指导;三是运用金融监管手段来维护金融体系稳定,包括审慎管制与审慎监管;四是运用风险补偿制度来维护金融体系稳定。

独立的金融稳定制度如何构建,需要从总体上做通盘考虑。

(一)稳步推进支付清算系统建设

支付清算系统被认为是金融基础设施的核心。支付系统安全确保交易可以正常进行,否则交易将会下降甚至回到易货贸易时代,而且良好的支付体系还是分散化的市场经济所必需的条件。因此,各国中央银行把支付清算系统的安全性与高效性放在维护金融稳定的首要位置,力求中央银行对支付清算系统的监测管理涵盖与大额资金交易有关的各个领域。

(二)微观审慎监管与宏观审慎分析

有人认为,金融监管的职责和金融稳定的职责是等同的,从根源上说,这种认识可能来源于这种信念,即如果每一家金融机构都好,那么这个金融体系就好。这种认识又来源于金融系统的危机,通常发生在某一家机构倒闭引发其他金融机构的倒闭。然而,如果焦点仅集中在单个金融机构的微观审慎监管,就可能忽略宏观层面的其他更为重要的风险。鉴于此,中央银行应引入前瞻性的宏观审慎分析手段来提高度量整体风险的能力,诸如压力测试、事先预防以及全周期风险评估等技术。许多国家央行开始定期发布《金融稳定报告》,从宏观经济、金融体系和实体经济三个层面分析宏观金融风险,向市场提示风险。这也是宏观审慎分析的重要内容之一。

借鉴世界银行和国际货币基金组织的"金融部门评估项目"(FSAP)的分析技术,中国采用以下三种分析工具作为宏观审慎分析的重要手段。

1. 金融稳健指标(FSI)

金融稳健指标是基金组织为监测一个经济体金融机构和市场的稳健程度,以及金融机构的客户(包括公司部门和居民部门)的稳健程度而编制的一系列指标,它用来分析和评价金融体系的实力和脆弱性。金融稳健指标包括核心指标和鼓励指标两类。中国已经初步开展了中国金融稳定统计体系的创建工作。金融稳定统计将是人民银行实施维护金融稳定职能的一项重要基础工作。

2. 压力测试

压力测试是对金融稳健指标分析的有效补充。压力测试的目标是,通过分析宏观经济变量的变动可能对金融体系稳健性带来的影响,来对因宏观经济与金融部门之间具有的内在联系而产生的风险和脆弱性进行评估。FSAP 评估的风险主要来源于利率、汇率、信贷、流动性以及资产价格的变动。为对这些风险的影响进行评估,压力测试采用几种不同的方法来衡量宏观经济冲击对金融稳健指标带来的影响,以达到评估金融部门潜在脆弱性的目的。

3. 标准与准则评估

FSAP 另一项内容是对金融部门标准和准则的执行情况进行评估。FSAP 下涉及的标准与准则评估目前最多涉及九个领域。目前,这些分析工具日益成为人民银行进行宏观审慎分析,向市场提示风险的重要手段。

(三) 紧急流动性援助与防范道德风险的权衡

中央银行维护宏观金融稳定有两个其他机构不具备的特殊条件,一是其最后贷款人职能,二是负责支付结算体系的安全高效运行。作为银行的银行,各国中央银行大都承担最后贷款人职能(欧元区成员国的央行除外)。当金融机构出现支付困难,同时又难以从其他渠道获得流动性时,该金融机构只有向中央银行申请流动性支持(如果该机构还想继续运营的话)。因此,如果一个具有系统性特征的金融机构出现了流动性风险,在没有存款保险制度的情况下,中央银行从维护宏观金融稳定和保护存款人的角度出发,就必须提供流动性支持,否则就有可能导致系统性金融风险,甚至金融动荡。

最后贷款人职能,又称为紧急流动性援助,也许是中央银行用于处理金融不稳定的最传统的工具。它包括通过公开市场操作对整个金融体系提供流动性和通过对个别金融机构贷款提供流动性。然而,流动性支持可能对金融机构行为产生两种逆向效应,一是给予金融机构管理层冒险激励以得到更多的隐性的援助补贴;二是金融机构债权人因存在政府会出面援助有问题金融机构的预期而降低对金融机构行为的监督和选择。由于存在道德风险的可能,经济学家提出各种解决措施,包括对有问题金融机构征收惩罚性利率;提供紧急贷款时采取"建设性的模糊"的策略,即事先不宣布对其提供流动性援助的相机抉择策略;要求有问题金融机构提供抵押品的做法以及组织私营部门参与救助有问题机构。

(四) 协调建设危机管理的应急机制

防范金融危机要立足于早分析、早校正。要尽快建立金融机构的风险预警系统和完善风险处置措施,尤其在由于个别金融机构风险引发的金融危机中,要有一些机制和措施及时地发现金融机构的风险,使金融机构在风险加大或资产质量变差的情况下,有足够的压力尽快地加以纠正,这就是"及时校正措施"。同时,对于国际金融危机的不可预测性、传染性和危害性,也需要我们建立长效的危机应急处理机制,才可能在突发性金融危机发生时将损失降至最低、将风险控制在最小范围内。

只有通过建立有效的风险应急机制,才可能在风险发生时将损失降至最低、将风险控制在最小范围内。我们需要建立金融危机应急组织体系,统一制定和部署金融应急处理方案及其组织实施。此外,在应急处理机制上,我们还需要做一些基础工作,包括建立金融应急信息共享机制,建立金融应急备份系统和中央银行的紧急流动性支持系统。

1. 危机应急组织体系

统一制定和部署金融应急处理方案及其组织实施。

2. 金融应急信息共享机制

首先,中央银行和其他各个监管部门,应就监管信息的沟通建立相应制度;其次,中央银行与各有关涉及应急处理机制的政府部门建立应急信息共享机制;最后,涉及金融稳定评估的各个部门之间应建立信息交换机制。

3. 金融应急备份系统

金融应急备份系统包括备份的支付结算网络、备份的数据库和数据处理中心、备份的计算机网络系统、备份的工作场所、备份的办公网络系统等。建立有效的金融应急备份系统,可以在金融危机发生时保证金融业务的连续性,即使在金融系统遭受大范围破坏后也能够迅速恢复。

4. 央行紧急流动性支持系统

当危机或突发事件发生时,中央银行应急小组应当根据实际情况,及时判断并决定是否向金融体系提供足够的流动性支持。

(五)建立健全金融机构市场退出机制

金融机构市场退出机制的主要内容应当包括法律框架、处置主体、处置手段、损失分担和不良债权管理等五个方面。

长远来看,需要建立优胜劣汰的激励机制,加强市场约束的力量,既能保持金融稳定,又能防范道德风险。对金融机构市场退出的制度安排,需要考虑两方面的平衡。从短期来看要解决银行倒闭和信用崩溃问题,从中长期来看则需要防止出现道德风险和促进一个健康银行体系的建立问题。在金融机构市场退出制度安排上,尽可能按照市场化原则处理,引入市场手段、建立市场激励机制与政府按规则干预的原则。

表 10-1 促进金融稳定的制度安排一览表

工 具	金 融 稳 定	
	系统性风险	个别金融机构风险
货币政策	辅助手段	
短期利率	辅助手段	
公开市场操作	辅助手段	
支付结算系统	主要手段	
信息交流与窗口指导	协调手段	协调手段
紧急流动性援助	主要手段	基本手段
危机协调管理	协调手段	协调手段
审慎管制	其他部门手段	其他部门手段
审慎监管	其他部门手段	其他部门手段
风险补偿制度	其他部门手段	其他部门手段

注:① 辅助手段是指促进金融稳定辅助使用的制度安排;② 主要手段是指促进金融稳定主要使用的制度安排;③ 协调手段是指央行需要和其他部门协调使用的制度安排;④ 其他部门手段是指央行以外的其他部门使用的促进金融稳定的制度安排。

第二节　宏观审慎：兴起缘由和基本理念

一、为什么需要宏观审慎

(一) 金融脆弱性

明斯基指出，长期的宏观经济稳定可能诱使产生金融不稳定，金融系统内在的运行特点具有自身的脆弱性，因而不得不经历周期性的危机，进而对经济系统造成影响。自明斯基首次提出"金融脆弱性假说"后，金融脆弱性问题引起了广泛关注和争论，认为银行的利润最大化目标促使它们在系统内增加风险性业务和活动，在经济上升时期贷款人(银行)的贷款条件越来越宽松，而借款人(工商企业)则利用宽松有利的信贷环境进行积极的借款，最终导致了系统的内在不稳定性，因而需要对银行的经营行为进行监管。现有研究表明，银行及其他金融机构存在脆弱性的主要原因有三：(1) 短借长贷和部分准备金制度导致金融机构内在的非流动性；(2) 在资产负债表中，主要是金融资产而不是实物资产，主要是金融负债而不是资产净值，这在金融机构之间存在着相互依赖的网络；(3) 存款合同的等值和流动性形成了在萧条时期提取存款的激励。

从银行体系的传染性和系统风险的角度来看，个别银行比其他企业更容易受到外界影响而失败；银行业也比其他产业更加脆弱、更容易被传染。由于银行业较高的杠杆率，资产配置又对存款人具有严重的信息不对称问题，进而加剧了公众预期的不确定性；银行之间的拆借及其支付系统使它们紧密地缠绕在一起，易使一家银行的风险事件快速传播到其他银行乃至整个金融系统。此外，根据银行挤兑模型的解析，银行作为一种金融中介机构，其基本功能正是进行资金的期限转化，但正是这种功能本身使银行容易遭受挤兑。

(二) 既有货币政策和微观审慎政策的短板

(1) 货币政策。从功能定位来看，货币政策承担维护物价稳定和促进经济增长的作用，更多关注的是一般消费品的价格变动，而很少对资产价格做出及时的反应，但资产价格的大幅波动却常常与金融风险的爆发相伴而生，因而需要新的政策框架来更多关注资产价格变动。从传导机制来看，货币政策可通过风险承担渠道影响经济主体的风险认知和风险偏好，进而对宏观金融风险产生额外的影响，故需要其他政策作为补充和配合来管控宏观金融风险。此外，货币政策是一种总量型宏观调控政策，影响的范围是整个经济体系，但金融风险在早期可能集中于某一重点领域，因而需要更有针对性的、定向型的政策作为事前预防的手段。

(2) 微观审慎政策。事实上，政策制定者们高度关注防范金融风险问题，并构建了成体系的监管机制，微观审慎政策便是其中最为典型的代表。长期以来人们认为，如果单个金融机构是安全和稳健的，那么其加总形成的整个金融体系也是安全和稳健的。微观审慎正是在这样一种理念的指导下关注单个金融机构的稳健性，并往往采用内部评级方法进行压力测试以评价稳健程度。金融危机频频爆发的事实揭示了，即使在微观审慎框架下的单个金融机构是稳健的，也不能确保金融体系的整体稳健，这就对微观审慎的理念基础提出了质疑。首先，金融系统是一个有机的整体，金融机构通过复杂的金融活动相关联而使风险具有显著的传染效应，因而系统整体的金融风险不是单个金融机构风险水平的简单加总；其次，微观审慎所采用的风险评估方法是基于"风险是外生的"这种假设，但金融风险的产生实际上具有内生机制；最后，微观审慎在政策实践中通常是静态化的，对所有金融机构不加区别地实施同一标准，同时在所有的金融环境下也不加区别地实施同一标准，前者如同对卡车和轿车设定同样的行车限速标准，后者如同在不同的道路交通环境下设定同样的行车限速标准，这显然值得商榷。

二、宏观审慎政策的目标

在上述背景之下，出于应对金融脆弱性和防范金融风险的需要，具有逆周期动态调控特征的宏观审慎政策应运而生。事实上，宏观审慎并不单独指某一种政策，而是一种政策导向和施策理念，通过贯彻这种宏观审慎理念来缓解金融活动过程的顺周期行为，最终达到维护金融稳定的目的。这种目标可分解为两个维度：一是在时间维度上，增强金融系统应对金融风险冲击时的韧性，约束金融过度繁荣；二是在截面维度上，提升金融系统功能的稳健性。

根据历史上爆发的金融危机特点以及近年来各国审慎监管的实践，银行和影子银行系统、房地产和资本市场是宏观审慎政策关注的重点领域。需要指出的是，现有研究表明宏观审慎政策具有显著的非对称效应，在繁荣期可以有效抑制金融过度繁荣，但在衰退期促进金融繁荣却缺乏效力。

专栏 10-1

我国宏观审慎政策框架的创新

我国较早就开始了宏观审慎政策的探索和实践，着力建立和完善了宏观审慎政策框架，并取得了较好效果，不少探索从全球看亦具有创新性。

一是在2011年正式引入差别准备金动态调整机制，其核心是金融机构的信贷扩张应与经济增长的合理需要及自身的资本水平等相匹配，也就是要求金融机构"有多大本钱就做多大生意"，不能盲目扩张和过度加杠杆。针对金融市场和金融创新的快速发展，2016年起将差别准备金动态调整机制"升级"为宏观审慎评估体系（MPA），将更多金融活动和资产扩张行为纳入宏观审慎管理，从七大方面对金融机构的行为进行引导，实施逆周期调节。之后又于2017年将表外理财纳入MPA广义信贷指标范围，以引导金融机构加强表外业务的风险管理；2018年还将把同业存单纳入MPA同业负债占比指标考核。

二是将跨境资本流动纳入宏观审慎管理范畴,从外汇市场和跨境融资两个维度,从市场加杠杆融资和以自有资金短期炒作两种行为模式入手,以公开、透明、市场化的手段进行逆周期调节,促进金融机构稳健经营,维护金融稳定。

(资料来源:中国人民银行货币政策执行报告)

第三节 主要的宏观审慎政策工具

银行是金融体系的核心。现有研究表明,金融风险的暴露乃至金融危机的爆发尽管成因众多,但其严重程度往往与银行体系是否稳定密切相关。因此,银行活动是开展宏观审慎干预的重点。根据政策工具的作用领域和范围,宏观审慎政策工具主要分为应对信用过度扩张和高杠杆、应对期限错配程度和流动性风险、应对金融体系风险传染和应对特定金融市场潜在风险等四种类型。

一、应对信用过度扩张和高杠杆的宏观审慎政策工具

这类工具侧重于审慎管理银行体系的信贷供给能力,包括逆周期资本缓冲、杠杆率、动态贷款损失准备、信贷增速限制等。

(一)逆周期资本缓冲

从经济周期视角来看,金融活动天然具有鲜明的顺周期特征。在经济繁荣时期,银行经营的风险暴露较小,受资本充足率监管要求的约束较小,信用扩张往往加速发展,这进一步促进了经济的繁荣,进一步弱化了资本充足率的监管强度,加速了银行信用的扩张。但进入经济衰退后,情况变得完全相反,银行经营风险出现上升,受资本充足率监管要求的约束较大,银行的信用扩张受限,以至于出现惜贷现象而信用萎缩,这进一步恶化了经济衰退,进一步加大了受资本充足率监管的程度,加剧了信用过度收缩。

逆周期资本缓冲工具旨在缓解上述银行信用顺周期的弊端。在经济繁荣时期,适度提高对银行的资本充足率要求,从而抑制信用扩张程度,给不断高涨的经济降温;在经济衰退时期,适度降低对银行的资本充足率要求,从而缓解银行过度的信用收缩,促进经济尽早走出衰退。目前,巴塞尔协议Ⅲ已明确将银行逆周期资本缓冲规模确定为风险加权资产的 0~2.5% 之间,并要求完全由核心一级资本提供。

专栏 10-2

我国正式建立逆周期资本缓冲机制

2020 年 9 月 30 日,中国人民银行、银保监会正式发布《关于建立逆周期资本缓

冲机制的通知》,并宣布自即日起实施。我国的逆周期资本缓冲机制是从我国实际出发,参考国际惯例及巴塞尔银行监管委员会的有关要求而设计的,《通知》对我国逆周期资本缓冲的计提方式、覆盖范围及评估机制做出了明确规定。同时,根据当前系统性金融风险评估状况和疫情防控需要,明确逆周期资本缓冲比率初始设定为 0,不增加银行业金融机构的资本管理要求。中国人民银行、银保监会将综合考虑宏观经济金融形势、杠杆率水平、银行体系稳健性等因素,定期评估和调整逆周期资本缓冲要求,防范系统性金融风险。

建立逆周期资本缓冲机制,是健全宏观审慎政策框架、丰富宏观审慎政策工具箱的重要举措,有助于进一步促进银行业金融机构稳健经营,提升宏观审慎政策的逆周期调节能力,缓解金融风险顺周期波动和突发性冲击导致的负面影响,维护我国金融体系稳定运行。

(资料来源:中国人民银行、中国银行保险监督管理委员会)

(二) 杠杆率

风险加权资产是影响资本充足率的重要因素,但对风险加权的计算也具有先天的弊端:一是在经济繁荣时期,风险水平整体较低,对资产进行风险加权的计算可能会低估了真实的风险水平;二是风险权重本身具有较强的主观性。而不考虑各类资产的风险水平,仅考虑总的风险敞口规模能较好地避免这一弊端,即总杠杆率指标。

巴塞尔协议Ⅲ引入了最低杠杆率指标,作为风险加权指标的补充,并规定在计算杠杆率指标时,应当以一级资本衡量资本规模。同时,在计算敞口规模的时候,既应考虑贷款、回购、证券投资和衍生品等表内项目,也应当考虑承兑汇票、备用信用证、承付款项等表外项目,从而更全面地反映银行风险水平。

(三) 动态贷款损失准备

常规的贷款损失准备,是指银行按照谨慎会计的原则,根据贷款可能发生的损失计提损失准备,因而其计算所得的损失准备是相对静态的。而动态贷款损失准备要求银行在经济景气时期积累逆周期的贷款损失准备,用以应对萧条时期可能发生的损失。与逆周期资本缓冲类似,动态贷款损失准备有助于在经济繁荣期抑制信用过度扩张,起到平滑信用周期的作用。

动态贷款损失准备具体可包括以下四种实施形式。(1) 全周期积累的动态贷款损失准备。动态贷款损失准备的变动包括新增贷款的预期损失和周期内对贷款存量提取的平均准备,同时需要扣除当期提取的准备。(2) 基于触发机制的动态贷款损失准备。监管当局选择一定的经济指标作为判断基准,当基准指标显示信贷过热时,银行需要提取动态贷款损失准备。(3) 提取预期贷款损失准备。银行需要评估每一项贷款在经济周期中可能发生的损失,依此计提损失准备。(4) 混合型的动态贷款损失准备,即在全周期积累机制的基础上,配合以触发机制。

(四) 信贷增速上限

前述逆周期资本缓冲、杠杆率和动态贷款损失准备等宏观审慎工具都仅能起到缓解银行在经济繁荣时期信贷过热和在经济衰退时期信贷过度收缩的作用,而无法有效地把信贷增速调控到合意水平。信贷增速上限则为解决经济繁荣时期的合意信贷增速提供了新的审慎工具。政策当局通过设定合意的信贷增速上限,能更有效地控制繁荣时期的信贷增长的速度,为信用过度扩张降温。显然,由于信贷增速上限工具直接作用于信贷活动,其对信贷增长会造成显著的抑制作用,因而该工具更适用于信贷增长强劲且系统性风险快速积累的时期。

二、应对期限错配和流动性风险的宏观审慎政策工具

银行的功能之一是实现资金供求的期限转换,但也客观上带来了期限错配和流动性风险,历史上不乏由于严重的期限错配问题造成银行流动性不足、进而遭受挤兑风险的例子。应对期限错配和流动性风险的宏观审慎政策工具包括流动性覆盖率、净稳定资金比率和流动性费用等。此外,货币政策中的存款准备金工具一定程度上减轻了银行的流动性不足程度,因而也具有宏观审慎功能。

(一) 流动性覆盖率

流动性覆盖率是银行持有的、无变现障碍的优质流动性资产与未来30日净现金流出的比值,旨在提高银行对流动性风险的短期应对能力。为提高流动性覆盖率,银行既可以增加无变现障碍的优质流动性资产,也可以降低短期负债以减少未来30日净现金流出,由此降低银行面对的短期流动性风险。根据巴塞尔协议Ⅲ的规定,流动性覆盖率应从2015年的60%出发,逐年提高10%,至2019年达到100%。

(二) 净稳定资金比率

与针对短期流动性风险的流动性覆盖率指标不同,净稳定资金的目标在于强化银行应对更长期限内资金风险的能力,引导银行以稳定的负债来源支持非流动性资产。净稳定资金比率是可用稳定资金与所需稳定资金之比,而所谓可用稳定资金是期限超过1年的资本与负债的加权值,资金来源越稳定,则被赋予的权重越高。根据巴塞尔协议Ⅲ,净稳定资金比率的最低要求为100%,该要求自2018年起生效执行。

(三) 流动性费用

流动性费用指对银行的非核心资金征收相关费用。费率可以依据资金期限或币种而细化征收。所征收的流动性费用被集中于专项应急基金,并在发生流动性风险时向相关银行提供流动性支持。

三、应对金融体系风险传染的宏观审慎政策工具

大量现实案例表明,金融机构通过错综复杂的金融活动交织在一起,因而单个机构的风险可能产生整个金融系统的传染效应,现有研究也从理论上揭示了金融体系网络结构存在的脆弱性。应对金融体系风险传染主要可从两个方面入手:一是加强对系统重要性金融机构的审慎监管,因系统重要性金融机构的风险暴露极易对整个金融系统造成巨大冲击;二是减轻金融机构之间的风险关联,从而削弱金融体系风险传染的强度。

(一)对系统重要性金融机构额外的审慎监管要求

系统重要性金融机构往往被审慎监管当局要求额外增加附加资本、更高的流动性比率以及更严格的杠杆率要求。附加资本将提高系统重要性金融机构吸收损失的能力,该附加资本比例可随金融机构的系统重要性程度而有所变化。巴塞尔协议Ⅲ提出,对全球系统重要性银行实施附加资本要求,比例在1%~2.5%。审慎监管当局还可对系统重要性金融机构提出更高的流动性覆盖率或流动性费用等监管要求,以增强系统重要性金融机构的稳健性。此外,部分国家还对系统重要性金融机构施加了额外的杠杆率要求,如美国规定系统重要性银行的补充性杠杆率在最低要求的基础上上浮2个百分点至5%。

(二)防范金融机构间风险传染的措施

一方面,通过净稳定资金比率等流动性要求间接引导银行减少对同业拆借等短期资金的依赖,可有效地减少银行同业之间的关联度;另一方面,通过对金融机构间风险敞口的技术性处理和严格限制,也能弱化金融机构间的风险关联,例如,对不同类型的风险敞口实行差异化的权重计算方法,根据潜在金融风险所集中的领域不同、发展阶段不同而有侧重地对相应领域的风险敞口进行更为严格的限制。

此外,鉴于金融创新使银行与非银行金融机构的界限日益模糊化,强化证券借贷、回购和衍生品等金融交易中的保证金要求,加强穿透式审慎监管,也能减弱借贷活动向影子银行体系转移,减轻风险在金融机构间的传染。

四、应对特定金融市场潜在风险的宏观审慎政策工具

金融风险产生的领域众多,历史上风险事件常常集中出现的一些重点领域更值得受到审慎监管的关注,为此发展出一系统针对特定领域的宏观审慎政策工具。

(一)特定金融活动的资本要求

特定金融活动的资本要求是指银行需要对某一特定金融活动的风险敞口持有更高的资本准备,以应对该金融活动一旦出现风险而可能带来的损失。这一工具目前已被广泛地运用于居民按揭贷款、商业地产贷款、无抵押的消费贷款等方面。

(二)贷款价值比率限制

借助债务性金融杠杆是现代金融活动中进行大宗耐用品抵押交易的主要形式,但过高的债务极易酿成金融风险,为此可考虑限制大宗耐用品交易的贷款价值比率,以降低信贷过热的风险。严格限制贷款价值比率(LTV),一方面限制了贷款者可以获得的贷款金额,另一方面也减轻了资产泡沫与信用扩张之间相互强化的"金融加速器"机制。该工具通常运用于居民住房按揭贷款、商业地产按揭贷款和汽车金融贷款等。

(三)债务收入比率限制

与贷款价值比率限制类似,审慎监管当局还可以对贷款者的偿债能力提出要求,通过实施债务收入比率(DTI)限制,将贷款者的债务水平严格限定在相对较低的水平,以提高贷款质量、减轻信用风险。

(四)外汇风险管理

审慎监管当局一方面可借助限制外币债务占比、外币债务占GDP的比例等工具直

接控制外汇风险,另一方面,可规定对不同币种的外汇贷款采用不同的风险权重,进而引导金融机构减轻币种错配程度,以防范外汇风险。

本 章 小 结

　　金融稳定是指金融中介、金融市场以及市场基础设施均处于良好状态,面对各种冲击,都不会降低储蓄向投资转化的资源配置效率的一种金融环境。它是一个宏观经济概念,关注的是系统性风险以及对系统性风险影响较大的金融机构个体或事件,同时稳定并非静止,而是金融体系的功能稳定处于动态平衡的状态,进而保障金融体系促进资源配置的效率。因此,金融稳定具有全局性、动态性、效益性三大特征。

　　明斯基提出的"金融脆弱性假说"经历金融危机事件后受到了广泛的关注,它表明长期的宏观经济稳定可能诱使产生金融不稳定,金融系统内在的运行特点具有自身的脆弱性,因而不得不经历周期性的危机,进而对经济系统造成影响。既有的货币政策主要承担维护物价稳定和促进经济增长的职能,对资产价格和金融稳定的关注和反应不足。既有的微观审慎政策基于"风险是外生的"的假设,认为单个金融机构的安全和稳健可以保障加总后形成的整个金融体系的安全和稳健,但金融系统是一个有机的整体,金融机构通过复杂的金融活动相关联而使风险具有显著的传染效应,风险的产生具有内生机制,因而系统整体的金融风险不是单个金融机构风险水平的简单加总。因此,为应对金融脆弱性和补充既有政策的短板以防范金融风险,具有逆周期动态调控特征的宏观审慎政策应运而生。

　　宏观审慎并不单独指某一个政策,而是一种政策导向和施策理念,通过贯彻这种宏观审慎理念来缓解金融活动过程的顺周期行为,最终达到维护金融稳定的目的。这种目标可分解为两个维度:一是在时间维度上,增强金融系统应对金融风险冲击时的韧性,约束金融过度繁荣;二是在截面维度上,提升金融系统功能的稳健性。宏观审慎政策具有显著的非对称效应,在繁荣期可以有效抑制金融过度繁荣,但在衰退期促进金融繁荣却缺乏效力。

　　根据政策工具的作用领域和范围,宏观审慎政策工具主要分为应对信用过度扩张和高杠杆、应对期限错配程度和流动性风险、应对金融体系风险传染和应对特定金融市场潜在风险等四种类型。应对信用过度扩张和高杠杆的宏观审慎政策工具侧重于审慎管理银行体系的信贷供给能力,包括逆周期资本缓冲、杠杆率、动态贷款损失准备、信贷增速限制等。应对期限错配和流动性风险的宏观审慎政策工具包括流动性覆盖率、净稳定资金比率和流动性费用等。应对金融体系风险传染的宏观审慎政策工具包括对系统重要性金融机构施加额外的审慎监管要求和弱化金融机构之间的风险关联措施等。应对特定金融市场潜在风险的宏观审慎政策工具则包括贷款价值比率(LTV)限制、债务收入比率(DTI)限制和外汇风险管理等。

练 习 与 思 考

一、单项选择题

1. 以下不属于宏观审慎政策工具的是(　　)。

A. 贷款价值比率 B. 逆周期资本缓冲
C. 常备借贷便利 D. 净稳定资金比率

2. 以下不属于维护金融稳定基本原则的是（　　）。
A. 预防原则 B. 市场原则
C. 最低保护原则 D. 权责对称原则

3. 金融稳定的特征不包含（　　）。
A. 全局性 B. 动态性
C. 效益性 D. 流动性

4. 以下归属为应对期限错配和流动性风险的宏观审慎政策工具是（　　）。
A. 净稳定资金比率 B. 贷款价值比率
C. 债务收入比率 D. 动态贷款损失准备

二、判断题

1. 引起金融危机的风险因素是外生的。（　　）
2. 通过实施宏观审慎政策可以有力地促进经济走出衰退。（　　）
3. 单个金融机构是稳健的就能保障整个金融系统是稳健的。（　　）
4. 宏观审慎政策的目标是维护金融稳定。（　　）

三、思考题

1. 论述促进金融稳定的制度安排。
2. 为什么需要宏观审慎政策？
3. 阐述通过宏观审慎进行逆周期调控的基本理念。
4. 宏观审慎的主要政策工具有哪些？

参 考 文 献

[1] Allen F., Gale D. Financial Markets, Intermediaries, and Intertemporal Smoothing[J]. Journal of Political Economy, 1997, 105(3).

[2] Benston G. J., Smith C. W. A Transactions Cost Approach to the Theory of Financial Intermediation[J]. Journal of Finance, 1976, 31(2).

[3] Borio C., Zhu H. Capital Regulation, Risk-taking and Monetary Policy: A Missing Link in the Transmission Mechanism? [J]. Journal of Financial Stability, 2012, 8(4).

[4] Calomiris C. W., Kahn C. M. The Role of Demandable Debt in Structuring Optimal Banking Arrangements[J]. The American Economic Review, 1991, 81(3).

[5] Diamond D. W., Dybvig P. H. Bank Runs, Deposit Insurance and Liquidity[J]. Journal of Political Economy, 1983, 91(3).

[6] Diamond D. W. Financial Intermediation and Delegated Monitoring[J]. Review of Economic Studies, 1984, 51(3).

[7] Diamond D. W., Raghuram G. R. Liquidity Risk, Liquidity Creation and Financial Fragility: A Theory of Banking[J]. Journal of Political Economy, 2001,

109(2).

[8] Guerrieri V., Lorenzoni G. Liquidity and Trading Dynamics[J]. Econometrica, 2009, 77(6).

[9] Guerrieri V., Lorenzoni G. Credit Crises, Precautionary Savings and the Liquidity Trap[J]. Quarterly Journal of Economics, 2017, 132(3).

[10] Hanson S. G., Kashyap A. K., Stein J. C. A Macroprudential Approach to Financial Regulation[J]. Journal of Economic Perspectives, 2011, 25(1).

[11] Huo Z., Rios-Rull J. V. Tightening Financial Frictions on Households, Recessions, and Price Reallocations[J]. Review of Economic Dynamics, 2015, 18(1).

[12] Iacoviello M. House Prices, Borrowing Constraints and Monetary Policy in the Business Cycle[J]. American Economic Review, 2005, 95(3).

[13] Iacoviello M. The Fed and the Housing Boom[R]. Boston College Working Paper, 2006.

[14] Iacoviello M. Financial Business Cycles[J]. Review of Economic Dynamics, 2015, 18(1).

[15] Iacoviello M., Minetti R. The Credit Channel of Monetary Policy: Evidence from the Housing Market[J]. Journal of Macroeconomics, 2008, 30(1).

[16] Iacoviello M., Neri S. Housing Market Spillovers: Evidence from an Estimated DSGE Model[J]. American Economic Journal Macroeconomics, 2010, 2(2).

[17] Jeanne O., Korinek A. Managing Credit Booms and Busts: A Pigouvian Taxation Approach[R]. NBER Working Paper, 2010.

[18] Kashyap A. K., Rajan R. G., Stein J C. Banks as Liquidity Providers: An Explanation for the Coexistence of Lending and Deposit-Taking[J]. Journal of Finance, 2002, 57(1).

[19] Kashyap A. K., Tsomocos D. P., Vardoulakis D. P. How does macroprudential regulation change bank credit supply?[J]. National Bureau of Economic Research Working Paper NO.20165, 2014.

[20] 程方楠,孟卫东.宏观审慎政策与货币政策的协调搭配——基于贝叶斯估计的DSGE模型[J].中国管理科学,2017,25(1).

[21] 方意.宏观审慎政策有效性研究[J].世界经济,2016,39(8).

[22] 方意,赵胜民,谢晓闻.货币政策的银行风险承担分析——兼论货币政策与宏观审慎政策协调问题[J].管理世界,2012(11).

[23] 侯成琪,刘颖.外部融资溢价机制与抵押约束机制——基于DSGE模型的比较研究[J].经济评论,2015(4).

[24] 海曼·明斯基.稳定不稳定的经济——一种金融不稳定视角[M].清华大学出版社,2010.

[25] 潘敏,周闰.宏观审慎监管、房地产市场调控和金融稳定——基于贷款价值比

的 DSGE 模型分析[J].国际金融研究,2019(4).

[26] 王爱俭,王璟怡.宏观审慎政策效应及其与货币政策关系研究[J].经济研究,2014,49(4).

第十一章　中国金融改革

本章概要

　　在本章中,我们要了解中国的金融改革发展历程,包括中国金融市场体系、商业银行、利率市场化改革历程。本章共分四节,第一节简要回顾了中国金融改革的历程;第二节较详细地介绍了中国金融市场体系的改革历程;第三节着重介绍中国银行类金融机构的改革历程;第四节主要阐述了中国利率市场化改革有关情况。

[学习要点]

1. 中国货币市场和资本市场发展过程;
2. 人民币汇率生成机制;
3. 中国利率市场化历程和利率并轨。

[基本概念]

金融改革　金融市场　股权分置改革　利率市场化　LPR

第一节　中国金融改革历程简要回顾

　　中国的金融改革始于改革开放初期,随着我国经济体制改革的不断深入,金融体制改革也迈出了较大的步伐,取得了很大的成绩。回顾我国金融改革的历程,主要可以分为以下几个阶段。

　　第一阶段(1979—1984年),这是金融改革的萌芽阶段。与改革开放初期相适应,中国的金融市场主体结构也开始了调整。中国人民保险公司、中国人民建设银行(后改名为中国建设银行)、中国农业银行、中国国际信托投资公司等金融机构相继恢复和建立,标志着中国金融体系的初步建立,为随后的中国金融改革奠定了一定的基础。

　　1978年之前,中国只有中国人民银行一家银行。人民银行甚至被短暂并入财政部,成为后者主管货币发行和存款贷款事务的若干司局。

　　1978年,五届人大一次会议决定,中国人民银行总行从财政部中独立划出。这标志着中国金融体系开始恢复。

　　1979年2月,中国农业银行恢复。1979年3月,专营外汇业务的中国银行从中国人民银行分离出来。1983年,中国人民建设银行重建。这些举措基本搭建了我国国有商业银行的架构。

1979年10月,中国第一家信托投资公司——中国国际信托投资公司(中信公司)成立。以此为契机,全国兴起了组建信托投资公司的热潮。大量政府部门、地方政府和各家银行纷纷组建信托投资公司;在最兴盛时期,其数目曾达到400余家。

1980年,第一家城市信用社在河北省挂牌营业,并很快在全国引发了组建城市信用社的高潮。随着城市非国有经济的发展,城市信用社在中国的城市中迅速普及,在最热的年份中,其总数曾高达5 000余家。

1981年4月,中国东方租赁有限公司成立,标志着融资租赁业开始进入中国的金融体系。

第二阶段(1984—1990年),这是金融改革的初始阶段。1984年,中国人民银行开始专门行使中央银行职能,其一般的存贷款业务和结算业务分别交给了当时陆续新设的四大国有专业银行。这一阶段各种金融组织相继出现,中国金融市场体系及其结构发生了很大的变化。

1983年9月11日国务院决定:从1984年1月1日起,中国人民银行将专门行使中央银行职能,与此同时,中国工商银行从中国人民银行分离出来,独立成为一家国有专业银行,专门承担一般的工商信贷业务。这项改革标志着中国开始形成现代金融体系的雏形。

1986年,中国第一家以股份制形式组织起来的商业银行——交通银行重新营业。

1987年,第一家由企业集团发起设立的银行——中信实业银行宣告成立。同年,第一家以地方金融机构和企业共同出资的区域性商业银行——深圳发展银行开始营业。这些规模中等、产权多样的商业银行的相继开业,与业已存在的"四大"国有商业银行、数以千计的城市信用社和数以万计的农村信用社一起,构成我国银行业的多层次格局。

1987年,以企业集团为依托的财务公司开始出现。同年,中国银行和中国国际信托投资公司联手首创"中国投资基金",标志着中国投资基金市场的诞生。1990年11月,法国东方汇理银行在中国建立了第一只共同基金——"上海基金"。

第三阶段(1991—1993年),这是金融改革的推进阶段。这一阶段以上海证券交易所和深圳证券交易所相继成立为标志,中国的资本市场开始建设,并成为中国金融市场的重要组成部分。

第四阶段(1994—2001年),这是金融改革的全面发展阶段。从1994年开始,我国对中央银行体系、金融宏观调控体系、金融组织机构体系、金融市场体系以及外汇管理体系进行了全面的改革,《中国人民银行法》《商业银行法》《票据法》《证券法》《保险法》等有关金融法规相继出台并实施。1998年初取消了长期以来实行的对商业银行贷款规模的控制,开始实行间接的宏观调控方式,公开市场操作成为金融宏观调控的重要手段。同年,我国中央银行改革机构设置,取消各省级分行,设立九个大区分行和两个营业部。这一阶段是中国金融改革取得重大进展和巨大成就的阶段。

第五阶段(2002年至今),这是金融改革的深化和与国际接轨阶段。2001年12月我国正式加入了世界贸易组织(WTO),金融业在入世五年后全面对外开放,中国的金融业迎来巨大的挑战,这一阶段是中国金融改革的深化和与国际全面接轨的阶段,任务相当繁重。

第二节　金融市场体系的改革发展历程

一、同业拆借市场

我国同业拆借市场从 1984 年开始,经历了三个发展阶段。

1984—1991 年为初步发展阶段。这一时期,我国主要采取促进、扶持的措施,积极地推动同业拆借市场的发展。1984 年 2 月,中国人民银行在《关于中国人民银行专门行使中央银行职能的若干具体问题的暂行规定》中规定,专业银行出现资金不足时,可向其他银行拆借。同年 10 月,中国人民银行颁发了《信贷资金管理暂行办法》,明确指出要搞好各银行之间的横向资金融通。1986 年 1 月,国务院颁布的《中华人民共和国银行暂行管理条例》中规定,专业银行之间的资金可以相互拆借,以便调剂资金余缺。1987 年,中国人民银行与各专业银行联合下发了《关于进一步搞活同业拆借市场的通知》,积极鼓励和推动同业拆借市场的发展。1988 年,中国人民银行为扭转资金需求大于资金供给的状况,下发了《关于进一步落实"控制总量、调整结构"的金融工作方针的几项规定》,并建立融资公司办理同业短期拆借以促进同业拆借市场的发展。

1992 年,我国同业拆借市场进入第二个发展阶段。这一时期的市场出现快速发展的势头,交易额呈跳跃式增长。1993 年达 4 000 亿元左右,1994 年上升到 5 000 亿元左右,1995 年则突破了万亿元大关。与此同时,市场违规行为也层出不穷。大量短期拆借资金被用于房地产投资、炒作股票、拆借期限延长。利率上升时,南方有些城市的月利率高达 20%。拆借市场的混乱严重扭曲了金融关系,干扰了正常的金融秩序,致使中国人民银行从 1993 年下半年起又先后出台了一系列政策法规,在全国范围对拆借市场进行整顿。1994 年 2 月 15 日中央银行颁布的《借贷资金管理暂行办法》对拆借种类、数量、期限、用途及交易主体都进行了更严格规定。

1996 年至今,同业拆借市场进入第三阶段,这是统一、规范、发展的阶段。中国人民银行从 1996 年起根据中共十四届五中全会"培育要素市场,逐渐形成统一开放、有序竞争的市场体系"的精神,着手建立统一的同业拆借市场。

1996 年 1 月 4 日,中国人民银行发布了全国统一的同业拆借利率——中国银行同业拆借市场加权平均利率(Chibor),并从 1996 年 6 月 1 日起取消了同业拆借利率上限,全面放开拆借利率,实现了由利率管制向利率市场化的转变。

2007 年 1 月 4 日,依据《上海银行间同业拆放利率(Shibor)实施准则》,上海银行间同业拆放利率(Shanghai Interbank Offered Rate,简称 Shibor),开始正式运行,它是由信用等级较高的银行组成报价团自主报出的人民币同业拆出利率计算确定的算术平均利率,是单利、无担保、批发性利率。

2007年7月9日中国人民银行发布《同业拆借管理办法》(以下简称《办法》),并于同年8月6日起实施。

二、票据市场

1995年全国人民代表大会通过了《票据法》;1997年人民银行发布《中国人民银行对国有独资商业银行总行开办再贴现暂行办法》,之后又颁布了《支付结算办法》《票据管理实施办法》和《商业票据承兑、贴现与再贴现管理暂行办法》等一系列规章,加强了对商业汇票业务的宏观管理和制度建设;1998年人民银行发布《关于加强商业汇票管理,促进商业汇票发展的通知》,三次下调贴现和再贴现利率,使票据市场的价格形成机制得以完善;1999年人民银行下发的《关于改进和完善再贴现业务管理的通知》标志着票据市场的法律框架基本形成,票据市场步入规范与稳步发展的轨道,与此同时,改革了再贴现率与贴现率的确定方式,扩大了贴现率的浮动幅度;2000年11月9日,中国工商银行票据营业部在上海成立,标志着中国商业银行票据业务进入了专业化、规模化和规范化经营的新阶段;2001年人民银行下发了《关于切实加强商业汇票承兑贴现再贴现管理的通知》,明确票据贴现不属于贷款;2003年6月开通"中国票据"网,推出中国票据报价系统;2005年9月人民银行下发了《关于完善票据业务制度有关问题的通知》,对商业汇票真实性交易关系的审查、查询复查方式和票据质押的相关处理问题等进行了明确规范;2006年人民银行发布《关于促进商业承兑汇票业务发展的指导意见》,引导和鼓励商业信用有序发展。2007年人民银行上海总部率先牵头组织上海金融机构完成了《银行承兑汇票转贴现标准合同文本》的制定,并在上海正式推出。2008年底,60多家金融机构在上海签署《商业承兑汇票转贴现标准合同文本》。2009年10月,中国人民银行建成电子商业汇票系统并印发了《电子商业汇票业务管理办法》(2018年再次修订),与此同时,电子商业票据系统建成并正式上线运行,我国票据市场开始进入电子票据交易时代。2016年12月8日,上海票据交易所正式成立,同时发布了《票据交易主协议》《上海票据交易所票据交易规则》等十几项配套业务规则,标志着票据市场迈入全国统一、信息透明、标准化资产的新时代。

三、国债回购协议市场

以国债为主要标的物的回购协议市场(又称交易所市场)是在20世纪90年代国债发行量稳步上升,国债市场迅速发展的背景下产生的。1991年上海证券交易所和全国证券交易自动报价系统(STAQ系统)成立,STAQ系统于1991年7月宣布国债回购业务开始试运行。继STAQ系统之后,武汉证券交易中心也于1992年推出了国债回购交易,此后,回购协议市场先后在我国其他证券交易场所,如上海证券交易所、天津证券交易中心、深圳证券交易所等地诞生。

1993年12月15日,上海证券交易所发布了《关于国债交易专场回购业务的通知》,正式开办了以国债为主要品种的回购交易业务。

1997年上半年,由于股票市场过热,大量银行资金通过各种渠道流入股票市场,其中交易所的债券回购成为银行资金进入股票市场的重要形式之一。1997年6月5日商业银行停止在证券交易所进行债券回购和现券买卖业务。

2006年2月6日,上海证券交易所发布《上海证券交易所债券交易实施细则》,在全面规范债券交易结算行为基础上重点明晰国债回购制度改革内容。同时,中国证券登记结算公司发布《债券登记、托管与结算业务实施细则》,证券业协会发布《债券质押式回购委托协议指引》。

2009年1月19日,证监会和银监会联合下发了《关于开展上市商业银行在证券交易所参与债券交易试点有关问题的通知》,明确了已经在证券交易所上市的商业银行,经银监会核准后,可以向证券交易所申请从事债券交易。

四、银行间债券市场

1996年,按照中央关于商业银行停止在证券交易所进行债券买卖的精神指导,央行开始组建银行之间的债券交易场所。1996年12月2日中央国债登记结算公司正式成立。1997年6月,根据国务院统一部署,人民银行发布了《中国人民银行关于各商业银行停止在证券交易所证券回购及现券交易的通知》(银发〔1997〕240号),要求商业银行全部退出上海和深圳交易所市场,商业银行在交易所托管的国债全部转到中央国债登记结算有限责任公司(简称"中央结算公司");同时规定各商业银行可使用其在中央结算公司托管的国债、中央银行融资券和政策性金融债等自营债券通过全国银行间同业拆借中心(简称"同业中心")提供的交易系统进行回购和现券交易,这标志着机构投资者进行债券大宗批发交易的场外市场——银行间债券市场的正式启动。1999年保险基金允许加入银行间国债回购市场,同年颁布《证券公司进入银行间同业市场管理规定》,规定经中国证监会推荐、中国人民银行总行批准,符合条件的券商可以成为全国银行间同业市场成员,进行同业拆借和国债回购业务。2013年1月,《中国银行间市场债券回购交易主协议(2013年版)》(简称《新版回购主协议》)正式发布,为银行间债券回购市场树立了高效、安全的行为标准。

五、外汇市场

自1979年改革开放以来,我国外汇市场经历了一个从无到有、从低级到高级、从分割到统一的演变过程。1979年,我国开始实行外汇留成制度。为满足外汇调剂余缺的需要,国务院于1980年10月批准开办外汇调剂业务,中国银行随后开始办理外汇调剂业务。1985年12月,经国务院和中国人民银行总行同意,深圳特区成立了第一个外汇调剂中心,正式开办留成外汇的调剂业务。1986年,办理外汇调剂业务的机构由中国银行转到国家外汇管理局。1986—1987年,各地都先后成立了人民银行领导下的外汇调剂中心,外汇调剂市场逐步形成。1988年9月,上海创办了第一个外汇调剂公开市场,实行会员制,会员业务分自营和代理两类,按竞价成交、集中清算的方式进行交易。

1994年我国成功地进行了外汇体制改革,实行银行结售汇制度。改革的主要内容为:(1)从1994年1月1日起,实行汇率并轨,实行以市场供求为基础的、单一的、有管理的浮动汇率制;(2)实行银行结汇、售汇制,取消外汇留成和上缴;(3)建立全国统一的银行间外汇交易市场,改进汇率形成机制。

1996年12月实现了人民币经常项目基本可兑换;1998年12月1日取消外汇调剂业务,并相应关闭各地的外汇调剂中心,境内机构的外汇买卖均已纳入银行结售汇体系。

2005年7月21日,人民币汇率制度改革,形成以市场供求为基础的、参考一篮子货币的、有管理的浮动汇率制度。汇改后,银行间外汇市场逐步推出了人民币外汇远期、掉期交易品种,除竞价交易方式之外,引入做市商制度。2011年,银行间外汇市场推出人民币外汇期权产品。

2015年8月11日,中国人民银行宣布完善人民币汇率中间价形成机制。"8·11"汇改主要包含两个维度:一是增强汇率浮动的弹性,二是强化汇率中间价的市场化形成机制。做市商在每日银行间外汇市场开盘前,参考上日银行间外汇市场收盘汇率,综合考虑外汇供求情况及国际主要货币汇率变化向中国外汇交易中心提供中间价报价。

2015年12月11日,中国外汇交易中心发布人民币汇率指数,强调要加大参考一篮子货币的力度,以更好地保持人民币对一篮子货币汇率基本稳定。基于这一原则,初步形成了"中间价=上一交易日收盘汇率+一篮子货币汇率变化"的人民币兑美元汇率中间价形成机制。

为支持人民币"入篮"SDR,2015年7月中国人民银行向境外央行、国际金融组织和主权财富基金开放了银行间债券市场,2015年9月又向这些国际机构开放了银行间外汇市场。2016年10月1日,人民币"入篮"SDR正式生效。这既为人民币国际化提供了良好的契机,也要求中国金融市场加大对外开放力度。

2017年5月,外汇市场自律机制在人民币中间价报价模型中引入"逆周期因子",人民币兑美元汇率中间价形成机制由"中间价=上一交易日收盘价+一篮子货币汇率变化"调整为"中间价=上一交易日收盘价+一篮子货币汇率变化+逆周期因子"。

2017年8月,《人民币兑美元汇率中间价报价行中间价报价自律规范》公告发布,进一步明确了人民币兑美元汇率中间价报价新模型,即报价行应依据"人民币兑美元汇率中间价=上日收盘汇率+一篮子货币汇率变化+逆周期因子"的原则建立人民币兑美元中间价报价计算模型,并根据模型的计算结果报价。

六、股票市场

中国股票市场从1990年12月成立上海证券交易所、1991年5月成立深圳证交所时起步。1992年10月,国务院证券委员会和中国证券监督管理委员会成立,这是中国证券业管理走向规范化的重要信号。1993年,国家证券委和中国证监会制定了一系列的条例、法规,使我国证券业的管理逐渐走向法治化的轨道。这些法规有《股票发行与交易管理暂行条例》《证券交易所管理暂行办法》《禁止证券欺诈行为暂行办法》《公开发行股票公司信息披露细则(试行)》《招股说明书的内容与形式(试行)》等。1993年我国证券市场在国际化方面也迈出了新步子,继B股发行后,经过近一年时间的准备,上海二纺机B股的ADR(美国存股证)在美国发行并流通,青岛啤酒、上海石化、马钢、人民机器、广船、昆明机床等6家H股在香港上市获得成功。

1996年3月17日第八届全国人民代表大会第四次会议批准的《中华人民共和国国民经济和社会发展"九五"计划和2010年远景目标纲要》明确提出:"要积极稳妥地发展债券和股票融资,进一步完善和发展证券市场",为我国资本市场发展与完善提出了战略目标,推动和促进了"九五"期间资本市场的快速发展。1999年7月《中华人民共和国证券法》的正式实施,使我国资本市场进入了规范化、法治化的发展阶段。

以1999年10月开始的国有股减持为始端,开始了股市全流通的实践探索,后虽因引发股市下跌而暂停,但探索却未止步。与此同时,证券发行审核制度的改革也开始展开。从2001年3月开始,核准制框架下的"通道制"正式实施,2004年2月后,被"保荐人制"取代。发行制度的改革从根本上促进了证券监管机构职能的转化,同时也有利于保证发行人的质量,为稳定资本市场奠定了基础。2004年2月国务院发布了《关于推进资本市场改革开放和稳定发展的若干意见》(又称"国九条"),对我国资本市场的发展做出了全面规划,将大力发展资本市场上升到了战略高度。《公司法》和《证券法》在2005年进行了全面修订,鼓励市场创新,拓宽资金入市渠道,对不利于资本市场的限制性规定作了适当调整,从法律上保障资本市场健康有序发展。同时,证券监管部门专门针对提高上市公司质量出台了一系列政策规定,在上市公司法人治理结构的完善等方面取得了显著成果。2005年4月29日经国务院批准,中国证监会发布了《关于上市公司股权分置改革试点有关问题的通知》,宣布启动股权分置改革试点工作。国家将大力发展资本市场作为一项战略任务,着力解决股权分置改革、上市公司、清欠和证券公司综合治理等困扰中国资本市场多年的历史遗留问题,并在2006年取得了实质性进展。

创业板的推出一波三折。1998年3月,全国人大常委会副委员长成思危代表民建中央提交了《关于尽快发展中国风险投资事业的提案》,并提出了创业板"三步走"的发展思路:第一步是在现有法律框架下,成立一批风险投资公司;第二步是建立风险投资基金;第三步是建立包括创业板在内的风险投资体系,此举被认为开启了在中国设立创业板的征程。2002年8月,《中小企业促进法》出台后,深交所在国内学术界、业界对创业板纷争不已的情况下,果断调整思路,将自己定位于为中小企业服务。2004年5月17日,中国证监会正式批复同意深交所在主板块市场内设立中小企业板,2004年6月25日中小板推出,中小板成为创业板的过渡。2008年3月21日中国证监会公布《首次公开发行股票并在创业板上市管理办法(征求意见稿)》;2009年3月31日,中国证监会正式发布《首次公开发行股票并在创业板上市管理暂行办法》,该办法自2009年5月1日起实施。2009年10月23日,中国创业板举行开板启动仪式。首批上市的28家创业板公司,平均市盈率为56.7倍。2020年4月27日,中央全面深化改革委员会第十三次会议审议通过了《创业板改革并试点注册制总体实施方案》,2020年8月24日,深圳证券交易所创业板注册制首批企业上市。

2019年1月23日,中共中央总书记、国家主席、中央军委主席、中央全面深化改革委员会主任习近平主持召开中央全面深化改革委员会第六次会议并发表重要讲话,会议审议通过了《在上海证券交易所设立科创板并试点注册制总体实施方案》《关于在上海证券交易所设立科创板并试点注册制的实施意见》。2019年3月15日,上交所正式发布《保荐人通过上海证券交易所科创板股票发行上市审核系统办理业务指南》与《科创板创新试点红筹企业财务报告信息披露指引》。3月18日,科创板发审系统上线。2019年6月13日,中国证监会和上海市人民政府联合举办了上海证券交易所科创板开板仪式。2019年7月22日,科创板正式开市。

在上市公司的治理和规范方面,2002年1月证监会发布了《上市公司治理准则》,针对我国上市公司治理方面存在的突出问题提出了一套兼具原则性与操作性的措施。2018年10月证监会又进一步修订并正式发布《上市公司治理准则》。

证券公司的综合治理工作也取得了实质性进展。从2004年8月全面部署和启动的证券公司综合治理工作,主要内容是采取措施化解和处置证券公司历史遗留的风险问题。该项治理工作中,通过强力督促整改和处置高风险公司,证券公司挪用客户交易结算资金、违规资产管理、挪用客户债券和股东占款、超比例持股等长期积累形成的巨大风险在全行业得以化解,流动性缺口问题全部解决,账外经营已全部清理或纳入账内反映。2008年4月23日,《证券公司监督管理条例》和《证券公司风险处置条例》正式发布,证券公司风险处置的长效机制得以建立,证券公司能够以全新的面貌适应资本市场未来的发展。

中国资本市场已经步入"引进来"与"走出去"双向开放的阶段,人民币国际化稳步推进。从2002年11月5日《合格境外机构投资者境内证券投资管理暂行办法》出台,到2006年1月《外国投资者对上市公司战略投资管理办法》的颁布,标志着我国资本市场以QFII(合格的境外机构投资者)方式"引进来"的措施从试点到正式实施。2006年11月1日中国第一只QDII(合格境内机构投资者)基金——招商银行的全球精选货币市场基金推出,中国资本市场开始"走出去"。2011年8月17日,时任国务院副总理的李克强在港出席论坛时表示,将允许以人民币境外合格机构投资者方式(RQFII)投资境内证券市场,起步金额为200亿元,此举旨在推动人民币国际化,提升人民币在国际融资和贸易中的地位。中国证监会2013年3月6日晚间公布了《人民币合格境外机构投资者境内证券投资试点办法》和《关于实施〈人民币合格境外机构投资者境内证券投资试点办法〉的规定》。中国人民银行2013年5月2日发文明确了人民币合格境外机构投资者(RQFII)在境内开立银行账户、投资银行间市场等方面内容,为RQFII扩围扫除了技术层面的障碍。2019年9月10日,国家外汇管理局宣布,经国务院批准,决定取消QFII、RQFII投资额度限制。同时,RQFII试点国家和地区限制也一并取消。

2018年6月,全球最大指数提供商之一明晟公司宣布A股正式纳入MSCI新兴市场指数。加入MSCI是A股走向国际的一个途径,MSCI指数背后有大量的ETF指数基金被动跟踪,MSCI全球机构客户约7 500名,包括大型养老基金、对冲基金、资产管理公司、投资银行、商业银行等。

30年来,中国股票市场总体遵循"摸着石头过河"的方式,先探索试点,再规范发展；先重点突破，再整体推进；企业流通股权实行先增量后存量，先股权分置再实施全流通；IPO上市先实行审核制，等条件成熟后再实施全面注册制；管理上先出台政府规章，再完善法治化覆盖的道路。

专栏 11-1

QFII、QDII 和 RQFII

合格的境外机构投资者（qualified foreign institutional investor，QFII），是指外国专业投资机构到境内投资的资格认定制度，是一国在货币没有实现完全可自由兑换、资本项目尚未开放的情况下，有限度地引进外资、开放资本市场的一项过渡性的制度。这种制度要求外国投资者若要进入一国证券市场，必须符合一定的条件，得到该国有关部门的审批通过后汇入一定额度的外汇资金，并转换为当地货币，通过严格监管的专门账户投资当地证券市场。

合格境内机构投资者（qualified domestic institutional investor，QDII），是指在人民币资本项目不可兑换、资本市场未开放条件下，在一国境内设立，经该国有关部门批准，有控制地允许境内机构投资境外资本市场的股票、债券等有价证券投资业务的一项制度安排。设立该制度的直接目的是"进一步开放资本账户，以创造更多外汇需求，使人民币汇率更加平衡、更加市场化，并鼓励国内更多企业走出国门，从而减少贸易顺差和资本项目盈余"，直接表现为让国内投资者直接参与国外的市场，并获取全球市场收益。

人民币合格境外机构投资者（RMB qualified foreign institutional investor，RQFII），是指RQFII境外机构投资人可将批准额度内的外汇结汇投资于中国境内的证券市场。对RQFII放开资本市场投资，是进一步加速人民币的国际化之举。

2019年9月10日，国家外汇管理局宣布，经国务院批准，决定取消QFII、RQFII投资额度限制。同时，RQFII试点国家和地区限制也一并取消。

专栏 11-2

股权分置改革

1. 股权分置问题的由来

所谓股权分置，是指上市公司股东所持向社会公开发行的股份在证券交易所上市交易，称为流通股，而公开发行前股份暂不上市交易，称为非流通股。这种上市公司股份分为流通股和非流通股的股权分置状况，为中国内地证券市场所独有，截至2004年底，上市公司7 149亿股的总股本中，非流通股份达4 543亿股，占上市公司总股本的64%，非流通股份中又有74%是国有股份。

2005年4月29日经国务院批准，中国证监会发布了《关于上市公司股权分置改革试点有关问题的通知》,宣布启动股权分置改革试点工作。市场各方最为关心的首批股权分置改革试点公司浮出水面:清华同方、三一重工、紫江企业、金牛能源四家主板上市公司率先尝试这一改革。按照改革方案,四家公司流通股对应的股东权益均有所增厚。不过,其来源却各有不同:三一重工和紫江企业的流通权对价来源于非流通股股东,而清华同方的流通权对价来源于公积金。另外,三家公司在方案设计中,还各自采用了一些不同的特色安排,成为方案中的亮点所在,这些个性化条款是保荐机构和非流通股股东共同协商的结果。股权分置试点方案是我国证券市场制度的一大创举,具有划时代的意义。

2. 股权分置的危害

第一,股权分置把上市公司股份分成流通股和非流通股,客观上造成了两类股东利益的冲突。股权分置使上市公司股东之间的收益和风险不匹配。流通股股东几乎承担了上市公司的全部风险,非流通股股东则几乎不承担任何风险,但却享有公司的多数权益。在分类投票制度实施之前,通过关联交易和高溢价融资,非流通股股东可以轻易地掠夺流通股股东的利益。在这种制度安排下,要在资本市场上实现三公原则,几乎是不可能的。

第二,股权分置使上市公司的并购重组行为呈现出浓厚的投机性特征。并购重组是公司在财务方面最重要的战略行为,在成熟市场,并购重组的动机、成本分析和支付方式等都有相对规范的理论解释,但在中国这样一个股权分置的市场,并购重组变成对上市公司资源的掠夺和对上市公司竞争力的损害,几乎成为掏空上市公司资源的代名词,这与并购重组者所宣称的整合产业、提升企业综合竞争力的目标完全背道而驰。这种基于股权分置的投机性并购重组行为,造成了股票价格的暴涨暴跌,严重损害了流通股股东的利益,扭曲了二级市场整合存量资源的功能。

第三,股权分置是中国资本市场关联交易盛行和上市公司非理性融资的制度基础。中国资本市场是全球关联交易最盛行、最频繁的市场,也是关联交易最不公平的市场。母公司与上市公司进行一定规模的关联交易,只要程序透明并采取竞价机制,应视为一种正常的商业行为。但在中国资本市场上,这种关联交易通常被母公司所掌控,随心所欲。从最终的结果看,这种被母公司所掌控的关联交易,都是以上市公司的利益亦即流通股股东利益的损害为代价,成为大股东转移上市公司优质资产(现金)的通道。

第四,股权分置造成我国股市价格悬空,蕴涵系统性风险,影响投资者信心。股权分置格局下,股票定价除包含公司基本面因素外,还包括三分之二股份暂不上市流通的预期。对于单个公司来说,由于其大部分股份不能流通,致使上市公司流通股本规模相对较小,易于受投资机构操纵,股价波动较大和定价机制扭曲。

第五,股权分置阻碍我国股市交易机制功能的发挥。股权分置导致交易费用和社会成本的增加,破坏了股市机制,资源配置效率低下;股权分置导致股市错位,导致包括股价、流动性、股票利息率等在内的一系列市场信息全部失真,在这一基础上,股市应发挥的风险转移、市场定价等功能也都受到严重损害。

股权分置改革的战略意图主要有两个：一是为中国资本市场的未来发展创造一个具有预期功能的制度平台；二是消除长期以来侵害流通股股东利益的制度基础，使全体股东利益趋于一致。

2005—2009年股权分置改革的四年多时间，中国股市既经历了从998点到6 124点的超级牛市，也经历了6124到1664的快速下跌，可谓波澜壮阔，惊心动魄。随着中国石化、工商银行的超级大盘股的逐步全流通，我国证券市场发生了翻天覆地的变化——全流通时代终于到来。

在解决股权分置中保护流通股股东的利益是"国九条"的宗旨和灵魂，但在股权分置改革的过程中，这一宗旨和灵魂并没有得到应有的重视和体现。虽然在解决股权分置的过程中普遍采用了流通股股东的认同率表决制度，但在整个股改中，大股东却成为绝对的主导和最主要的获益者。另外，上市公司的业绩没有在股改中得到提升。由于股权分置改革的主导方案是非流通股股东向流通股股东送股，因而没能改变上市公司的股本规模，中国股市因原有的制度缺陷而形成的不合理的持股结构都基本上得以沿袭和保留下来了。

第三节　中国银行类金融机构的改革与发展

经过20多年的改革开放，我国基本形成了以中国人民银行、中国银行保险监督管理委员会为领导、国有独资商业银行为主体，多种金融机构并存，功能齐全、形式多样、分工协作、互为补充的多层次的银行金融机构体系。

一、国有商业银行的改革与发展

在1979年以前，我国的金融机构主要是按照苏联的银行模式进行改造，实行高度集中的国有银行体系，这种模式下，我国只有中国人民银行一家办理一切银行业务，这种模式一直延续到20世纪70年代末的改革开放。党的十一届三中全会以来，金融机构也进行了一系列的改革，突破了以往高度集中的金融机构体系，向多元化体系发展，1984年建立了中央银行制度，中国人民银行专门行使中央银行职能，1984年成立中国工商银行，承办中国人民银行原来所办理的全国信贷业务和城镇储蓄业务。1994年以来，为了适应市场经济发展的需要，建立了以中央银行为领导，政策性银行与商业银行相分离，以国有商业银行为主体，多种金融机构并存的改革目标，大大地推动了机构的改革与发展。在体制变革的层面，商业银行股份制改造是金融改革的重要手段，2003年10月14日中共十六届三中全会通过的《关于完善社会主义市场经济体制若干问题的决定》中明确指出：选择有条件的国有商业银行实行股份制改造，加快处置不良资产，充实资本金，创造条件上市。在同年10月28—30日召开的国际金融论坛上，央行提出进一步将国有银行改革具体划分为三步走计划。第一步,通过国家注资来解决不良贷款和内部经营的机制问题;第二步,进行股份制改造,按照公司治理的原则来建立起良好的治理结构;第三步,择机上市。

此后,国家通过外汇注资、引入国际战略投资者等措施,推动国有银行全面改制上市。2004年1月6日,国务院正式宣布将450亿美元的外汇储备注资中国银行和建设银行,两家银行各获得225亿美元。中国银行的主要境外战略投资者为RBS China Investments,其持股比例目前为8.25%。建设银行引入的主要境外战略投资者为美洲银行,其持股比例为8.19%。2005年4月,汇金公司向工商银行注资150亿美元,财政部则保留原工商银行资本金1 240亿元,工商银行于2005年10月28日由国有商业银行整体改制为股份有限公司。工商银行引入的主要境外战略投资者为高盛集团,其持股比例目前为4.93%。2005年10月27日,建设银行H股在香港交易所上市交易,H股筹资为715.78亿港元;2007年9月25日,建设银行A股在上海证交所挂牌交易,A股筹资为571.2亿元人民币,两地募资超过1 200亿元人民币。2006年6月1日,中国银行H股在香港交易所上市交易,H股筹资为867亿港元;2006年7月5日,中国银行A股在上海证交所挂牌交易,A股筹资为200亿元人民币,两地合计募资超过1 000亿元。2006年10月27日,工商银行以A+H方式在内地和香港同时挂牌交易,其中发行A股筹资466.4亿元人民币;发行H股筹资约合人民币1 256.8亿元。两地合计募资超过亿元。2009年8月农业银行也成功上市交易。

自2003年底以来,工行、中行、建行、农行参照国内外银行重组改制的成功经验,根据"一行一策"原则,确定了国家注资、处置不良资产、设立股份公司、引进战略投资者、上市等改革步骤,着力提升国际竞争力,稳步推进股份制改革,取得了突破性进展。(1) 公司治理不断规范。四家银行不断完善公司治理,"三会一层"之间已初步形成各司其职、有效制衡、协调运作的架构与机制。董事会、监事会和高级管理层履职能力不断提高,银行决策、执行和监督日益符合市场惯例。(2) 财务状况根本好转。截至2007年底,工行、中行、建行的不良贷款率分别为2.74%、3.12%、2.6%,远远低于股改前的水平;资本充足率分别达到了13.09%、13.34%、12.58%,超过《巴塞尔协议》对资本充足率的要求,与世界领先银行的差距不断缩小,为进一步提高我国银行业整体竞争力,实现持续发展打下了一个良好基础。(3) 发行和上市工作基本完成。通过公开发行上市,四家银行建立了市场化的资本金补充机制,规范了信息披露,加强了对高级管理层的履职约束,资本市场对建立现代金融企业制度的促进和监督作用明显增强。工、农、中、建四家国有银行的成功上市,标志着国有商业银行的改革已经取得了实质性进展,传统的商业银行正式转变为国家控股的股份制商业银行。

二、股份制商业银行的改革与发展

1986年7月24日,国务院根据经济体制改革的需要,批准恢复设立交通银行,交通银行成为中国第一家全国性股份制商业银行。1987年4月8日,招商银行在深圳特区成立,成为第一家由国有企业兴办的银行。2002年3月,招商银行正式在A股挂牌上市,2006年9月22日招商银行登陆H股市场。1987年4月14日,中信集团银行部改组成中信实业银行,成为第二家由国有企业兴办的银行,2005年8月,中信实业银行更名中信银行。1987年,深圳特区6家信用社联合改制,成立深圳发展银行,5月10日以自由认购形式首次向社会公开发售人民币普通股,并于1987年12月22日正式宣告成立,成为国内第一家上市的银行。2010—2012年,中国平安保险集团控股的平安银行吸收合并深发展,2012年8月2日,深圳发展银行正式更名为平安银行。1988年8月20日,经国务院、中国人民银行批准,福建兴业银行在原国内第一家地方国营金融——福兴财务公司的基础上改组成立,2003年3月,福建兴业银行更名为兴业银行,2007年2月5日正式在上海证券交易所挂牌上市。1988年9月,经国务院和中国人民银行批准,广东发展银行成立,总部设于广东省广州市越秀区东风东路713号。1993年11月8日,广发银行在澳门开设分行,成为第一家在境外开设分行的股份制商业银行。2011年4月8日,广东发展银行正式更名"广发银行"。1992年8月,中国光大银行在北京宣告成立,成为第三家由国有企业兴办的银行。1997年1月,光大银行完成股份制改造,2010年8月19日,光大银行在A股上市交易。1992年5月22日,国家领导人邓小平同志视察首钢集团,其后,党中央、国务院批示成立华夏银行。1992年8月28日,中国人民银行批准设立上海浦东发展银行股份有限公司(浦发银行),1993年1月9日,浦发银行正式开业。1999年9月23日,浦发银行正式在A股挂牌上市。1996年1月12日,由全国工商联牵头,数家民营机构参股组建的中国民生银行正式成立,突破了商业银行原有的股权构成,成为我国第一家由非国有企业为主出资设立的股份制商业银行。2005年12月31日,渤海银行股份有限公司在天津举行成立大会暨揭牌仪式。2006年2月16日,渤海银行正式对外营业,是第一家在发起设立阶段就引入境外战略投资者的中资商业银行。

我国已经初步形成多层次、多类型的金融机构体系。股份制商业银行已经成为我国商业银行体系中一支富有活力的生力军,成为银行业乃至国民经济发展不可缺少的重要组成部分。

三、城市商业银行的改革与发展

我国城市商业银行的发展历史可分为三个阶段。(1)第一阶段:城市商业银行建立。城市商业银行前身是20世纪80年代设立的城市信用社,资本来源以集体经济和个体工商户为主,作为城市集体信用组织,它是为城市集体企业、个体工商户以及城市居民服务的金融组织,是实行独立核算、自主经营、自负盈亏、民主管理的经济实体,但在实践中,绝大部分的城市信用社从一开始,它的合作性质就不明确,因此改革成为地方性商业银行是其必由之路。1995年6月22日,深圳城市合作商业银行的成立,标志着中国城市商业合作银行的诞生。(2)第二阶段:城市商业银行的发展。1998年3月13日,经国务院同意,人民银行与原国家工商行政管理局联合发出通知,将城市合作银行改名为"××市商业银行",简称"城市商业银行"。(3)第三阶段:尝试跨区域经营。上海银行2005年12月16日宣布,经中国银监会审核,宁波银监局已同意上海银行在宁波筹建分行。中国银监会表示,按照"扶优限劣"的原则,对于达到现有股份制商业银行中等以上水平的城市商业银行,将逐步允许其跨区域经营,中国城市商业银行开始了跨区域经营的尝试。

四、农村信用社的改革与发展

农村信用合作社是由农民入股、社员管理、为社员服务的集体金融组织,农信社在支持农业发展过程中的作用不可低估,而且在"三农"问题的解决中更起到不可替代的作用。我国农村信用社普遍建立于20世纪50年代,但在过去几十年中一直以国有银行的基层机构的形式存在,由农业银行管理,在相当大程度上丧失了合作制的性质,1996年下半年进行了一系列的改革,与农业银行脱钩由信用联社管理,同时逐渐恢复合作制原则,农村金融体制和农村信用社改革事关农民、农业和农村经济发展大局。为促进农村信用社健康发展,改进对农村经济的金融服务,在目前货币政策面临较大压力的情况下,国家仍然决定出资支持试点地区农村信用社的改革。根据国务院部署,2003年下半年,农村信用社改革试点在山东、吉林、浙江、贵州、江西、陕西、江苏、重庆八个省市全面展开。根据国发〔2003〕15号文件精神,中国人民银行按2002年底实际资不抵债数额的50%,发放专项再贷款或专项中央银行票据,帮助试点地区农村信用社化解历史包袱,目的是使改革后的农村信用社能做到产权明晰、财务状况良好、治理结构完善。为此,中国人民银行制定了《农村信用社改革试点专项票据操作办法》和《农村信用社改革试点专项借款管理办法》,在手续和条件的设计上坚持切实促进改革到位并真正达到"花钱买机制"的效果。2003年,深化农村信用社改革试点正式实施以来,试点地区农村信用社改革进展顺利,认真总结试点地区农村信用社改革经验,扩大农村信用社改革试点区域,积极推进其他省市农村信用社的改革和改制。深化农村信用社改革的重点是要通过改革切实转换经营机制,因此要扎实做好农村信用社新增资本金的工作,防止虚假注资,要严格资本充足率的监管,建立及时补充措施,要尽快建立存款保险制度,强化市场约束,从而促进农村信用社的健康发展。2004年6月国务院办公厅转发《银监会、人民银行关于明确对农村信用社监督管理职责分工的指导意见》(国办发〔2004〕48号),明确了农村信用社在交由省级政府管理后,银监会、人民银行、省级政府和农村信用社省级管理机构在农村信用社监督管理、风险防范和处置方面的职责分工。2004年8月国务院下发《国务院办公厅关于进一步深化农村信用社改革试点的意见》(国办发〔2004〕66号),进一步明确了农村信用社的改革方向。2008年9月央行发布《中国农村金融服务报告》,提出了今后深化农村金融服务的基本思路:适度放开农村信用社贷款利率上限,继续放宽农村金融机构的准入门槛和降低监管标准,以及加快建立存款保险制度。

五、外资金融机构在我国的发展

随着对外开放的不断发展,尤其是入世以来,在我国的中外合资金融机构和外商独资的金融机构得到了长足的发展。1985年11月,厦门国际银行成立,这是我国经济特区设立的第一家中外合资银行,随后又成立了中外合资的珠海南通银行和中国国际财务公司。建设银行与美国摩根士丹利、中国经济投资担保公司、香港命力集团、新加坡政府投资公司合作,创建了我国第一家合资投资银行——中国国际金融公司。2001年12月中国加入世贸组织后,中国银行业开放步伐进一步加快,开放领域进一步扩大。外资银行经营外汇业务已没有任何地域和客户限制,经营人民币业务的地域迅速扩大。2014年12月20日,国务院总理李克强签署第657号国务院令,修改2006年旧版的《外资银行管理条例》,放宽外资银行准入门槛,并于2015年1月1日起施行。

第四节 利率市场化的改革和发展

稳步推进利率市场化是我国金融改革的重要内容。我国早期的改革侧重于理顺商品价格。20世纪90年代后期以来,开始强调生产要素价格的合理化与市场化。资金是重要的生产要素,利率是资金的价格,利率市场化是生产要素价格市场化的重要方面。我国的利率市场化是在借鉴世界各国经验的基础上,按照党中央、国务院的统一部署稳步推进的。总体思路是先货币市场和债券市场利率市场化,后存贷款利率市场化。

一、银行间同业拆借市场利率先行放开

银行间同业拆借市场利率是整个金融市场利率的基础,我国利率市场化改革以同业拆借利率为突破口。

(一) 放开银行间拆借利率的尝试

1986年1月7日,国务院颁布《中华人民共和国银行管理暂行条例》,明确规定专业银行资金可以相互拆借,资金拆借期限和利率由借贷双方协商议定。此后,同业拆借业务在全国迅速展开。针对同业拆借市场发展初期市场主体风险意识薄弱等问题,1990年3月出台了《同业拆借管理试行办法》,首次系统地制订了同业拆借市场运行规则,并确定了拆借利率实行上限管理的原则,对规范同业拆借市场发展、防范风险起到了积极作用。

(二) 银行间拆借利率正式放开

1995年11月30日,根据国务院有关金融市场建设的指示精神,人民银行撤销了各商业银行组建的融资中心等同业拆借中介机构。从1996年1月1日起,所有同业拆借业务均通过全国统一的同业拆借市场网络办理,生成了中国银行间拆借市场利率(CHIBOR)。至此,银行间拆借利率放开的制度、技术条件基本具备。

1996年6月1日,人民银行《关于取消同业拆借利率上限管理的通知》明确指出,银行间同业拆借市场利率由拆借双方根据市场资金供求自主确定。银行间同业拆借利率正式放开,标志着利率市场化迈出了具有开创意义的一步,为此后的利率市场化改革奠定了基础。

二、放开债券市场利率

债券市场是金融市场的重要组成部分,放开债券市场利率是推进利率市场化的重要步骤。

(一)国债发行的市场化尝试

1991年,国债发行开始采用承购包销这种具有市场因素的发行方式。1996年,财政部通过证券交易所市场平台实现了国债的市场化发行,既提高了国债发行效率,也降低了国债发行成本,全年共市场化发行国债1 952亿元。发行采取了利率招标、收益率招标、划款期招标等多种方式。同时根据市场供求状况和发行数量,采取了单一价格招标或多种价格招标。这是我国债券发行利率市场化的开端,为以后的债券利率市场化改革积累了经验。

(二)放开银行间债券回购和现券交易利率

1997年6月5日,人民银行下发了《关于银行间债券回购业务有关问题的通知》,决定利用全国统一的同业拆借市场开办银行间债券回购业务。借鉴拆借利率市场化的经验,银行间债券回购利率和现券交易价格同步放开,由交易双方协商确定。

这一改革措施,提高了金融机构资金使用效率,增强了金融机构主动调整资产负债结构的积极性;随着银行间市场债券回购、现券交易规模不断扩大,其短期头寸融资的特性日益明显,短期回购利率成为中央银行判断存款类金融机构头寸状况的重要指标,为中央银行开展公开市场操作奠定了基础;银行间债券回购与现券交易利率的放开,增强了市场的价格发现能力,为进一步放开银行间市场国债和政策性金融债的发行利率创造了条件。

(三)放开银行间市场政策性金融债、国债发行利率

1998年以前,政策性金融债的发行利率以行政方式确定,由于在定价方面难以同时满足发行人、投资人双方的利益要求,商业银行购买政策性金融债的积极性不高。1998年,鉴于银行间拆借、债券回购利率和现券交易利率已实现市场化,政策性银行金融债券市场化发行的条件已经成熟。同年9月,国家开发银行首次通过人民银行债券发行系统以公开招标方式发行了金融债券,随后中国进出口银行也以市场化方式发行了金融债券。1999年,财政部首次在银行间债券市场实现以利率招标的方式发行国债。

银行间债券市场利率的市场化,有力地推动了银行间债券市场的发展,为金融机构产品定价提供了重要参照标准,是长期利率和市场收益率曲线逐步形成的良好开端,也为货币政策间接调控体系建设奠定了市场基础:一是提高了金融机构调节资产结构的主动性,金融机构债券投资占比逐步提高,超额准备率趋于下降,对中央银行公开市场操作的敏感度增强;二是公开市场操作的工具种类随之不断丰富,操作方式和力度也日趋灵活。

三、存贷款利率的市场化

现阶段商业银行存、贷款仍是我国社会资金积累与供给的主要渠道,也是我国商业银

行从事的主要业务,因此存、贷款利率市场化是实现我国利率改革目标的关键。存、贷款利率市场化的思路是"先外币、后本币;先贷款、后存款;先长期、大额,后短期、小额"。

(一) 积极推进境内外币利率市场化

1996年以来,随着商业银行外币业务的开展,各商业银行普遍建立了外币利率的定价制度,加之境内外币资金供求相对宽松,外币利率市场化的时机日渐成熟。2000年9月21日,经国务院批准,人民银行组织实施了境内外币利率管理体制的改革:一是放开外币贷款利率,各项外币贷款利率及计结息方式由金融机构根据国际市场的利率变动情况以及资金成本、风险差异等因素自行确定;二是放开大额外币存款利率,300万(含300万)美元以上或等额其他外币的大额外币存款利率由金融机构与客户协商确定。

2002年3月,人民银行将境内外资金融机构对境内中国居民的小额外币存款,统一纳入境内小额外币存款利率管理范围。2003年7月,境内英镑、瑞士法郎、加拿大元的小额存款利率放开,由各商业银行自行确定并公布。小额外币存款利率由原来国家制定并公布7种减少到境内美元、欧元、港币和日元4种。

2003年11月,小额外币存款利率下限放开。商业银行可根据国际金融市场利率变化,在不超过人民银行公布的利率上限的前提下,自主确定小额外币存款利率。赋予商业银行小额外币存款利率的下浮权,是推进存款利率市场化改革的有益探索。

2004年11月,人民银行在调整境内小额外币存款利率的同时,决定放开1年期以上小额外币存款利率,商业银行拥有了更大的外币利率决定权。

随着境内外币存、贷款利率逐步放开,中资商业银行均制定了外币存贷款利率管理办法,建立了外币利率定价机制。各行还根据自身的情况,完善了外币贷款利率的分级授权管理制度,如在国际市场利率基础上,各商业银行总行规定了其分行的外币贷款利率的最低加点幅度和浮动权限,做到了有章可循,运作规范。商业银行的利率风险意识和利率风险管理能力得到不断加强。

(二) 稳步推进人民币贷款利率市场化

1. 人民币贷款利率市场化的初步推进

1987年1月,人民银行首次进行了贷款利率市场化的尝试。在《关于下放贷款利率浮动权的通知》中规定,商业银行可根据国家的经济政策,以国家规定的流动资金贷款利率为基准上浮贷款利率,浮动幅度最高不超过20%。

1996年5月,为减轻企业的利息支出负担,贷款利率的上浮幅度由20%缩小为10%,下浮10%不变,浮动范围仅限于流动资金贷款。在连续降息的背景下,利率浮动范围的缩小,造成银行对中小企业贷款的积极性降低,影响了中小企业的发展。为体现风险与收益对等的原则,鼓励金融机构大力支持中小企业发展,经国务院批准,人民银行自1998年10月31日起将金融机构(不含农村信用社)对小企业的贷款利率最高上浮幅度由10%扩大到20%;农村信用社贷款利率最高上浮幅度由40%扩大到50%。

为调动商业银行发放贷款和改善金融服务的积极性,从1999年4月1日起,贷款利率浮动幅度再次扩大,县以下金融机构发放贷款的利率最高可上浮30%。9月1日起,商业银行对中小企业的贷款利率最高上浮幅度扩大为30%,对大型企业的贷款利率最高上浮幅度仍为10%,贷款利率下浮幅度为10%。农村信用社浮动利率政策保持不变。

在贷款利率逐步放开的同时,为督促商业银行加强贷款利率浮动管理,人民银行于1999年转发了建设银行、上海银行的贷款浮动利率管理办法,要求商业银行以此为模板,制定各行的贷款浮动利率管理办法、编制有关模型和测算软件、建立利率定价授权制度等。2003年,人民银行再次强调,各商业银行和城乡信用社应进一步制定完善的贷款利率定价管理制度和贷款利率浮动的管理办法。经过几年的努力,各商业银行和部分城乡信用社基本建立起根据成本、风险等因素区别定价的管理制度。

2. 人民币贷款利率市场化迈出重要步伐

2003年8月,人民银行在推进农村信用社改革试点时,允许试点地区农村信用社的贷款利率上浮不超过贷款基准利率的2倍。

2004年1月1日,人民银行决定将商业银行、城市信用社的贷款利率浮动区间上限扩大到贷款基准利率的1.7倍,农村信用社贷款利率的浮动区间上限扩大到贷款基准利率的2倍,金融机构贷款利率的浮动区间下限保持为贷款基准利率的0.9倍不变。同时,明确了贷款利率浮动区间不再根据企业所有制性质、规模大小分别制定。

2004年10月29日,人民银行报经国务院批准,决定不再设定金融机构(不含城乡信用社)人民币贷款利率上限。考虑到城乡信用社竞争机制尚不完善,经营管理能力有待提高,容易出现贷款利率"一浮到顶"的情况,因此仍对城乡信用社人民币贷款利率实行上限管理,但其贷款利率浮动上限扩大为基准利率的2.3倍。所有金融机构的人民币贷款利率下浮幅度保持不变,下限仍为基准利率的0.9倍。至此,我国金融机构人民币贷款利率已经基本过渡到上限放开,实行下限管理的阶段。2006年8月和2008年10月,央行将商业性个人住房贷款利率下限分别下调到基准利率的0.85倍和0.7倍;2012年6月和7月,贷款利率下浮区间分别扩大至基准利率的0.8倍和0.7倍;2013年7月20日,央行取消金融机构贷款利率0.7倍的下限(个人住房贷款暂不调整),由金融机构根据商业原则自主确定贷款利率水平,贷款利率基本取消管制。

(三)人民币存款利率市场化取得重要进展

改革开放初期,信托投资公司和农村信用社都曾进行过存款利率浮动的试点,这是我国存款利率市场化的初次尝试。在取得一些经验的同时,也出现了一些问题,如在金融机构缺乏财务约束的情况下,往往是经营状况不好的机构高息揽存,引起存款搬家、利率违规等。因此,存款利率浮动在1990年全部取消。实践证明,存款利率的市场化宜从大额存款入手,逐步过渡到管住利率上限,采取允许存款利率下浮的方式稳步推进。

为探索存款利率市场化途径,兼顾金融机构资产负债管理的需要,1999年10月,中国人民银行批准中资商业银行法人对中资保险公司法人试办五年期以上(不含五年期)、3 000万元以上的长期大额协议存款业务,利率水平由双方协商确定。这是存款利率市场化的有益尝试。

2002年2月和12月,协议存款试点的存款人范围扩大到全国社会保障基金理事会和已完成养老保险个人账户基金改革试点的省级社会保险经办机构。2003年11

月,国家邮政局邮政储汇局获准与商业银行和农村信用社开办邮政储蓄协议存款。放开长期大额协议存款利率为存款利率市场化改革积累了经验,同时培育了商业银行的存款定价意识,健全了存款利率管理的有关制度。改革实践使"先长期大额,后短期小额""存款利率向下浮动,管住上限"的存款利率市场化的思路更加明确和清晰。

2004年10月29日,人民银行报经国务院批准,决定允许金融机构人民币存款利率下浮。即所有存款类金融机构对其吸收的人民币存款利率,可在不超过各档次存款基准利率的范围内浮动,但存款利率不能上浮。至此,人民币存款利率实行下浮制度,实现了"放开下限,管住上限"的既定目标。

2004年10月29日放开金融机构贷款利率上限(城乡信用社除外)和存款利率下限是我国利率市场化改革进程中具有里程碑意义的重要举措,标志着我国利率市场化顺利实现了"贷款利率管下限、存款利率管上限"的阶段性目标。该项政策构建了现阶段我国利率市场化改革的总体框架。今后,利率市场化改革将以落实该项政策为中心继续推进,不断完善金融机构治理结构与内控机制,逐步提高利率定价和风险管理能力,进一步加强中央银行货币政策调控体系建设。

2008年12月,国务院办公厅印发了《关于当前金融促进经济发展的若干意见》,指出要"发挥市场在利率决定中的作用,提高经济自我调节能力。增强贷款利率下浮弹性,改进贴现利率形成机制,完善中央银行利率体系"。这一意见明示了我国下一步推进利率市场化改革的基本路径。事实上,2008年10月,央行已经在按揭贷款利率下浮幅度方面进行了试水,下浮幅度由之前的15%扩大到了30%。

2012年后我国利率市场化速度加快,2012年人民币存款利率上限调整为基准利率的1.1倍。2014年11月,存款利率上限由存款基准利率的1.1倍调整为1.2倍。2015年3月,存款利率上限由存款基准利率的1.2倍调整为1.3倍。2015年5月存款利率上限从之前的基准利率的1.3倍上调至1.5倍,2015年8月放开一年期以上定期存款利率浮动上限,2015年10月取消存款利率浮动上限,基本取消对存款利率的管制。

(四)利率并轨

2018年4月,人民银行行长易纲在博鳌论坛上提出中国正继续推进利率市场化改革。目前中国仍存在一些"利率双轨制",一是在存贷款方面仍有基准利率,二是货币市场利率是完全由市场决定的。所谓"利率双轨"指的是存贷款基准利率和市场化无风险利率并存。一方面,存贷款基准利率仍是我国存贷款市场利率定价的锚。其中,贷款基准利率一直作为金融机构内部测算贷款利率时的参考基准和对外报价、签订合同时的计价标尺。另一方面,我国市场化无风险利率发展良好。目前市场上的质押式回购利率、国债收益率和公开市场操作利率等指标性利率,对金融机构利率定价的参考作用日益增强。稳妥推进"利率并轨",重点是要进一步培育市场化贷款定价机制。

2019年8月17日,人民银行发布公告,为深化利率市场化改革,提高利率传导效率,推动降低实体经济融资成本,决定改革完善贷款市场报价利率(LPR)形成机制。此次改革主要有四大变化:(1) LPR报价方式由参考基准利率改为参考公开市场操作利率,即以中期借贷便利(MLF)为基础加点形成;(2)增加5年期以上的期限品种,为银行发放住房抵押贷款等长期贷款的利率定价提供参考;(3)报价行在全国性银行基础上增加城商行、农商行、外资行和民营银行各两家,从 10 家全国性银行变为 18 家;(4)报价频率降低至每月一次。改革后,LPR 利率将由 18 家银行在 MLF 操作利率的基础上,根据各行自身资金成本、市场供求、风险溢价等因素加点形成。人民银行要求其他银行应在新发放的贷款中主要参考 LPR 利率定价,并在浮动利率贷款合同中采用 LPR 利率作为定价基准,实现市场利率和贷款利率并轨。贷款市场报价利率(Loan Prime Rate, LPR)是由具有代表性的报价行,根据本行对最优质客户的贷款利率,以公开市场操作利率(主要指中期借贷便利利率)加点形成的方式报价,由中国人民银行授权全国银行间同业拆借中心计算并公布基础性的贷款参考利率,各金融机构应主要参考 LPR 进行贷款定价。目前,LPR 包括 1 年期和 5 年期以上两个品种。

2019 年 8 月 25 日,人民银行发布公告,要求自 2019 年 10 月 8 日起,新发放商业性个人住房贷款利率以最近一个月相应期限的贷款市场报价利率(LPR)为定价基准加点形成。加点数值应符合全国和当地住房信贷政策要求,体现贷款风险状况,合同期限内固定不变。

2019 年 10 月 28 日,人民银行发布公告,要求自 2020 年 1 月 1 日起,各金融机构不得签订参考贷款基准利率定价的浮动利率贷款合同。自 2020 年 3 月 1 日起,金融机构应与存量浮动利率贷款客户就定价基准转换条款进行协商,将原合同约定的利率定价方式转换为以 LPR 为定价基准加点形成(加点可为负值),加点数值在合同剩余期限内固定不变;也可转换为固定利率。

2020 年 8 月 12 日,工行、建行、农行、中行和邮储五家大型银行同时发布公告,于 2020 年 8 月 25 日起对批量转换范围内的个人住房贷款,按照相关规则统一调整为 LPR(贷款市场报价利率)定价方式。

复习与思考

一、单项选择题

1. 中国人民银行开始专门行使中央银行职能的时间是(　　)。
   A. 1978 年　　　B. 1984 年　　　C. 1987 年　　　D. 1994 年
2. 2005 年 7 月 21 日,人民币汇率制度改革的主要内容包括(　　)。
   A. 以市场供求为基础　　　　　B. 参考一篮子货币
   C. 有管理的浮动汇率制度　　　D. 完善人民币汇率中间价形成机制
3. 人民币"入篮"SDR 正式生效时间是(　　)年 10 月 1 日。
   A. 2006　　　　B. 2015　　　　C. 2016　　　　D. 2018
4. (　　)年 10 月我国取消存款利率浮动上限,基本取消对存款利率的管制。
   A. 2015　　　　B. 2016　　　　C. 2017　　　　D. 2018

二、判断题

1. 已经在证券交易所上市的商业银行,经银监会核准后,可以向证券交易所申请从事债券交易。(　　)
2. 上海银行间同业拆放利率(SHIBOR),是由信用等级较高的银行组成报价团自主报出的人民币同业拆出利率计算确定的算术平均利率,是单利、有担保、批发性利

率。（　　）

3. 当前人民币兑美元中间价报价原则是人民币兑美元汇率中间价＝上日收盘汇率＋一篮子货币汇率变化＋逆周期因子。（　　）

4. 中国利率市场化的总体思路是先货币市场和债券市场利率市场化，后存贷款利率市场化。（　　）

5. 中国股票市场IPO上市总体遵循：先实行审核制，等条件成熟后再实施全面注册制。（　　）

三、思考题

1. 简述我国金融改革的历程。
2. 试述我国同业拆借市场的改革历程。
3. 试述我国国债回购市场的发展。
4. 试述QDII、QFII、RQFII的概念。
5. 简述中国推出科创板的意义。
6. 简述人民币兑美元汇率中间价形成机制。
7. 简述股权分置的概念及其危害。
8. "利率并轨"是指什么内容？谈谈应该如何推进利率并轨，疏通货币政策传导？

参 考 文 献

[1] 丁华明.票据市场发展趋势前瞻[J].首席财务官,2014,(17).

[2] 曹凤岐.中国资本市场的改革、创新与风险防范[J].金融论坛,2018(9).

[3] 乔桂明,卜亚.中国国有银行改革的演化路径：30年回眸与展望——全球性金融危机下提升国有银行竞争力的战略选择[J].上海财经大学学报,2009(2).

[4] 刘頔.我国国债回购市场的现状研究[J].金融经济,2012(3).

[5] 刘胤.《新版回购主协议》护航中国债券回购市场[J].债券,2013(5).

[6] 牛娟娟.外汇市场：从管制到开放[J].中国金融家,2009(12).

[7] 孙杰.银行间外汇市场的创新[J].中国金融,2014(7).

[8] 唐恩思.我国股权分置改革分析[J].经营管理者,2009(22).

[9] 王国刚,林楠.中国外汇市场70年：发展历程与主要经验[J].经济学动态,2019(10).

[10] 王紫.开创资本市场新阶段股权分置改革,资本市场最具意义的一次创新[J].中国金融家,2008(9).

[11] 肖小和.中国票据市场四十周年回顾与展望[J].金融与经济,2018(11).

[12] 易纲.中国改革开放三十年的利率市场化进程[J].金融研究,2009(1).

图书在版编目(CIP)数据

金融学概论/杨荣主编. —上海:复旦大学出版社,2021.8(2022.7 重印)
信毅教材大系. 金融学系列
ISBN 978-7-309-15814-4

Ⅰ.①金… Ⅱ.①杨… Ⅲ.①金融学-高等学校-教材 Ⅳ.①F830

中国版本图书馆 CIP 数据核字(2021)第 135494 号

金融学概论
JINRONGXUE GAILUN
杨 荣 主编
责任编辑/谢同君

复旦大学出版社有限公司出版发行
上海市国权路 579 号 邮编:200433
网址:fupnet@fudanpress.com   http://www.fudanpress.com
门市零售:86-21-65102580   团体订购:86-21-65104505
出版部电话:86-21-65642845
常熟市华顺印刷有限公司

开本 787×1092 1/16 印张 19.75 字数 444 千
2022 年 7 月第 1 版第 2 次印刷

ISBN 978-7-309-15814-4/F·2813
定价:58.00 元

如有印装质量问题,请向复旦大学出版社有限公司出版部调换。
版权所有 侵权必究